Sozialisation
im Kulturvergleich

AF286205

Der Mensch als soziales und personales Wesen

Herausgegeben von
Klaus A. Schneewind,
Laszlo A. Vaskovics,
Gerhard Wurzbacher

Band 10

Sozialisation im Kulturvergleich

Herausgegeben von Gisela Trommsdorff

Unter Mitarbeit von I. Behnken, M. du Bois-Reymond,
E. U. Heidt, G. Hofstede, H. Huber, B. Husarek,
H.-J. Kornadt, L. Liegle, H. Otremba, U. Schönpflug,
R. K. Silbereisen, A. Thomas, H. Weiland und
J. Zinnecker

Ferdinand Enke Verlag Stuttgart 1989

Prof. Dr. Gisela Trommsdorff
Universität Konstanz
Sozialwissenschaftliche Fakultät
Postfach 5560
7750 Konstanz 1

CIP-Titelaufnahme der Deutschen Bibliothek

Sozialisation im Kulturvergleich / hrsg. von Gisela
Trommsdorff, Unter Mitarb. von I. Behnke ... – Stuttgart:
Enke, 1989
   (Der Mensch als soziales und personales Wesen ; Bd. 10)
   ISBN 3-432-97771-9
NE: Trommsdorff, Gisela [Hrsg.]; Behnke, Imbke [Mitverf.]; GT

© 1989 Ferdinand Enke Verlag, P. O. Box 10 12 54, D-7000 Stuttgart 10 – Printed in Germany
Satz: W. Hädicke + K. Lorenz GbR, D-7000 Stuttgart 75
Druck: betz-druck gmbh, 6100 Darmstadt 12   6 5 4 3 2 1

Vorwort

Der vorliegende Band behandelt Probleme der Persönlichkeitsentwicklung und Sozialisation aus kulturvergleichender Sicht. Er entstand aufgrund der Anregung der Reihenherausgeber, *K. A. Schneewind, L. Vaskovics* und *G. Wurzbacher.* Ihnen gehört mein Dank für ihre Ermutigung und Unterstützung bei der Herausgabe dieses Bandes.

Obwohl nur wenige Autoren für die Bearbeitung der Thematik dieses Bandes überhaupt in Frage kamen, sollte versucht werden, das Spektrum dieses Themas möglichst weit zu entfalten – von sozial- und kulturanthropologischen, von familiensoziologischen, entwicklungs- und kulturpsychologischen sowie historisch vergleichenden Grundlagen bis hin zu Fragen der Anwendung bzw. Verwendung von theoretischen Ansätzen und kulturspezifisch erprobten Sozialisationsmaßnahmen in anderen kulturellen Kontexten. Dabei werden einerseits Möglichkeiten und Vorteile sowie andererseits auch die methodischen Probleme eines kulturvergleichenden Vorgehens beleuchtet.

Mein besonderer Dank gilt den Autoren für ihre Beteiligung an diesem Unternehmen. Sie haben sich nicht nur auf diese Aufgabe eingelassen und die vielen Wünsche und Auflagen von Herausgeber und Verlag erfüllt; sie haben auch aus der Sicht ihrer jeweiligen Disziplin die zentralen Probleme behandelt und damit den Plan verwirklicht, die verschiedenen Seiten dieses Themas einem breiten Leserkreis zugänglich zu machen. Die Autoren haben ihren jeweiligen Platz in dem Band überzeugend ausgefüllt und dabei auch Verknüpfungen zu anderen Beiträgen dieses Bandes verdeutlicht.

Daß der Versuch einer interdisziplinären Zusammenarbeit an diesem anspruchsvollen Thema gelingen konnte, ist darüberhinaus auch der Universität Konstanz, insbesondere ihrem Rektor, Prof. Dr. *Sund,* für die großzügige Unterstützung eines mehrtägigen Colloquiums zu verdanken; hier haben die Autoren ihre vorbereiteten Arbeiten im Hinblick auf ein gemeinsames interdisziplinäres Ziel diskutiert. Das hat wesentlich zur gegenseitigen Abstimmung und Klärung der Fragestellungen beigetragen. Die sich an dieses Colloquium anschließende Phase der Überarbeitung der einzelnen Beiträge, die noch einmal viel Geduld und Mühe der Autoren kostete, hat dann schließlich zu dem hier vorliegenden Band geführt.

Allen daran Beteiligten, nicht zuletzt auch den Mitarbeitern und Studenten in meiner Arbeitsgruppe, besonders Frau *Elvira Graf* und Frau *Hanne Neumaier* sei mein herzlicher Dank für ihre Mitwirkung ausgesprochen.

Konstanz, im Herbst 1988   *Gisela Trommsdorff*

Inhalt

Inhalt

Überblick über die vorliegenden Beiträge

Gisela Trommsdorff

Die Beiträge dieses Bandes sind so angeordnet, daß nach einer Übersicht zu Ansätzen, Geschichte, Möglichkeiten und Problemen einer kulturvergleichenden Sozialisationsforschung (*Trommsdorff*) kultur- und sozialisationsanthropologische (*Huber*) und familiensoziologische Grundlagen (*Liegle*) dargelegt werden. Im nächsten Schritt werden aus entwicklungspsychologischer Sicht kulturvergleichende Forschungen zur Persönlichkeitsentwicklung in Kindheit und Jugendalter (*Kornadt; Trommsdorff; Silbereisen, Schönpflug* und *Otremba*) dargestellt. Dann folgen Beiträge zur Sozialisation am Arbeitsplatz (*Hofstede*) und bei Kulturbegegnungen (*Thomas*). Aus historisch- und kulturvergleichender Sicht wird die Sozialisation in der Kindheit (*Behnken, du Bois-Reymond* und *Zinnecker*) behandelt. Fragen zum Zusammenhang von Sozialisation und sozialem Wandel werden am Ende aus bildungs- und entwicklungssoziologischer Sicht (*Weiland; Heidt*) weitergeführt.

In dem ersten Beitrag legt *Trommsdorff* die zentralen Ansätze der Sozialisationsforschung dar und weist auf der Grundlage der Forschungsgeschichte für die kulturanthropologische, soziologische und entwicklungspsychologische Sozialisationsforschung Vorzüge und Nachteile dieser Ansätze auf. Im zweiten Teil dieser Übersicht werden die Möglichkeiten und Probleme des Kulturvergleichs aus methodischer Sicht in bezug auf Theorieentwicklung und Anwendungsbezug diskutiert.

Im nächsten Beitrag werden von *Huber* für die kulturvergleichende Sozialisationsforschung grundlegende sozial- und kulturanthropologische Theorien vorgestellt. Dabei steht vor allem der Prozeß der "Enkulturation" im Vordergrund. Darunter versteht *Huber* einerseits Prozesse der Vermittlung von Kultur durch Sozialisationsinstanzen und andererseits die Übernahme von Kultur durch das Individuum, das sich in einem aktiven Prozeß der Selbststeuerung in die kulturelle Umwelt integriert. Damit betont *Huber* die Bedeutung der aktiven Entwicklung der Persönlichkeit im Umfeld sozialer und kultureller Prozesse. Für ihn sind Kulturvergleiche notwendig, um Gesetzmäßigkeiten sowie kulturspezifische Besonderheiten und Unterschiede im Enkulturationsprozeß aufzudecken. Seine Analyse legt eine Konvergenz sozial- und kulturanthropologischer und psychologischer Ansätze und deren gegenseitige methodische Bereicherung nahe.

In seinem familiensoziologischen Beitrag untersucht *Liegle* Sozialisation in modernen Industrienationen als lebenslangen Prozeß. Ihm geht es um die Auswirkungen der Modernisierung auf Bedingungen familialer Sozialisation, die mit der Methode des Kulturvergleichs erforscht werden. Die empirischen Befunde zu Bedingungen, Prozessen und Wirkungen der familialen Sozialisation werden im Zusammenhang mit

Theorieentwicklung und Anwendung in der Praxis und Politik diskutiert. *Liegle* geht davon aus, daß familiale Sozialisation nicht mehr selbstverständlich ist. Die Zunahme an öffentlichen Einrichtungen zur Sozialisation (Bildung und Erziehung) haben zu einer Funktionsverschiebung von familialen Sozialisation geführt; dennoch bleiben die vielfältigen Formen der Sozialisation in der Familie im Rahmen einer generations- übergreifenden Lebensgemeinschaft von Erwachsenen und Kindern weiterhin grund- legende Faktoren für die Entwicklung des Kindes und Jugendlichen. Die kulturver- gleichende Methode dient nach *Liegle* dem Vergleich von Sozialisationsbedingungen, insbesondere der makrostrukturellen Faktoren in Industrienationen, die auf spezifische Sozialisationsbedingungen einwirken (z.B. auf Institutionsformen in Ehe und Familie oder Sozialisationsleistungen der Familie). Das Ergebnis dieser Forschungsstrategie ist, durchschnittliche bzw. typische Merkmale familialer Sozialisation in modernen In- dustrienationen, insbesondere Bedingungen, Prozesse und Wirkungen familialer So- zialisation auf verschiedenen Ebenen (Makro- und Mikro-Ebene) zu erfassen. Dabei genügt es nicht, nur zwischen verschiedenen Kulturen, sondern auch innerhalb von Gesellschaften familiale Lebensformen zu vergleichen; durch Pluralisierung familialer Lebensformen können nach *Liegle intra*kulturelle Unterschiede größer als *inter*kultu- relle Differenzen sein.

Kornadt (unter Mitarbeit von *Husarek*) behandelt als einen Bereich der familialen Sozialisation die Bedeutung frühkindlicher Mutter-Kind-Interaktionen für die Persön- lichkeitsentwicklung unter kulturvergleichenden Aspekten. Der Vergleich unter- schiedlicher Formen von Mutter-Kind-Interaktionen, wie sie in verschiedenen Kultu- ren beobachtet werden, erfordert, ebenso wie daraus für die Persönlichkeitsentwick- lung gezogene Schlüsse, eine theoretische Basis. Diese wird hier in der Bedeutung des Bindungssystems einerseits und in den längerfristigen Wirkungen von Bindungserfah- rungen auf kognitive und motivationale Systeme andererseits gesehen. Es werden Bei- spiele für Bindungsformen und ihre Antezedenzbedingungen aus verschiedenen Kul- turen dargelegt. Weiterhin werden langfristige Wirkungen, wie sie in der Literatur be- schrieben sind, diskutiert. Ausführlicher wird hierzu auf eine Integration von Bin- dungs- und Motivationstheorie im Bereich der Aggression eingegangen. Empirische Daten zu Kulturunterschieden und langfristigen Wirkungen werden anhand eigener vergleichender Untersuchungen in Japan und Deutschland diskutiert. Diese werden unter einer anderen Fragestellung von *Trommsdorff* aufgegriffen.

Trommsdorff diskutiert in ihrem Beitrag theoretische Grundlagen und empirische Daten zum Zusammenhang von Sozialisation und Werthaltungen. Dies erfolgt am Beispiel von kulturvergleichenden Untersuchungen zu Werthaltungen Jugendlicher in bezug auf verschiedene Sozialisationsbereiche (Familie, Altersgruppe und Beruf) und zum Sozialisationsverhalten von Müttern (in Interaktion mit ihrem Kind). Auf der Grundlage von Annahmen zum Zusammenhang von Sozialisation und individual- und gruppenorientierten Werten werden Sozialisationsbedingungen und Ergebnisse in ver- schiedenen Kulturen (deutsche und japanische Gesellschaft) verglichen. Dazu werden

Daten aus Sekundäranalysen einer international vergleichenden Umfrage an Jugendlichen sowie Daten aus halbstrukturierten Interviews zur Messung von Mutter-Kind-Interaktionen vorgestellt. Die kulturellen Unterschiede in Sozialisationsbedingungen und Werthaltungen werden unter dem Aspekt der primären und sekundären Kontrollorientierung und Fragen des Wertwandels diskutiert. Kulturelle Werte und dadurch vermittelte Sozialisationsbedingungen wirken auf die weitere Persönlichkeitsentwicklung sowie auf Prozesse sozialen Wandels ein. In individualorientierten Kulturen wird Wandel in allen Sozialisationskontexten gefördert, während in gruppenorientierten Kulturen bei hoher Kontrolle und emotionaler Bindung die primäre Sozialisation in der Familie in ihrer Funktion relativ stabil bleibt.

Auch der Beitrag von *Silbereisen, Schönpflug* und *Otremba* gilt entwicklungspsychologischen Fragen zur Bewältigung von Lebensübergängen im Jugendalter. Für die Bearbeitung dieses Themas ist die kulturvergleichende Methode besonders geeignet. Hier werden deutsche und türkische Jugendliche aus Arbeitsmigranten-Familien in Westberlin hinsichtlich ihres Problemverhaltens verglichen. Der theoretische Ausgangspunkt des Beitrages ist, daß Entwicklungsaufgaben über die Lebensspanne zu bewältigen sind, daß sie kulturspezifisch verschieden sein können, und daß sie als Entwicklungsorientierungen über normative Aufgaben hinweg auch selbstdefinierte Ziele darstellen. Solche Entwicklungsaufgaben bestehen generell in der Ablösung von Eltern und dem Aufbau von zwischengeschlechtlichen Freundschaftsbeziehungen. Insbesondere bei der Gruppe türkischer Jugendlicher bestehen die Entwicklungsaufgaben in erfolgreicher Akkulturation. Die vorgelegten Ergebnisse zu Entwicklungsthemen (Stand und Zielen), zur Akkulturation (im Sinne der Teilhabe an der Jugendkultur) und zu Entwicklungsorientierungen und Problemverhalten (Diskrepanz zwischen Gegebenheiten und Zielen) zeigen, daß dieser Lebensübergang von deutschen und türkischen Jugendlichen z.T. ähnlich und z.T. unterschiedlich bewältigt wird.

Die Bedeutung kultureller Werte und deren Vermittlung in der familialen Sozialisation diskutiert *Hofstede* in seinem Beitrag. Er geht davon aus, daß Wertunterschiede zwischen den Nationen auf Effekten der primären Sozialisation beruhen, und daß in der weiteren Sozialisation am Arbeitsplatz keine besonderen Veränderungen individueller Werthaltungen entstehen. Weiter stellt *Hofstede* dar, daß kulturelle Werte sich nach Dimensionen ordnen lassen, die zum einen Besonderheiten aller betroffenen Gesellschaften abdecken, zum anderen aber dabei unterschiedliche Ausprägungen und Merkmalskombinationen in den Dimensionen aufweisen. Daß sich erhebliche methodische Probleme bereits bei der Fragebogenformulierung und der Datenerhebung ergeben, die zu ethnozentrischen Fehlschlüssen führen können, ist ein besonders interessantes Phänomen, das erst durch den kulturvergleichenden Ansatz aufgedeckt wird. *Hofstede* weist dies auf der Grundlage neuerer Untersuchungen nach. Aus westlicher Sicht gestellte Fragen lassen Kulturbesonderheiten anderer Gesellschaften nicht erkennen. Für nicht gestellte Fragen können auch keine Antworten gegeben werden bzw. bleibt ein blinder Fleck in der Theoriebildung bestehen.

Auch *Thomas* befaßt sich mit Akkulturationsprozessen; er untersucht diese als eine besondere Erscheinung von Sozialisation, die Individuen in ganz unterschiedlichen Phasen ihrer Sozialisationsgeschichte betreffen kann. Er meint damit die freiwillige oder unfreiwillige Einordnung in anderen Kulturen – in der Rolle des Immigranten, des Gastarbeiters, des Auslandsstudenten, des Touristen oder des Mitarbeiters in internationalen Organisationen. Für *Thomas* sind die sich wechselseitig bedingenden Änderungen und Angleichungsprozesse von Fremden und ihrer Gastkultur das zentrale Thema der Akkulturationsforschung. Hier wird wieder der Vorzug eines interaktionstheoretischen Vorgehens deutlich, bei dem psychologische und soziale Prozesse in entsprechenden integrativen Theorien der Akkulturation dargestellt werden. Dabei geht es insbesondere um die Analyse personaler und sozialer Faktoren für die Erleichterung oder die Erschwerung von Akkulturation.

Das Thema Sozialisation und sozialer Wandel zieht sich durch den ganzen Band und wird von *Behnken, Dubois-Reymond* und *Zinnecker* mit einem ethnographischen Ansatz behandelt. Die Autoren gehen von einem historisch- und kulturvergleichenden Ansatz aus, um den Wandel von Sozialisationsbedingungen in der Kindheit am Beispiel zweier Lebensräume (Arbeiterquartiere in Wiesbaden und Leiden) darzustellen. Sie fragen, ob "Kindheit" als eigenständige Lebensphase aufgrund der Ausdifferenzierung von Lebensbereichen ein Ergebnis von Modernisierungsprozessen ist. Am Beispiel des Wandels der sozialen Kontrolle über Kinder belegen sie, wie eine zu Beginn dieses Jahrhunderts noch wirksame persönliche Kontrolle, die kulturspezifisch ganz verschiedene Ausprägungen hatte, inzwischen durch abstrakte soziale Regelungen abgelöst worden ist. Im Wandel sozialer Kontrolle haben sich auch Sozialisationsbedingungen für Kinder über die Jahrzehnte gewandelt. Mit der Methode der historischen Ethnographie – hier werden erzählte Erinnerungen als Datenmaterial verwendet – dokumentieren die Autoren beispielhaft verschiedene Wandlungen von Lebensräumen bei Kindern.

Weiland beschäftigt sich im Rahmen der Thematik Sozialisation und sozialer Wandel mit Problemen, die sich aus einer schlichten Übernahme des formalen westlichen Erziehungswesens in Ländern der Dritten Welt ergeben. Da solche Wirkungsanalysen für die verschiedenen Länder u.a. auch je nach ihrem kulturellen Hintergrund und ihrer sozioökonomischen Lage zu differenzieren sind und bisher nur wenige empirische Befunde zu den direkten und indirekten Auswirkungen der formalen Erziehung vorliegen, ist eine solche Analyse schwierig. Davon abgeleitete Problemlösungen als Umsetzung in bildungspolitische Programme werfen neue Schwierigkeiten auf, die *Weiland* an verschiedenen entwicklungssoziologischen Beispielen darstellt. Dieser Beitrag veranschaulicht (zusammen mit den Beiträgen von *Thomas* und von *Heidt*) die Schwierigkeiten der Umsetzung sozialisationstheoretischer Analysen in bildungspolitische Maßnahmen in anderen Kulturen und macht deutlich, daß eine anwendungsorientierte kulturvergleichende Sozialisationsforschung grundlagentheoretischer Analysen bedarf.

Der sich thematisch eng anschließende Beitrag von *Heidt* zu westlichen Bildungssystemen in außereuropäischen Gesellschaften beschäftigt sich auch mit Fragen der makrostrukturellen bzw. sozio-strukturellen Faktoren der Sozialisation in westlichen und nicht-westlichen Gesellschaften. Dabei geht es um die Frage, inwieweit formale Bildung (u.a. zur Vermittlung von wissenschaftlich-technischem Denken) eine notwendige Voraussetzung für ökonomischen Fortschritt ist, oder ob die Übertragung westlicher Bildungsmodelle auf nicht-westliche Gesellschaften sogar ein Entwicklungshindernis sein kann, weil dies keine adäquate Lösung für die anstehenden Entwicklungsprobleme bietet. *Heidt* geht davon aus, daß Sozialisation und Erziehung in nicht-westlichen Ländern ein "ganzheitlicher Prozeß im Lebenszusammenhang überschaubarer Gruppen" darstellt. Veränderungen dieses ganzheitlichen Lebenszusammenhanges betreffen die Bedeutung von Leistung im Vergleich zu zugeschriebenem Status als Grundlage für Statuszuweisung, die Funktion traditioneller Loyalitäten und des Familiensystems. Diese Änderungen können u.a. durch Mobilität (z.B. durch Migration bedingte Abwanderung in Städte) begünstigt werden und Grundlage für die neuen Sozialisationskontexte bilden. Der Kulturvergleich wird hier als Verfahren verwendet, um ethnozentrische Voreingenommenheiten aufzudecken, um in der Literatur übliche Globalkategorien zu differenzieren und diese hinsichtlich ihrer Brauchbarkeit kritisch zu prüfen. Auch hier spielen Prozesse der Kulturbegegnung eine Rolle. Diese werden hier über formale Bildungssysteme auf der Ebene der (einseitigen) Beeinflussung von Kulturen bzw. Gesellschaften diskutiert, während *Thomas* und *Silbereisen* et al. Kulturbegegnung als Prozeß der Auseinandersetzung mit einer Fremdkultur auf der Ebene des Individuums behandeln.

Damit sind in diesem Band die Mikro- und Makroperspektive sowie grundlagen- und anwendungstheoretische Aspekte bei der Behandlung des Themas vertreten. Dies erfordert die Verwendung verschiedener methodischer und theoretischer Ansätze. Übereinstimmend wird dabei von allen Autoren der Versuch unternommen, ethnozentrische Sichtweisen zu überwinden und die kulturellen Faktoren bei der Persönlichkeitsentwicklung und Sozialisation herauszuarbeiten.

Kulturvergleichende Sozialisationsforschung

Gisela Trommsdorff

Übersicht

1   Aufgaben der Sozialisationsforschung

Aufgabe der Sozialisationsforschung ist, Prozesse der Persönlichkeitsentwicklung, die auf sie einwirkenden und die von ihr beeinflußten kulturellen, sozialen, ökonomischen und ökologischen Faktoren zu untersuchen. Bei einer solchen vieldimensionalen Erforschung des Sozialisationsgeschehens kann der Akzent eher auf soziologischen Ansätzen zur Beschreibung und Wirkungsanalyse sozio-struktureller Faktoren oder eher auf psychologischen Ansätzen zur Beschreibung und Erklärung intra- und interpersoneller Prozesse bei der Persönlichkeitsentwicklung liegen. Beide Aspekte sind in der Sozialisationsforschung zentral; sie werden ergänzt durch deskriptive, normative und präskriptive Ansätze der Erziehungswissenschaft.

Entsprechend wird Sozialisation in diesem Band aus der Perspektive verschiedener Disziplinen verstanden, wobei zum einen die auf das Individuum einwirkenden Strukturen und Prozesse und zum anderen die im Individuum selbst erfolgenden Entwicklungsprozesse im Vordergrund der Betrachtung stehen.

Sozialisationsforschung erfolgt hier unter kulturvergleichender Perspektive, da kulturelle Faktoren als wesentliche Bedingungen der Sozialisation verstanden werden. Die auf die Persönlichkeitsentwicklung einwirkenden Sozialisationsfaktoren sind eingebettet in eine bestimmte Kultur; und sie werden gemäß diesen kulturellen Gegebenheiten vom Individuum wahrgenommen und verarbeitet. Kulturelle Besonderheiten sind dabei nicht nur Bedingungsfaktoren in der Sozialisation, sondern auch ein Ergebnis von Sozialisationsprozessen.

Die kulturvergleichende Methode eröffnet besonders günstige Möglichkeiten, die Aufgaben der Sozialisationsforschung zu erfüllen.

1. Der Kulturvergleich erlaubt, die Vielfalt von Sozialisationsphänomenen zu *beschreiben*. Die für die Persönlichkeitsentwicklung relevanten Faktoren sowie die verschiedenen Prozesse der Persönlichkeitsentwicklung und ihre Ergebnisse sind erst im Vergleich verschiedener Kulturen erkennbar.

2. Darüber hinaus erlaubt die systematisch vergleichende Methode des Kulturvergleichs, *universelle und kulturspezifische* Strukturen und Prozesse der Sozialisation zu beschreiben und zu erklären.

Damit können

- ethnozentrische Deutung und *Theorien* überwunden,
- *Methoden* zur Messung von Unterschieden verbessert,
- sowie ggf. kulturangemessene *Technologien* zur Steuerung von Sozialisationsprozessen entwickelt werden.

Sozialisation im Kulturvergleich zu untersuchen, ist sinnvoll und sogar notwendig, wenn man – wie im vorliegenden Band – von folgenden *Annahmen* ausgeht:

1. Die Person ist ein aktiv handelndes Individuum mit eigenen Zielen und nicht ein passiver Empfänger von Umwelteinflüssen.

2. Auf die Persönlichkeitsentwicklung wirkt eine Vielfalt von Faktoren ein.

3. Die Person verarbeitet die auf sie einwirkenden Sozialisationsfaktoren aktiv und auf der Grundlage kultureller Deutungsschemata, die im Verlauf der Sozialisation adaptiert und ggf. verändert werden. Im Sozialisationsverlauf wirkt das Individuum selbst aktiv auf seine Umwelt ein.

4. Die komplexen wechselseitigen Beeinflussungen von Individuum und Umwelt im Sozialisationsprozeß beeinflussen wiederum Bedingungen der Sozialisation, die sich auf den weiteren Sozialisationsverlauf und die Persönlichkeitsentwicklung des Individuums auswirken.

Damit stellt sich die *Aufgabe*:

Bedingungen und Prozesse der Persönlichkeitsentwicklung

1. über den individuellen Lebenslauf (synchronisch) sowie

2. im historischen Vergleich (diachronisch) – also unter Berücksichtigung von Stabilität und Wandel der auf die Persönlichkeitsentwicklung einwirkenden kulturellen, sozialen, ökonomischen und ökologischen Faktoren zu erforschen.

Somit ergibt sich die Notwendigkeit, Kulturvergleiche von Sozialisationsbedingungen, -strukturen und -prozessen in verschiedenen Kontexten sowie unter Berücksichtigung sozialen Wandels vorzunehmen.

Diese Vorgehensweise könnte erhebliche *Fortschritte* in der Sozialisationsforschung sowie den angrenzenden Disziplinen ermöglichen:

1. Erklärung von individuellem und sozialem Handeln durch Verknüpfung von Mikro- und Makroprozessen;
2. Überwindung ethnozentrischer Voreingenommenheiten und damit Spezifizierung und Erweiterung theoretischer Ansätze zur Sozialisation durch Anwendung der kulturvergleichenden Methode (d.h. durch Vergleich möglichst ähnlicher oder verschiedener kultureller Kontexte, innerhalb einer oder zwischen mindestens zwei Kulturen).

2   Themen und Modelle der Sozialisationsforschung

Die Anlage-Umwelt-Kontroverse (nature – nurture) ist die zentrale Frage der Sozialisationsforschung überhaupt. Die beiden grundsätzlich verschiedenen Modellvorstellungen der Persönlichkeitsentwicklung besagen einerseits, daß Persönlichkeitsentwicklung durch Entfaltung der in der Anlage vorprogrammierten Fähigkeiten, Kenntnisse, Motive und individuellen Besonderheiten erfolgt, und daß Prozeß und Ergebnis der Entwicklung weitgehend von biologischen Gegebenheiten abhängig sind. Andererseits wird davon ausgegangen, daß Merkmale des Individuums durch Umwelteinflüsse geprägt werden, daß also die Persönlichkeit aufgrund von Erfahrungen aufgebaut wird.

Beide Richtungen sind in der Forschung unterschiedlich extrem und einseitig vertreten worden. Ethnologen als Vertreter der Anlage-These nehmen an, daß in einer genetisch programmierten, sensiblen Phase bestimmte Erfahrungen überdauernd in der Entwicklung verhaltenswirksam werden. Allerdings wird mit dem Prägungskonzept auch bereits die Wirksamkeit von Erfahrungen berücksichtigt.

Auf der anderen Seite gehen Vertreter des Kulturdeterminismus (wie *Boas* 1949, und *Mead* 1928) davon aus, daß die Entwicklung der Persönlichkeit durch die Umwelt gesteuert wird. Allerdings werden auch hier Annahmen der "Anlage"-Richtung insofern mit einbezogen, als die Wirksamkeit von Lernprozessen, zumindest beim klassischen Konditionieren als biologisch fundiert angesehen wird.

Der Kulturvergleich ist als Methode von den Vertretern beider Auffassungen verwendet worden, um die Gültigkeit der Aussagen empirisch zu prüfen bzw. zu differenzierten Aussagen zu kommen. So verwendet *Eibl-Eibesfeldt* (1972) den Kulturvergleich, um nachzuweisen, daß bestimmte soziale Interaktionen wie Aggression bei allen Kindern in allen Kulturen auftreten. Hingegen suchte *Margaret Mead* (1928) verschiedene Kulturen auf, um nachzuweisen, daß unter bestimmten Sozialisationsbedingungen Aggressivität nicht auftritt. Allerdings stellen methodische Mängel ihre Ergebnisse in Frage (vgl. Kritik von *Freeman* 1983; Erwiderung von *Mead* 1983).

Abgesehen von extrem einseitigen Vertretern der einen oder anderen Auffassung zur Anlage-Umwelt-Kontroverse war eigentlich auch schon *Freud* (1930) und später bei Verwendung verfeinerter Methoden zunehmend klar, daß ein Zusammenwirken biologischer Faktoren und erfahrungsbildender Umweltbedingungen die Grundlage von Sozialisationsprozessen ist. *Child* (1954) betont in diesem Sinne die biosoziale Besonderheit von Sozialisationsprozessen. Nach ihm ist Sozialisation ". . . the whole process by which an individual, born with behavioral potentialities of enormously wide range, is led to develop actual behavior which is confined within a much narrower range – the range of what is customary and acceptable for him according to the standards of his group" (S. 655).

Je nach den biologischen und kulturellen Gegebenheiten werden bestimmte Handlungsmuster in der Persönlichkeitsentwicklung aufgebaut. Als *Enkulturation* werden dabei die subtilen Prozesse der Übernahme kultureller Merkmale in individuelles Handeln bezeichnet.

Auch in anderer Hinsicht sind Wechselwirkungen im Sozialisationsprozeß anzunehmen. Lange Zeit wurde das Individuum als passiver Empfänger von Einflüssen der Außenwelt angesehen, und Ergebnisse der Persönlichkeitsentwicklung in Abhängigkeit von externen Einflüssen verstanden. Das gilt auch für die Erziehungsstilforschung und die schichtspezifische Sozialisationsforschung.

In diesem Sinne hat *Emile Durkheim* (1895, 1965), einer der Väter der Sozialisationsforschung, Sozialisation als Sozialwerdung bzw. Prägung des Individuums aufgefaßt.

Die Vorstellung, daß das Individuum durch gesellschaftliche Bedingungen "geprägt" wird, ist heute durch differenziertere Ansätze, die die Wechselseitigkeit der Beziehung zwischen Individuum und Umwelt im Prozeß der Sozialisation und der Persönlichkeitsentwicklung betonen, abgelöst.

Es lassen sich folgende erkenntnisleitende Modellannahmen für die Sozialisation und Persönlichkeitsentwicklung unterscheiden:

1. *Mechanistisches Modell:* Die Umwelt wird als Ursache für Entwicklungsprozesse, d.h. Aufbau und Änderung von Persönlichkeitsmerkmalen gesehen. Der menschliche Organismus "reagiert" auf Umweltreize.

2. *Organismisches Modell:* Impulse für die menschliche Entwicklung liegen im Individuum selbst. Dabei folgt der Entwicklungsprozeß qualitativ verschiedenen Phasen, die sich nach allgemein gültigen Gesetzen entfalten. Die Umwelt kann sich hemmend oder förderlich auf das Tempo dieser Abfolge auswirken.

3. *Systemisches und interaktives Modell:* Entwicklung entsteht durch die wechselseitige Anpassung und Durchdringung von Person und Umwelt bzw. von psychischen und sozialen Systemen.

4. *Interaktives und reflektives Modell:* Menschliche und soziale Entwicklung hängen wechselseitig voneinander ab. Dabei entscheidet das handelnde Individuum über Ziele und deren Realisierung (auch in bezug auf die selektive Übernahme von Umwelterwartungen). Als Persönlichkeitsentwicklung gelten alle Prozesse der aktiven Gestaltung der eigenen Entwicklung aufgrund von Reifung und Erfahrung; bei der wechselseitigen Beeinflussung der menschlichen und sozialen Entwicklung spielen auch biologisch vorgegebene Merkmale (u.a. Temperament) neben der aktiven reflektiven Handlungskompetenz des Individuums eine Rolle.

Diese verschiedenen Modellvorstellungen haben sich in der Psychologie vor allem in lerntheoretischen, psychoanalytischen, ökologischen und interaktions- und handlungstheoretischen Ansätzen niedergeschlagen. Der Kulturvergleich hat bei der Überprüfung dieser Modellvorstellungen immer eine Rolle gespielt und war wesentlich an einer Weiterentwicklung dieser erkenntnisleitenden Grundannahmen beteiligt.

3   Der kulturvergleichende Ansatz in der Sozialisationsforschung

3.1   Historische Grundlagen

Der kulturvergleichende Ansatz ist seit Beginn der wissenschaftlichen Entwicklung von Psychologie und Soziologie als Methode der Sozialisationsforschung verwendet worden. Die Forderung nach einer vergleichenden Sozialisationsforschung geht bereits auf den Soziologen *Emile Durkheim* (1895, 1965) zurück. Für ihn lag die Bedeutung des vergleichenden Ansatzes in der Beschreibung und Erklärung kulturinvarianter und kulturspezifischer Phänomene in verschiedenen Kulturen. Am Beispiel der in vielen Kulturen üblichen Initiationsriten verdeutlicht *Durkheim* einen im Sozialisationsprozeß universellen Phasenverlauf, für den aber kulturspezifisch unterschiedliche Normen bestehen, welche Beginn, Art und Verlauf dieser Phasen bestimmen. Die durch Riten festgelegten Übergangsformen von einer Lebensphase in die nächste (in traditionellen Kulturen von der Kindheit direkt ins Erwachsenenalter oder in modernen Gesellschaften von der Kindheit ins Jugendalter) markieren neue soziale Rollen oder regulieren den Sozialisationsprozeß so, daß sich bestimmte Fähigkeiten und Verhaltensweisen entwikkeln, die für ein bestimmtes Lebensalter und für bestimmte Situationen kulturell erwünscht und notwendig sind.

Externe Anforderungen an das Individuum und interne Bedingungen, diesen Anforderungen zu entsprechen, wandeln sich im Laufe des Sozialisationsprozesses und unterscheiden sich zwischen verschiedenen Kulturen.

In der *Psychologie* ist der Kulturvergleich seit Beginn der Entwicklung dieser Wissenschaft eine unverzichtbare Methode. *Wundt*, der mit der Einrichtung seines experimentellen Labors 1875 in Leipzig als Gründer der Psychologie gilt, war mit der ausschließlichen Verwendung der experimentellen Methode im Labor nicht zufrieden und hat einen beträchtlichen Teil seiner letzten 20 Lebensjahre darauf verwendet, eine 10bändige Völkerpsychologie zu verfassen, die die historischen und kulturellen Ergebnisse menschlichen Handelns psychologisch analysiert.

Ebenfalls unzufrieden mit dem experimentellen Vorgehen war *Franz Boas* (1949, 1973), der kurze Zeit in *Wundts* Labor gearbeitet hatte und als Begründer der *Anthropologie* gilt. Sein Interesse galt der Beschreibung kultureller Bedingungen und deren Einfluß auf menschliches Verhalten. Er hat die berühmten Arbeiten zur Persönlichkeit und Kultur von *Mead* (1928) und *Benedict* (1959) angeregt.

Psychologische, soziologische und anthropologische Ansätze der Sozialisation sind weiter nachhaltig von *Freud* beeinflußt. Zwar ging *Freud* von organismischen Annahmen einer unveränderlichen Phasenabfolge menschlicher Entwicklung aus, er erkannte aber auch den Einfluß von kultureller Umwelt auf die Gestaltung dieser Phasen. Auch hat *Freud* selbst die kulturhistorischen Voraussetzungen menschlichen Handelns u.a. in Totem und Tabu (1913) dargelegt.

3.2 Kultur und Persönlichkeit

Anthropologen wie *Mead*, die von der Umweltdeterminiertheit menschlicher Entwicklung ausgingen, versuchten nachzuweisen, daß in anderen Kulturen ganz andere Entwicklungsprozesse ablaufen, die mit den europäisch-amerikanischen Vorstellungen nicht vereinbar sind. *Mead* (1928) hat dies u.a. am Verhalten von weiblichen Jugendlichen auf Samoa dargelegt. Ihr ging es darum zu zeigen, daß individuelles Verhalten nicht unabhängig von bestimmten kulturspezifischen Besonderheiten ist, die diesem Verhalten erst Bedeutung verleihen, und ohne die singuläres Verhalten nicht zu verstehen ist. Ähnlich wie ihre Kollegin *Ruth Benedict* vertrat *Mead* die Auffassung, daß durch Eintauchen in die Kultur und Beteiligung am Leben der zu untersuchenden Gruppe die Merkmale dieser Gruppe in ihrem systematischen Zusammenwirken zu verstehen sind. Dieser Ansatz ist als "*configurationist approach*" in die Forschungsgeschichte eingegangen.

Daneben wurde in der Anthropologie unter dem Einfluß von *Freud* der *funktionalistische* Ansatz in der kulturvergleichenden Sozialisationsforschung verfolgt. Begründer und früher Vertreter der funktionalistischen Schule war *Bronislaw Malinowski*. Er befaßte sich mit Zusammenhängen zwischen Werten, Verhalten, Ritualen und matrilinealen Sozialstrukturen auf den Trobriand-Inseln u.a. um zu prüfen, ob unter Bedingungen geringer Bedeutung des Vaters bei Jungen der Ödipus-Komplex nicht oder nur schwach auftritt (*Malinowski* 1923).

Trotz erheblicher methodischer und theoretischer Mängel dieser frühen anthropologischen Arbeiten (vgl. *Freeman* 1983; *Jahoda* 1982) haben diese Untersuchungen gezeigt, wie lohnenswert die systematische Erforschung von Beziehungen zwischen Kultur, Sozialisationsbedingungen und Persönlichkeitsentwicklung ist. Dies hat die kulturvergleichende Sozialisationsforschung bis heute geprägt (*Harkness & Super* 1987).

Weiter haben diese Arbeiten empirisch nachgewiesen, wie unterschiedlich Sozialisationsbedingungen und individuelles Verhalten in anderen Kulturen sind.

Schließlich sind bereits – trotz aller methodischer Schwächen – wichtige Einsichten für Methoden kulturvergleichender Sozialisationsforschung gewonnen worden. Insbesondere hat sich die systematische Aufnahme empirischer Daten aus verschiedenen Quellen – psychologische Tests, biographische Informationen, Beobachtungen in

verschiedensten Situationen und demographische Daten –, wie dies auch in neuen methodischen Ansätzen gefordert wird (*Campbell & Fiske* 1959) und gerade für den Kulturvergleich eine Notwendigkeit darstellt, als unschätzbarer methodischer Vorzug zur
Validierung von Konstrukten und Befunden erwiesen.

Problematisch ist natürlich, den *Kulturbegriff* zu definieren. In der Literatur liegen
dazu zahlreiche Versuche vor. Das kann nicht erstaunen angesichts der Tatsache, daß
es sich hier um einen Begriff mit hohem Abstraktionsniveau handelt, mit dem viele
Phänomene gleichzeitig umschrieben werden sollen. Kultur beinhaltet die von einer
sozialen Gruppe verwendeten Deutungs- und Handlungsmuster, Wissen, Sprache und
Techniken zur Bewältigung von Anpassungsproblemen im Umgang des Menschen
mit seiner Umwelt. Kulturmerkmale stehen dabei in einem integrierten Zusammenhang miteinander in der Weise, daß sich diese Merkmale gegenseitig verstärken und
ergänzen. Kultur ist einerseits Teil der Umwelt des Menschen und wird andererseits
vom Menschen gemacht (vgl. *Segall* 1979; *Boesch* 1984).

Beim *Kulturvergleich* von Sozialisation ist jedoch nicht das Anliegen, ganze kulturelle Systeme und deren Besonderheiten beschreibend zu vergleichen. Vielmehr geht
es darum, verschiedene Kulturen aufzusuchen, um die Varianz der dort repräsentierten
Phänomene unter theoretischen Fragestellungen zu erweitern. Kulturelle Besonderheiten dienen hier der Operationalisierung von theoretisch interessierenden Konstrukten.
Der systematische inter- und intrakulturelle Vergleich dient dann als Methode, um
theoretisch angenommene Zusammenhänge zu überprüfen.

3.3 Kulturelle Einflüsse auf Persönlichkeitsentwicklung

Die Frage nach dem Zusammenhang von Umweltbedingungen und Prozessen der Persönlichkeitsentwicklung wurde in der Folge dieser frühen anthropologischen Studien
durch systematische Vergleiche kultureller Effekte auf die Persönlichkeit weitergeführt.
Dabei haben das Ehepaar *Whiting* und ihre Mitarbeiter seit Beginn der 50er Jahre den
nächsten großen Schritt getan. Die *Whitings* gingen von der Vorstellung aus, daß frühkindliche Erfahrungen stabile Persönlichkeitsmerkmale beeinflussen. Im einzelnen
besagt ihr Modell, daß
- Merkmale der Geschichte und der natürlichen Umgebung einer Gesellschaft Einfluß
  haben auf
- die Erziehungsmethoden für Kinder; diese wiederum beeinflussen
- relativ überdauernde psychologische und physiologische Merkmale der Mitglieder
  einer Gesellschaft, welche ihrerseits zum Ausdruck kommen in
- kulturellen, projektiv-expressiven gesellschaftlichen Systemen (*Whiting* 1981,
  S. 155).
Viele Untersuchungen, die diesem Modell gefolgt sind, fragen nach Erziehungseinflüs-
sen auf die Entwicklung von Verhalten (z.B. Zusammenhang von Fixation und Erzie-
hungsstil; *Whiting & Child* 1953).

Der wesentliche Beitrag dieses Vorgehens war, einzelne relevante Sozialisationsbedingungen und deren Verhaltenskonsequenzen in der Persönlichkeitsentwicklung (z.B. Beziehung zwischen Schlafarrangements zwischen Mutter und Kind und Ritualen für männliche Jugendliche) herauszuarbeiten und somit von globalen Kulturmerkmalen abzurücken (*Harkness & Super* 1987).

Der andere, in diesem Modell vorgezeichnete Weg war, zu fragen, welche Umweltbedingungen und kulturellen Faktoren die Art der Kindererziehung beeinflussen. Die klassische Untersuchung von *Barry, Child & Bacon* (1958) zur Frage nach dem Zusammenhang von praktizierter Wirtschaftsform und bevorzugter Kindererziehung in über 100 Gesellschaften steht in dieser Tradition. Die Autoren weisen nach, daß in Gesellschaften mit ausgeprägter Nahrungsmittelkonservierung eher Werte wie Kooperation, Verantwortung, Konservatismus und in Gesellschaften mit niedriger Nahrungsmittelkonservierung eher Werte wie Initiative und Kreativität bevorzugt werden.

Entsprechend unterscheiden sich diese Gesellschaften in der Art der Kindererziehung: Im ersten Fall werden Kinder strenger und eher nach Gehorsamsregeln erzogen; im zweiten Fall wird bei Kindern eher Selbständigkeit und Neugierdeverhalten gefördert. Aus der gegebenen Wirtschaftsform einer Gesellschaft leiten die Autoren ab, ob Sozialisationspraktiken eher auf Anpassung oder Selbständigkeit ausgerichtet sind.

Schließlich ist auf einen wichtigen methodischen Fortschritt zu verweisen, der durch die Studien von *Whiting & Whiting* (1975) auf der Grundlage dieses Modells erfolgt ist. Während eine Vielzahl kulturvergleichender Untersuchungen vor allem von Sekundäranalysen ethnographischer Berichte (z.B. Human Relation Area Files, HRAF) ausgeht (*Whiting & Child* 1953; *Rohner* 1975), sollte die Anfang der 50er Jahre begonnene "Six Culture-Study" des Ehepaares *Whiting* die Probleme solcher Sekundäranalysen überwinden. Diese erste großangelegte Felduntersuchung zur systematischen Beobachtung des Verhaltens von Kindern verschiedener Altersgruppen in ihrer natürlichen Umwelt fand in sechs ganz verschiedenen Kulturen statt. Die Hauptergebnisse beziehen sich auf Zusammenhänge zwischen der soziokulturellen Umwelt der Kinder und ihrem Sozialverhalten.

In Kulturen mit hoher sozialer und technischer Komplexität waren Verhaltensmerkmale wie Abhängigkeit vs. Dominanz höher, und in weniger komplexen Kulturen waren Merkmale wie Helfen/Verantwortlichkeit ausgeprägter (Dimension A). Weiter zeigte sich in Kulturen mit Kernfamilienstruktur eher sozial-intimes Verhalten und bei Vorherrschen von Großfamilienstruktur ein stärkeres Auftreten von autoritativem und aggressivem Verhalten (Dimension B).

Allerdings ist die diesen Untersuchungen zugrundeliegende Annahme, daß bestimmte Umweltbedingungen bestimmte Verhaltensdispositionen zur Folge haben, die im weiteren Lebensverlauf und über verschiedene Situationen stabil sind, heute weitgehend überholt. Der Zusammenhang zwischen Kultur und Persönlichkeit und die dabei relevanten Sozialisationsprozesse sind komplizierter.

3.4   Kulturelle Variation in Struktur und Prozeß der Persönlichkeitsentwicklung

Freud (1930) nahm einen endogenen, universell vorprogrammierten individuellen Entwicklungsprozeß über vorgegebene Phasen an, was bereits durch kulturvergleichende Arbeiten von Anthropologen wie *Mead* (1928) in Frage gestellt wurde. Untersuchungen zu internen Prozessen der kognitiven und moralischen Entwicklung des aktiv handelnden Individuums, in denen relativ früh kulturelle Faktoren mit berücksichtigt wurden (*Piaget* 1966/1974), lassen wenig Zweifel an der Universalität der ersten sensu-motorischen Phase in der frühen Kindheit (*Dasen & Heron* 1981). Eine Vielzahl von kulturvergleichenden Studien zur kognitiven Entwicklung hat dann aber nachgewiesen, daß die Geschwindigkeit der von *Piaget* angenommenen Phasenabfolge von kulturellen Besonderheiten, vor allem von Entwicklungsmöglichkeiten und -anforderungen an Kinder abhängen. Dabei kommt es in verschiedenen nichtwestlichen Kulturen gar nicht erst zur Entwicklung der höheren kognitiven Stufen. Eine kulturelle Variation im Endpunkt der kognitiven Entwicklung sowie kultur- und aufgabenspezifisch ganz unterschiedliche Fähigkeiten für komplexe kognitive Prozesse verstärken Zweifel an *Piagets* Modell endogener invarianter Prozesse in der kognitiven Entwicklung (*Kagan* 1984).

Ähnliche Kritik gilt für *Kohlbergs* (1974) 6-Stufen-Modell der moralischen Entwicklung, das interne Kohärenz und universelle Abfolge der einzelnen Stufen sowie auch ein universelles Kriterium für die Feststellung höchster moralischer Entwicklung annimmt. Kulturvergleiche in traditionellen und nicht-westlichen Kulturen stellen diese Annahme in Frage. Die oberen drei Stufen scheinen typische Merkmale für soziale Beziehungen in westlichen demokratischen Industriegesellschaften darzustellen (*Edwards* 1982).

Gemäß *Kohlbergs* eigenen Annahmen eines interaktiven kognitiven Entwicklungsverlaufes müßte das aktiv seine Umwelt konstruierende Individuum, wenn es sich ein realistisches Bild seiner sozialen Umwelt macht, bei Unterschieden in der sozialen Realität zu solchen Deutungen dieser Realität kommen, die sich in der bevorzugten kognitiv-moralischen Entwicklungsstufe spiegeln.

Damit wäre z.B. zu erklären, daß in nicht-christlichen und kollektivistischen Kulturen das jüdisch-christliche Modell der autonom verantwortlich handelnden Person unangemessen ist (*Hsu* 1984) und damit auch kein angemessenes Muster für die moralische Entwicklung darstellt. Nach diesen Überlegungen bestimmt nicht die einzelne Person die Kulturangemessenheit kognitiver Strukturen. Diese Strukturen werden vielmehr von der Kultur vorgegeben. Bestimmte Persönlichkeitsmerkmale, soziale Interaktionsmuster und Urteile mögen in einer Kultur angemessen, aber in einer anderen Kultur höchst unerwünscht sein. Je nachdem, welche Entwicklungsanforderungen in der jeweiligen Kultur gestellt werden, und welches Mittel sie für die Erreichung dieser Ziele bereit hält, werden andere Sozialisationsbedingungen und -prozesse der Persönlichkeitsentwicklung relevant.

3.5 Entwicklung im kulturellen Kontext

In diesem Sinne versteht *Whiting* (1981) Kultur als Vermittler von kontextuellen Gegebenheiten ("culture as provider of settings") (z.B. Alter und Geschlecht von Interaktionspartnern des Kindes). Eine ähnliche Überlegung liegt auch dem ökologischen Modell von *Bronfenbrenner* (1979, 1981) zugrunde, der die Persönlichkeitsentwicklung im Zusammenhang mit relevanten kontextuellen Gegebenheiten (u.a. der Kultur) untersucht. Die hiervon bei uns angeregte ökologische Sozialisationsforschung (vgl. *Walter* 1973; *Vaskovics* 1982) hat in zahlreichen Einzeluntersuchungen empirisches Material zusammengetragen, das die Fruchtbarkeit dieses Modells unterstützt.

Der kontextuelle Ansatz läßt sich mit dem von *Harkness & Super* (1987) eingeführten Konzept der Entwicklungsnische weiter differenzieren. Die Autoren unterscheiden zwischen dem

- physischen und sozialen Kontext, in dem das Kind aufwächst (einschließlich alltäglicher Routinen),
- den kulturspezifisch regulierten Gebräuchen der Kindererziehung (Erziehungsstile) sowie
- den naiven Theorien und affektiven Orientierungen der Sozialisationsagenten.

In diese Richtung gehen auch Überlegungen von Sozialisationsforschern und Entwicklungspsychologen, die nicht unbedingt kulturvergleichend arbeiten, aber die Bedeutung kultureller Faktoren als kontextuelle Bedingungen für die Persönlichkeitsentwicklung erkannt haben. So versuchen *Lerner & Kauffman* (1985) und *Lerner* (im Druck) in ihrem kontextuellen Modell der Entwicklung eine Integration organisch-interner und umweltbedingt-externer Entwicklungsprinzipien; hier werden die verschiedenen Ebenen menschlichen Handelns und deren Zusammenhänge in Beziehung zu den verschiedenen sozio-kulturellen Faktoren der Sozialisation gesetzt.

Bei diesen Überlegungen gewinnen klassische Ansätze der Psychologie und Soziologie wieder neue Bedeutung. *Lewin* (1982) hat menschliches Verhalten immer als ein Ergebnis des Zusammenwirkens von Person-Umwelt-Interaktion verstanden. Ähnlich ist dies in frühen soziologischen Ansätzen des symbolischen Interaktionismus verstanden worden. *Mead* (1934) sah Sozialisation als Aufbau des sozialen Selbst im Prozeß der aktiven Gestaltung von Interaktionen zwischen Mensch und Umwelt.

Der vorliegende Band folgt dieser Tradition mit dem Ziel, die Sozialisationsforschung durch das kulturvergleichende Paradigma weiterzuführen. Wir gehen hier davon aus, daß der Mensch im Rahmen vorgegebener kultureller Strukturen und Deutungsschemata und im Verlauf seines Lebens seine kulturelle Umwelt mitgestaltet. Insofern ist Sozialisation ein wechselseitiger Prozeß zwischen Mensch und kultureller Umwelt. Besonderheiten und Wirkungen der Sozialisationsfaktoren müssen daher im kulturellen Kontext analysiert werden.

4   Möglichkeiten und Probleme einer kulturvergleichenden Sozialisationsforschung

Eine kulturvergleichende Sozialisationsforschung hat die *Möglichkeit*, Bedingungen und Prozesse der Sozialisation in verschiedenen Kulturen systematisch zu erfassen, theoretische Aussagen über Sozialisationsprozesse zu prüfen und ggf. zu modifizieren sowie Methoden zur Erfassung von Sozialisation und Sozialisationstechnologien zu verbessern. Eine systematische Beschreibung der kulturellen Besonderheiten der Sozialisation in bestimmten Kulturen (*emic approach*) ist damit zu ergänzen durch die Analyse kulturinvarianter Sozialisationsphänomene (*ethic approach*).

Die Möglichkeiten und Vorteile des Kulturvergleichs für die Sozialisationsforschung ergeben sich aus grundlegenden *methodischen Problemen der Sozialisationsforschung.*

In der Sozialisationsforschung besteht die Schwierigkeit, daß eine Vielfalt von Variablen Verlauf und Ergebnis der Persönlichkeitsentwicklung beeinflußt, ohne daß diese empirisch ausreichend kontrolliert werden können. Theoretisch interessierende Einflußvariablen sind schon aus praktischen und vor allem auch ethischen Gründen schwer zu manipulieren. Sozialisationsprozesse sind ihrer Natur nach nur in begrenztem Maße und nur für bestimmte eingeschränkte Fragestellungen unter experimentellen Bedingungen im Labor ökologisch valide erfaßbar.

4.1   Möglichkeiten des Kulturvergleichs: Methodische Vorteile

Methodische Vorteile des Kulturvergleichs bestehen darin, Probleme der Validität von Meßverfahren zu erkennen und ggf. zu lösen, die Varianz der theoretisch interessierenden Variablen zu erweitern sowie die in unserer Kultur konfundierten Variablen zu entkonfundieren. In einer Kultur gewonnene Ergebnisse lassen sich schwer verallgemeinern, u.a. weil dort die Varianz der Sozialisationsbedingungen und -phänomene notwendigerweise eingeschränkt ist.

Durch *Varianzerweiterung* von Bedingungen und Phänomenen werden Theorien härteren Tests ausgesetzt. Dies ist z.B. für Fragen zum Einfluß der Familienstruktur auf die Persönlichkeitsentwicklung relevant. So ist z.B. die in unserer Gesellschaft nicht mehr übliche Großfamilie mit ihren entwicklungsrelevanten Bedingungen (z.B. soziale Kontrolle durch eine Vielzahl von Bezugspersonen über mehrere Generationen) in anderen Kulturen noch selbstverständlich. Eine solche Bedingungskonstellation läßt sich also nur durch Einbeziehung solcher anderer Kulturen bzw. anderer historischer Epochen vorfinden.

Ähnlich sind in unserer Kultur bestehende Zusammenhänge zwischen Familienstruktur, familialer Erziehung und Persönlichkeitsentwicklung (z.B. der Motivgenese) nicht generalisierbar, weil diese Bedingungen so in anderen Kulturen nicht bestehen. Kulturanthropologische, psychologische und soziologische interkulturelle Vergleiche decken systematische Unterschiede in Familiensystemen und -funktionen auf (vgl. *Huber; Liegle; Silbereisen* et al.; *Kornadt; Behnken* et al., *Trommsdorff*, alle in diesem Band). Sie nutzen den Vergleich von Kulturen mit ganz unterschiedlichen familialen Sozialisationsbedingungen, um die Varianz der theoretisch interessierenden Anfangsbedingungen zu erweitern. Das führt einerseits zu generalisierbaren sowie andererseits zu kulturspezifischen Aussagen.

Ein klassisches Beispiel zum Nutzen der Varianzerweiterung sind Untersuchungen zum Zusammenhang zwischen Entwöhnungszeitpunkt und dem Auftreten emotioneller Störungen im Kindesalter. Während in einer Kultur (USA) normalerweise die Entwöhnung spätestens nach 12 Monaten üblich war, ließ sich in anderen Kulturen eine weitaus längere Stillzeit beobachten. Die Entwicklungsrelevanz dieser Variablen läßt sich erst durch Einbeziehung der Varianz, die in verschiedenen Kulturen gegeben ist, prüfen. Wenn man sich nur auf Stichproben aus den USA stützt, zeigt sich ein linearer Zusammenhang zwischen Entwöhnungszeitpunkt und emotionellen Störungen; im Kulturvergleich hingegen wird dieser Zusammenhang kurvilinear (*Whiting & Whiting* 1975).

Durch den Kulturvergleich lassen sich weiterhin Variablen, die bei uns *konfundiert* sind, *isolieren*, um den jeweiligen Anteil dieser Variablen an der aufzuklärenden Varianz von Sozialisationsprozessen und -ergebnissen festzustellen. Dazu sind solche Kulturen zum Vergleich heranzuziehen, in denen die entsprechenden Variablen isoliert auftreten. Dies versucht der Experimentalpsychologe im allgemeinen durch entsprechende Manipulation von Variablen im Labor. Mangelnde Validität der Ergebnisse in dieser künstlichen Umwelt kann jedoch seine Befunde unbrauchbar machen. Im Kulturvergleich sind die in einer Kultur konfundierten Faktoren (z.B. von Eltern- und Altersgruppen, von familialer und beruflicher Sozialisation) durch Auswahl entsprechender geeigneter Kulturen trennbar. So lassen sie sich in ihrer Wirkung unter "natürlichen", ökologisch validen Bedingungen prüfen. Durch die Einbeziehung des kulturellen (oder nationalen) Kontextes lassen sich Kulturen (oder Gesellschaften) als Variablenmuster auffassen, die im Sinne eines experimentellen Vorgehens, aber anders als im Labor, nämlich unter "natürlichen" Bedingungen variiert werden können, um so deren möglichen Einfluß auf interessierende Sozialisationsphänomene zu untersuchen. Die jeweiligen theoretischen Variablenmuster und deren funktionale Bedeutung sind daher als kulturelle Variablen zu erkennen, deren Funktion für den Sozialisationsprozeß zu untersuchen ist.

Damit besteht die Möglichkeit, die auszuwählenden *Kulturen als Indikatoren für bestimmte theoretische Konstrukte* zu verwenden, um so deren spezifischen Erklärungsbeitrag zu prüfen. *Przeworski & Teune* (1979) fordern in diesem Zusammenhang, die Bezeichnung von Kulturen oder Nationen zu ersetzen durch Variablennamen, also durch theoretische Konzepte.

Damit würde über den formalen und deskriptiven Vergleich von Phänomenen in verschiedenen kulturellen Kontexten hinaus auch eine *Erklärung und Vorhersage* von Sozialisationsphänomenen möglich sein. Die Einbeziehung möglichst verschiedener Kulturen mit dem Ziel der theoriegeleiteten Varianzvergrößerung, Entkonfundierung von Variablen und Validitätsverbesserung von Indikatoren würde so eine möglichst strenge Hypothesentestung erlauben. Dies wirkt möglichen *ethnozentrischen Fehlschlüssen* in der Konzeptualisierung und Theoriebildung entgegen (vgl. *Hofstede; Kornadt* in diesem Band).

Darüber hinaus bietet die interkulturelle vergleichende Sozialisationsforschung einen weiteren Vorteil – die *Verknüpfung* verschiedener *theoretischer Ansätze und Analyseebenen*, insbesondere der Verbindung von Mikro-, Meso- und Makroebene.

Des weiteren kann die kulturvergleichende Sozialisationsforschung der Verbesserung von *Sozialisationstechnologien* dienen. So sind Fragen der interkulturellen Interaktion und damit verbundene Sozialisationsaufgaben heute in einer in vielen Lebensbereichen international verflochtenen Welt höchst relevant. Dies gilt z.B. für Modernisierungsprozesse in Entwicklungsländern (vgl. *Heidt; Weiland* in diesem Band), für Akkulturationsprobleme (vgl. *Silbereisen* et al. in diesem Band) und unfreiwillige und freiwillige Kulturbegegnungen bei Flüchtlingen und Migranten (vgl. *Thomas* in diesem Band), oder für die berufliche Sozialisation in multinationalen Organisationen (vgl. *Hofstede* in diesem Band).

4.2   Methodische Probleme des interkulturellen Vergleichs

Andererseits verschärfen sich beim interkulturellen Vergleich die methodologischen und meßtheoretischen Probleme der Sozial- und Verhaltenswissenschaft. Die in verschiedenen Kulturen beobachteten Phänomene müssen so gemessen werden, daß sie in bezug auf die theoretisch relevanten Kriterien miteinander vergleichbar sind. Dazu ist eine Metasprache (z.B. Meßtheorie) erforderlich die erlaubt, die notwendige Isomorphie zwischen Meßverfahren und Phänomenbereich zu sichern. Dies wird durch Verwendung reliabler, objektiver und valider Untersuchungsverfahren geleistet.

Ein besonderes Problem beim Kulturvergleich besteht jedoch darin, daß die gewählten Verfahren zwar in einer Kultur den methodischen Ansprüchen genügen können, nicht aber in einer anderen Kultur (*Kornadt; Silbereisen* et al. in diesem Band). Formal identische Merkmale (z.B. Fragebogenitems; Untersuchungssituation) können in verschiedenen Kulturen verschiedene Bedeutung haben. Blinde Rückübersetzung und die Verwendung formal identischer Fragen, Skalen und Beobachtungseinheiten sind daher keine Lösung zur Sicherung der Äquivalenz von Indikatoren (vgl. *Eckensberger* 1973; *Trommsdorff* 1978, 1986, im Druck). Probleme des Kulturvergleiches bestehen vor allem in der Sicherung der *funktionalen, konzeptionellen, linguistischen und metrischen Äquivalenz* sowie in der angemessenen Stichprobenwahl (der

Kulturen, Institute, Individuen, Verhaltensklassen) (vgl. *Brislin, Lonner & Thorndike* 1973; *Lonner & Berry* 1986).

Formal gleiche Skalen können von Personen aus verschiedenen Kulturen ganz unterschiedlich verstanden und verwendet werden. Wenn z.B. die kulturspezifische Norm wirksam ist, klare und eindeutige Aussagen möglichst zu vermeiden, werden Probanden die neutrale Skalenmitte bevorzugen; oder wenn die kulturelle Norm gilt, Bescheidenheit zu zeigen und eher eigene Schwächen zu betonen, werden Verzerrungen anders sein als in einer Kultur, in der es üblich ist, sich eher positiv darzustellen. Weiter können die subjektive Bedeutung einzelner Fragen, der Skalenwerte und ihrer Abstände voneinander in verschiedenen Kulturen ganz verschieden sein. Diese möglichen Fehler bzw. kulturspezifischen Tendenzen in Bedeutung und Verwendung von Verfahren lassen sich zwar durch Vorversuche feststellen, dabei sind jedoch methodische Kenntnisse allein nicht ausreichend; immer sind dazu empirische Kulturkenntnisse erforderlich.

Äquivalenzprobleme bestehen auch hinsichtlich der Stichprobenwahl. So können soziale Schichtkriterien bei der Auswahl von Probanden je nach Kultur verschieden verankert sein. Sozialisationspraktiken in mexikanischen im Vergleich zu nordamerikanischen Mittelschichtfamilien sind weder für die jeweilige dortige Gesellschaftsstruktur in gleicher Weise repräsentativ, noch erfüllen sie die gleichen sozialen Funktionen in bezug auf die Sozialisation der jeweiligen Generation (vgl. *Tallmann, Marotz-Baden & Pindas* 1983).

Auch beim Vergleich von Sozialisationsbedingungen in Mittelschichtfamilien verschiedener Gesellschaften mit gleichem Modernisierungsgrad wie in der Bundesrepublik und in Japan treten solche Äquivalenzprobleme auf, da in Japan die Zugehörigkeit zur Mittelschicht von einem völlig anderen Klassen- und sozialen Differenzierungsbewußtsein geprägt ist als in der Bundesrepublik (*Trommsdorff, Suzuku & Sasaki* 1987). Hinter gleichem Verhalten können sich schließlich kulturspezifisch verschiedene Entwicklungsprozesse verbergen, die aufzudecken ein Fortschritt in der Theoriebildung bedeuten würde (vgl. *Silbereisen* et al.; *Kornadt* in diesem Band).

Das Äquivalenzproblem besteht nicht nur beim interkulturellen Vergleich; auch intrakulturelle Vergleiche, die z.B. für Fragen der Beziehung von Sozialisation und sozialem Wandel wichtig sein können (vgl. *Behnken* et al.; *Trommsdorff* in diesem Band) erfordern zusätzliche Methodenprüfverfahren, die auf die theoretischen Fragestellungen abzustellen sind.

Zentral für die Entwicklung von geeigneten Indikatoren für den Kulturvergleich ist zu prüfen, ob die gewählten Indikatoren in den verschiedenen Kulturen mit gleicher Validität erlauben, auf die Ausprägung des theoretisch interessierenden Merkmals zu schließen.

Dafür empfiehlt sich die Verwendung *multipler Indikatoren* (vgl. *Przeworski & Teune* 1970). Deren Struktur muß in den zu vergleichenden Kulturen ähnlich (äquivalent) sein und das theoretische Konstrukt angemessen (valide) abbilden, ohne, daß dabei in den verschiedenen Kulturen nur gleiche Items verwendet werden müssen. Meßverfahren und Untersuchungssituationen können kultur- und kontextabhängig unterschiedliche soziale und psychologische Bedeutungen haben und somit ganz verschiedenen Phänomene abbilden. Sie können aber auch bei augenscheinlicher Verschiedenheit der Forderung genügen, das gleiche Phänomen in verschiedenen Kulturen funktional äquivalent abzubilden (vgl. *Trommsdorff*, 1984, im Druck)

Das *Äquivalenzproblem* tritt bei der Datenaufnahme und -interpretation auf. Um ethnozentrische Fehler zu vermeiden, ist Äquivalenz von Methoden und Konstrukten erforderlich; dies setzt vielfältige theoretische und methodologische Überlegungen und Vorstudien voraus.

Weitere Probleme der kulturvergleichenden Forschung bestehen schließlich in der *Organisation*, z.B. Art der Beteiligung der ausländischen Kollegen, der Amtsträger, der Probanden, der Art der Infrastruktur für die Datenaufnahme und -verarbeitung sowie in ethischen Fragen der Durchführung der Forschung.

Damit sind u.a. auch Probleme der Übertragung im Westen entwickelter Konstrukte, Modelle und Vorgehensweisen auf nicht-westliche Gesellschaften impliziert. Dies hat häufig zu Vorwürfen einer "imperialistischen Satellitenforschung" westlicher Industrienationen geführt. Erst die Einbeziehung der auswärtigen Forscher in alle Stadien des Projekts erlaubt eine rechtzeitige Kontrolle ethnozentrischer Kurzschlüsse und Voreingenommenheiten.

Das von *Hofstede* (in diesem Band) ausgeführte Beispiel der Zusammenarbeit mit Wissenschaftlern ganz anderer Kulturen (chinesische Kulturen) macht deutlich, daß dadurch auch bisher nicht berücksichtigte Phänomene (Werte-Dimensionen) überhaupt erst erkannt und theoretisch fruchtbar gemacht werden können.

Schließlich sind Probleme der *Anwendung und Technologie* bei interkulturellen Programmen zu berücksichtigen. In der Entwicklungspolitik ist z.B. die Verknüpfung der Grundlagenforschung von Sozialisationsprozessen und praktischen Bildungshilfe insofern ein Problem, als häufig "westliche" Bildungsprogramme für Bildungssysteme von Entwicklungsländern verwendet werden; dabei wird angenommen, daß damit Voraussetzungen für eine den westlichen Standards angemessene Ausbildung und für eine schnelle erfolgreiche Modernisierung in diesen Ländern (vgl. *Heidt; Weiland* in diesem Band) gegeben sind.

Abgesehen davon, daß Inhalte und praktische Vermittlung westlicher Bildungsprogramme oft sehr weit von kulturellen Besonderheiten und vom Erfahrungshintergrund des betreffenden Entwicklungslandes entfernt sind, wird schließlich das Ergebnis dieser Maßnahme, der "Bildungserfolg" häufig mit Methoden evaluiert, die westlich verankert, also kulturspezifisch und unzureichend für eine valide Messung in dem betreffenden Entwicklungsland sind.

So sind z.B. im Westen entwickelte Verfahren zur Messung der Leistungsmotivation auch in bezug auf deren Genese und Sozialisationsbedingungen im Rahmen westlicher Theorien eingebettet. Wenn sich nun zeigt, daß trotz Implementierung westlicher Bildungsprogramme keine oder nur eine schwache Steigerung von Leistung und Leistungsmotivation (gemäß den im Westen entwickelten Meßverfahren) zu erkennen ist, so läßt sich dies entweder auf die Wirkungslosigkeit des Bildungsprogrammes oder die Kulturunangemessenheit des Meßverfahrens oder beides zurückführen. Dies bedeutet z.B., daß das theoretische Konstrukt Leistungsmotivation je nach kulturellem Sozialisationskontext in einem anderen funktionalen Zusammenhang mit Entwicklungsbedingungen und Motivsystem der Persönlichkeit steht.

Tatsächlich zeigen kulturvergleichende Studien, daß in nicht-westlichen Kulturen die Leistungsmotivation eng mit dem Gesellungsmotiv verknüpft sein kann und durch ganz andere Sozialisationsbedingungen aufgebaut wird (vgl. *Kornadt* 1969 für Kenia und in diesem Band; *DeVos* 1973 für Japan; *Park* 1980 für Korea).

Wenn aus augenscheinlichen Zusammenhängen, die auf invaliden Meßergebnissen beruhen, falsche Schlüsse gezogen werden, ist dies besonders problematisch, weil damit Grundlagen für weitere ungeeignete Bildungshilfemaßnahmen gelegt werden, die unerwünschte und unvorhergesehene Folgen haben. Enttäuschungen können die Bereitschaft von Empfänger- und Geberländern vermindern, konstruktive kulturangemessene Hilfsmaßnahmen aufzubauen und können u.U. zu einer Eskalation von Mißerfolgen in der Entwicklungspolitik führen (vgl. *Weiland; Heidt* in diesem Band).

5. Zusammenfassung

Mit dem vorliegenden Band sollen Möglichkeiten und Probleme der kulturvergleichenden Sozialisationsforschung verdeutlich werden. Wenn man Sozialisation als einen Prozeß versteht, durch den das Individuum Voraussetzungen für die Übernahme von relevanten Funktionen in der Gesellschaft entwickelt, erweist sich der kulturvergleichende Ansatz geradezu als erforderlich.

1. Die Person ist nicht passiver Empfänger von Umwelteinflüssen, sondern aktiv handelndes Individuum mit eigenen Zielen, das die wahrgenommenen Umweltfaktoren gemäß vorgegebenen kulturellen und subjektiv verankerten Schemata verarbeitet und selbst auf die Umwelt verändernd einwirkt. Diese wechselseitige Beeinflussung von Individuum und Umwelt führt zu ständig neuen Bedingungen für den weiteren Sozialisationsprozeß und damit zu neuen Aufgaben für das Individuum und die an seiner Sozialisation beteiligte Umwelt.

2. Damit ist eine laufende Änderung in der gegenseitigen Einflußnahme von Individuum und Umwelt anzunehmen. Sozialisation muß daher als lebenslanger Prozeß untersucht werden. Übergänge von einer Lebensphase in die nächste gewinnen damit besondere Bedeutung für die Sozialisationsforschung.

3. Diese gegenseitige Einflußnahme von Individuum und Umwelt erfolgt in unterschiedlichen Kontexten, die jeweils die Art der Wechselwirkungen im Prozeß der Sozialisation mitbestimmen. Daher ist Sozialisation in ihren verschiedenen kontextuellen

Bezügen sowie im sozialen und kulturellen Wandel zu untersuchen. Dies erfordert einerseits eine synchronische (zeitgleiche) Betrachtung von Sozialisation in verschiedenen kulturellen (sozialen und ökologischen) Kontexten sowie andererseits eine diachronische (zeitverschobene) Analyse über verschiedene historische Epochen.

Auf der Grundlage dieser drei Annahmen kann eine interkulturell angelegte Sozialisationsforschung bisherige fruchtbare Ansätze weiterführen und deren methodische Schwächen vermeiden. Für eine zukünftige Sozialisationsforschung erscheint es daher unerläßlich, die Forschungsperspektive auf Interaktionsprozesse zwischen Individuum und Umwelt, auf lebenslange Prozesse und auf unterschiedliche Kontexte der Sozialisation zu erweitern. Allerdings sind diese drei Bereiche so eng miteinander verbunden, daß eine einseitige Fokussierung auf nur einen Bereich problematisch ist.

So dürften Person-Umwelt-Interaktionen aus der Perspektive von Lebenslauf und sozialem Wandel eigentlich nur in kombinierten Quer- und Längsschnittvergleichen bzw. in synchronen und diachronen Verfahren in verschiedenen Kontexten untersucht werden. Aus methodischen und forschungspraktischen Gründen läßt sich jedoch immer nur ein Ausschnitt von Sozialisationsprozessen untersuchen, was dann zur Vernachlässigung anderer Bereiche führt.

Daher ist die Möglichkeit, einen Band zum Thema Sozialisation im Kulturvergleich herauszugeben, ein Weg, die verschiedenen, für die Weiterführung der Sozialisationsforschung relevanten Perspektiven darzulegen, ohne einem Forscher oder einer Forschergruppe allein die Last der Verknüpfung dieser Perspektive in einem empirisch zu prüfenden Untersuchungsplan aufzubürden.

Literatur

Barry, H. H. III., Child, I. L., Bacon, M. K. (1958): Relation of child training to subsistence economy. Amer. Anthropol. 61, 51-63

Benedict, R. (1959): Patterns of culture. Boston: Houghton Mifflin (7. Aufl.)

Boas, F. (1949): Language and culture. New York: McMillan

Boesch, E. E. (1983): Das Magische und das Schöne: Zur Symbolik von Objekten und Handlungen. Stuttgart: Frommann-Holzboog

Brislin, R. W., W. J. Lonner, R. M. Thorndike (1973): Cross-cultural research methods. New York: Wiley

Bronfenbrenner, U. (1979): The ecology of human development. Experiments by nature and design. Cambridge, M. A.: Harvard University Press

Bronfenbrenner, U. (1981): Die Ökologie der menschlichen Entwicklung. Natürliche und geplante Experimente. Stuttgart: Klett-Cotta

Campbell, D. T., Fiske, D. W. (1959): Convergent and discriminant validation by the multitrait-multimethod matrix. Psychol. Bull. 56, 81-105

Child, I. L. (1954): Socialization. In: *G. Lindzey* (ed.), Handbook of Social Psychology, Vol. 2, 655-692. Cambridge/Mass.: Addison-Wesley

Dasen, P. R., Heron, A. (1981): Cross-cultural tests of Piaget's theory. In: A. Heron & E. Droeger (eds.), Handbook of cross-cultural psychology: Developmental Psychology. Boston: Allyn and Bacon

DeVos, G. A. (1973): Socializiation of achievement: Essays on the cultural psychology of the Japanese. Berkeley, Calif.: University of California Press

Durkheim, E. (1895): Les règles de la méthode sociologique. Paris: Alcan; deutsch: Durkheim, E. (1965): Die Regeln der soziologischen Methode. Neuwied: Luchterhand, 2. Aufl.

Eckensberger, L. H. (1973): Methodological issues of cross-cultural research in developmental psychology. In: J. R. Nesselroade, H. W. Reese (eds.), Life-span developmental psychology: Methodological issues. New York: Academic Press, 43-64

Edwards, C. P. (1982): Moral development in comparative cross-cultural perspective. In: D. A. Wagner & H. W. Stevenson (eds.), Cultural perspectives on child development. San Francisco: Freeman, 248-297

Eibl-Eibesfeldt, I. (1972): Similarities and differences between cultures in expressive movements. In: R. A. Hinde (ed.), Nonverbal communication. Cambridge: Cambridge University Press 297-314

Freeman, D. (1983): Margaret Mead and Samoa: The making and unmaking of an anthropoligical myth. Cambridge, M.A.: Harvard University Press

Freud, S. (1913): Totem and Tabu. Einige Übereinstimmungen im Seelenleben der Wilden und Neurotiker. Wien: Heller

Freud, S. (1930): Civilization and its discontents. New York: Jonathan Cape and Harrison Smith

Harkness, S., Super, C. M. (1987): The uses of cross-cultural research in child development. Ann. Child Development 4, 209-244

Hraft, F. M., Cebar, A., Suddard (eds.) (1960): HRAF Press

Hsu, F. L. K. (1985): The self in cross-cultural perspective. In: A. J. Marsella, G. DeVos, F. L. K. Hsu (eds.) Culture and self. Asian and Western Perspectives. New York: Tavistock Publications, 24-55

Hurrelmann, K. (1986): Einführung in die Sozialisationstheorie. Weinheim – Basel: Beltz

Jahoda, G. (1982): Psychology and anthropology: A psychological perspective. London: Academic Press

Kagan, J. (1984): The nature of the child. New York: Basic Books Inc.

Kohlberg, L. (1974): Zur kognitiven Entwicklung des Kindes. Frankfurt: Suhrkamp

Kornadt, H. J. (1969): The cognitive organization of achievement motivation and some cultural differences between Kenya and Germany. Paper read at the International Conference on Subjective Culture, Athen (mimeo)

Lerner, R. M. (im Druck): Developmental contextualism and the life-span view of person-context interaction. In: M. Bornstein & J. S. Bruner (eds.), Interaction in human development. Hillsdale, NJ: Erlbaum

Lerner, R. M., Kauffman, M. B. (1985): The concept of development in contextualism. Developm. Rev. 5/4, 309-333

Lewin, K. (1982): Feldtheorie, In: C. F. Graumann (ed.), Kurt Lewin Werkausgabe, Band 4, Bern: Huber

Lonner, W., Berry, J. W. (1986): Field methods in cross-cultural research. London: Sage

Mead, M. (1928): Coming of age in Samoa. New York: Wiley

Mead, M. (1983): Cultural discontinuities and personality transformation. J. Soc. Iss. 39/4, 161-177

Mead, M. (1934): Mind, self and society. Chicago: Morris

Malinowski, B. (1923): Psycho-analysis and anthropology. Psyche, 4. 293-322

Park, K. (1980): Leistungsmotivation in Korea. Berlin: Freie Universität, Offsetdruck-Dissertation

Piaget, J. (1966): Nécessité et signification de recherches comparatives en psychologie génétique. Internat. J. Psychol. 1, 3-13 (englische Übersetzung in J. W. Berry, P. R. Dasen (eds.) (1974): Culture and cognition: Readings in cross-cultural psychology. London: Methuen, 299-310)

Przeworski, A., Teune, H. (1970): The logic of comparative social inquiry. New York

Rohner, R. P. (1975): They love me, they love me not: a worldwide study of the effects of parental acceptance and rejection. HRAF

Scarr, S. (1985): Constructing psychology. Making facts and fables for our times. Amer. Psychol. 40, 499-512

Segall, M. H. (1979): Cross-cultural psychology. Human behavior in global perspective. Monterey/Ca.: Books/Cole Publ.

Super, C. M., Harkness, S. (1986) The developmental niche: A conceptualiziation at the interface of child and culture. Internat. J. Behav. Developm. 9, 1-25

24 G. Trommsdorff

Tallmann, I., Marotz-Baden, R., Pindas, P. (1983): Adolescent socialization in cross-cultural perspective. Planning for social change. New York, London: American Press

Triandis, H. C., Brislin, R. W. (eds.) (1980): Handbook of cross-cultural psychology, Vol. 5: Social psychology. Boston: Allyn and Bacon

Trommsdorff, G. (1978): Möglichkeiten und Probleme des Kulturvergleichs am Beispiel einer Aggressionsstudie. Kölner Z. Soz. Sozialpsychol. 2, 361-381

Trommsdorff, G. (1984): Familiale Sozialisation im Kulturvergleich: Japan und Deutschland. Z. Sozialisationsforsch. Erziehungssoz. 4, 79-97

Trommsdorff, G.(1986): German cross-cultural psychology. The German Journal of Psychology, 10, 240-266

Trommsdorff, G., T. Suzuki, M. Sasaki (1987): Soziale Ungleichheit aus der Sicht von Deutschen und Japanern. Wertstrukturen im Vergleich. Kölner Z. Soz. Sozialpsychol. 39, 496-515

Trommsdorff, G. (1989): Interkultureller Vergleich. In: *G. Endruweit, G. Trommsdorff,* Wörterbuch der Soziologie. Stuttgart: Enke

Vaskovics, L. A. (Hrsg.) (1982): Umweltbedingungen familialer Sozialisation. Beiträge zur sozialökologischen Sozialisationsforschung.Stuttgart: Enke

Walter, H. (Hrsg.) (1973): Sozialisationsforschung – Beiträge zu einem Konzept, 3 Bände. Stuttgart: Frommann-Holzboog

Whiting, B. B. (1981): Culture and social behavior: A model for the development of social behavior. Ethos, 8, 95-116

Whiting, B. B., Whiting, J. W. M. (1975): Children of six cultures: a psycho-cultural analysis. Cambridge, M. A.: Harvard University Press

Whiting, J. W. M. (1981): Environmental constraints on infant care practices. In: *R. H. Munroe, R. L. Munroe, B. B. Whiting* (eds.), Handbook of cross-cultural human development. New York: Garland

Whiting, J. W. M., Child, I. L. (1953): Child training and personality. New Haven, C. T.: Yale University Press

Wundt, W. (1904–1920): Völkerpsychologie. Eine Untersuchung der Entwicklungsgesetze der Sprache, Mythos und Sitte. Leipzig: Engelmann, 1-10

Sozial- und kulturanthropologische Theorien zur Sozialisationsforschung

Hugo Huber

Übersicht

Man mag *Margaret Meads* Definitionen von Enkulturation als „process of learning a culture in all its uniqueness and particularity" und von Sozialisation als „abstract statements about learning [(a culture)] as an universal process" (1963, S. 185) willkürlich finden, ihre Betonung der unterschiedlichen Abstraktionsebenen aber und ihr Postulat, daß jegliche Theorie im Bereich der Sozialisation auf der Analyse konkreter Kulturen und auf systematischen transkulturellen Vergleichen aufbauen muß, hat zweifelsohne generelle Gültigkeit. Der Bedeutungsunterschied der Begriffe ist m.E. mehr akzentmäßig als prinzipiell: In der den gesellschaftlichen Aspekt betonenden und mehr der sozialanthropologischen Perspektive entsprechenden Bezeichnung „Sozialisation" liegt der Akzent auf der geschlechts- und alterskonform gesteuerten Einübung und Übernahme der kulturspezifischen Erwachsenenrollen, auf der progressiven Integration der Jugend in ihre Gesellschaft. „Enkulturation" steht mehr für die kulturanthropologische Sicht und meint das durch die ältere Generation gelenkte Hineinwachsen der jungen Generation in ihre kulturelle Umwelt, das Erlernen des volkseigenen Wissens, die Übernahme der von den Vorfahren überlieferten Symbolsysteme, Normen und Werte[1]. Formelles und informelles Lehren und Lernen sind in beiden Perspektiven die Schlüsselbegriffe. In unserer Darstellung steht die Primärsozialisation im Rahmen der Hausgemeinschaften im Vordergrund.

---

[1] Diese Zuweisung ist nur als Tendenz zu sehen. Tatsächlich gebrauchen Vertreter beider Richtungen beide Bezeichnungen vielfach ohne klare Unterscheidung.

1   Sozialanthropologische Akzente der Sozialisationsforschung

1.1   Theoretischer Ansatz: Strukturfunktionalistische Sicht

Audry I. Richards (1970) weist auf der Jahresversammlung der britischen Sozialanthropologen 1967 auf ihren bis dahin recht bescheidenen theoretischen Beitrag zum Thema Sozialisation hin. Wohl haben schon ihre Begründer, *A.R. Radcliffe-Brown* durch seine Definierung der Grundkategorien der Verwandtschaftssysteme, der sozialen Strukturen und Normen, der Autorität und ihrer Kontrollfunktionen, und *B. Malinowski* (1944) durch seine Betonung der menschlichen Bedürfnisse in seiner Kulturdefinition und durch seine Hervorhebung der intrakulturellen Wechselbeziehungen und der Sinngebung der Teilsysteme im Gesamtsystem den Grund zum strukturfunktionalistischen Verständnis der Sozialisation gelegt. Auch haben, ähnlich wie *Malinowski* selber in seinen Forschungen auf den Trobriand-Inseln[2], seine Schüler in ihren bekannten Arbeiten über die Tallensi (*M. Fortes*, 1938, 1949), die Tikopia (*R. Firth*, 1970), die Zentralbantu (*A.I. Richards* 1950) u.a. die Thematik direkt angesprochen. Insgesamt ist aber, nach *Ph. Mayer* und *A.I. Richards*[3], der sozialanthropologische theoretische Ansatz hierin ohne größere Entfaltung geblieben.

Eine oft zitierte frühe Arbeit von *M. Fortes* (1938), „Social and Psychological Aspects of Education in Taleland“, faßt den theoretischen Standort der Sozialanthropologen m.E. gut zusammen. Danach werden soziale Reifung und Entfaltung, graduelle Integration in die ererbten wirtschaftlichen, sozialen und religiös-rituellen Strukturen der Erwachsenenwelt und die Aneignung der darin geforderten und durch rituelle Sanktionen geschützten differenzierten Verhaltensnormen innerhalb der Abstammungsgruppe, aber auch gegenüber den Gliedern der Heiratspartnergruppen unter Berücksichtigung der Generation, der Seniorität und des Geschlechts, ferner das Erlernen der geschlechtsspezifischen Arbeiten, Rechte und Pflichten, der rituellen Gebote und Verbote als Sinn und Ziel der Sozialisation betrachtet und ihr Studium als Grundpostulat der Sozialisationsforschung gesehen.

In ihrem oben zitierten Aufsatz fordert *A.I. Richards* eine sinnvolle Erweiterung des Forschungsfeldes durch Einbezug der in der neueren Kulturanthropologie betonten Themen wie Kognition, kosmologische und rituelle Systeme, Mythen, Normen und Werte. „We should“, faßt sie ihr Plädoyer für die Zukunft zusammen, „find ourselves to correlate the structure and institution type with the value type“ (ibid., S. 19).

---

[2] Es fällt auf, wie stark Malinowski auch das individual- und sozialpsychologische Moment betont hat. *Jahoda* (1982, S. 33) geht soweit, daß er ihn im Gegensatz zum Strukturfunktionalisten Radcliffe-Brown als „psychologischen Funktionalisten“ bezeichnet.
[3] Siehe Einleitung von *Ph. Mayer* und Review-Artikel von *A. I. Richards* in: *Ph. Mayer* (Ed.). Die bibliographischen Referenzen von *J. Middleton* (1970: XVIIff.) weisen aber doch auf eine stattliche Anzahl sozialanthropologischer Arbeiten zur Sozialisationsthematik hin.

1.2 Sozialisation, Sozialstruktur und sozialer „Raum"

Die für die Sozialanthropologen relevanten, von der Gesellschaftsstruktur her gegebenen Sozialisationsvariablen umfassen: Abstammungsprinzip, Residenzmuster, Komposition und Struktur der Hausgemeinschaft, primäre Rangordnung nach Alter und Generation und geschlechtsspezifische Arbeitsteilung. Sie sind ihrerseits miteinander vernetzt.

Abstammungsprinzip: Wenn auch die vor allem von *Radcliffe-Brown* (1950) betonte Klassifizierung der Sozialsysteme nach dem Abstammungsprinzip in bilaterale und unilineare (vater- und mutterrechtliche) Systeme von neueren Autoren als zu wenig differenziert kritisiert und in ihrer Bedeutung relativiert worden ist, so kann man ihr, sofern man die schon von *M. Fortes* (1953) ergänzend betonte Komplementärfiliation (Beachtung auch der Beziehungen zu den Verwandten der Mutterseite in patrilinearen Ethnien) und die Variationen berücksichtigt, auch heute noch die grundsätzliche Berechtigung nicht absprechen. Gerade für die Sozialisationsdiskussion kommt ihr m.E. grundlegende Bedeutung zu.

Das Abstammungsprinzip wird in doppeltem Sinn zum wichtigen Einflußfaktor der Sozialisation: einerseits impliziert es eine betonte Ideologie der Abstammung – in der Patri- und Matrilinearität stärker, im bilateralen Prinzip weniger stark prononciert, andererseits ist mit der Formierung entsprechender Abstammungsgruppen gegeben, daß der Begriff „Familie" (soweit dieser hier verwendbar ist) nicht, wie in unseren Sozialsystemen, primär eine immer wieder durch Heirat neuentstehende nukleare Einheit, sondern die Abstammungsgruppe in ihrer vertikalen Dimension, inklusiv deren verstorbene Glieder, meint, deren Fortdauer durch Verheiratung und Prokreation immer wieder neu erwartet wird. M.a.W., die Prokreationsfamilie deckt und identifiziert sich weithin mit der Herkunfts- oder Orientierungsfamilie.

Das bedeutet einerseits eine systeminhärente, meist sehr starke Betonung des Weiterlebens im Kind – ein Faktor, der auf ritueller und sozialer Ebene von wesentlicher Bedeutung ist – und andererseits die Ausweitung der für die Sozialisation verantwortlichen Instanzen auf einen größeren Kreis familialer Mitträger, grundsätzlich und besonders aus ritueller Sicht, auch auf die Ahnen. Durch das Abstammungsprinzip werden die soziostrukturelle und affektive Nähe bzw. Distanz der Bezugspersonen mitbestimmt. Impliziert ist vor allem das Vater/Kind-Verhältnis, aber auch die Mutterbruder/Schwesterkinder-Beziehung. Wenn auch *Radcliffe-Browns* These einer grundsätzlich gespannten Autoritätsbeziehung zwischen Vater und Sohn in patrilinearen Ethnien und zwischen Mutterbruder und Schwestersohn in matrilinearen Gesellschaften gegenüber einem affektbetonten Verhältnis zwischen Vater und Kindern in matrilinearen und zwischen Mutterbruder und Schwesterkindern in patrilinearen Systemen etwas relativiert worden ist[4], so haben die empirischen Daten sie doch tendenzmäßig bestätigt.

---

[4] Vgl. dazu die klassische Darstellung intrafamilialer Beziehungen von *M. Fortes* (1949, bes. S. 196f.) bei

Residenzmuster und Komposition der Kohabitationsgruppe: Wo die Einzelhofsiedlung die Regel ist, wachsen die Kinder in mehr oder weniger abgesonderten Gehöftgemeinschaften auf, welche ihrerseits, je nach den Regeln der postnuptialen Residenz (viriuxori-, neolokal), des Abstammungsprinzips und der Praxis der Mono- bzw. Polygamie, recht unterschiedlich zusammengesetzt sein können. Als lokale Basiseinheit bedeutet die Hausgruppe für das Kind den sozialen „Raum", jene Nah- und Erfahrungswelt, welche seine Primärsozialisation wesentlich prägt. Während in patrilinearen Ethnien zumindest für die ersten Heiratsjahre Virilokalität die Regel ist, die Kinder entsprechend für kürzere oder längere Zeit – bis der Vater sein eigenes Haus gründet – im Gehöft ihres väterlichen Großvaters oft mit Brüdern des Vaters und deren eventuellen Heiratspartnerinnen zusammenleben, ist die Regel, wonach der Mann bei der Heirat zur Hausgemeinschaft der Frau zieht, erwartungsgemäß nur in matrilinearen Systemen bezeugt. Es sind dann neben der Mutter selbst die nächsten Verwandten der Mutterlinie, welche die Hauptverantwortung für die Sozialisation der Kinder übernehmen. Soziostrukturelle und lokale Nähe spielen in beiden Fällen zusammen, was nicht der Fall ist, wenn in matrilinearen Ethnien die Frau ins Gehöft ihres Mannes übersiedelt. Die Mutter bleibt aber, zumindest in den ersten Lebensjahren des Kindes, in allen Sozialsystemen die primäre Bezugsperson und Sozialisationsinstanz. Der Vater hingegen tritt in matrilinearen Ethnien mit uxorilokaler Heirat für die Sozialisation seiner Kinder bedeutungsmäßig stark zurück, vor allem dort, wo er nur Besuchergatte ist.

Eine besondere Sozialisationssituation schafft die Polygynie (Heirat des Mannes mit mehreren Frauen). Die darin gewöhnlich betonten Matrisegmente (einzelne Frau mit ihren Kindern) werden für diese letzteren zum Fokus spezifischer Betreuung und Identifizierung und späterer potentieller segmentärer Abspaltung. Anderseits wirken das Prinzip und Faktum gemeinsamer Abstammung und die darauf fußende Autorität des Familienhauptes einigend auf die Gehöftgemeinschaft. Das Aufwachsen in einer solchen polygynen Gemeinschaft, zusammen mit Halbgeschwistern, wird meist erst dann problemhaft und gespannt, wenn der Vater eine der Frauen mit ihren Kindern bevorzugt oder wenn eine der Frauen kinderlos ist oder beim Tod ihre Kinder den Mitfrauen zurückläßt.

Daß die Zusammensetzung der Kohabitationsgruppe auch bei grundsätzlich gleichem Abstammungsprinzip oft variiert, hat *A.I. Richards* (1950) in ihrer typologischen Übersicht der matrilinearen Zentralbantu gezeigt. Es ist auch zu beachten, daß die aktuelle Komposition der Hausgruppen durch Geburten, Heiraten, Todesfälle, situationsbedingte Affiliation oder Trennung, statistisch-demographisch gesehen, in stetem Wandel begriffen ist[5], was neben den menschlichen Qualitäten der konkreten Sozialisationsträger für die Formung der Kinder zum Zufallsfaktor wird.

---

den Tallensi, wo das Kind-Vater-Verhältnis als ambivalent, als Respekt- und Spannungsverhältnis, zugleich aber auch als emotionale Beziehung der Nähe geschildert wird.
[5] Siehe dazu die schematische Übersicht in meiner Kwaya-Monographie (*Huber* 1973, S. 27ff.).

Für das Kind beginnt mit der Geburt die progressive Integration in die Hausgemeinschaft. In der Namensgebung und den ersten sozialen Zuwendungen gestaltet sich seine Frühpersönlichkeit. Von der Hütte der Mutter als erstem, sehr restriktivem sozialen „Raum" weitet sich seine Erfahrungswelt in den folgenden Monaten und ersten Jahren zunächst eher auf die weiblichen, beim Knaben aber schon bald auch auf die männlichen Mitbewohner aus[6]. Der Vater hat dabei eine Sonderstellung. Die soziale Umwelt präsentiert sich dem Kind als normale Alltags- und Erwachsenenwelt ohne wesentliche Abschrankungen.

Seniorität, Generations- und Geschlechtszugehörigkeit: Innerhalb der Abstammungsgruppe und ihrer lokalen Basis, der Hausgemeinschaft, sind die primären Rangdifferenzierungen der Sozialisationsinstanzen nach Seniorität, Generation und Geschlecht Kriterien, welche das Verhältnis zum Kind stark mitbestimmen.

Das *Senioritätsprinzip* spielt, nach der Definition von *Radcliffe-Brown* (1950, S. 24), primär auf der Ebene der gleichen Generation eine Rolle, d.h. unter Brüdern und Schwestern im biologischen und klassifikatorischen Sinn. Es hat aber auch Auswirkungen auf die andern Generationen. So sind für das Kind nicht nur sein ältester Bruder und seine älteste Schwester, sondern auch die ältesten Geschwister von Vater und Mutter, je nach Abstammungsprinzip, markante Autoritätsträger. Umgekehrt haben der erstgeborene Sohn in patrilinearen und die erste Tochter in matrilinearen Systemen als primäre Garanten der Gruppenkontinuität auch vorrangige Sozialisationsansprüche im wirtschaftlichen, rechtlichen und rituellen Bereich. Bestimmend für die Seniorität ist neben dem biologisch höheren Alter oft auch die Geburt von der Seniorfrau des Vaters.

Das durch *Radcliffe-Brown* (1950, S. 27ff.) aufgestellte und durch die empirischen Daten weithin gestützte *Generationsprinzip* besagt im wesentlichen, daß zwischen Verwandten angrenzender Generationen im allgemeinen und zwischen Eltern und Kindern im besonderen ein markantes, z.T. von Spannungen getragenes (zwischen Vater und Sohn) Inegalitätsverhältnis bestehe, während die Beziehung zwischen Großeltern und Großkindern durch freundliche Familiarität und sehr freimütiges gegenseitiges Verhalten geprägt sei. Reinkarnationsvorstellungen, das „Wiedererscheinen" verstorbener Großeltern in ihren Großkindern, werden als Begründung für letzteres genannt. Daß aber Autoritätsposition und emotionale Nähe, vorab zwischen Eltern und Kindern, ebenso freimütiges Verhalten und Achtung gegenüber dem Alter sich nicht ausschließen, dafür sprechen die ethnographischen Daten der meisten Völker (*Radcliffe-Brown, Forde* 1950 et al.).

Die *Geschlechtszugehörigkeit* als Einflußfaktor für die Sozialisation spielt sowohl auf der Ebene der Sozialisationsinstanzen als auch der jungen Generation eine Rolle. Wenn bei manchen Völkern von gegenseitigen Meidungsregeln zwischen den Jugendlichen beider Geschlechter die Rede ist, so werden diese weithin durch die betonte In-

---

[6] Diese stufenmäßige Integration des Kindes in die „Topographie" des Hauses und seine Gemeinschaft und ihre Ausweitung auf die nächsten Vater- und Mutterverwandten wird von *M. Fortes* 1938 und 1949, S. 190ff. beispielhaft geschildert.

zestscheu motiviert. Dahinter steht aber auch das mit der geschlechtsspezifischen Arbeitsteilung gegebene, durch die ethnographische Literatur bestätigte separate Hineinwachsen der Knaben und Mädchen in ihre Erwachsenenrollen[7]. Die vielfältig erwähnte Sozialisations-‚Methode‘ der aktiven Partizipation, der freien Imitation und der Identifizierung der Kinder mit ihrem gleichgeschlechtlichen Elternteil sind eine weitere Bestätigung dafür.

Schlußfolgerungen

1. Die strukturfunktionalistische Schule hat durch ihre systemische Perspektive und ihre Präzisierung der von der Sozialstruktur her gegebenen Einflußfaktoren einen bedeutenden Beitrag zur Sozialisationsforschung geleistet. Letztere sollten aber nicht isoliert, sondern in ihrem funktionalen Zusammenspiel gesehen und die darauf gründenden Sozialisationsbeziehungen in ihrer jeweiligen rechtlichen, affektiven und rituellen Dimension studiert werden. Die rezente Betonung der Symbolsysteme, Rituale und Wertvorstellungen impliziert ihrerseits nicht nur eine bedeutende Ausweitung, ein ganzes Netz neuer Bestimmungsfaktoren und Variablen, sondern auch eine wesentliche Neuorientierung der Sozialisationsforschung und eine deutliche Annäherung an die mentalistischen Kulturtheorien neuerer amerikanischer und französischer Kulturanthropologen.

2. Wenn die frühen Sozialanthropologen, besonders *Radcliffe-Brown*, den Primat der Strukturen und Normen und damit die gesellschaftliche Homogenität, Schutz und Sicherheit des Individuums im idealtypischen Sinn hervorhoben, so haben neuere Vertreter, wie die Manchester Richtung (*Gluckman* 1963), auch auf die Spannungs- und Konfliktelemente sowie auf die strukturellen und ökologischen Zwänge, aber auch auf einen gewissen Freiraum des einzelnen[8], nicht zuletzt des Kindes, hingewiesen und neben der Struktur auch die soziokulturelle Dynamik betont.

3. Wenn heute im Kontext des soziokulturellen Wandels die Tradition und Rezeption der von den Ahnen ererbten Normen und Wertordnung als Ziel und Leitbild der Sozialisation zum Teil schon bei den Sozialisationsinstanzen, noch mehr bei der jungen Generation, durch zweckrationales, materialistisch orientiertes Denken und Planen eingeholt wird, so bedeutet das für die Sozialisationsforschung den Einbezug wichtiger neuer Variablen. Dies gilt für die Primärsozialisation in der strukturell sich wandelnden Hausgemeinschaft, noch mehr aber für die lebenslange Weiterentfaltung des Individuums. Wenn früher manche traditionelle Ethnien in den Symbolriten und

---

[7] Für eine differenziertere ethnostatistische Analyse der geschlechtsspezifischen Sozialisation im Rahmen der verschiedenen Subsistenzformen und für die Isolierung der relevanten Variablen siehe: *H. Barry* et al. „Relation of Child Training to Subsistence Economy" in: Am. Anthropologist 1959, S. 51–63 sowie die kritische Neuformulierung von *L. Hendryk* in: Ethos 1985, S. 246–61

[8] Daß trotz starker Gemeinschaftsorientierung auch der individuellen Entfaltung Raum gegeben ist, hat *L. Rosenmayr* (1987) in seiner Untersuchung zur Sozialisation der Bambara vor allem aufgrund der biographischen Methode gezeigt.

Lehrprogrammen ihrer Initiationsfeiern[9] ihren Adoleszenten einen Kompaktunterricht über das kulturkonforme Erwachsenenverhalten erteilten, so ist durch den Einbruch kulturentfremdender Schulsysteme (vgl. Beiträge von *Weiland* und *Heidt*) und Medien die Basis der Sozialisationsinstanzen zwar breiter, aber auch komplexer geworden. Zu einer Theorie der Sozialisation im Rahmen der Akkulturation und des strukturellen Wandels hat die britische Sozialanthropologie – vielleicht wegen einer gewissen Scheu gegenüber kompromittierenden Kausalfaktoren auf der Makroebene – kaum Wesentliches beigetragen.

2 Kulturanthropologische Perspektiven

2.1 Kulturhistorisch-kulturtypologischer Ansatz

Die Arbeiten der frühen Wiener Schule, die sich auf die Sozialisationsthematik beziehen, sind wenig zahlreich. *Wilhelm Schmidt* hat in seinem 1924 zusammen mit *W. Koppers* publizierten Werk „Völker und Kulturen" versucht, die Formen der familialen und gesellschaftlichen Erziehung der „primitiven" Völker im Rahmen seiner Kulturkreistheorie zu erfassen und historisch zu interpretieren.

Schmidt ging es in seinen komparativen Arbeiten vorab um die ethische Dimension der Familienerziehung. Aufgrund ethnographischer Daten rezenter Wildbeutergruppen glaubte er nachweisen zu können, daß die Ur- und Frühzeit des Menschen nicht wie es die vor der Jahrhundertwende herrschenden evolutionistischen Gesellschaftstheorien gesehen haben, durch Promiskuität und Gruppenehe geprägt waren, sondern daß schon bei den Urvölkern Einzelfamilie und Individualehe ,in voller Klarheit und Festigkeit' bestanden (ibid., S. 148), und daß nicht nur die Liebe zum Kind, sondern auch seine Hinführung zu Solidarität und Altruismus, also sittliche Erziehung im vollen Sinn, dokumentiert seien (ibid., S. 168ff.).

Wenn auch heute *Schmidts* Argumentation kaum mehr überzeugt und wenn seine Kulturkreishypothese als solche heute schwerlich noch Anhänger findet, so ist sein kulturtypologischer Ansatz, soweit er die wichtigsten Subsistenzformen (Wildbeuter–Jäger–Ackerbauern–Hirten) als Grundkriterium seiner Klassifizierung nimmt, immer noch von gewisser Bedeutung, auch wenn diese einfachen „Wirtschaftsformen" kaum mehr ungemischt anzutreffen sind. Man wird gerade heute wieder gemäßigten kulturökologischen Theorien beipflichten und besonders für die archaischen Kulturen die kulturprägende Kraft der Subsistenzfaktoren und Wirtschaftsformen und damit auch ihren Einfluß auf die Sozialisierung anerkennen. Die frühen Kulturhistoriker haben aber den ökologisch-kulturtypologischen Ansatz für den Bereich der Sozialisation

---

[9] Vgl. dazu: *Huber* 1979. Die Behandlung dieser Thematik würde eine eigene größere komparative Arbeit verlangen.

theoretisch nicht weiterentfaltet. Man hat ihnen auch nicht zu Unrecht die Vernachlässigung der für die Sozialisationsanalysen wichtigen strukturfunktionalistischen
Betrachtungsweise angelastet.

2.2   Kultur und Grundpersönlichkeitsstruktur: Zur Diskussion innerhalb der amerikanischen Kulturanthropologie

Während die Sozialanthropologen in ihrer Sozialisationsforschung den Akzent auf die
Familien- und Gesellschaftsstruktur legten und die kulturhistorische Ethnologie ent-
wicklungsgeschichtliche Fragen auf Makroebene stellte, erkannten die amerikanischen
Kulturanthropologen schon früh die Bedeutung psychoanalytisch-psychologischer Forschung. Das Verhältnis zwischen Individuum und Kultur[10] wurde seit den 20er Jahren
zur vordergründigen Thematik ihrer Untersuchungen. Schon *F. Boas* (vgl. *Rudolph*
1968, S. 15–28) hatte gegenüber den anfangs des Jahrhunderts verbreiteten biologisch-
rassistischen Thesen mit ihrer Überbetonung der Erbfaktoren eine weitgehende kulturelle Determinierung der Person vertreten. *Ruth Benedict* (1934) ging in ihrer Konfigu-
rationstheorie von gestaltpsychologischen Prämissen aus, und *Margaret Mead* (1928)
suchte ihrerseits am Anfang ihrer Karriere die Boas-These am Verhalten der samoa-
nischen Adoleszentinnen zu dokumentieren[11] (vgl. *Trommsdorff* in diesem Band).

Die Kultur/Persönlichkeits-Diskussion innerhalb der amerikanischen Kulturanthropologie erreichte ihren frühen Höhepunkt in der Zusammenarbeit des Anthropologen
Ralph Linton mit dem Psychoanalytiker *Abram Kardiner*. Der Begriff der Grundpersönlichkeitsstruktur (basic personality structure) bei Kardiner, bzw. des Grundpersön-
lichkeitstyps (basic personality type) bei *Linton* wurde zum Kernpunkt ihrer Theorie
(s. bes. *Linton* 1945 und *Kardiner* 1945). *Kardiner* verstand darunter die für eine konkrete Kultur typische Ego-Struktur als Produkt der „Primärinstitutionen", d.h. der bei
der Geburt vorgegebenen Faktoren der physischen und soziokulturellen Umwelt, wie
Klima, Wirtschaftsform, Sozialstruktur und ihre Normen und Tabus, in welche das
Kind durch seine Eltern eingeführt wird. Die Grundpersönlichkeitsstruktur ihrerseits
bildet (nach *Kardiner*) den Ausgangspunkt für die Entstehung der „Sekundärinstitutionen", wie religiöse Ideen, Mythen, Kunst, Folklore, welche vorab durch einen Prozeß
von Projektionen, der bei frühkindlichen Erlebnissen und Sozialisationserfahrungen
ansetze, konstruiert werden.

Kardiner ist nicht allein aus theoretischen Überlegungen zu dieser Hypothese
gelangt. Er stützte sich auf empirisch-ethnographische Forschungen, vornehmlich auf
Lintons Untersuchungen bei den Tanala auf Madagaskar und auf den Marquesas und
auf die psycho-anthropologischen Forschungen von *Cora Dubois* (1944) auf der Insel

---

[10] Vgl. die Zusammenfassungen bei *Rudolph* 1959, *Becker-Pfleiderer* 1975 und *Erny* 1981.
[11] Vgl. dazu: *T. Freemans* vernichtende Kritik „Margaret Mead and Samoa" (Cambr., Mass. 1983) und die Gegenkritik (Am. Anthr. 1983, S. 908–47).

Alor[12.] *Kardiner* erschienen vor allem die frühkindlichen Reaktionen, Formen der Frustration und Kompensation bei nicht befriedigten Bedürfnissen als wichtige Indikatoren kulturbedingter schwacher Ego-Struktur. Für *Linton* hingegen sind auch die späteren Einflüsse der kulturellen Umwelt für den Aufbau der kulturtypischen Persönlichkeit von Bedeutung. Aktive Beobachtung und Eigenerfahrung, formelles und informelles Lernen und Umlernen tragen dazu bei. Die gelebte Kultur der Gruppe dient dabei als Modell. Im Grundpersönlichkeitstyp werden, nach *Linton*, die den Gliedern einer Kulturgruppe gemeinsamen Persönlichkeitselemente sichtbar. Sie bewirken bei einem Volk mehr oder weniger einheitliche Sinngebungen und Wertkategorien und, wenn diese in Frage gestellt werden, entsprechende emotionale Reaktionen.

Man hat *Kardiner* in der Deutung der Alor-Daten Theoriebefangenheit und ethnozentrische Interpretationen angelastet (vgl. *Becker-Pfleiderer* 1975, S. 41; *Watson* 1978, S. 3–21). Wenig klar erscheint auch seine Abgrenzung zwischen Primär- und den durch Projektion kreierten Sekundärinstitutionen.

An einer monokausalen Erklärung der Genese der Erwachsenenpersönlichkeit hatte, neben *Linton*, auch *Clyde Kluckhohn* (1949 u.a.) Kritik geübt. Am Beispiel der Navaho illustrierte er, daß bestimmte Charakterzüge der Erwachsenen aus spezifischen Kindheitserfahrungen erklärbar sind, andere, wie z.B. die relativ starke Angsterfülltheit, aber nicht. Oft seien es konkrete, vor allem bedrängende Lebenssituationen, wie Krankheit, Armut, Tod der Mutter oder des Vaters, welche unterschiedliche Lebensgestaltungen, aber auch wieder kulturtypische Reaktionsmuster schaffen. Nach *Kluckhohn* wirken frühkindliche Sozialisation und Institutionen der Erwachsenenwelt beim Aufbau der kulturkonformen Persönlichkeit zusammen. Er betont den dynamischen Charakter der Kulturen und damit auch die Wandelbarkeit der Persönlichkeitsstruktur, ihre Offenheit für Anpassung und immer wieder neue Integration (ibid., S. 196ff.). *Kluckhohn*, der als Anthropologe mit dem behavioristischen Lernpsychologen *O.H. Mowrer* zusammengearbeitet hat, ist demnach differenzierter in seiner Darstellung der Kultur/Persönlichkeits-Beziehung. Es geht ihm dabei nicht nur um rein kausale Faktoren, sondern auch um die integrativen Kräfte.

Eine Erweiterung des methodischen Ansatzes von *Kardiner* brachten die in den 50er und 60er Jahren von der Yale University ausgehenden, durch eine Reihe von Forschungsteams getragenen „Six Culture Studies" unter Leitung von *John* und *Beatrice Whiting, I. Child* und *W.W. Lambert*. Ihre ethnostatistische, komparative Arbeitsmethode, die zunächst von der weltweiten Datenbank der „Human Relations Area Files" ausging, erwies sich wegen der unterschiedlichen Qualität und Vergleichbarkeit der Daten als wenig fruchtbar. Mit der Organisierung der sechs Forschungsteams (je Mann und Frau), die in soziokulturell recht unterschiedlichen Gesellschaften, von gleichen theoretischen Prämissen ausgehend, nach gleichen Feldmethoden und mit gleichen Fragestellungen und Zielen arbeiten sollten, erhofften sie sich wissenschaftlich

---

[12] „The People of Alor" (1944). Die Autorin hat neben traditioneller anthropologischer Feldmethode psychologische Tests durchgeführt sowie Kinderzeichnungen und Biographien analysiert.

gültigere Vergleichsdaten und damit auch neue theoretische Einsichten in die Kultur/Persönlichkeits-Diskussion. Neben den schon von *Freud* und *Kardiner* betonten Verhaltensmustern im Kontext des Stillens bzw. der Entwöhnung (oral), des Reinlichkeitstrainings (anal) und des elterlichen Verhaltens zum kindlichen Sexualspiel (sexual) setzten sie in ihren Mütter- und Kinderbefragungen und systematischen Beobachtungen den Akzent auf die für die Sozialisation als wichtig erachteten Momente der Abhängigkeit/Unabhängigkeit und des Aggressionsverhaltens, (vgl. *Becker-Pfleiderer* 1975, S. 44) und zwar nach der Anleitung des von *J. Whiting* et al. (1966) herausgegebenen „Field Guide".

Trotz der Ergänzung der Interviews durch vorbestimmte Beobachtungen und trotz des Bestrebens der Korrespondenz in der Berücksichtigung der thematischen und kontextuellen Variablen waren die vorab in den beiden Werken „Mothers of Six Cultures" (hrsg. von *L. Minturn & W.W. Lambert* 1964) und besonders „Children of Six Cultures" (hrsg. von *B.B. & J.W.M. Whiting* 1975) publizierten theoretischen Ergebnisse aber mäßig. Neben der relativen Unerfahrenheit der Teams in der praktischen Forschung und der teilweisen Unergiebigkeit der vorprogrammierten Beobachtungssituationen und neben der relativ schwierigen Vergleichbarkeit der aus soziokulturell recht unterschiedlichen Ethnien stammenden Daten, waren die theoretischen Prämissen und Zielsetzungen einseitig auf die Frühkindheit orientiert und durch Psychoanalyse und Lerntheorie bestimmt. Die „Six Cultures Studies" haben aber eine Reihe ähnlich gestalteter Einzelforschungen angeregt, z.T. in Verbindung von Ethnologen und Psychologen.

Was schon durch die Forschungen der *Whitings* und ihrer Mitarbeiter eingeleitet wurde – nämlich die Berücksichtigung nicht nur der spezifischen Form frühkindlicher Sozialisation und psychischer Reaktionen für die Entstehung der Erwachsenenpersönlichkeit, sondern auch das Studium der soziokulturellen Voraussetzungen und Variablen für das Sozialisationsmuster wie Subsistenzform, Hausgruppenstruktur, Residenzmuster, soziale und religiöse Werte und Geschichte –, ist in der Neuzeit mehr und mehr zum Postulat geworden. Der Einfluß der Sozialanthropologie auf die einseitigen psychoanalytischen und psychologischen Ansätze der Kultur/Persönlichkeits-Theorien wird hierin sichtbar. *G. Jahoda* (1982, S. 128ff.) zitiert in diesem Kontext eine Untersuchung über das Mutter-Kind-Verhalten bei den Wolof von *J. Zempleni-Rabain*, welche von ihrer psychologischen und gleichzeitig anthropologischenAusbildung her das früher einseitig nach eurozentrisch orientierten psychologischen Modellen beurteilte Moment der Entwöhnung nach dem kulturellen Muster der Wolof selber in bemerkenswerter Klarheit reinterpretieren konnte.

In gewisser Anlehnung an die Kultur/Persönlichkeits-Theoretiker, besonders an *LeVine* (1973), legt *Beatrix Becker-Pfleiderer* (1975, S. 159ff.) ein differenzierteres Konzept zur ethnologischen Sozialisationsforschung vor. Sie spricht zwar auch von kulturspezifischen Verhaltensmustern im Bereich der Sozialisation, die mit dem Wertsystem der Gruppe zusammenhängen, und von deren prägendem Einfluß auf das „Sozialisationsfeld" des Kindes, betont aber gleichzeitig die intrakulturelle Varianz im Persönlichkeitstyp aufgrund differierender Erbanlagen und individueller Interpretation und Aktualisierung des Kulturmusters. Dabei wirken neben den eigentlichen Sozialisationsagenten auch das Beispiel anderer Personen im Sinn von Modellen auf das Sozialisationssubjekt. Als bedeutend erachtet sie auch den ökologischen Hintergrund im allgemeinen und den spezifischen „Oekos" des Kindes für sein Sozialisationsfeld. Etwas verwirrend und fragwürdig wirkt m.E. ihre Terminologie, wenn die Autorin zum individuellen „Oekos" des Kindes seine persönliche Veranlagung und die Autoritätsstruktur innerhalb seiner Familie und damit verbunden die Persönlichkeitsstruktur der Sozialisierungsagenten zählt (ibid., S. 160). Wichtig erscheint mir aber, daß sie in ihrem Modell das Zusammenspiel möglichst aller Faktoren – Ökologie, soziokulturelle Umwelt in ihrem Mikro- und Makrofeld, Erfahrungen und Reaktionen im Sozialisationsprozeß und auch ererbte Anlagen – berücksichtigt.

2.3 Sozialisation als Enkulturation

Dorothy Eggan zitiert einen Hopi-Indianer, der sich folgendermaßen über das Erlebnis der Initiationsfeier äußerte: „Es ist das Schönste, an das man sich erinnert: Man wird dabei inne, daß man ein Hopi ist. Es ist dies etwas, das der Weiße nicht zueigen haben kann, und das er uns auch nicht nehmen kann. Es ist unsere Art zu leben, die uns gegeben wurde, als die Welt begann" (übers. Repr. 1970, S. 131). Lebensform und Lebenstiefe – Kultur und Identität – erscheinen in diesem Zitat als eine Art heiliges Vermächtnis aus der Zeit des Anfangs, das jede Generation an ihre Kinder weitergibt. In der neueren kulturanthropologischen Literatur wird „Transmission of Culture" nicht selten als Kurzdefinition für die Sozialisation gebraucht. Sie ist insofern ungenügend, als sie nur oder doch einseitig die aktive Rolle der älteren Generation in der formellen und informellen Weitergabe der von den Vorfahren ererbten Sprache, Welt- und Wertanschauung, der ethischen Identität, des volkseigenen Wissens und Könnens, der sozialen Institutionen und Normen – kurz: der Kultur – zum Ausdruck bringt.

Weniger einseitig erscheint der Begriff „Enkulturation", wie ich ihn anfangs definiert habe. Er umfaßt beides, die Transmission der Kultur durch die Sozialisationsinstanzen und deren Übernahme im Sinn der zwar gesteuerten, aber doch aktiven und heute vermehrt selektiven Integration des Kindes und Jugendlichen in seine kulturelle Umwelt. Je offener und komplexer die Gesellschaft, um so kritischer ist meist die junge Generation in ihrer Auseinandersetzung mit dem kulturellen Erbe. *Nobuo Shimahara* (1970) spricht darum von Enkulturation als kreativem Prozeß, der beides umfaßt, sowohl die Dynamik der Transmission als auch eine psychologische Transmutation durch bewußt reflektiertes Lernen und Neugestalten besonders im reiferen Kindes- und Jugendalter, während das Kleinkind mehr unbewußt aufnimmt.

Was bietet die Kulturanthropologie an Theorien über den Enkulturationsvorgang? *A.P. Cavender* (1982, S. 389) stellte in Anlehnung an *Tindall* (1976) ein diesbezügliches weitgehendes Manko fest. *A. Tindall* selbst hat in seinem Übersichtsartikel aber doch auf theoretische Ansätze in den Arbeiten von *Gearing, Kimball, Spindler* u.a. hingewiesen. Diese gehen logischerweise von zwei ineinander mündenden prozessualen Vorgängen aus: von einem interpsychischen, interaktiv-soziokulturellen „Prozeß" einerseits und einem intrapsychischen Lernprozeß im Individuum anderseits, wobei ersterer primär in den Bereich der Anthropologie, letzterer in den der Psychologie gehört. In beiden stehen die Fragen nach dem Modus, nach dem Inhalt und dem sozialen Umfeld im Vordergrund. Die kulturspezifischen Inhalte des Lehrens und Lernens – Ethos und Weltanschauung, kosmische Symbolik, Sprache, Klassifikationsmodelle und Evaluationskriterien, soziale Verhaltensnormen, praktische Kenntnisse und Fertigkeiten – sind im archaischen Rahmen von jeher von der Ethnologie studiert worden. Mit der Betonung kulturrelativistischer Theorien sind transkulturelle Vergleiche eher in den Hintergrund getreten. Umgekehrt sind mit der neueren Entfaltung mentalistischer Kulturtheorien durch *C. Lévi-Strauss, W. Goodenough, D.M. Schneider, C. Geertz* u.a. (vgl. *E. Renner* 1983, S. 216ff.) psychologisch-kognitive Fragestellungen in den Mittelpunkt kulturanthropologischer Diskussionen gerückt: Gibt es kulturspezifische Unterschiede im Denken? Kann man von universalen mentalen Strukturen, Ordnungs- und Symbolsystemen sprechen? Welchen Stellenwert hat das Emotionale im Enkulturationsprozeß?

Seit „La pensée sauvage" (*Lévi-Strauss* 1962) spricht man kaum mehr von „magischem" Denken, wohl aber von den Kontrasten abstrakt/konkret, inhaltlich/relationell. Wenn Enkulturation vor allem ein Lehr- und Lernprozeß ist, muß die interkulturelle Sozialisationsforschung davon Kenntnis nehmen, ebenso von der medialen Bedeutung von Ritus, Symbol und Metapher, vor allem im Kontext der heute zwar nur noch sporadisch und verkürzt praktizierten Initiationsschule. *Jenny Cook-Gumperz* (1983, S. 123) definiert Sozialisation als „the creation of individuals' social identities, by means of which the society's structuring is reproduced". Sie betont damit die schon von *Durkheim* postulierte moralische Kraft als Basis für den Aufbau sozialer Identität. Wenn man in idealtypischer Perspektive die Kreation sozialer Identität als Identifikation mit dem kulturellen Erbe und dessen Verinnerlichung als Inhalt und Ziel der Enkulturation sieht, spürt man die Wichtigkeit einer solchen von der Gemeinschaft ausgehenden moralischen Kraft für die persönliche Motivation ihrer Glieder. Übermittlung auf kognitiver Ebene genügt nicht.

Thomas Luckmann (1972, S. 186) vertritt die Auffassung, daß in archaischen Gesellschaften persönliche Identität sich so gut wie ausschließlich in unmittelbaren sozialen Beziehungen der Verwandtschaft entfalte, daß Primär- und Sekundärsozialisation nahezu bruchlos ineinander übergehen, und daß die Individuation im strikten Sinn des Wortes ein religiöser Vorgang sei. Diese Formulierung gewinnt dort an Kraft, wo der mystische Rückbezug auf die Ahnen und Gottheiten noch Gültigkeit hat.

3 Epilog

Sozialanthropologie und Kulturanthropologie mit ihren unterschiedlichen Perspektiven und Akzenten in der Sozialisationsforschung – erstere mehr soziologisch, letztere mehr psychologisch orientiert – konvergieren heute weithin in ihren neueren Interessensbereichen. Neben dem Studium der für die Sozialisation und Enkulturation als wichtig erachteten Wert- und Symbolsysteme befassen sich heute beide Richtungen, wenn auch etwas zögernd, mit der neuen Realität der weltweit durch Akkulturation und sozialen Wandel gezeichneten Völker. Die interkulturelle Sozialisationsforschung darf nicht daran vorbeigehen. Es geht um das Bewußtwerden, daß die Völker der „Dritten Welt" heute wirtschaftlich, sozial und ideologisch durch ihnen fremde Schul- und Machtsysteme, Technologien und Medien in die Zwänge und Fragwürdigkeiten der „modernen Welt" mit hineingenommen sind. Das bedeutet, daß nicht mehr die hierarchisch strukturierte Gruppensolidarität, sondern individuelle Leistung und damit Konkurrenzkampf als Sozialisationsziele das Übergewicht erhalten (vgl. *Rosenmayr* 1987, S. 144f. und die Beiträge von *Weiland* und *Heidt*). Der z.T. ungleiche Wandel der von außen propagierten Technik und Arbeitsstruktur und der Familien- und Wertsysteme kann, wie *F.K. Rothe* (1985) hervorhebt, zu persönlichen Konflikten, aber auch zu Überanpassung und psychischem Zerfall führen, vor allem dann, wenn rivalisierende Autoritätsansprüche und Werthaltungen hinzukommen. Wenn sich durch den vermehrten Kulturkontakt auch der jungen Generation der „Dritten Welt" mehr Spielraum zu selektiver Selbstentfaltung anbietet, so bleibt die Frage: Bereicherung/Verarmung offen. Auch für sie bedeutet Enkulturation im wachsenden Maße einen dialektischen Prozeß.

Die *Zusammenarbeit zwischen Anthropologie und Psychologie/Sozialisationswissenschaft* wird heute beidseitig gefordert[13]. Wenn letztere bisher weitgehend auf die Eigenkultur orientiert war, so fragt sie heute in ihrem Bestreben nach Ausweitung des Gesichts- und Objektfeldes durch interkulturellen Vergleich nach theoretichen Konvergenzen und gegenseitiger methodischer Bereicherung. Sie stellt konkrete Fragen: Kann die anthropologische Sozialisationsforschung aus ihrem leichter überschaubaren Untersuchungsfeld neue Wege für vermehrte Validität ihrer Ergebnisse im Rahmen der modernen Gesellschaft aufzeigen, wo doch für letztere auf dem Hintergrund eines pluralistischen Normenverständnisses und einer Aufsplitterung der gesellschaftlichen Gesamtstruktur in funktionale, säkularisierte Handlungsstrukturen ein tiefgreifender Wandel im Verhältnis Individuum/Gesellschaft und eine Desorientierung in den Sozialisationszielen und Methoden offenbar werden? Ferner: Sind theoretische Konzepte und Begriffe wie „Familie" transkulturell übertragbar? Die Vergleichbarkeit wird heute zu Recht dort in Frage gestellt, wo bei stark divergierenden kontextuellen Daten die Äquivalenz der Indikatoren und Untersuchungseinheiten nicht gesichert werden

---

[13] Vgl. dazu die neueren Handbücher und Sammelwerke der psychologischen Anthropologie: *Williams* (Ed.) 1975, *Bourguignon* 1979, *Harrington* 1979, *Jahoda* 1982. Über die Entwicklung der Subdisziplin bis 1975 s. *Williams* 1975: Introduction.

können (vgl. Beitrag *Trommsdorff* sowie *Schweizer* 1978, *Tulkin* 1977). M.a.W., es ist wenig sinnvoll, Sozialisationssysteme stark unterschiedlicher Kulturen gesamthaft zu vergleichen. Auch ein Pauschalvergleich z.B. der Sozialisationsinstanzen und ihres Einflusses in unseren modernen Kleinfamilien mit jenen einer afrikanischen Hausgemeinschaft ohne Berücksichtigung der strukturellen Zuammensetzung, funktionalen Differenzierung und Arbeitsteilung, ihrer gesamten Sozialorganisation und ideologischen Einstellung zur Prokreation u.a. fundamentalen Werten und Sinngebungen bringt kaum etwas ein. Hier zeigt sich auch ein wichtiger Grund für die Mitarbeit der Sozial- und Kulturanthropologie in der transkulturellen Sozialisationsforschung. Sozialisationsvergleiche und Prüfung von Hypothesen müßten m.E. primär dort ansetzen, wo die Variablen sich auf eine beschränkte Anzahl reduzieren lassen, sei es in kulturell-„nahen" Lokalgemeinschaften oder im Vergleich von biologisch-„nahen" Themenbereichen, wie der Mutter-Kind-Beziehung (vgl. Beitrag *Kornadt*).

Ganz allgemein kann die Anthropologie die Sozialisationsforschung bereichern durch ihre Ausweitung der empirischen Basis und der damit geforderten Formulierung einer transkulturell gültigeren Metasprache und Überwindung eurozentrischer Perspektive, ferner durch Stimulierung einer vermehrt holistischen Sicht und multidimensionalen, primär qualitativen Feldmethode auch im Bereich moderner Gesellschaften, unter Berücksichtigung der emisch-situationellen, soziokulturellen und historischen Mikro- und Makroperspektive (*Camilleri* 1985, S. 44 f.) und der intrakulturellen Varianz. Interaktions- oder Sozialnetzforschung und Studium der Normen und Strukturen können sich dabei vorteilhaft ergänzen, desgleichen ethno- und psychobiographische Methoden. Ein fruchtbares Feld gegenseitiger Bereicherung bietet sich im Studium von Akkulturations- und Konfliktsituationen im Kontakt unterschiedlicher Sozial- und Kultursysteme (vgl. Beitrag *Thomas*) und in der Analyse des durch moderne wirtschaftliche, soziokulturelle und ideologische Faktoren ausgelösten sozialen Wandels (vgl. Beitrag *Liegle*).

Der Weg zu generellen Aussagen in der Sozialisationsforschung kann nur durch interdisziplinäre Zusammenarbeit via systematische, vor allem auch empirisch-transkulturelle Überprüfung der Frage universaler, biologisch-psychisch bedingter Konstanten/kulturspezifischer Determinanten führen. Der Psychologie obliegt es, den Anthropologen vor der Versuchung eines extremen Kulturrelativismus und Kulturdeterminismus zu schützen und ihn an die Bedeutung und Rolle des Individuums im Bereich der sozialen Dynamik zu erinnern.

Literatur

Barry, H. et al. (1959): Relation of child training to subsistence economy. Amer. Anthropol. 61, 51–63

Becker-Pfleiderer, B. (1975): Sozialisationsforschung in der Ethnologie. Saarbrücken: SSIP Schriften, Breitenbach.

Benedict, R. (1934): Patterns of culture. Boston: Houghton Mifflin.

Bourguignon, E. (1979): Psychological anthropology. An introduction to human nature and cultural differences. New York: Holt, Rinehart & Winston.

Camilleri, C. (1985): Anthropologie culturelle et éducation. Paris: UNESCO

Cavender, A.P. (1982): Defining a common ground for research: Psychological anthropology and education. Rev. in Anthropol. 9, 383–392

Cook-Gumperz, J. (1983): Socialization, social identity and discourse. In: A. Jacobson-Widding (Ed.), Identity personal and social. A symposium. Uppsala: Almqist & Wiksell International

Dubois, C. (1944): The people of Alor. A social-psychological study of an East Indian island. Minneapolis: University of Minnesota Press

Eggan, D. (1956): Instruction and affect in Hopi cultural continuity. Northwestern J. Anthropol. Repr. in: Middleton, 1970, 109–133

Erny, P. (1981): Ethnologie de l'éducation. Paris: Presses universitaires de France

Firth, R. (1970): Education in Tikopia. In: Middleton, 75–90

Fortes, M. (1938): Social and psychological aspects of education in Taleland (Africa, Suppl., 11/4), Repr. in: Middleton, 1970, 14–74

Fortes, M. (1949): The web of kinship among the Tallensi. London: Internat. African Institute

Fortes, M. (1953): The structure of unilineal descent groups. Amer. Anthropol. 55, 17–41

Gearing, F.O., Tindall, B.A. (1973): Anthropological studies of the educational process. Ann. Rev. Anthropol. 2, 95–105

Gluckman, M. (1963): Custom and conflict in Africa. Oxford: Basil Blackwell

Harrington, C. (1979): Psychological anthropology and education. A delineation of a field of enquiry. New York: AMS Press.

Hendryk, L. (1985): Economy and child training re-examined. Ethos 13, 246–261

Huber, H. (1973): Marriage and the family in rural Bukwaya (Tanzania). Freiburg, Schweiz: Universitäts-Verlag

Huber, H. (1979): Tod und Auferstehung: Organisa-

tion, rituelle Symbolik und Lehrprogramm einer westafrikanischen Initiationsfeier. Freiburg, Schweiz: Universitäts-Verlag

Jahoda, G. (1982): Psychology and anthropology. A psychological perspective. London–New York: Academic Press

Kardiner, A. (1945): The concept of basic personality structure as an operational tool in the social sciences. In: R. Linton (Ed.), The science of man in the world crisis. New York: Columbia University Press

Kimball, S.T. (1974): Culture and the educative process. New York: Teachers College Press.

Kluckhohn, C. (1949): Mirror for man. The relation of anthropology to modern life. New York: McGraw-Hill Co.

Leiderman, P.H. et al. (1977): Culture and infancy: variations in the human experience. New York: Academic Press

Lévi-Strauss, C. (1962): La pensée sauvage. Paris: Plon.

LeVine, R.A. (1973): Culture, behaviour and personality. London: Hutchinson

Linton, R. (1945): The cultural background of personality. New York: Appleton Century Press

Luckmann, T. (1972): Persönliche Identität in der modernen Gesellschaft. In: H.-G. Gadamer, P. Vogler (Hrsg.), Sozialanthropologie, München: DTV

Malinowski, B. (1944): A scientific theory of culture. Chapel Hill: The University of N. Carolina Press

Mayer, Ph. (Ed.) (1970): Socialization: The approach from Social Anthropology. London: Tavistock Publ.

Mead, M. (1928): Coming of age in Samoa. New York: Wiley

Mead, M. (1963): Socialization and enculturation. Current Anthropol. 4, 184–188

Middleton, J. (Ed.) (1970): From Child to Adult. Studies in the Anthropology of Education. New York: The National History Press.

Minturn, L., Lambert, W.W. (1964): Mothers of six cultures. London–New York: Wiley.

Radcliffe-Brown, A.R., Forde, D. (Eds.) (1950): African systems of kinship and marriage. London: Internat. African Institute

Radcliffe-Brown, A.R. (1950): Introduction to: Radcliffe-Brown/Forde (Eds.), 1–85

Renner, E. (1983): Ethnologie und Kultur: Der Kulturbegriff als entwicklungsprägender Faktor der ethnologischen Forschung. Z. Ethnol. *108*, 177–234

Richards, A. (1950): Some types of family structure amongst the Central Bantu. In: *Radcliffe-Brown/Forde* (Eds.), 207–251

Richards, A. (1970): Socialization in contemporary British Social Anthropology. In: *Mayer* (Ed.), 1–32

Rosenmayr, L. (1987): Kindheit und Alter im gesellschaftlichen Wechselbezug. Z. Sozialisationsforsch. Erziehungssoz. *2*, 132–147

Rothe, F.K. (1985): Kultur und Erziehung. Umriß einer Ethnopädagogik. München–Köln: Weltforum Verlag

Rudolph, W. (1959): Die amerikanische „Cultural Anthropology" und das Wertproblem. Berlin: Duncker & Humblot.

Rudolph, W. (1968): Der kulturelle Relativismus. Berlin: Duncker & Humblot, 15–28

Schmidt, W., Koppers, W. (1924): Völker und Kulturen. Gesellschaft und Wirtschaft der Völker. Regensburg: J. Habbel

Schweizer, T. (1978): Methodenprobleme des interkulturellen Vergleichs. Köln–Wien: Böhlau

Shimahara, N. (1970): Enculturation: A reconsideration. Current Anthropol. *11*, 143–154

Spindler, G.D. (1974): From omnibus to linkages. Cultural transmission models. CAEQ *5*, 1–6

Tindall, A. (1976): Theory in the study of cultural transmission. Ann. Rev. Anthropol. *5*, 195–208

Tulkin, S.R. (1977): Dimensions of multicultural research in infancy and early childhood. In: *Leiderman* et al., 568–586

Watson, L. (1978): The study of personality and the study of individuals. Ethos *6*, 3–21

Whiting, J.W.M. et al. (1966): Six cultures series: Vol. 1: Field guide for a study of socialization. New York: Wiley

Whiting, B.B., J.W.M. (Eds.) (1975): Children of six cultures: A psycho-cultural analysis. Cambridge: Harvard University Press

Williams, T.R. (Ed.) (1975): Psychological anthropology. The Hague, Paris: Mouton

Familiale Sozialisation in heutigen Industrienationen

Ludwig Liegle

Übersicht

Die Rede von „heutigen Industrienationen" deutet darauf hin, daß moderne Gesellschaften vergleichbare Systemeigenschaften entwickeln, die sie von traditionalen, landwirtschaftlich bestimmten Gesellschaften grundlegend unterscheiden (vgl. den Beitrag von *Huber* in diesem Band) und die für die Struktur der Familie und die Wahrnehmung ihrer Sozialisationsaufgaben folgenreich sind. Im ersten Teil des folgenden Beitrages werden daher einige der Auswirkungen der Modernisierung auf die Rahmenbedingungen familialer Sozialisation erörtert. Im zweiten Teil werden einerseits methodologische Überlegungen angestellt, insbesondere zur Frage, wie eine kulturvergleichende

Sozialisationsforschung der Eigendynamik von Familien, der Pluralisierung familialer Lebensformen und dem aktiven Charakter kindlicher Lernprozesse gerecht werden kann; andererseits kommen empirische Befunde über Bedingungen, Prozesse und Wirkungen familialer Sozialisation in ausgewählten Gesellschaften in Ost und West zur Sprache. Der kurze Schlußteil fragt nach dem Zusammenhang zwischen Forschung, Praxis und Politik.

1   Familiale Sozialisation im Zeichen der Widersprüche der Moderne

Familiale Sozialisation findet im Rahmen von kulturell und gesellschaftlich bestimmten Lebensverhältnissen und Lebensformen als ein lebenslanger Prozeß statt. In heutigen Industrienationen verläuft der Prozeß familialer Sozialisation im Zeichen der Widersprüche der Moderne: für deren befreiende Wirkungen – die Befreiung der Individualität, die Verbreitung von Liebesheirat und partnerschaftlicher Ehe, die Befreiung der Kinder von Lohnarbeit und zur Teilnahme an Bildung, die Pluralisierung von Orientierungsmustern des Handelns – müssen die Subjekte soziale und psychische Folgekosten tragen, zum Beispiel in Gestalt der Trennung zwischen Privatheit und Öffentlichkeit, des Verlustes an gegenständlicher Erfahrung in der privatisierten Lebenswelt der Familie, der Trennung zwischen den Geschlechtern (Mütterzentriertheit der Familie, Männerzentriertheit der Berufswelt), der Trennung zwischen den Generationen (Ausgrenzung der Kinder in spezialisierten Lernumwelten) und des Verlustes einer eindeutigen Wertorientierung. Die Familie hat sich in modernen Gesellschaften als unersetzbare Instanz der Sozialisation der nachwachsenden Generation erwiesen; zugleich wird die Sozialisationsfähigkeit der Familie durch die Arbeits- und Lebensverhältnisse der heutigen Industrienationen in Frage gestellt. Die Familie ist in modernen Gesellschaften zu einer kleinen sozialen Welt für sich geworden; zugleich wird das Sozialisationsgeschehen in den Familien heutiger Industrienationen wesentlich mitbestimmt durch eine Vielzahl von Sozialisationsfaktoren, die auf Kinder zum Beispiel in Gestalt der Massenmedien und der öffentlichen Bildungs- und Erziehungseinrichtungen einwirken.

1.1   Familiale Sozialisation – ein anthropologisches Grundphänomen, das in modernen Gesellschaften nicht mehr selbstverständlich ist

Was die Sozial- und Verhaltenswissenschaften mit dem Begriff „Sozialisation" umschreiben, läßt sich in der Sprache der klassischen Pädagogik wie folgt ausdrücken: „Es ist alles aus dem Hauptgesichtspunkt zu betrachten, daß das Zusammenleben mit den Kindern gleichsam ein Leben-helfen sein soll, ein unterstützendes, entwickelndes Zusammenleben, aus dem sich erst die Prämissen zu einer bestimmten Organisation absichtlicher Tätigkeit in der zweiten Periode entwickeln müssen" (*Schleiermacher* 1826/1957, S. 167).

„Sozialisation" meint die anthropologische Tatsache, daß jede neue Generation auf das Leben in sozialen Bezügen vorbereitet werden muß, und zwar dadurch, daß Kinder an dem gemeinsamen Leben einer generationenübergreifenden Gemeinschaft teilnehmen. Daß jene „sozialen Bezüge" und diese „Gemeinschaft" eine je besondere geschichtliche und kulturelle Form entwickeln, nimmt dieser Sichtweise nicht ihre Berechtigung; jene „sozialen Bezüge" stehen für unterschiedliche Gesellschaftstypen, und diese „Gemeinschaft" kann das „ganze Haus" der vormodernen bäuerlichen Familie oder der „Clan" in traditionellen Kulturen oder die Kernfamilie mit eigenem Haushalt in modernen Gesellschaften sein. Für moderne Gesellschaften ist zwar die Verbreitung von öffentlichen Einrichtungen der Bildung und Erziehung kennzeichnend; dennoch bleibt die Sozialisation durch Lebensgemeinschaften, die in der Form von regelmäßigen Tätigkeiten und Ereignissen, Kommunikation und Zuwendung einen gemeinsamen Alltag von Erwachsenen und Kindern konstituieren, ein grundlegender Faktor insbesondere für die frühkindliche Entwicklung, aber auch für die weiteren Entwicklungsphasen der Kindheit und des Jugendalters. In aller Regel wird diese generationenübergreifende Lebensgemeinschaft durch die Familie – in der Vielfalt ihrer heutigen Lebensformen – repräsentiert.

In modernen Gesellschaften ist die Sozialisation der nachwachsenden Generation in Lebensgemeinschaften (Familien) nicht mehr selbstverständlich gegeben. Diese Feststellung mag zunächst befremdlich klingen; denn im historischen Zeitvergleich trifft es zweifellos zu, daß in keiner Gesellschaftsformation so viele Gedanken auf Kinder verwendet und so viele Maßnahmen für Kinder ergriffen worden sind wie in den heutigen Industriegesellschaften. Gerade die systematische Verbreitung von Gedanken und Maßnahmen zur Gewährleistung einer angemessenen Sozialisation und Erziehung der nachwachsenden Generation bestätigt indes die obige Feststellung.

Familiale Sozialisation ist in modernen Gesellschaften nicht mehr selbstverständlich gegeben, dies meint zunächst: sie ist nicht mehr das spontane Nebenprodukt eines durch Traditionen und Arbeitszusammenhänge gesicherten gemeinsamen Lebens von Erwachsenen und Kindern. Seitdem das Preußische Landrecht (1794) die Dauer des Stillens festgelegt hat, ist die Verantwortung der Eltern für ihre Kinder zunehmend zum Gegenstand staatlicher Gesetze geworden; Elternrechte und Elternpflichten, Kinderrechte und Kindespflichten sind kodifiziert worden. Die „Entdeckung" und „Pädagogisierung" der Kindheit (vgl. *Ariès* 1975, *Herrmann* 1986) hat das Leben und den Umgang mit Kindern zu einem bewußten, durch spezifisches Wissen gestützten Verhalten werden lassen; schon die Zeugung und Geburt eines Kindes hat den Charakter rationaler Entscheidung und Planung angenommen.

Die Phänomene der Bewußtheit, der gesetzlichen Fixierung und der Pädagogisierung des Umgangs zwischen Erwachsenen und Kindern müssen aber, zweitens, selber als Reaktionen auf die soziale Tatsache verstanden werden, daß jene Lebensgemeinschaft (Familie), welche die gewünschten Sozialisationsleistungen erbringen soll, in modernen (bzw. im Modernisierungsprozeß stehenden) Gesellschaften nicht mehr fraglos existiert. Die „erzwungene Familienlosigkeit der Proletarier", von der *Karl Marx* gesprochen hat, ist lediglich ein extremer (für die Periode des Frühkapitalismus kennzeichnender) Ausdruck für die allgemein feststellbare Tendenz, daß die modernen Arbeitsverhältnisse die Lebensgemeinschaft der Familie untergraben und in Frage stellen können. Die Auslagerung der Erwerbsarbeit in das Fabriksystem hat nicht nur das Spektrum der Alltagstätigkeiten und der gegenständlichen Erfahrungen innerhalb der Familie wesentlich verringert (und damit freilich auch den unverantwortlichen Formen der Kinderarbeit den Boden entzogen), sie hat die Väter und zunehmend auch die Mütter den größten Teil des Tages für die Kinder unsichtbar werden lassen. Die „Kontraktion" (*E. Durkheim*) des Familienhaushalts auf das Verwandtschaftssystem bzw. die Zweigenerationenfamilie, die modernen Bauformen, der drastisch gestiegene Fernsehkonsum – alle diese Faktoren haben außerdem die Gelegenheiten zur Erfahrung von und Teilhabe an generationenübergreifenden sozialen Beziehungen für Kinder radikal eingeschränkt. Es ist allerdings zu berücksichtigen, daß es in modernen Industriegesellschaften mehr oder weniger große Überreste einer dörflich-bäuerlichen Lebensweise gibt, für welche diese Aussagen nicht oder in eingeschränktem Umfang gelten.

Die im Blick auf diese Entwicklungstendenzen vertretene These vom „Funktionsverlust" (z.B. *König* 1976) der modernen Familie ist zwar mit Recht relativiert worden. Die Gegenthese vom „Funktionswandel" bzw. von der „funktionalen Differenzierung", die in modernen Gesellschaften stattfindet und dazu führt, daß die Kernfamilie für bestimmte Aufgaben – etwa die Sicherung von Privatheit und Intimität, Sozialisation und Erziehung – zuständig wird (vgl. *Tyrell* 1979), vernachlässigt aber eine wichtige Rahmenbedingung: die für die Wahrnehmung dieser Aufgaben notwendigen Zeitressourcen. Diese Rahmenbedingung ist nur unter der Voraussetzung gewährleistet, daß es genügend Erwachsene gibt, die in der Lage und willens sind, sich die Zeit für ein gemeinsames Leben mit Kindern zu nehmen; die entsprechenden gesellschaftlichen Erwartungen waren und sind bislang immer auf die Frauen gerichtet. Die „normale" Familie in heutigen Arbeitsgesellschaften erfüllt diese Voraussetzung jedoch nicht mehr (in den Gesellschaften des etablierten Sozialismus) oder immer weniger (in den „westlichen" Gesellschaften); zum Ausgleich wird die Zeit für Kinder in der Form von bezahlter Erziehungsarbeit in familienergänzenden Einrichtungen organisiert.

1.2   Können moderne Gesellschaften vernünftige Sozialisationsbedingungen bereitstellen? Leitbild und Realität der Kernfamilie

Aus den skizzierten Tatsachen ergibt sich die Frage, ob moderne Gesellschaften überhaupt vernünftige Sozialisationsbedingungen bereitstellen können. In einer Reihe von sozial- und verhaltenswissenschaftlichen Analysen wird die Auffassung vertreten, daß dies nur dann der Fall ist, wenn es zu einer sozialen Steuerung der ablaufenden Modernisierungsprozesse im Sinne einer „Sozialpolitik" bzw. „Sozialisationspolitik" für Kinder kommt (vgl. *Lüscher* 1975):

Urie Bronfenbrenners (1976) Frage „Wer kümmert sich um unsere Kinder?" beruht auf der Auswertung von Daten über die amerikanische Familie, die eine erschreckende Zunahme von unehelichen Geburten, Frühehen, Ehescheidungen und Einelternfamilien zeigen; *Bronfenbrenner* hält den Ausbau öffentlicher Erziehungseinrichtungen für keine hinreichende Lösung der damit entstehenden Sozialisationsprobleme, weil diese keine überdauernden Umwelten mit bedeutsamen sozial-emotionalen Beziehungen und Vorbildern schaffen können; er plädiert vielmehr für Programme, welche Familien in Nachbarschaft und Gemeinwesen zusammenbringen, Kinder in altersgemischte Aktivitäten sowie in Organisationen und Tätigkeiten der Erwachsenengesellschaft einbeziehen und nichtverwandte Erwachsene für den Umgang mit Kindern motivieren.

In einer ähnlichen Perspektive beschreibt *Coleman* (1986) die moderne (amerikanische) Gesellschaft als „asymmetrisch". Die Verbreitung der modernen „korporativen Akteure" (die nicht aus Personen, sondern aus Positionen bestehen) führt nach *Coleman* zur Trennung zwischen den Generationen, zur Entwicklung getrennter Welten für Erwachsene und Kinder; für Kinder werden eigene „korporative Akteure" in Gestalt von Erziehungseinrichtungen geschaffen, die jedoch von den Tätigkeiten der Erwachsenengesellschaft abgeschnitten sind; Kinder werden jedoch, wie *Coleman* sagt, „nicht von unpersönlichen korporativen Akteuren erzogen, sondern von Personen, die zusammen eine Familie bilden"; die moderne Familie wiederum erscheint gerade durch ihren Strukturgegensatz zur Welt der modernen korporativen Akteure nur bedingt fähig, die Kinder auf das Leben in der Erwachsenengesellschaft vorzubereiten, nicht zuletzt auch deshalb, weil Erwachsene (und das meint bislang vor allem Frauen) ein Leben mit Kindern, das von der übrigen Gesellschaft abgetrennt ist, zunehmend als Zumutung und Belastung empfinden. Aufgrund dieser Analyse plädiert *Coleman*, ähnlich wie *Bronfenbrenner*, für die Verbreitung altersgemischter Organisationen und die Einbeziehung der Kinder in Tätigkeiten der Erwachsenengesellschaft, aber auch für Versuche mit nicht auf Verwandtschaft beruhenden Lebensformen der Familie.

Kaufmann (1980) schließlich spricht davon, „daß die Sozialisationskapazität moderner Gesellschaften in jüngster Zeit kritische Schwellenwerte unterschritten hat"; entsprechende Krisensymptome sieht er im Geburtenrückgang sowie in der Zunahme unterschiedlicher Formen von Verhaltensstörungen und abweichendem Verhalten bei Kindern und Jugendlichen. Die Ursachen dieser Entwicklung werden, ähnlich wie bei *Coleman*, in der Trennung zwischen Lebenswelt und unpersönlichen Systemen und deren psychosozialen Folgen gesehen: Kinder werden mit ihren Bedürfnissen nach lebensweltlicher Konsistenz zu „Außenseitern" der Gesellschaft, und Familien werden im privatisierten Lebenszusammenhang des Haushalts, in welchem zugleich den verschiedenen Systemforderungen Genüge getan werden muß, tendenziell überfordert und störanfällig.

Die bislang erwähnten Analysen und Empfehlungen beziehen sich auf westliche Industrienationen und damit auf eine Situation, in welcher die Sozialisationsleistungen von Müttern im Rahmen einer ausschließlichen Familientätigkeit statistisch durchaus den Normalfall darstellt. Demgegenüber sind in den Gesellschaften des etablierten Sozialismus so gut wie alle Frauen und Mütter außerhäuslich erwerbstätig, ohne daß jedoch das Leitbild der Kernfamilie und die Vorstellung von deren unersetzbarer Sozialisationsleistung aufgegeben worden wäre; die forcierte Modernisierung geht hier Hand in Hand mit dem Versuch, Familie und Öffentlichkeit, Bildungsinstitutionen und Arbeitswelt zu harmonisch zusammenwirkenden Sozialisationsfaktoren einer „sozialistischen Lebensweise" zu machen. Daß es aber auch in den Gesellschaften des etablierten Sozialismus zu jenen für die Moderne kennzeichnenden Prozessen der Trennung zwischen den Generationen, zwischen Privatheit und Öffentlichkeit und zwischen Lebenswelt und unpersönlichen Systemen sowie zu den entsprechenden Folgen für die Sozialisationsfähigkeit der Familie und die Stellung der Kinder in der Gesellschaft kommt, dies geht aus neueren Analysen sowjetischer Sozialwissenschaftler hervor. So spricht zum Beispiel *Rjurikow* (1983) vom „gefährdeten Mikrokosmos" der Familie und nennt ähnliche Krisensymptome und verursachende Faktoren wie die zitierten amerikanischen Wissenschaftler.

Auch in den Vorschlägen zu einer künftigen „Sozialisationspolitik" gibt es Berührungspunkte: in dem Vorschlag zum Beispiel, Zusammenschlüsse von Familien zur gemeinsamen Betreuung von Kindern zu fördern (*Liegle* 1987, S. 197–225; *Rjurikow* 1983) oder in dem Gedanken, daß die Zukunft der Familie durch eine enge Verbindung zwischen Familie und Bildungsinstitutionen bestimmt werde (*Coleman* 1986; *Bestushew-Lada* 1985).

2   Familiale Sozialisation als Gegenstand einer kulturvergleichenden Sozialisationsforschung – theoretische Deutungsmuster und empirische Befunde

Der interkulturelle (internationale) Vergleich ist in den Sozial- und Verhaltenswissenschaften in erster Linie als ein makroanalytischer Ansatz der Erkenntnisgewinnung entwickelt und angewandt worden; dieser Ansatz zielt auf den Nachweis systematischer Zusammenhänge zwischen makrostrukturellen Merkmalen verschiedener Gesellschaften (bzw. Kulturen, Nationen, „Systemen") und Merkmalen von Personen (z.B. Kindern), Gruppen (z.B. Familien) und Institutionen (z.B. Schulen). Dementsprechend stehen also bei diesem Ansatz die gesellschaftlich bedingten Unterschiede (und Gemeinsamkeiten) im Mittelpunkt des Forschungsinteresses, nicht jedoch die individuell, gruppenspezifisch oder institutionell bedingten Unterschiede (und Gemeinsamkeiten). Da nun aber die Familie ein von Individuen getragenes Gruppenhandlungssystem darstellt, ist zu fragen, ob sich eine kulturvergleichende Erforschung familialer Sozialisation allein auf diesen makroanalytischen Ansatz stützen kann.

In seiner Anwendung auf familiale Sozialisation kann der makroanalytische Ansatz zweifellos wichtige Erkenntnisse liefern, indem er den Einfluß von makrostrukturellen Faktoren (hier: unterschiedliche bzw. gemeinsame Merkmale heutiger Industrienationen) auf die Institutionalisierungsformen von Ehe und Familie, auf die Gruppenmerkmale und Sozialisationsleistungen der Familie sowie auf die Entwicklung von Kindern identifiziert. Die innere Logik dieses Ansatzes kommt vielleicht am deutlichsten im Konzept der „modalen Persönlichkeit" zum Ausdruck, welches in der „Kultur-Persönlichkeits-Forschung" eine große Rolle gespielt hat (vgl. z.B. *Inkeles*, *Levinson* 1969); es geht von der Annahme aus, daß sich eine dem jeweiligen kulturellen System bzw. „Nationalcharakter" entsprechende Persönlichkeitsstruktur – und mit Blick auf den hier behandelten Gegenstand wäre zu ergänzen: eine entsprechende Struktur der familialen Sozialisation – identifizieren läßt, die in durchschnittlichen Einstellungswerten und Verhaltenstendenzen der Systemmitglieder – und wiederum wäre zu ergänzen: in durchschnittlichen Merkmalen familialer Sozialisation – meßbar ist.

Die Berechtigung einer solchen funktionalistischen oder deterministischen Betrachtungsweise soll hier nicht grundsätzlich in Frage gestellt werden. Indes birgt sie die Gefahr in sich, Individuen und Gruppen als passive Produkte ihrer Umwelt aufzufassen und Sozialisation lediglich als Anpassungsvorgang zu verstehen. Demgegenüber nimmt eine dialektische Betrachtungsweise das Wechselwirkungsverhältnis von Kultur und Persönlichkeit, die Eigendynamik sozialer Gruppen (z.B. Familie) und sozialer Organisationen (z.B. Schule) sowie die Eigenaktivität der an Sozialisationsprozessen beteiligten Individuen (Kinder, Jugendliche, Erwachsene) in den Blick.

Die Entscheidung für die eine oder andere Betrachtungsweise hängt von anthropologischen und sozialisationstheoretischen Grundpositionen ab; sie hat aber vielleicht auch mit der Auswahl der untersuchten Kulturen (Gesellschaften) zu tun. Es spricht jedenfalls einiges dafür, daß eine rein makroanalytische, „deterministische" Betrachtungsweise eher für kulturanthropologische Forschungen geeignet ist, die traditionsgeleitete Kulturen (Gesellschaften) betreffen; und zwar deshalb, weil hier eine Strukturähnlichkeit und harmonische Verbindung zwischen allen Lebensbereichen sowie die Geltung kontinuierlicher und konsistenter Verhaltensnormen vorausgesetzt werden kann (vgl. den Beitrag von *Huber* in diesem Band). Der diskontinuierlichen und inkonsistenten sozialen Wirklichkeit moderner Gesellschaften kann demgegenüber eher eine „dialektische" Betrachtungsweise gerecht werden. Diese Betrachtungsweise schließt den Gedanken einer kulturellen (gesellschaftlichen) Determination familialer Sozialisation keineswegs aus; denn gerade die Tatsache der Pluralisierung familialer Lebensformen kann selber als ein Produkt der Modernisierung aufgefaßt und damit makroanalytisch im Sinne der gleichgerichteten Einflüsse moderner Gesellschaften auf die Sozialisationsbedingungen der Familie interpretiert werden (vgl. *Lüscher* et al. 1988, *Nave-Herz* 1988).

In einer ähnlichen Perspektive hat *René König* (1976) für die Verbindung von zwei „Grundbetrachtungsweisen" der Familie plädiert: der makrosoziologischen und der mikrosoziologischen. Während erstere die Familie als gesellschaftlich bestimmte Institution zu erfassen sucht, nimmt letztere die Familie als eine Gruppe eigener Art in den Blick, die durch die Beziehungen ihrer Mitglieder geprägt wird. Diese Unterscheidung ist auch für eine kulturvergleichende Analyse wichtig, weil sie sicherstellt, daß Familie nicht nur als Produkt einer Gesellschaft, sondern als eine Lebensgemeinschaft mit Eigendynamik betrachtet wird. Mit der Frage nach den Sozialisationsleistungen der Familie ergibt sich, über diese beiden Perspektiven hinaus, die Notwendigkeit einer dritten, am Subjekt des sich entwickelnden Kindes orientierten Betrachtungsweise; auch hier geht es darum, soziale Zusammenhänge nicht allein im Rahmen eines Ursache-Wirkungs-Modells, in diesem Falle im Sinne einer Auffassung des Kindes als „Produkt" von Gesellschaft und Familie, zu begreifen, sondern die Eigendynamik von Lebensvollzügen – in diesem Falle die Eigendynamik der Persönlichkeitsentwicklung im Lebenslauf – ernstzunehmen; es darf, wie *Wurzbacher* (1977, S. 2) betont hat, nicht übersehen werden, daß „der Sozialisand kommunikativ und aktiv auf diese sozio-kulturellen Anforderungen reagiert".

Die Unterscheidung zwischen Makroanalyse, Mikroanalyse und subjekt-orientierter Betrachtungsweise kann beim interkulturellen Vergleich familialer Sozialisation auch so aufgefaßt werden, daß mit diesen drei Zugangsweisen jeweils *eine* Dimension der Sozialisationstatsache besonders hervorgehoben wird: die Sozialisations*bedingungen*, die Sozialisations*prozesse* und die Sozialisations*wirkungen*. Es leuchtet ein, daß erst der Versuch, die wechselseitigen Zusammenhänge zwischen diesen Dimensionen zu erfassen, dazu führen kann, der vieldimensionalen Wirklichkeit des Sozialisationsgeschehens gerecht zu werden. Aus diesem Grunde plädieren neuere Ansätze der Sozialisationsforschung (*Geulen* 1977, *Hurrelmann* 1986) für die Entwicklung und Anwendung von Modellen einer „Mehrebenenanalyse"; die dabei auftretenden theoretischen und methodischen Probleme sind allerdings von einer befriedigenden Lösung noch weit entfernt.

2.1 Makroanalyse oder die Frage nach den gesellschaftlichen Rahmenbedingungen familialer Sozialisation

2.1.1 Theoretische Deutungsmuster und Methoden

Die Lebensverhältnisse in allen heutigen Industrienationen werden bestimmt durch jene wirtschaftlichen, zivilisatorischen und wissenschaftlich-technischen Entwicklungsprozesse, die unter dem Begriff „Modernisierung" zusammengefaßt werden. Eine kulturvergleichende Makroanalyse familialer Sozialisation hat daher mit einer Reihe von *ähnlichen* Strukturmerkmalen moderner Gesellschaften sowie mit einer Reihe von ähnlichen Auswirkungen dieser Merkmale auf die gesellschaftliche Position und Struktur der Familie und damit auf die Rahmenbedingungen familialer Sozialisation zu rechnen, bzw. sie muß diese vermutbaren Zusammenhänge prüfen (vgl. oben die Abschn. 1.1 und 1.2).

Andererseits gilt für jede heutige Industrienation, daß sie differentiell geprägt ist durch ihre je spezifische nationale Geschichte und Kultur sowie durch die spezifischen Merkmale ihres Herrschafts-, Wirtschafts-, Rechts- und Bildungssystems. Unter diesem Blickwinkel hat es daher eine kulturvergleichende Makroanalyse familialer Sozialisation mit *unterschiedlichen* Systemmerkmalen moderner Gesellschaften zu tun, zum Beispiel mit dem unterschiedlichen Ausmaß und den unterschiedlichen Formen der Ungleichheit in den Lebensbedingungen von Familien und Kindern (Stadt-Land-Gefälle, soziale Schichtung, ethnische Minderheiten), mit dem unterschiedlichen Ausmaß außerhäuslicher Erwerbstätigkeit von Müttern und mit dem unterschiedlichen Ausmaß der Institutionalisierung einer öffentlichen Kleinkindererziehung. Zu den differentiellen Systemmerkmalen, welche die Rahmenbedingungen familialer Sozialisation beeinflussen, gehören aber auch die staatlichen Maßnahmen für Familien und Kinder (Familien-, Bevölkerungs-, Sozial-, Wohnungs- und Bildungspolitik); sie sind als Versuche der Steuerung der Modernisierungsprozesse unter der Zielsetzung der Optimierung der familialen Sozialisationsleistungen zu interpretieren.

Beides, die Beschreibung und Analyse sowohl von Ähnlichkeiten als auch von Unterschieden in den Systemmerkmalen moderner Gesellschaften, ist für die vergleichende Makroanalyse familialer Sozialisation wesentlich: die gemeinsamen „industriestaatlichen Tendenzen" beeinflussen die Sozialisationsbedingungen in jener Brechung, die sie aufgrund der differentiellen Merkmale der jeweiligen Gesellschaften erfahren. Die Beispiele der sozialen Ungleichheit und der Pluralisierung familialer Lebensformen machen außerdem deutlich, daß die Frage nach Rahmenbedingungen familialer Sozialisation schon auf der Ebene der Makroanalyse (und nicht erst in der Mikroanalyse) nicht allein Unterschiede *zwischen* Gesellschaften, sondern auch Unterschiede *innerhalb* einer Gesellschaft einbeziehen muß.

Was die theoretische Orientierung einer Makroanalyse familialer Sozialisation betrifft, so stehen hier Theorien der Modernisierung und des sozialen Wandels im Vordergrund. Insbesondere die Theorie der sozialen Differenzierung bietet einen fruchtbaren Erklärungsansatz für jene widersprüchliche Stellung der Familie in modernen Gesellschaften, die mit dem Begriff der „relativen Autonomie" bezeichnet werden kann (vgl. *Tyrell* 1979). Diese „relative Autonomie" der Familie hat ein doppeltes Gesicht: sie bedeutet einerseits eine verstärkte Unabhängigkeit von direkter sozialer Kontrolle, eine Individualisierung von Lebensstilen, Rückzug ins Private usw.; andererseits bedeutet sie eine verstärkte und konfliktreiche Interdependenz und funktionale Verflechtung zwischen der Familie und anderen Subsystemen der Gesellschaft, in welchen

Aufgaben (z.B. Arbeit, Lernen) erfüllt werden, die aus der modernen Familie ausgewandert sind.

Die Methoden einer kulturvergleichenden Makroanalyse familialer Sozialisation stützen sich vor allem auf die Auswertung amtlicher statistischer Daten und amtlicher Dokumente (Rechtsnormen, politische Programme und Maßnahmen) sowie auf die Auswertung der Ergebnisse der empirischen Sozialforschung in den untersuchten Gesellschaften.

2.1.2 Empirische Befunde unter besonderer Berücksichtigung des Ost-West-Vergleichs

In allen modernen Gesellschaften lassen sich ähnliche Merkmale des Wandels in der *Struktur des Familienhaushalts* beobachten; die Folgen dieses Strukturwandels der Familie für die Rahmenbedingungen familialer Sozialisation kann man im groben dahingehend zusammenfassen, daß Kinder tendenziell mit immer weniger Erwachsenen und Geschwistern und immer häufiger (infolge von Ehescheidung und Wiederverheiratung) mit wechselnden erwachsenen Bezugspersonen zusammenleben.

Als erstes ist dabei die Tendenz zum *Zweigenerationenhaushalt* zu nennen. In der Bundesrepublik sind 1982 nur noch 5% der Kinder mit Eltern und Großeltern aufgewachsen (*Schwarz* 1986, S. 15); einen ähnlichen Anteil von Dreigenerationenfamilien hat *Bronfenbrenner* (1976, S. 136) in den USA bereits für das Jahr 1974 berechnet; der relativ hohe Anteil von ca. 20% in der Sowjetunion (vgl. Vestnik statistiki 1986, S. 7 und 73) läßt sich vor allem auf die dortigen Wohnungsprobleme sowie die ganztägige außerhäusliche Erwerbstätigkeit beider Eltern zurückführen.

Ein zweiter Faktor ist der in allen modernen Gesellschaften zu beobachtende Geburtenrückgang und die durch ihn bedingte Tendenz zur *Einkind-* bzw. *Zweikinderfamilie*. In der Bundesrepublik betrug 1981 die durchschnittliche Zahl der in Familien lebenden Kinder 180 je 100 Familien (Statist. Bundesamt 1983, S. 57); von 100 Familien mit Kindern hatten 44% ein, 36% zwei und 20% drei und mehr Kinder (*Schwarz* 1986, S. 10). Die entsprechenden Zahlen für USA (1984) lauten 42, 38 und 15 (vgl. U.S.-Department of Commerce 1985, S. 53). In der DDR kamen 1982 auf je 100 Frauen im Alter zwischen 14 und 45 Jahren durchschnittlich 186 Kinder (Statist. Jahrbuch der DDR 1984, S. 370). In der Sowjetunion hatten 1985 von je 100 Familien durchschnittlich 49 ein Kind, 36 zwei Kinder und 15 drei und mehr Kinder (Vestnik statistiki 1986, S. 7 und 74).

Ein dritter Faktor ist die starke Zunahme der *Ehescheidungen* in den heutigen Industrienationen; so kamen in der Bundesrepublik im Jahre 1980 auf 362408 Eheschließungen (5,9 je 1000 Einwohner) 96222 (bzw. 1,6 je 1000 Einwohner) Ehescheidungen (Statistisches Bundesamt 1983, S. 20 und 23); die entsprechenden Zahlen betrugen in der DDR (1982) 124890 und 49865 (*Hille* 1985, S. 91) bzw., für 1979, 8.2 und 2.7 je 1000 Einwohner (*Helwig* 1982, S. 64); in der Sowjetunion betrug die Relation im Jahre 1984 9,6 Eheschließungen zu 3,4 Ehescheidungen je 1000 Einwohner

(Narodnie chozjajstvo 1984, S. 32); die älteren Daten von *Bronfenbrenner* (1976, S. 138) zeigen für die USA eine ähnliche Tendenz. Eine große Zahl von Kindern – in der Bundesrepublik zum Beispiel betrug die Zahl der Kinder aus den 1980 geschiedenen Ehen etwa 46000 (Statistisches Bundesamt 1983, S. 23) – erlebt daher die Konflikte, die einer Ehescheidung vorausgehen, und den Verlust eines Elternteils.

Die wachsende Zahl der Ehescheidungen ist die wichtigste Ursache für die Zunahme der *Einelternfamilien* in den heutigen Industrienationen. In der Bundesrepublik lebten 1981 9% der Kinder unter 18 Jahren in Einelternfamilien (*Schwarz* 1986, S. 145); in den USA galt dies schon 1974 für jedes sechste Kind (*Bronfenbrenner* 1976, S. 136f.), in der Sowjetunion 1985 für jedes siebte Kind (Vestnik statistiki 1986, S. 7 und 73).

Die zeitlichen Rahmenbedingungen familialer Sozialisation werden in heutigen Industrienationen in starkem Maße durch die *außerhäusliche Erwerbstätigkeit* der Eltern bestimmt. In der Verbreitung der außerhäuslichen Erwerbstätigkeit von *Müttern* bestehen allerdings erhebliche Unterschiede zwischen den westlichen Gesellschaften – in der Bundesrepublik und in USA liegen die Durchschnittszahlen zwischen 30 und 40% – und den Gesellschaften des etablierten Sozialismus; in der DDR und in der Sowjetunion liegen die Durchschnittszahlen zwischen 80 und 90%, und es handelt sich dabei um eine in der Regel ganztägige Erwerbstätigkeit; demgegenüber arbeiten z.B. in der Bundesrepublik (Daten für 1978) etwa 30% der erwerbstätigen Mütter (mit Kindern zwischen 0 und 15 Jahren) nur bis zu 20 Stunden in der Woche (Wissenschaftlicher Beirat 1980, S. 70).

Für die bislang behandelten Merkmale der Rahmenbedingungen familialer Sozialisation in heutigen Industrienationen sind durchschnittliche Meßwerte herangezogen worden. Über den damit bezeichneten allgemeinen Entwicklungstendenzen darf aber nicht übersehen werden, daß die Lebensverhältnisse von Familien und Kindern innerhalb jeder Gesellschaft von erheblichen *Ungleichheiten* beeinflußt werden (vgl. *Schneewind* 1983a). Dies gilt schon für einige der erwähnten Merkmale: so beträgt zum Beispiel die durchschnittliche Familiengröße in der Usbekischen (vom Islam bestimmten) Republik 5,8 gegenüber 3,5 in der Sowjetunion insgesamt; entsprechend machen Familien mit drei und mehr Kindern 57,9 gegenüber 15,6% der Familien mit Kindern aus (Vestnik statistiki 1986, S. 7, 69 und 74). Für alle hier untersuchten Gesellschaften gilt außerdem, daß sich mit der *Zahl der Kinder* die wirtschaftliche Situation der Familien drastisch verschlechtert, und daß die erste Phase des Familienzyklus – der Aufbau des Familienhaushalts durch junge Familien – besonders gravierenden Belastungen ausgesetzt ist (für die Bundesrepublik vgl. Wissenschaftlicher Beirat 1980). Die stärksten Ungleichheiten liegen jedoch in den materiellen Rahmenbedingungen, welche durch die soziale Schichtung und ethnische Gliederung moderner Gesellschaften verursacht werden; das extremste Beispiel für diese Ungleichheiten und ihre sozialisatorischen Folgen stellt der „Teufelskreis der Armut" in den Familien der Schwarzen in den USA dar (vgl. *Bronfenbrenner* 1976).

Es ist das Ziel der in allen heutigen Industrienationen etablierten staatlichen Maßnahmen der *Familien- und Sozialpolitik*, die familialen Kosten für Kinder sowie die erwähnten Ungleichheiten in den familialen Lebensbedingungen so weit auszugleichen, daß den Familien und Kindern zumindest ein Existenzminimum gesichert wird. In allen untersuchten Gesellschaften betreffen diese Maßnahmen insbesondere bezahlte Mutterschutzfristen, ein nach der Ordnungszahl der Kinder gestaffeltes Kindergeld und Wohnungshilfen. In der DDR (seit 1976), in der Sowjetunion (seit 1981) und in der Bundesrepublik (seit 1986) ist mit der Einführung eines bezahlten Erziehungsjahres für Mütter mit Kleinkindern eine zusätzliche Maßnahme ergriffen worden, die das Interesse moderner Staaten an der Verbesserung der – durch die Prozesse der „Modernisierung" eingechränkten – Rahmenbedingungen familialer Sozialisation zum Ausdruck bringt. Neben den familienunterstützenden Maßnahmen haben die familienergänzenden Maßnahmen, insbesondere in Gestalt des Ausbaus einer öffentlichen Kleinkind- und Vorschulerziehung, in allen heutigen Industrienationen Verbreitung gefunden; entsprechend der ökonomisch und ideologisch bedingten Einbeziehung fast aller Frauen (Mütter) in die gesellschaftliche Arbeit, ist die Verbreitung insbesondere der öffentlichen *Kleinkinderziehung* (0–3jährige Kinder) in den Gesellschaften des etablierten Sozialismus wesentlich stärker vorangetrieben worden als in den westlichen Gesellschaften; sie erfaßt in der Bundesrepublik und in USA weniger als 10, in der UdSSR etwa 30 und in der DDR etwa 70% der Altersgruppe (vgl. *Liegle* 1987, S. 144f.).

2.2   Mikroanalyse oder die Frage nach der Eigendynamik von Sozialisationsprozessen in Familien

2.2.1   Theoretische Deutungsmuster und Methoden

Die relative Autonomie, die der Familie in modernen Gesellschaften – nicht zuletzt durch die Auslagerung der Erwerbsarbeit aus dem Familienhaushalt – zuwächst, bedeutet zwar nicht, daß die Prozesse familialer Sozialisation unabhängig von je spezifischen gesellschaftlichen Rahmenbedingungen (z.B. Formen der gesellschaftlichen Arbeitsteilung, Herrschaftsstrukturen, kulturelle Werte) ablaufen; die Familienmitglieder bringen ihre außerfamiliären gesellschaftlichen Erfahrungen in das Familienleben ein, und diese Erfahrungen müssen in der Familie verarbeitet werden. Indem aber die moderne Familie zu einer Art Gegenstruktur zur Gesellschaft, zu einer privatisierten Lebenswelt geworden ist, haben die Prozesse familialer Sozialisation eine starke Eigendynamik gewonnen; sie werden nicht mehr von fraglosen Traditionen und direkter sozialer Kontrolle, sondern insbesondere von der Qualität der emotionalen Beziehungen zwischen den Ehepartnern sowie zwischen Eltern und Kindern, von individuellen Persönlichkeitsmerkmalen der Eltern und von einem zunehmend individualisierten Umgang mit Kindern bestimmt. Eine kulturvergleichende Mikroanalyse familialer Sozialisation wird daher versuchen müssen, das Zusammenspiel von gesamtgesellschaftlichen und gruppenspezifischen Bedingungen in den Prozessen familialer Sozialisation zu erfassen. Zum Beispiel sind die zeitlichen Ressourcen für den Umgang zwischen Eltern und Kindern durch den Umfang der außerhäuslichen Erwerbstätigkeit weitgehend festgelegt, die Ausfüllung der verfügbaren Zeit kann aber außerordentlich unterschiedlich geschehen; die geschlechtstypische Arbeitsteilung innerhalb der Familie wird durch die Formen der Arbeitsteilung in einer Gesellschaft beeinflußt, das Ausmaß der Beteiligung der Männer (Väter) an der Familientätigkeit hängt indes von einer Vielzahl weiterer Faktoren ab; die Kommunikationsformen in Familien (Ausmaß und Formen elterlicher Autorität) werden von gesamtgesellschaftlichen Herrschafts- und Verkehrsformen beeinflußt; sie folgen aber auch subkulturellen, gruppenspezifischen und individuellen Verhaltensmustern.

Eine kulturvergleichende Mikroanalyse familialer Sozialisation kann sich auf Ansätze der Gruppentheorie und der Kommunikationstheorie (vgl. z.B. *Mollenhauer* et al. 1975) sowie auf Ergebnisse der sozial- und verhaltenswissenschaftlichen Familienforschung stützen. Im Rahmen der mikroanalytisch orientierten Familienforschung gibt es allerdings nur wenige Untersuchungen, die selber einen Vergleich von familialen Sozialisationsprozessen in verschiedenen Gesellschaften durchführen; im Vordergrund muß daher die vergleichende Auswertung der in den betreffenden Gesellschaften zugänglichen Daten stehen. Daraus ergeben sich Schwierigkeiten im Blick auf die Vergleichbarkeit dieser mit Hilfe unterschiedlicher Forschungsdesigns gewonnenen Daten. Auch unter solchen Bedingungen kann jedoch der internationale Vergleich zu einem besseren Verständnis familialer Sozialisationsprozesse in modernen Gesellschaften beitragen: zum Beispiel durch den Versuch, Ähnlichkeiten und Unterschiede in bestimmten, „typischen" Tendenzen (z.B. Mütterzentriertheit der familialen Sozialisation) nachzuweisen; oder durch den Versuch, an Einzelfallanalysen und auch an literarischen Zeugnissen die Vielfalt der familialen Kommunikationsstrukturen, aber auch typische Belastungsfaktoren im Umgang zwischen Eltern und Kindern aufzuzeigen.

2.2.2 Empirische Befunde unter besonderer Berücksichtigung des Ost-West-Vergleichs

Familiale Sozialisation kann als das Ergebnis eines gemeinsamen Lebens von Erwachsenen und Kindern im Rahmen eines Familienhaushalts verstanden werden (vgl. Abschn. 1). Es ist daher zu fragen nach den gruppenspezifischen Bedingungen, Beziehungsmustern und Inhalten dieses gemeinsamen Lebens (bzw. der von ihm bestimmten Sozialisationsprozesse) in heutigen Industrienationen.

Für das Verständnis der Eigendynamik der Familie als Gruppe in ihrem Zusammenhang mit Systemmerkmalen heutiger Industrienationen sind die Prozesse der Familienbildung sowie der Familienentwicklung im Lebenslauf von besonderem Interesse. Wie jüngste Vergleichsuntersuchungen zu Ländern Westeuropas zeigen (vgl.

Höpflinger 1987), korrelieren die Tendenzen zu geringerer Heiratshäufigkeit, zu späterer Eheschließung und Erstelternschaft, zu häufigerer unehelicher Elternschaft sowie zu häufigeren und früheren Ehescheidungen mit bestimmten sozio-ökonomischen (z.B. Wohlstandsentwicklung) und soziokulturellen (z.B. Ausbildung und Berufsorientierung von Frauen) Faktoren. In der DDR lassen sich neben ähnlichen auch unterschiedliche Tendenzen feststellen, nämlich vor allem zu – im Vergleich zu Westeuropa – früherer Eheschließung und Erstelternschaft; diese Unterschiede könnten unter anderem damit erklärt werden, daß Ehepaare (mit Kindern) auf dem staatlichen Wohnungsmarkt bessere Chancen haben und daß Kleinkinder in öffentlichen Erziehungseinrichtungen untergebracht werden können. Ergänzt man die Querschnittsanalyse durch eine Längsschnittbetrachtung, so ergibt sich in West und Ost als herausragende Tendenz die Pluralisierung familialer Lebensformen, die in der Verbreitung von nichtehelichen Lebensgemeinschaften, Einelternfamilien, Stieffamilien usw. zum Ausdruck kommt. In der Perspektive der familialen Sozialisation der nachwachsenden Generation bedeutet dies, daß Kinder und Jugendliche in den heutigen Industrienationen mit einer Vielfalt von Orientierungsmustern für zwischenmenschliche Beziehungen und Verhaltensweisen konfrontiert werden.

Von den vielfältigen Bedingungen familialer Sozialisation ist die für gemeinsame Tätigkeiten verfügbare *Zeit* sicher eine der wichtigsten; die Zeit der Eltern für Kinder nimmt mit dem Grad der „Modernisierung" kontinuierlich ab (vgl. Abschn. 2.1.2): In der DDR, wo diese „Modernisierung" am weitesten vorangetrieben worden ist, geraten die zeitlichen Bedingungen des Familienlebens nicht selten an eine kritische Grenze; Befragungen weisen darauf hin, daß in jeder fünften Familie die Zeit zur Beschäftigung mit Kindern höchstens eine halbe Stunde pro Werktag beträgt (*Besse* 1979, S. 25). Die Einführung eines mindestens einjährigen Erziehungsurlaubs in allen hier untersuchten Gesellschaften kann als ein Versuch gedeutet werden, allen Eltern (Müttern) die zeitlichen Möglichkeiten für den Umgang mit ihren Kindern wenigstens in der besonders „sensiblen" Phase der frühesten Kindheit einzuräumen.

Eine zweite Bedingung familialer Sozialisation stellen die dem Kind im Alltag des Familienlebens „verfügbaren" *Personen* dar; der Wandel der Familienstruktur in modernen Gesellschaften hat zu einer immer stärkeren Einschränkung der Zahl der in Familienhaushalten zusammenlebenden Personen geführt (vgl. Abschn. 2.1.2). Über alle Zeiten und Gesellschaften hinweg scheint es jedoch *einen* Faktor der Kontinuität zu geben: die „Mütterzentriertheit" familialer Sozialisation; auch in allen modernen Gesellschaften ist die Familie im wesentlichen eine „Frauenwelt" (*Beck-Gernsheim* 1980) geblieben.

Untersuchungen in der Bundesrepublik (vgl. ebenda) und in den USA (vgl. z.B. *Ferber*, *Birnbaum* 1982) zeigen ebenso wie die spärlichen diesbezüglichen Forschungsergebnisse aus der DDR (vgl. *Helwig* 1981) und der Sowjetunion (vgl. *Chartschew*, *Golod* 1972; *Liegle* 1984), daß nur eine Minderheit der Männer/Väter aktiven Anteil an der Familientätigkeit (Haushalt, Kindererziehung) nimmt und daß nur in einer kleinen Minderheit der Familien von einer in etwa gleichen Verteilung der Familienaufgaben die Rede sein kann, und zwar auch dann, wenn beide Eltern außerhäuslich erwerbstätig sind.

Die kulturvergleichende Sozialisationsforschung sieht sich hier vor die Frage gestellt, aufgrund welcher Faktoren die Mütterzentriertheit des Familienhaushalts sowie der familialen Sozialisation auch in jenen Gesellschaften (z.B. DDR, UdSSR) vorherrscht, in welchen die außerhäusliche Erwerbstätigkeit der Frauen allgemein verbreitet und selbstverständlich ist und das Gleichheitsideal politisch kontinuierlich vertreten worden ist. Verweist diese Kontinuität auf das Beharrungsvermögen von Bewußtseinslagen und Verhaltensmodi, auf die relative Autonomie und Eigendynamik der Familie oder auf gesellschaftliche Einflüsse, die durch den Index der außerhäuslichen Erwerbstätigkeit von Frauen nicht hinreichend erfaßt werden können? Politiker und Wissenschaftler in der UdSSR und DDR berufen sich in ihren Analysen fast ausschließlich auf den ersten, zweifellos wirksamen Faktor: die Zurückhaltung der Männer in Sachen Familientätigkeit wird als ein „Überbleibsel der Vergangenheit im Bewußtsein der Menschen" interpretiert (vgl. *Liegle* 1987, S. 62ff.). Dabei wird jedoch übersehen, daß die Modernisierung die bereits im vormodernen, Produktionstätigkeit einbeziehenden Familienhaushalt bestehende geschlechtstypische Arbeitsteilung prinzipiell dadurch verschärft hat, daß Familienleben und Arbeitswelt zu getrennten Sphären wurden und daß, gerade auch in den sozialistischen Ländern, der Produktionsbereich auf Kosten des Reproduktionsbereichs eine allgemeine Aufwertung erfahren hat. Außerdem hat, angesichts der „von oben" durchgesetzten Revolution, ein Umbruch der geschlechtstypischen Mentalitäten in den Gesellschaften des etablierten Sozialismus ebensowenig wie in den westlichen Gesellschaften stattgefunden (d.h., daß für Bewußtseinslagen auch aktuelle gesellschaftliche Einflußfaktoren namhaft gemacht werden können). Schließlich gibt es in West und Ost viele Belege für die Tatsache, daß im Raum der Politik eine einseitige Funktionszuschreibung der Familientätigkeit an die Frauen erfolgt; das jüngste Beispiel hierfür stellt das 1984 erlassene Gesetz über den bezahlten Erziehungsurlaub in der UdSSR dar, das als Anspruchsberechtigte nur Mütter nennt.

Es zeigt sich daher, daß eine Vielzahl von ökonomischen, politischen und psychologischen Faktoren, mit unterschiedlichen Ausprägungen und Gewichtungen in den westlichen bzw. östlichen Industriegesellschaften, die Fortdauer der Mütterzentriertheit familialer Sozialisation begründen.

Wenn Mütter im allgemeinen (UdSSR, DDR) oder in zunehmendem Maße (USA, BRD) einer außerhäuslichen Erwerbstätigkeit nachgehen und außerdem die ausschließliche oder überwiegende Verantwortung für den Familienhaushalt und die Kinder zu tragen haben, entstehen Belastungen und Streßsituationen, die für die *Lebenswirklichkeit der Frauen* selbst, für ihre Bereitschaft, Kinder zu haben und für die familiale Sozialisation der nachwachsenden Generation folgenreich sind. Für die kulturvergleichende Sozialisationsforschung ist es in diesem Zusammenhang aufschlußreich, der Frage nachzugehen, ob und wie in verschiedenen Gesellschaften diese Belastungsfaktoren und ihre möglichen Folgen wahrgenommen und gedeutet werden (für die Bundesrepublik vgl. Wissenschaftlicher Beirat 1984, für die DDR *Helwig* 1981 und 1982, für die Sowjetunion *Dieckmann* 1978); der Frage, ob und mit welchen Mitteln im Blick auf diese Belastungssituationen Wege der Erleichterung bzw. Abhilfe gesucht werden (vgl. *Kamerman, Kahn* 1978 und *Liegle* 1987, S. 131 ff.); oder der Frage, welche Faktoren zu einer Verbreitung männlichen/väterlichen Engagements im Familienleben beitragen, eine Tendenz, die in den USA und in der Bundesrepublik unter dem Motto „neue Väterlichkeit" erörtert wird und auch eine Reihe von wissenschaftlichen Untersuchungen über die Bedeutung des Vaters für die Sozialisation der Kinder hervorgebracht hat (zum internationalen Forschungsstand vgl. *Fthenakis* 1985).

Im Hinblick auf die *Beziehungsmuster* familialer Sozialisation in heutigen Industrienationen kann man im groben die Gültigkeit der Befunde kulturgeschichtlicher und psychohistorischer Studien (z.B. *Elias* 1969, *de Mause* 1977) unterstellen: es gibt eine allgemeine Tendenz zum Abbau formaler Autorität in den Beziehungen zwischen den Generationen und einen Abbau einer rigiden Gehorsamsorientierung in Richtung auf einen an der individuellen Persönlichkeit des Kindes und an seiner Selbständigkeit orientierten Umgang. In diesem Sinne wird z.B. in einer neuen sowjetischen Veröffentlichung argumentiert, die Wandlungen in den innerfamiliären Beziehungen hätten zu einer Situation geführt, in der Konflikte nicht mehr auf „traditionelle" Weise, d.h. durch formale Autorität, gelöst werden können, sondern in der neuen Form des „Aushandelns" (vgl. *Liegle* 1984, S. 23f.). Die allgemeine Tendenz zur Demokratisierung und Individualisierung familialer Beziehungsmuster hat, in Verbindung mit der Normenrelativierung in modernen Gesellschaften, das Sozialisationsgeschehen in Familien komplizierter und störanfälliger sowie abhängiger von der konkreten Personenkonstellation werden lassen. Die damit angezeigte Auflösung der traditionsgeleiteten Verhaltenssicherheit im Generationenverhältnis hat in allen modernen Gesellschaften zu einer verstärkten Nachfrage von *Beratung und Hilfe* im Blick auf die „richtige" Sozialisation und Erziehung der Kinder geführt; auch in den Gesellschaften des etablierten Sozialismus ist dieser Beratungsbedarf von Eltern erkannt und zusatzweise durch den Aufbau staatlicher Beratungssysteme befriedigt worden, obwohl hier bislang ein„materialistischer" Erklärungsansatz für die Sozialisationsfähigkeit der Familie im Vordergrund gestanden hat (vgl. *Liegle* 1984).

Die Auflösung traditionsgeleiteter Beziehungsmuster macht es aber auch außerordentlich schwierig, verallgemeinernd über das Sozialisationsgeschehen in „modernen" Familien Aussagen zu machen oder unter dem Aspekt „typischer" Beziehungsmuster verschiedene moderne Gesellschaften zu vergleichen. Der Befund von *Heckmann* (1977) zum Beispiel, daß deutsche Familien einen „stärkeren Intimcharakter" und amerikanische Familien eine „stärkere autoritäre Einstellung" zeigen, mag im Sinne statistischer Durchschnittswerte der untersuchten samples Gültigkeit besitzen. Die zahlreichen Untersuchungsergebnisse über familiale Erziehungsziele und Erziehungs-stile, wie etwa diejenigen für die Bundesrepublik (vgl. z.B. *Baumgärtel* 1979 und *Schneewind, Lukesch* 1978) und die DDR (vgl. *Hille* 1985, S. 112ff.), lassen jedoch den Schluß zu, daß die Unterschiede in den familialen Beziehungsmustern *innerhalb* einer Gesellschaft stärker ausgeprägt sind als *zwischen* Gesellschaften; in diesen schlagen sich nämlich jene Ungleichheiten nieder, die innerhalb der modernen Gesell-schaften bestehen (vgl. Abschn. 2.1.2), aber auch die biographischen Erfahrungen und Persönlichkeitsmerkmale der individuellen Eltern; so geht z.B. aus amerikanischen Untersuchungen über Ursachen der Kindesmißhandlung hervor, daß viele der gewalt-tätigen Eltern in ihrer eigenen Kindheit Gewalt erfahren haben (*Kempe, Kempe* 1980).

Die *Inhalte* des familialen Sozialisationsgeschehens in heutigen Industrienationen haben ganz überwiegend Freizeitcharakter. Die einzige Arbeitstätigkeit, die Kinder im Rahmen der Familie miterleben, ist die Haushaltsarbeit, die überwiegend von den Frauen (Müttern) getragen wird (vgl. oben). Die einzige Arbeitstätigkeit, die Kinder und Jugendliche im Rahmen der Familie regelmäßig selber zu leisten haben und die häufig elterliche Unterstützung verlangt, ist die Nachbereitung und Vorbereitung des schulischen Lernens. Im übrigen finden Sozialisationsprozesse in allen Situationen und Aktivitäten des Familienalltags (insbesondere während des arbeitsfreien Wochen-endes) statt. Eine der folgenreichsten Veränderungen im Familienalltag stellt das Ein-dringen des Fernsehens und die Zunahme des Fernsehkonsums dar (vgl. *Barthelmes* 1987).

Für eine kulturvergleichende Erfassung von alltäglichen Sozialisationsprozessen in Familien sind qualitative bzw. subjektive Daten oft aussagekräftiger als quantitative Meßwerte, wie das folgende kleine Beispiel aus einem Gespräch mit einem DDR-Bürger zeigen kann, das am 5. September 1987 in der „Südwest Presse" zitiert wurde: „Wenn wir heimkommen, sind wir erst mal müde. Wir sehen viel fern. Muttern natür-lich weniger, die muß ja noch waschen und bügeln. Am Sonnabend wasch' ich das Auto. Wenn's schön ist, fahren wir raus. Wenn nicht, kommen Freunde. Kaffee und Kuchen und so, Schnaps auch. Und Skat."

2.3 Subjektorientierte Analyse oder die Frage nach Sozialisations-wirkungen der Familie

2.2.1 Theoretische Deutungsmuster und Methoden

Die Tatsache, daß in allen modernen Gesellschaften der Eltern-Kind-Beziehung eine zentrale Bedeutung für den Erwerb sozialer Handlungsfähigkeit zugeschrieben wird und zukommt, deutet darauf hin, daß die Familie grundsätzlich über Fähigkeiten verfügt, die in anderen Gruppen bzw. Institutionen nicht ohne weiteres „herstellbar" sind: die Vermittlung von Gefühlen der Zugehörigkeit und des Vertrauens; die Toleranz gegenüber Lebensäußerungen wie Angst, Aggression und Sexualität; die Möglichkeit, akute Spannungen und Konflikte, gegensätzliche Erwartungen und Bedürfnisse auf dem Hintergrund dauerhafter Sympathiebeziehungen auszuhalten und auszuhandeln. Weder die Gesellschaft im ganzen noch die Individuen können auf die mit diesen besonderen Fähigkeiten verbundene Sozialisationswirkungen der Familie verzichten; diese gehen nicht nur vom Einfluß der Erwachsenen auf die Kinder, sondern auch vom Einfluß der Kinder auf die Erwachsenen aus (vgl. *Doehlemann* 1979). Eine kulturvergleichende subjektorientierte Analyse familialer Sozialisation kann zu einem besseren Verständnis der besonderen Bedeutung der Familie im Erleben und Bewußtsein sowie für die Persönlichkeitsentwicklung von Kindern (Jugendlichen) und Erwachsenen in modernen Gesellschaften beitragen; insbesondere wird sie versuchen müssen, die Bedingungen und Folgen der Einschränkungen und Störungen der Sozialisationsfähigkeit der Familie aufzuklären und die These zu überprüfen, daß die Widersprüche der Modernisierung eine prinzipielle Einschränkung der Sozialisationsfähigkeit der Familie (und der Gesellschaft im ganzen) bewirkt haben (vgl. Abschn. 1).

Die kulturvergleichende Sozialisationsforschung kann sich auf eine Vielfalt sozialisationstheoretischer Ansätze stützen (vgl. z.B. *Liegle* 1980); für eine an der Perspektive der Subjekte orientierte Forschung sind insbesondere jene Ansätze relevant, welche Sozialisation und Entwicklung als aktiven Prozeß begreifen (z.B. *Piaget*, Symbolischer Interaktionismus). Diese Ansätze sind jedoch für die im übrigen hochentwickelte kulturvergleichende Forschung über Sozialisationswirkungen keineswegs bestimmend; hier überwiegen vielmehr Untersuchungen, die kausalen Erklärungsansätzen verpflichtet sind. Insofern ergibt sich für eine subjektorientierte Analyse ebenso wie für die Mikroanalyse die Notwendigkeit, auf Daten aus den untersuchten Gesellschaften zurückzugreifen, in diesem Falle insbesondere auf qualitative Daten einschließlich (auto-)biographischer und literarischer Zeugnisse.

2.3.2 Empirische Befunde unter besonderer Berücksichtigung des Ost-West-Vergleichs

Es klingt wie eine Selbstverständlichkeit, daß (familiale) Sozialisation einen wechselseitigen Prozeß darstellt, daß also nicht nur Erwachsene für Kinder, sondern auch Kinder für Erwachsene Bedeutung haben, daß nicht nur Kinder von Erwachsenen, sondern auch Erwachsene *von Kindern lernen*. Indes wird man zum Beispiel in Untersuchungen aus der DDR oder der Sowjetunion vergeblich nach Aussagen über diese Selbstverständlichkeit suchen; die Forschung ist hier der allgemeinen Maxime von der „führenden Rolle" des Erziehers (des Erwachsenen) im Erziehungs- und Bildungsprozeß gefolgt und hat (bislang) ausschließlich die – möglichst zielgerichtete und planmäßige – Einwirkung der älteren auf die jüngere Generation zum Thema gemacht; wenn man über die Bedeutung von Kindern für Eltern in diesen Gesellschaften etwas erfahren will, muß man daher nach qualitativen (subjektiven) Daten in der Belletristik oder aus „unerlaubten Gesprächen" (*Hansson, Liden* 1983) suchen; dabei findet man Aussagen wie die folgende: „Wenn ein Mann und eine Frau bereits in den 40ern sind und man immer noch nicht Kinderstimmen in ihrem Haus hört, dann ist das ganze Leben sinnlos, es ist das Ende. Und natürlich ist die Frau dabei am unglücklichsten" (ebd. S. 26).

In den USA und in der Bundesrepublik ist der wechselseitige Charakter von Sozialisationsprozessen vor allen in Untersuchungen zur Mutter-Kind-Interaktion sowie in Forschungen über den Lebenslauf und kritische Lebensereignisse „entdeckt" worden: es hat sich gezeigt, daß Elternschaft – insbesondere Erstelternschaft – einen wichtigen Sozialisationsfaktor für junge Frauen und Männer darstellt (*Schneewind* 1983b), daß die Verantwortung für und der Umgang mit Kindern „sozialisierende" und „individuierende" Wirkungen hat (*Doehlemann* 1979), und daß Kinder für ihre Eltern eine der wichtigsten Quellen für die Erfahrung sind, daß das Leben „einen Sinn hat" (vgl. ebd. sowie *Wahl* et al. 1980).

Die damit angedeuteten Sozialisationswirkungen von Familien auf die Eltern müssen – insbesondere, wenn man sie im historischen Zeitvergleich betrachtet – im Zusammenhang mit den übrigen Sozialisationserfahrungen von Erwachsenen in der modernen, aus „unpersönlichen Systemen" bestehenden Gesellschaft (vgl. *Coleman* 1986), im Zusammenhang mit dem Wandel der innerfamiliären Beziehungen – von gemeinsamer gegenständlicher Erfahrung in der Arbeit zur freizeitorientierten, stark emotionalisierten Interaktion –, im Zusammenhang also mit dem „gegenstrukturellen" Charakter der Familie in modernen Gesellschaften interpretiert werden.

Dieser Zusammenhang zwischen familialen und außerfamilialen Sozialisationserfahrungen und Sozialisationswirkungen verdient auch im Hinblick auf die Frage nach den *Sozialisationswirkungen von Familien auf Kinder und Jugendliche* Beachtung; diese sind immer von *relativer* Bedeutung angesichts der ebenfalls wirksamen Einflüsse anderer Sozialisationsinstanzen (zum Beispiel Gleichaltrige, Erziehungs- und Bildungsinstitutionen, Massenmedien), die in modernen – im Gegensatz zu traditionalen – Gesellschaften nicht gleich ausgerichtet, sondern untereinander und im Verhältnis zum Sozialisationseinfluß der Familie heterogen sind.

Auch wenn man diese komplexen Zusammenhänge im Sozialisationsgeschehen berücksichtigt, lassen doch die vorliegenden empirischen Untersuchungsergebnisse den Schluß zu, daß die Familie in heutigen Industrienationen den wichtigsten Faktor in der Persönlichkeitsentwicklung und Sozialisation von Kindern und Jugendlichen, insbesondere in der primären Sozialisation, darstellt. Daß dies auch für die sozialistischen Gesellschaften gilt, die in einem in der Geschichte bislang unbekannten Ausmaß die außerfamiliale Erziehung ausgebaut haben, spricht für die besondere Bedeutung, die der Familie in ihrer doppelten Funktion der „Insulation" sowie der Vorbereitung auf das Leben in komplexen Gesellschaften zukommt (vgl. *Claessens, Menne* 1973). In diesem Sinne hat ein sowjetischer Soziologe festgestellt:

„Die Bedeutung der Familie als Primärzelle der Gesellschaft und als äußerst wichtiger Faktor für die Sozialisation des Kindes läßt sich schwerlich zu hoch bewerten ... In der Familie gliedern sich die Kinder allmählich in die komplizierte Welt der Erwachsenen ein. Das ist von sehr wesentlicher Bedeutung. Untersuchungen haben ergeben, daß die Zöglinge selbst der besten Vorschulkinderheime in einigen Aspekten ihrer Entwicklung hinter den Kindern gleichen Alters, die in der Familie erzogen werden, zurückbleiben. Der Grund dafür ist einfach: Sie sind praktisch isoliert von den offenen Gesprächen der Erwachsenen, und das verzögert ihr Bekanntwerden mit gewissen Seiten des sozialen Lebens. Nicht zufällig ist die Entwicklung des Systems der gesellschaftlichen Erziehung bei uns mit Versuchen verbunden, das Familienleben für die Kinder, die keine Eltern haben, zu imitieren" (*Kon* 1971, S. 181f.).

Kon weist in diesem Zusammenhang auch auf die große Bedeutung der bereits erwähnten Tatsache hin, daß das Sozialisationsgeschehen in der Familie durch die Wechselseitigkeit der Beziehungen und Einflüsse zwischen Erwachsenen und Kindern ausgezeichnet ist:

„So wie das Kind dessen bedarf, daß man sich um es sorgt – das gibt ihm die Empfindung der Zuverlässigkeit und Beständigkeit der Welt –, so verspürt der erwachsene Mensch das Bedürfnis, sich um einen anderen zu sorgen, Stütze für einen Schwachen zu sein und auf diese Weise die eigene Stärke und Bedeutung zu empfinden. Am vollständigsten äußert sich dies gerade in den elterlichen Gefühlen" (ebd., S. 182).

Im Hinblick auf die weiteren Entwicklungsphasen in der Kindheit und im Jugendalter sind Ergebnisse sowjetischer Untersuchungen aus den 60er Jahren, welche den materiellen, emotionalen und kulturellen Sozialisationsbedingungen in Familien den entscheidenden Einfluß auf Schulleistungen der Kinder sowie die Bildungs- und Berufslaufbahn von Jugendlichen, auf Einstellungen zur Arbeit sowie zu politisch-ideologischen Fragen und auf Formen der Jugendkriminalität einräumen (vgl. *Liegle* 1970, S. 124ff.), durch neuere Forschungen bestätigt worden.

Entsprechende Untersuchungsergebnisse liegen für die DDR vor. So hat sich gezeigt, daß die unterschiedliche materielle, emotionale und kulturelle Wirklichkeit von Familien die Wirksamkeit und die tatsächliche Wirkung der institutionellen Kleinkinderziehung (Kindergrippen) auf die Entwicklung der Kinder entscheidend mitbestimmt (vgl. *Schmidt-Kolmer* 1977); im Blick auf Schulleistungen wird vor allem der Einfluß mütterlicher Erziehungshaltungen (vgl. *Hille* 1985, S. 117), im Blick auf politische Einstellungen der Einfluß der Eltern als Gesprächspartner, Initiatoren und Vorbilder (ebd., S. 128ff.) und im Blick auf Formen der Jugendkriminalität die Bedeutung von „Problemfamilien" für abweichende Entwicklungsverläufe (ebd., S. 132ff.) hervorgehoben.

Daß in der Bundesrepublik sowie in anderen westlichen Industriegesellschaften zahlreiche Forschungsergebnisse den entscheidenden Einfluß der Lebensverhältnisse und Sozialisationsbedingungen in Familien auf die Entwicklung von Kindern und Jugendlichen belegen (für die Bundesrepublik vgl. z.B. *Wurzbacher* 1977 sowie, im Blick auf die soziale Plazierung der jungen Generation, den Dritten Familienbericht der Bundesregierung 1979, S. 67ff.), ist schon deshalb nicht überraschend, weil hier in noch stärkerem Maße als in den sozialistischen Gesellschaften, im öffentlichen Bewußtsein und von seiten der Politik eine entsprechende Funktionszuschreibung an die Familie erfolgt.

Einen Maßstab eigener Art für die relative Bedeutung der Familie im (lebenslangen) Prozeß der Sozialisation bietet der Stellenwert, welchen Jugendliche selbst ihrer Herkunftsfamilie im Blick auf die eigene Persönlichkeitsentwicklung sowie ihrer eigenen künftigen Ehe und Familie im Rahmen ihrer Lebensplanung zuschreiben. Dabei zeigt sich in beiden deutschen Staaten, daß die Eltern als die wichtigsten Vorbilder und Familien- bzw.Eheglück an erster Stelle der Zukunftswünsche der Jugendlichen genannt werden (vgl. *Hille* 1985, S. 152ff. und 160); entsprechende Ergebnisse haben Fragebogenuntersuchungen bei sowjetischen Schülern und Studenten erbracht (vgl. *Liegle* 1984, S. 20). Der durch die Daten nahegelegte Eindruck, daß die subjektive Bewertung der Familie bei den Jugendlichen in den sozialistischen Gesellschaften tendenziell sogar positiver ausfällt als in westlichen Industrienationen, kann möglicherweise dadurch erklärt werden, daß Jugendliche in der DDR und in der Sowjetunion die Sozialisation durch Gleichaltrige (nämlich im Rahmen der staatlichen Jugendorganisationen) und Schule vergleichsweise als in stärkerem Maße politisch-ideologisch reglementiert und kontrolliert erfahren, so daß die Familie als Ort der individuellen Handlungsorientierung, der Selbstbestimmung und der Privatheit an Gewicht gewinnt.

Mit diesem Gedanken wird zugleich noch einmal auf die Tatsache der Eingebundenheit der Wirkungen familialer Sozialisationsprozesse in gesamtgesellschaftliche Kontexte verwiesen.

3 Forschung – Praxis – Politik

Jedes politische Handeln im Bereich der Familien-, Sozial- und Bildungspolitik geht ausgesprochen oder unausgesprochen von Annahmen über Gesetzmäßigkeiten der Persönlichkeitsentwicklung aus. Umgekehrt untersucht wissenschaftliche Forschung – hier Sozialisationsforschung – ihrerseits die Gesetzmäßigkeiten von Sozialisationsprozessen immer im Rahmen einer „Sozialisationswirklichkeit", die politisch beeinflußt wird.

Für den überwiegenden Teil der vorliegenden empirischen Sozialisationsforschung ist es kennzeichnend, daß sie einzelne Merkmale einer bestimmten bestehenden Sozialisationswirklichkeit und deren Wirkung auf einzelne Merkmale der kindlichen Persönlichkeit, nicht aber die mögliche Veränderung dieser Sozialisationswirklichkeit zu erfassen sucht. In diesem Zusammenhang gewinnt der Kulturvergleich als Forschungsmethode insofern eine besondere Bedeutung, als mit seiner Hilfe verschiedene Umwelten – im Sinne einer quasi-experimentellen Situation – untersucht und in ihrem Einfluß auf die Bedingungen, Prozesse und Wirkungen familialer Sozialisation beschrieben werden können.

Insofern könnte der Kulturvergleich einen Beitrag dazu leisten, die Orientierung der Sozialisationsforschung am Bestehenden zu überwinden, die nach *Hess* und *Baer* (1972, S. 6) damit zu tun hat, daß Sozialwissenschaftler in der Regel „höchst unempfänglich für die soziale und erzieherische Benachteiligung bestimmter Bevölkerungsgruppen und ‚ideologisch desinteressiert'" sind; das durch den Kulturvergleich angesammelte Wissen könnte dafür genutzt werden, eine langfristige Verbesserung der Sozialisationsbedingungen von Kindern in den modernen Industrienationen rational zu planen und praktisch in die Wege zu leiten. Zum Beispiel legen es die internationalen Erfahrungen nahe, Interventionsprogramme für junge Familien und kleine Kinder nicht an einer einzelnen Maßnahme, sondern an einem alternativen, unterschiedlichen Lebenslagen angemessenen Maßnahmenangebot – Erziehungsgeld/Erziehungsurlaub, Tagesmütter/Familientagespflege und öffentliche Betreuungs- und Erziehungsinstitutionen – auszurichten.

Die Erwartungen an eine praxiswirksame und politikberatende Funktion des Kulturvergleichs dürfen allerdings nicht zu hoch angesetzt werden. Denn erstens ist die Komplexität familialer und frühkindlicher Sozialisationsprozesse noch nicht hinreichend erhellt, um über Ursachen und Wirkungen gesicherte Aussagen machen zu können. Zweitens kann eine Übertragung ausländischer Erfahrungen auf das eigene Land immer nur unter Berücksichtigung der unterschiedlichen, geschichtlich gewachsenen kulturellen und gesellschaftlichen Rahmenbedingungen der betreffenden Länder geschehen.

Insoweit von einer kulturvergleichenden Sozialisationsforschung ein Beitrag zu einer rationalen Politik für Familien und Kinder zu erwarten ist, müßte dieser sich nicht allein auf den Vergleich von Bedingungen, Prozessen und Wirkungen familialer Sozialisation, sondern auch auf den Vergleich von Strategien, Maßnahmen und Wirkungen der auf Familien und Kinder bezogenen Politik stützen (vgl. *Kamerman, Kahn* 1978).

Falls die Aussagen der ersten Abschnitte dieses Kapitels Gültigkeit besitzen, stellt die wissenschaftliche Anregung und Begleitung einer rationalen „Sozialisationspolitik" ein dringendes Erfordernis de r Zukunft dar, mit dem Ziel, die „Sozialisationsfähigkeit" moderner Industriegesellschaften zu erhalten.

Literatur

Ariès, Ph. (1975): Geschichte der Kindheit. München: Hanser

Barthelmes, J. (1978): Kindliche Weltbilder und Medien. Eine Literaturanalyse zur Mediensozialisation. München: Deutsches Jugendinstitut

Baumgärtel, F. (Hrsg.) (1979): Familiensozialisation. Braunschweig: Westermann

Beck-Gernsheim, E. (1980): Das halbierte Leben. Männerwelt Beruf – Frauenwelt Familie. Frankfurt: Fischer

Bestushew-Lada, I. (1985): Die Zukunft der Familie in der Sowjetunion. Demokratische Erziehung, H. 7/8, 57–60

Besse, M. (1978): Die Zusammenarbeit zwischen Krippe und Elternhaus. Berlin (Ost): Volk und Gesundheit

Bronfenbrenner, U. (1976): Ökologische Sozialisationsforschung. Stuttgart: Klett-Cotta

Chartschew, A. G., Golod, S. I. (1972): Berufstätige Frau und Familie. Berlin (Ost): Dietz

Claessens, D., Menne, F. W. (1973): Zur Dynamik der bürgerlichen Familie und ihrer möglichen Alternativen. In: D. Claessens, P. Milhoffer (Hrsg.), Familiensoziologie, Frankfurt: Athenäum, 313–346

Coleman, J. S. (1986): Die asymmetrische Gesellschaft. Vom Aufwachsen mit unpersönlichen Systemen. Weinheim: Beltz

deMause, L. (Hrsg.) (1977): Hört ihr die Kinder weinen. Eine psychogenetische Geschichte der Kindheit. Frankfurt: Suhrkamp

Dieckmann, R. Th. (1978): Die Frau in der Sowjetunion. Frankfurt: Campus

Doehlemann, M. (1979): Von Kindern lernen. Die Position des Kindes in der Welt. München: Juventa

Elias, N. (1969): Der Prozeß der Zivilisation, 2 Bände. Bern: Francke

Ferber, M. A., Birnbaum, B. (1982): The Impact of Mother's Work on the Family as an Economic System. In: Sh. B. Kamerman, Ch. D. Hayes (Eds.), Families that work. Children in a Changing World. Washington: National Academy Press, 84–143

Fthenakis, W. (1985): Väter, 2 Bände. München: Urban & Schwarzenberg

Geulen, D. (1977): Das vergesellschaftete Subjekt. Zur Grundlegung der Sozialisationstheorie. Frankfurt: Suhrkamp

Hansson, C., Liden, K. (1983): Unerlaubte Gespräche mit Moskauer Frauen. München: Roitman

Heckmann, F. (1977): Familienbindung in den USA und in der Bundesrepublik. In: Wurzbacher, 33–47

Helwig, G. (1981): Zur Vereinbarung von Familie und Beruf – Länderbericht DDR. Berlin: Wissenschaftszentrum

Helwig, G. (1982): Frau und Familie in beiden deutschen Staaten. Köln: Wissenschaft und Politik

Herrmann, U. (1986): Die Pädagogisierung des Kindes- und Jugendlebens in Deutschland seit dem ausgehenden 18. Jahrhundert. In: J. Martin, A. Nitschke (Hrsg.), Zur Sozialgeschichte der Kindheit. Freiburg: Alber, 661–683

Hess, R. D., Baer, R. M. (Hrsg.) (1972): Frühkindliche Erziehung. Weinheim: Beltz

Hille, B. (1985): Familie und Sozialisation in der DDR. Opladen: Leske und Budrich

Höpflinger, F. (1987): Wandel der Familienbildung in Westeuropa. Frankfurt: Campus

Hurrelmann, K. (1986): Einführung in die Sozialisationstheorie. Über den Zusammenhang von Sozialstruktur und Persönlichkeit. Weinheim: Beltz

Inkeles, A., Levinson, D. J. (1969): National Character. The Study of Modal Personality and Sociocultural Systems. In: G. Lindzey, E. Aronson (Hrsg.): The Handbook of Social Psychology, Reading, Mass.: Addison-Wessley, 418–506

Kamerman, Sh. B., Kahn, A. J. (Eds.) (1978): Family Policy. Government and families in fourteen countries. New York: Columbia University Press

Kaufmann, F.-X. (1980): Kinder als Außenseiter der Gesellschaft. Merkur, 34. Jg., 761–771

Kempe, R. S. Kempe, C. H. (1980): Kindesmißhandlung. Stuttgart: Klett-Cotta

Kon, I. S. (1971): Soziologie der Persönlichkeit. Köln: Pahl-Rugenstein

König, R. (1976): Soziologie der Familie. In: R. König (Hrsg.), Handbuch der empirischen Sozialforschung, Bd. 7, München: Deutscher Taschenbuch Verlag

Liegle, L. (1970): Familienerziehung und sozialer Wandel in der Sowjetunion. Berlin–Heidelberg: Quelle und Meyer

Liegle, L. (1980): Kulturvergleichende Ansätze in der Sozialisationsforschung. In: K. Hurrelmann, D. Ulich (Hrsg.), Handbuch der Sozialisationsforschung. Weinheim: Beltz, 197–225

Liegle, L. (1984): Familienpolitik und Familienerziehung in der Sowjetunion. Sozialwiss. Literaturrundsch. 7, 17–28

Liegle, L. (1987): Welten der Kindheit und Familie. Beiträge zu einer pädagogischen und kulturvergleichenden Sozialisationsforschung. Weinheim: Beltz

Lüscher, K. (Hrsg.) (1975): Sozialpolitik für das Kind. Stuttgart: Klett-Cotta

Lüscher, K., Schultheiss, F., Wehrspaun, M. (Hrsg.) (1988): Die postmoderne Familie, Konstanz: Universitätsverlag

Mollenhauer, K. et al. (1975): Familienerziehung. München: Juventa

Musgrove, F. (1976): The family, education, and society. London: Routledge & Kegan Paul

Narodnie chozjajstvo SSSR v 1984 godu (Die Volkswirtschaft der UdSSR im Jahre 1984) (1984). Moskau: Statistika

Nave-Herz, R. (Hrsg.) (1988): Wandel und Kontinuität der Familie in der Bundesrepublik Deutschland. Stuttgart: Enke

Rjurikow, J. B. (1983): Eine Sache der Familie? Nein, eine Sache des Staates! Über eine Strategie der Erziehung und der sozialen Hilfe für die Familie. Osteuropa, 33. Jg., 9, A 448–460

Schleiermacher, F. (1957): Pädagogische Schriften, Bd. 1: Die Vorlesungen aus dem Jahre 1826. Düsseldorf–München: Küpper

Schmidt-Kolmer, E. (1977): Zum Einfluß von Familie und Krippe auf die Entwicklung von Kindern in der frühen Kindheit. Berlin (Ost): Volk und Gesundheit

Schneewind, K., Lukesch, H. (1978): Familiäre Sozialisation. Stuttgart: Klett-Cotta

Schneewind, K. (1983a): Ungleichheiten von Familien und Kindern im kulturellen Kontext. Behindertenpädagogik, 22, 194–226

Schneewind, K. (1983b): Konsequenzen der Erstelternschaft. Psychologie in Erziehung und Unterricht, 30, 161–172

Schwarz, K. (1986): Bevölkerungsentwicklung und Familienstruktur. In: Archiv für Wissenschaft und Praxis der Sozialen Arbeit, 7–17

Statistisches Bundesamt (1983): Frauen in Familie, Beruf und Gesellschaft, Ausgabe 1983. Mainz: Kohlhammer

Statistisches Jahrbuch der Deutschen Demokratischen Republik 1984 (1984). Berlin (Ost): Staatsverlag der DDR

Tyrell, H. (1979): Familie und gesellschaftliche Differenzierung. In: H. Pross (Hrsg.), Familie – wohin? Reinbek: Rowohlt, 13–77

US-Department of Commerce (1985): National Data Book and Guide to Sources. Statistical Abstract of the United States 1984, 104th Edition. Washington, D.C.: Bureau of the Census

Vestnik statistiki („Statistischer Bote"). Periodikum der Zentralen Statistischen Behörde der UdSSR, Moskau

Wahl, K. et al. (1980): Familien sind anders. Wie sie sich selber sehen: Anstöße für eine neue Familienpolitik. Reinbek: Rowohlt

Wissenschaftlicher Beirat für Familienfragen (1980): Familien mit Kleinkindern. Spezifische Belastungssituation in der frühkindlichen Entwicklung. Bonn (= Schriftenreihe des BMJWF, Bd. 84)

Wissenschaftlicher Beirat für Familienfragen (1984): Familie und Arbeitswelt. Bonn (= Schriftenreihe des BMJFG, Bd. 143)

Wurzbacher, G. (Hrsg.) (1977): Die Familie als Sozialisationsfaktor, 2. Aufl. Stuttgart: Enke

Frühe Mutter-Kind-Beziehungen im Kulturvergleich

Hans-Joachim Kornadt unter Mitarbeit von Brigitte Husarek

Übersicht

1   Einleitung

Wenn man sich vor Augen führt, wie hilflos und abhängig jeder Mensch bei Geburt ist und über welche Fülle von Kenntnissen, Fähigkeiten usw. er als Erwachsener verfügt, so erscheint die Bedeutung von Erfahrungen für die Persönlichkeitsentwicklung unmittelbar evident. Es ist auch kaum anders vorstellbar, als daß dabei die früh ausgebildeten Überzeugungen, Erwartungen und Motive usw. die Basis sind, von der aus spätere Erfahrungen wahrgenommen und verarbeitet werden. Damit soll zwar eine simple, geradlinige und spätere Änderungen ausschließende Determiniertheit nicht behauptet werden; da aber die Weiterentwicklung und Differenzierung des Erworbenen sicher eher in vielen kleinen als wenigen großen Schritten und daher im wesentlichen kontinuierlich erfolgt, wird es auch nur in Ausnahmefällen dramatische Änderungen geben.

Unter allen frühen und in diesem Sinne grundlegenden Erfahrungen nehmen die in der Mutter-Kind-Beziehung gewonnenen wegen der Abhängigkeit des Kindes eine Sonderstellung ein. Die Mutter ist die erste und normalerweise auf lange Zeit wichtigste Erfahrungen vermittelnde Person. Ihr fällt in der Regel mit der Pflege und Betreuung des Kindes in vielfältiger Hinsicht die Gestaltung der ersten Erfahrungswelt zu.

Die Mutter-Kind-Beziehung ist daher schon früh zum Gegenstand der Forschung geworden, wenn es um die Frage der Persönlichkeitsentwicklung und der sie beeinflussenden Faktoren in der Sozialisation ging. Zuerst und besonders einflußreich ist dies von *Freud* vertreten worden. Für ihn war die Mutter das erste und wichtigste externe „Objekt", auf das sich „libidinöse Energie" richtete. Die Beziehung zur Mutter wurde als modellbildend für alle späteren (Liebes-)Beziehungen angesehen. Besonders im Vordergrund der Betrachtung stand gemäß psychoanalytischer Theorie der Zusammenhang zwischen frühkindlicher Triebbefriedigung (z.B. der oralen Bedürfnisse) und späterer Charakterstruktur. Dies hat auch in der empirischen Forschung lange eine Rolle gespielt.

Auch die frühe kulturvergleichende Forschung, die überwiegend an der Kulturbedingtheit der Persönlichkeit und an deren weiteren Konsequenzen für die Gestaltung sozialer und kultureller Systeme interessiert war, war ebenfalls häufig von psychoanalytischen Ideen angeregt. Sie hat dann jedoch mehr lerntheoretische Prinzipien zugrunde gelegt (*Malinowski* 1927, *Mead* 1928, *Whiting & Child* 1953).

Aus Platzgründen kann hier auf diese z.T. sehr interessanten Studien nicht eingegangen werden, auch nicht auf ihre Mängel (obwohl sie z.T. – wie z.B. *Margaret Mead*s Behauptung positiver Wirkung freizügiger Erziehung, die in wichtigen Punkten unzutreffend ist [*Freeman* 1983] – wegen ihrer politischen Wirkung gravierend sind).

Ein entscheidender Beitrag zu unserem Thema erfolgte in den 40er und 50er Jahren durch die Arbeiten zum Hospitalismus von *Spitz* (1945) und *Goldfarb* (1943) und zur Mutter-Kind-Bindung von *Bowlby* (1958) und von *Harlow* (1958). *Spitz* hatte Kinder untersucht, die im ersten Lebensjahr von ihrer Mutter getrennt waren. Er fand bei ihnen erhebliche Entwicklungsstörungen in kognitiver, emotionaler und sozialer, ja sogar körperlicher Hinsicht, die auch später nicht mehr aufgeholt werden konnten. Hieran schlossen sich Arbeiten von *Bowlby* über die Bedeutung der frühen Mutter-Kind-Bindung (Attachment) für die Persönlichkeitsentwicklung an. Es hat sich daraus eine umfangreiche Forschungstradition entwickelt, die sich mit verschiedenen Formen der Mutter-Kind-Beziehung und deren Einflüssen auf die spätere Persönlichkeit befaßt (*Ainsworth* 1967; *Bretherton* 1985).

In den 50er und 60er Jahren wurden Erziehungsstile und ihre Wirkung ein wichtiges Forschungsthema. Allerdings erwiesen sich diese Untersuchungen letzten Endes als wenig ergiebig, da sie wegen ihres theoretischen Ansatzes meist wenig Aufschlüsse über funktionelle Zusammenhänge zwischen Erziehung und Persönlichkeit liefern konnten (mit einigen Ausnahmen, z.B. *Herrmann, Stapf & Stäcker* 1972; *Stapf, Herr-*

mann & Stücker 1972). Sie begnügten sich meist mit korrelativen Zusammenhängen und versuchten, mit Faktorenanalysen Grundfaktoren zu erkennen, die meist im trait-psychologischen Persönlichkeitsmodell verstanden wurden. Für kulturvergleichende Untersuchungen, die besondere Anforderungen an die theoretische Einbettung der Untersuchung stellen, wie *Trommsdorff* im Einführungskapitel dargestellt hat, sind diese Ansätze schon methodisch problematisch. Denn nur im Rahmen einer Theorie kann z.B. die Äquivalenz von Indikatoren in verschiedenen Kulturen beurteilt werden (*Ekkensberger* 1973; *Kornadt, Eckensberger & Emminghaus* 1980; *Trommsdorff* 1978). Die Erziehungsstilforschung konnte kein theoretisch überzeugendes Konzept dafür liefern, daß gerade die von ihr postulierten Faktoren „Grundvariablen" sein sollten und daß gerade ihnen eine funktionelle Bedeutung (bzw. welche) zukommen soll.

Aus diesem Grunde ist die Bindungsforschung für uns interessant. Sie ging von einem fruchtbaren theoretischen Ansatz aus: Sie postulierte in der Persönlichkeit ein biologisch verankertes Funktionssystem von bestimmten Bedürfnissen und Verhaltensmustern, und ferner, daß aus den Bindungserfahrungen längerdauernde kognitive und motivationale Systeme, „working models", aufgebaut werden. Mit diesem Theorierahmen lassen sich auch weitere, z.B. aus der Motivationsforschung stammende Erkenntnisse verbinden, so daß genauere Vorstellungen darüber ermöglicht werden, warum die frühe Mutter-Kind-Beziehung wichtig ist, auf welche Art der Beziehung es ankommt und nach welchen Prozessen Wirkungen zu erwarten sind. Das kann auch bessere Kriterien für kulturvergleichende Untersuchungen liefern.

Das wichtigste ist, daß durch die empirische Bindungsforschung viele Fakten über die Rolle der Mutter-Kind-Beziehung aufgedeckt worden sind; es zeigte sich, daß von der Art der Mutter-Kind-Bindung grundlegende Prozesse der Persönlichkeitsentwicklung beeinflußt werden, auch solche, über die aus anderen Forschungsansätzen heraus Kenntnisse oder Annahmen vorliegen, z.B. der Selbstkonzept- oder besonders der Motivationsforschung.

Da der vorliegende Artikel kein Sammelreferat sein kann, wird er sich zunächst auf die Bindungsforschung konzentrieren. Spezielle Untersuchungen zur kognitiven, moralischen und sprachlichen Entwicklung aus anderen Quellen werden nicht behandelt werden. Ebenso werden wir nicht auf kulturvergleichende Erziehungsstil-Forschung eingehen. Andererseits werden einige Aspekte der Motivgenese behandelt, soweit sie auf systematischen Kulturvergleichen beruhen, insbesondere ein Beispiel aus eigenen Untersuchungen zur Aggressivitätsgenese (*Kornadt* 1983, 1987a, 1988b).

2   Unterschiede in der Mutter-Bindung

2.1   *Zum Bindungs-(Attachment-)Konzept*

Nach *Bowlby* (1982a) ist mit Attachment ein spezielles motivationales System gemeint, das darauf gerichtet ist, ein Gefühl der Sicherheit zu gewinnen oder zu behalten. Dieses

System wird besonders unter Angst, Müdigkeit, Krankheit oder Streß aktiviert. Es motiviert dazu, Nähe, körperlichen Kontakt, Hilfe, Zuwendung oder Trost zu suchen, und zwar bei derjenigen Person, an die zuvor eine spezielle Bindung entwickelt wurde. Auf diese Weise fallen (von außen gesehen) das subjektive Gefühl der Sicherheit beim kleinen Kind und seine tatsächliche Sicherheit, wie sie von der Mutter gewährleistet wird, in der Regel zusammen. Hierin wird im ethologischen Sinne eine biologische Funktion dieses als angeboren aufgefaßten Motivsystems gesehen, da ihm ein „Überlebenswert" und damit auch ein phylogenetischer Vorteil zukommt. Dieser Aspekt unterscheidet das Bindungskonzept auch grundlegend vom Konzept der „Abhängigkeit" (Dependency). Mit ihm war eine Persönlichkeitseigenschaft (trait) gemeint, die nach dem lerntheoretischen Prinzip des „secondary drive" gedeutet war: abgeleitet aus der Verknüpfung der Befriedigung primärer Bedürfnisse (Fütterung) mit den „zufälligen" Randbedingungen, die durch die Anwesenheit der Mutter gegeben waren (*Sears, Maccoby & Levin* 1957). Daß diese Interpretation nicht den wahren Sachverhalt erfassen kann, war eindrucksvoll von *Harlow* (1958) bei Rhesusaffen gezeigt worden, die ohne Mutter aufwuchsen. Sie zeigten ein deutliches Attachmentverhalten zu einer Mutter-Ersatz-Figur, die mit einem Fell bekleidet war, an das sie sich kuscheln konnten, nicht aber zu einer „Drahtmutter", obwohl diese Milch spendete. Dieses Bindungssystem kann nicht nur in der Kindheit verhaltensrelevant werden, wenn es auch hier besonders deutlich ist, sondern das ganze Leben über, vor allem unter Streß und bei emotionalen Belastungen.

Die Theorie der Bindung fußt somit auf zwei grundlegenden Konzepten:

Erstens, daß es ein biologisch verankertes Motiv- und Verhaltenssystem dieser Art gibt, das besonders bei Gefahr anspricht und den Schutz der Mutter* suchen läßt. Nach den ersten sechs Monaten wird normalerweise zu mindestens einer Person eine besondere Bindung entwickelt, und danach ist (sind) es diese Person(en) und andere nicht, die die nötige Sicherheit geben. Wenn dieses Motivsystem hinreichend befriedigt ist (z.B. die Mutter scheint verfügbar und aufmerksam), nimmt der Anreiz der Nähe der Bindungsperson ab, und das erlaubt es dem Kind, dem antagonistischen Explorationsbedürfnis nachzugehen, nämlich sich von der Mutter zu entfernen und die Welt kennenzulernen und mit Unbekanntem umzugehen. In Anwesenheit der Mutter und/oder wenn das Kind sich aus Erfahrung ihrer Unterstützung sicher ist, wagen es Kinder eher, sich Fremdem explorierend zuzuwenden. Die Attachment-Person dient somit als Quelle der Sicherheit und als sichere Basis zur Exploration.

Ist dagegen diese Sicherheit nicht gewährleistet, weil die Mutter nicht anwesend ist oder weil sie nicht richtig reagiert, dann sind die Kinder unsicher. Sie wenden sich Neuem weniger oder nur unter Angst zu. Auf die Dauer sind von einer solchen Einschränkung von Lern- und Übungsgelegenheiten oder von ihrer Verknüpfung mit

---

*„Mutter" wird im folgenden der Einfachheit halber immer als Prototyp für die jeweilige Betreuungsperson, an die Bindung besteht, verstanden.

Angst Konsequenzen für die weitere motorische, motivationale und kognitive Entwicklung zu erwarten.

Zweitens, daß aus den Erfahrungen über die durch Zuwendung eintretende Beruhigung und Sicherheit bzw. über deren Ausbleiben bei mangelnder Zuwendung kognitive Systeme über die Umwelt und das eigene Selbst entwickelt werden („working models", *Bowlby* 1973). Gemeint sind Vorstellungen über die Welt mit ihrer Gefährlichkeit oder ihren als erreichbar erlebten Verlockungen, über die Eigenschaften der zentralen Personen (z.B. im Sinne von hilfreich, verläßlich oder Hilfe versagend, feindselig) und schließlich Konzepte über sich selbst im Sinne eines Menschen, der die Zuwendung und Liebe anderer gewinnen kann oder der dazu unfähig ist und daher in einer unbekannten, bedrohlichen Welt alleine gelassen wird. Diese „working models" werden als langfristig wirksame Faktoren aufgefaßt, die sowohl die Verarbeitung weiterer Erfahrungen prägen, als auch im Sinne von Dispositionen auch beim Erwachsenen noch die Deutung von Unbekanntem und von Gefahren oder die Einstellungen und Verhaltensweisen zu anderen Personen mitbestimmen.

Damit stellt die Bindungstheorie in der Tat einen wesentlichen Fortschritt dar. Sie hat mit den Konzepten des Bindungs-Motiv-Systems und der „working models" zwei wichtige Vorstellungen über *funktionelle* Prozesse entwickelt, die die Besonderheiten der Mutter-Kind-Beziehung und deren langfristige Wirkungen für die Persönlichkeitsentwicklung verständlich machen können. Ihr Wert beruht auch darauf, daß sie – weit über die zwar komplexen, aber doch unpräzisen Vorstellungen der Psychoanalyse hinausgehend – biologische, kognitivistische und lerntheoretische Prinzipien verbindet. Mit der Sicht einer Interaktion von Kind und Umwelt vermeidet sie auch Einseitigkeiten einzelner Positionen und einen zu starren Determinismus. Mit dem Konzept des Bindungssystems, von dessen Ansprechen weitere Entwicklungsprozesse abhängen, ist sicher ein wichtiges funktionales Element erkannt worden. Die relativ unscharfen Vorstellungen über die „working models" können ohne weiteres durch differenziertere Vorstellungen, z.B. aus der Motivationstheorie, ergänzt oder ersetzt werden. In dieser Kombination ist in der Bindungsforschung ein theoretisch fruchtbarer, weil erweiterungsfähiger Ansatz zu sehen. Er hat auch zu vielen kulturvergleichenden Untersuchungen geführt, die wiederum genauere und differenziertere Kenntnisse über funktionale Beziehungen und relevante Faktoren erbracht haben.

2.2 Intrakulturelle Differenzen im Bindungsverhalten

Das typische Bindungsverhalten, das als ein komplexes, auf (eine) bestimmte Person(en) zielgerichtetes Verhaltenssystem anzusehen ist (Sicherheit durch Zuwendung der Mutter zu erhalten und dafür je nach Situation schreien, auf den Arm wollen, nahe sein, sich der Aufmerksamkeit versichern usw.), entsteht erst während der zweiten Hälfte des ersten Lebensjahres. Es wird allmählich aus Komponenten organisiert, die schon früher zu beobachten sind (wie z.B. schreien, wenn die Mutter, aber nicht, wenn

ein Fremder den Raum verläßt [*Bretherton* 1985]). Es ist in seiner Komplexität schließlich auf eine oder einige wenige „Attachment"-Personen gerichtet, die allein Beruhigung und Sicherheit vermitteln können.

Wichtige Beiträge zur Bindungsforschung hat *Mary Ainsworth* (1967, 1977) geleistet, die zunächst die Mutter-Kind-Beziehung in natürlicher Umgebung in Uganda stu-
dierte (wobei sie ursprünglich an der Frage nach der Rolle der (Brust-)Fütterung und
Entwöhnung im Sinne der „oralen" Befriedigung (s. oben S. 66 interessiert war) und
das Verhalten dieser Kinder mit dem von amerikanischen Kindern verglich. Es zeigte
sich, daß zwar alle Kinder in der zweiten Hälfte des ersten Lebensjahres entsprechende Verhaltensweisen zeigten, daß aber zwischen den Kindern in Uganda und USA be-
trächtliche Unterschiede bestehen.

Hieraus hat sich dann eine standardisierte experimentelle Situation zur Untersuchung des Bindungsverhaltens entwickelt, die „Fremdensituation", die aus einer
standardisierten Serie von acht Episoden besteht: Die Kinder werden in einem ihnen
ungewohnten Raum beobachtet. Sie haben dort Gelegenheit, mit Spielzeug zu spielen,
sind teils mit der Mutter, teils mit einem Fremden zusammen und werden auch für
kurze Zeit ganz alleine gelassen, und schließlich kommt die Mutter wieder zurück. Als
ganz besonders aufschlußreich zeigte sich das Verhalten der Kinder bei der Rückkehr
der Mutter: Manche Kinder haben sich dann der Mutter freudig zugewandt, sie
begrüßt und Interaktionen oder – wenn sie beeinträchtigt waren – körperlichen
Kontakt gesucht. Andere Kinder jedoch haben die Mutter dann gemieden oder sie gar
zurückgewiesen. Und wieder andere haben ein ärgerliches, widerspenstiges Verhalten,
das mit gewissen Bindungszügen vermischt war, gezeigt.

Ainsworth hat danach drei Typen von Bindungsverhalten unterschieden: Kinder
mit
– sicherem Bindungsverhalten (secure attached)   Typ B,
– unsicher-meidendem Verhalten (avoidant attached)   Typ A,
– unsicher-ambivalentem Verhalten (resistant attached) Typ C.

Die Bindungstypen A und C lassen sich als suboptimale Bindungsformen verstehen, die vom Kind in Anpassung an ein nicht genug Sicherheit bietendes Verhalten
der Mutter entwickelt werden: Wird das Bedürfnis nach Sicherheit nicht angemessen
befriedigt, so wird einerseits Ärger ausgelöst, andererseits die kindliche Unsicherheit
noch verstärkt, was zu einer weiteren Aktivierung des kindlichen Bindungssystems
führt. Das ambivalente Verhalten der C-Kinder spiegelt somit einen Konflikt zwischen Annäherung, Ärger und Rückzug wider. Dem Meidungsverhalten der A-Kinder
liegt wahrscheinlich die Tendenz zugrunde, der Frustration und dem Konflikt durch
Aufmerksamkeitsabwendung aus dem Wege zu gehen (*Main & Weston* 1982).

Es zeigte sich, daß diesen Verhaltenstypen in der experimentellen Situation entsprechende Bindungsformen in natürlichen Situationen zu Hause entsprechen. Wir
werden später sehen, daß diese Bindungsarten auch mit entsprechendem mütterlichen

Verhalten einhergehen, womit die Unterscheidung eine vorläufige funktionelle Validierung erhält.

2.3 Kulturelle Differenzen

Natürlich war eine wichtige Forschungsfrage, ob die Formen und Bedingungen des Bindungsverhaltens als universell für alle Menschen anzusehen sind oder ob es kulturell bedingte Differenzen gibt. Der ethologischen Wurzel des Bindungskonzeptes entsprach dabei, daß eher Universalien vermutet werden, so auch als Ausgangspunkt der ersten Untersuchungen von *Ainsworth* (1967) in Uganda. Tatsächlich zeigen in allen untersuchten Kulturen Kinder Bindung an eine oder mehrere Bezugspersonen. Auch die von *Ainsworth* unterschiedenen Bindungstypen finden sich überall. Und universell ist offenbar auch, daß ein Kind zu verschiedenen Personen verschiedene Bindungsarten entwickeln kann.

Darüber hinaus ergaben sich jedoch auch interessante Kulturunterschiede.

a) Einmal zeigten Kinder nicht immer die gleichen *Formen von Bindungsverhalten* im Alter von 9–12 Monaten. Während es für uns als typisch gilt (*Ainsworth* 1967), daß die Kinder aktives Bindungsverhalten zeigen (z.B. zur Mutter laufen, ihr folgen, sich an sie hängen usw.), haben *Marvin, VanDevender, Iwanaga, LeVine & LeVine* (1977) bei den Haussa statt dessen fast ausschließlich „Signal"-Bindungsverhalten beobachtet: Schreien, Lächeln usw.

b) Zum anderen betreffen die Unterschiede das Phänomen der *„sicheren Basis zur Exploration"*, d.h. die Formen des Explorationsverhaltens, das auftritt, wenn die Kinder sich durch Zuwendung sicher fühlen. Im allgemeinen wurde als typisch hierfür die Lokomotion verstanden, also das Sich-von-der-Mutter-Wegbewegen, um etwas Neues kennenzulernen. Dabei vergewissert sich das Kind immer wieder der mütterlichen Erreichbarkeit. Entfernt sich die Mutter, so wird das Kind im allgemeinen von seinen Erkundungen ablassen und versuchen, die Nähe zur Mutter schnell wieder herzustellen.

Bei den Haussa-Säuglingen beobachteten *Marvin* et al. (1977) jedoch ein anderes Erkundungsverhalten. Statt sich von der Mutter fortzubewegen, beschränken sich die Kinder auf die Manipulation von Gegenständen in unmittelbarer Reichweite. Aber auch diese Form des Erkundens wird eingestellt, sobald sich die Bezugsperson entfernt. „Thus these infants do seem to use their caregivers as secure bases for manipulatory, as opposed to locomotor, exploration" (*Marvin* et al., 1977, S. 253). c) Ein anderer wichtiger Unterschied betrifft die *Häufigkeit*, mit der *sicheres und unsicheres Bindungsverhalten* auftritt. Im Unterschied zu der in USA auftretenden Verteilung der Typen des Bindungsverhaltens in der Fremden-Situation (in USA sind bindungssichere Kinder (B) am häufigsten) überwogen in Norddeutschland die bindungsmeidenden Kinder (A) (*Grossmann, Grossmann, Huber & Wartner* 1981). Japanische und Kibbuz-Kinder dagegen zeigten am häufigsten ambivalente Bindung (*Miyake, Chen* und *Campos* 1985; *Sagi* et al. 1985). Als Erklärung bietet sich in erster Näherung an, daß die japanischen Kinder, weil sie nie allein gelassen werden, die experimentelle Situation als extrem bedrohlich erleben. Ebenso scheint für die Kibbutz-Kinder die experimentelle Situation bedrohlich zu sein, denn dort besteht eine extrem hohe Fremdenfeindlichkeit. Zur Erklärung der deutschen Ergebnisse nehmen *Grossmann* et al. an, daß die deutschen Mütter anscheinend den sozialen Forderungen nach Selbständigkeitserziehung gerecht werden wollen. In methodischer Hinsicht bedeutet das jedoch, daß die experimentelle Situation nicht überall die gleiche Funktion hat.

3   Bedingungen für unterschiedliche Bindungsformen

Fragt man nach den Bedingungen, unter denen ein Kind überhaupt eine spezifische Bindung an eine Person entwickelt bzw. unter denen unterschiedliche Bindungsformen entstehen, so werden zunächst die unterschiedlichen Arten der Betreuung und Erziehung des Kindes interessant. Das erscheint um so plausibler, je mehr man von der Vorstellung einer unidirektionalen Wirkung von der Mutter auf das Kind ausgeht, die wir jedoch später noch diskutieren werden (s. S. 78). Nach der Attachment-Theorie müßte eine Bindung zu solchen Betreuungspersonen entstehen, die das Bindungs- und Sicherheitsbedürfnis erfüllen. Damit werden verschiedene Fragen relevant:
Welche Bedeutung haben
– direkte Versorgung (Füttern, Wickeln),
– Häufigkeit und Qualität des Körperkontakts,
– Art der Erziehung (Strenge vs. Nachgiebigkeit)
   sowie
– andere, vielleicht komplexere Variablen, die bindungsrelevant sind (Responsivität)?

Wir werden jeweils zunächst beschreiben, welche kulturellen Unterschiede in diesen Variablen bestehen, sodann kurz auf deren Bedeutung für die Bindung und speziell für die Responsivität der Mutter und schließlich auf Faktoren eingehen, von denen diese Varianz womöglich abhängt.

3.1   Direkte Versorgung (Füttern)

Schon vorne war erwähnt worden, daß *Harlow* bei Rhesusaffen gezeigt hatte, daß die Nahrungsquelle bei ihnen nicht das Objekt wurde, an das sie eine Bindung entwickeln. Damit ist die Frage gestellt, ob denn beim Menschen das Füttern, insbesondere Stillen, eine Voraussetzung dafür ist, daß die Kinder eine Bindung an diese Person entwickeln. *Marvin* et al. (1977) konnten zeigen, daß es auch beim Menschen nicht auf die Fütterung als solche ankommt, sondern auf den körperlichen und sonstigen Kontakt. In Fällen, in denen sich mehrere Personen um das Kind kümmern, unter denen dann meist die Mutter die Fütterung und andere die soziale und emotionale Betreuung des Kindes übernehmen, waren es letztere, an die der Säugling die stärkste Bindung zeigte.

3.2   Körperlicher Kontakt zwischen Mutter und Kind

a) Einmal kann die Häufigkeit des Körperkontaktes zwischen Mutter und Kind sehr verschieden sein. Auch wenn meist kein direkter Vergleich des in verschiedenen Kulturen bestehenden Ausmaßes an körperlichem Kontakt vorgenommen wurde, betonen viele Autoren doch den deutlichen Eindruck großer Unterschiede:
– z.B. *Marvin* et al. 1977:
When not asleep, Haussa infants are almost always in physical contact with someone, even as late as one year of age when many can walk and all can crawl . . . Ainsworth found that her American infants were held for an average of 5.8 minutes per hour during the fourth quarter of their first year . . . Haussa infants are nearly always in contact with someone. (S. 250/251)
– z.B. *Munroe & Munroe* 1974:
For the Logoli infant, the mean level of caretaking and of close exposure to others is undoubtedly high in comparison to the level found in many Western societies. There were an average of 2.8 persons within ten feet of the infant per observation. (S. 340/341)

Allerdings ist der Kontakt in diesen extremen Fällen mit anderen Qualitäten vermischt, auf die wir später noch eingehen.

b) Eine spezielle Form der körperlichen Nähe und des Kontaktes zu den Kindern sind die Schlafsitten. Auch hier gibt es große Unterschiede: Es gibt Kulturen, in denen die Kinder mit den Eltern bzw. mit der Mutter eng zusammen schlafen. Für Japan z.B. berichteten *Caudill* und *Plath* (1966), daß ca. 80% der Kinder bis zum Alter von 10 Jahren zusammen mit einem Elternteil schlafen. 50% der Kinder, und zwar Jungen ebenso wie Mädchen, schlafen bis zur Pubertät und immerhin 20% noch über die Pubertät hinaus mit einem Elternteil zusammen. Und das ist nicht eine Notlösung aus räumlicher Enge, sondern unmittelbar so gewollt. In westlichen Kulturen dagegen wird das Kind möglichst von Anfang an ins eigene Bett (Körbchen, Wiege) gelegt und, wenn möglich, auch bald in ein separates Zimmer.

Es ist selbstverständlich, daß schon die bloße Möglichkeit, frühzeitig und angemessen auf das Kind zu reagieren, von diesen Unterschieden in der räumlichen Nähe abhängt.

c) Ferner ist auch die Qualität des Kontaktes eine wichtige Variable mit erheblichen Unterschieden zwischen Müttern: Bezogen auf die Art bzw. Qualität von Körperkontakt fanden *Ainsworth* und Mitarbeiter (*Ainsworth, Bell & Stayton* 1972) für die Baltimore Stichprobe zwei mütterliche Verhaltensweisen:
– Mütter, die ihr Kind über *längere Zeit* halten, neigen dazu, es *nicht* oft aufzunehmen, dann aber den Säugling zärtlich und sorgfältig zu halten. Ihre Kinder reagieren positiv auf den Körperkontakt mit der Mutter. Sie lassen sich problemlos und ohne Protest von der Mutter absetzen und wenden sich danach meist direkt explorierend ihrer Umwelt zu.

– Die Mütter dagegen, die ihr Kind *häufig* aufnehmen, halten es meist nur für *kurze Zeit*, nehmen es eher abrupt, in das Kind störender Weise auf und neigen dazu, es unangemessen zu halten. Ihre Kinder sträuben sich, wenn sie von der Mutter gehalten werden und wollen wieder vom Arm herunter. Kaum sind sie abgesetzt, protestieren sie jedoch nicht selten und verlangen, wieder aufgenommen zu werden.

Die Bedeutung des Körperkontaktes für die frühe Mutter-Kind-Beziehung wurde besonders von Main herausgearbeitet. Die mütterliche Abneigung gegen körperliche Nähe zum Kind stellt eine wesentliche Antezedenz-Bedingung für kindliches Meidungsverhalten (Typ-A-Bindung) dar. Körperkontakt scheint zumindest für Säuglinge die Form mütterlicher Responsivität (s. unten) zu sein, die am besten geeignet ist, dem Kind zu emotionaler Entspannung zu verhelfen.

3.3   Strenge vs. Nachgiebigkeit in der Erziehung

Zu diesem Gesichtspunkt wurden zunächst eine Reihe von psychoanalytisch orientierten Studien unternommen. Sie waren von der Fragestellung angeregt, ob Frustrationen in bestimmten Bedürfnisbereichen einen dauerhaften Sozialisationseffekt im Sinne einer Fixierung haben. Fragen des Abstillens, der Sauberkeitserziehung, der Sexualerziehung sowie der Selbständigkeit und der Aggression standen dabei im Vordergrund.

Darüber hinaus wurde „Nachgiebigkeit" im allgemeineren Sinne als Bereitschaft der Mutter, auf die Bedürfnisse des Kindes einzugehen, verstanden und als Gegenpol zu „Vernachlässigung" oder „Ablehnung" behandelt. Um die interkulturelle Varianz zu demonstrieren, folgen hier ebenfalls ein paar Extrembeispiele.

Zu *Vernachlässigung/Ablehnung:*
– *G.* und *A. Reichel-Dolmatoff* (1961) beschreiben mangelnde elterliche Fürsorge, Ignoranz und bisweilen offene Feindseligkeit gegenüber Kindern in dem südamerikanischen Dorf Aritama:

Carelessness, ignorance, and at times, open hostility toward the child . . . may lead a woman to neglect an infant's health to such a point that serious disease and death are the natural consequence. (S. 89)

Frequently the baby is handled rather roughly, with rapid and clumsy movements . . . He is handled like a dead weight, devoid of all feeling, and hardly any thought is given to his being comfortable and safe. (S. 79)

– Zu den Aloresen führt *Rohner* (1975) aus:

In summary, parental behavior is characterized by continual neglect, only occasional warmth, and frequent aggression in the form of deceit, teasing, ridicule, and frightening children – often for the sole purpose of amusement. Adults . . . confiscate children's property, leave them without food, and tease them without regard for their feelings or needs. (S. 148)

Zu *Zärtlichkeit und Zuwendung*:
– *Hostetler* und *Huntington* (1967) beschreiben die zärtliche Zuwendung der Hutteriten gegenüber ihren Kindern:

Everyone in a Hutterite colony loves a baby ... Adult Hutterites, colony members, visitors, and everyone who passes a very young child gives him cheerful attention. The baby is spoken to, picked up, tickled, played with ... (S. 60/61)

Variablen wie „Nachgiebigkeit" sind recht global und unpräzise geblieben; die zugrundeliegende Idee wurde im Rahmen der Bindungsforschung aufgegriffen und unter dem Begriff Responsivität präzisiert.

3.4 Responsivität der Mutter

Gemeint ist damit die Feinfühligkeit, Regelmäßigkeit und Schnelligkeit, mit der die Mutter auf Signale des Kindes angemessen reagiert. Es zeigte sich zunehmend, daß dies offenbar eine kritische und zentrale Variable des mütterlichen Verhaltens ist. Bei mangelnder Responsivität der Mutter auf kindliche Signale während der ersten drei Monate läßt sich Bindungsunsicherheit des Kindes vorhersagen (*Ainsworth, Blehar, Waters & Wall* 1978). Ähnliche Befunde liegen auch von anderen Autoren (von *Belksy, Rovine & Taylor* [1984] für USA sowie von *Grossmann, Grossmann, Spangler, Suess & Unzner* [1985] für Deutschland) vor.

Aber nicht nur in der mütterlichen Reaktion auf derart grobe Verhaltensformen des Kindes, die, wie das Schreien, eigentlich schon eine „Notfallsituation" beim Kind anzeigen, gibt es große Unterschiede in der Responsivität. Im Alltag finden in einer Vielzahl völlig undramatischer Situationen vielerlei Interaktionen zwischen Mutter und Kind statt. Hierbei kann die Mutter auf feine Signale des Kindes ebenso fein und erstaunlich prompt reagieren – und das sind vermutlich Reaktionsweisen, die ohne viel Nachdenken „intuitiv" ablaufen (und vielleicht eine Bindung zeigen, die die Mutter ihrerseits an das Kind entwickelt hat). Es findet jedenfalls ein ständiger Austausch und eine gegenseitige Anpassung zwischen Mutter und Kind statt, die zur emotionalen Sicherheit, zur geistigen Bewältigung der Umwelt und damit auch letztlich zur Persönlichkeitsentwicklung des Kindes wesentlich beiträgt.

Gerade in dieser Hinsicht bestehen nun besondere Responsivitäts-Unterschiede zwischen Müttern. *Grossmann* (1987) berichtete z.B., daß sensible Mütter ihr Kind unbehelligt spielen lassen und ihm gerne dabei zuschauen, jedoch sofort aktiv werden, wenn die Kinder Zeichen des Unbehagens zeigen; sie wenden sich dann dem Kind zu, helfen, beruhigen und trösten es. Unsensible Mütter dagegen halten sich eher zurück, wenn die Kinder Zeichen des Unbehagens zeigen, sie zögern und lassen die Kinder eher mit ihren Problemen allein. Wenn die Kinder aber spielen, dann wenden sie sich ihnen zu, sie wollen mitspielen und greifen ein, unterbrechen aber und stören damit das selbständige Spiel des Kindes.

3.4.1 Einflußfaktoren auf die Responsivität

Responsivität der Mutter hängt natürlich ebenso wie andere der vorher erwähnten Variablen der Mutter-Kind-Beziehung ihrerseits von weiteren Bedingungen ab. Sie bestehen in ökologischen Faktoren und in kulturbedingten und individuellen Gegebenheiten, von denen einige kurz erwähnt werden sollen.

Zu den ökologischen Faktoren gehört sicher u.a. die Zahl der Kinder, für die die Mutter zu sorgen hat, und ob sich noch andere Personen um die Kinder kümmern, wie z.B. Großeltern oder (wie in polygamen Haushalten) andere Frauen. *Harrington & Whiting* (1972) konnten z.B. zeigen, daß 87% der Kulturen mit Großfamilien-Haushalten besonders „nachgiebig" zu den Kindern waren.

Ein besonders wichtiger Faktor muß z.B. sein, welche Bedeutung die Mutterrolle für die Frau hat: Ob sie sich darauf freut und ihre eigentliche Lebensaufgabe darin sieht, eine gute Mutter zu sein, oder ob sie dies im Grunde als Last empfindet, die ihrer eigentlichen Selbstverwirklichung im Wege steht. Daß dies tatsächlich auf die Mutter-Kind-Interaktion von Einfluß ist, konnte empirisch belegt werden. So fanden *Moss* und *Robson* (1968), daß die mütterliche Vorfreude auf die Geburt des Kindes und die Erwartung eines zärtlichen Kontaktes mit dem Säugling positiv mit dem beobachteten Ausmaß gegenseitigen Augenkontakts, als die Säuglinge 13 Wochen alt waren, korrelierte. Wenn vorgeburtliche Einstellungen der Mutter ihr späteres Verhalten gegenüber dem Kind beeinflussen, so sollte sich dies auch in Indikatoren kindlicher Entwicklung(sfortschritte) niederschlagen. In diesem Sinn berichteten *Shereshefsky & Yarrow* (1973) Zusammenhänge zwischen einer positiven mütterlichen Einstellung zur Mutterrolle und verschiedenen physiologischen und psychologischen Entwicklungsmaßen von Säuglingen während der ersten 6 Lebensmonate.

In dieser Einstellung unterscheiden sich die Frauen in verschiedenen Kulturen sehr erheblich (*Smith & Schooler* 1978; *Trommsdorff* in diesem Band). Während aus den meisten Kulturen eine starke Identifikation mit der Mutterrolle berichtet wird, gibt es auch das Gegenteil, z.B. bei den Aloresen:

Alorese men want children, but many women resent bearing them. Hence the women often try to miscarry (S. 143) . . . Alorese mothers view children as a great burden and try to prevent their conception (S. 157, *Rohner* 1975).

Ebenso muß von Einfluß sein, was die Mutter für eine Vorstellung vom Prozeß der kindlichen Entwicklung und von ihren eigenen Einwirkungsmöglichkeiten dabei hat. Das Kind kann in den ersten Jahren als ein im wesentlichen noch reifungsgesteuertes Geschöpf angesehen werden. Dann sind unerwünschte Verhaltensweisen, Fehler und Mängel des Kindes eher mit Geduld hinzunehmen, als wenn die Entwicklung des Kindes als primär abhängig von der anregenden und steuernden Erziehung durch die Eltern gesehen wird. Dann wird es die Mutter als ihr Versagen auffassen, wenn das Kind

Probleme zeigt; die Mutter wird leichter „frustriert" sein, erst recht, wenn dann beim Kind auch schon früh Einsicht und Selbstkontrolle angenommen werden, wie es dem Partnerschafts-Ideal des Westens, „das Kind als gleichwertige Persönlichkeit zu achten", zugrunde liegt (*Parke* 1978).

In eigenen kulturvergleichenden Untersuchungen ergab sich gerade in diesen Auffassungen ein deutlicher Unterschied zwischen japanischen und deutschen Müttern. Die japanischen Mütter gehen eher von einem Reifungskonzept aus und sind deshalb geneigt, Kindern vieles nachzusehen „weil sie noch nicht reif genug sind" (vgl. auch *Azuma* 1984; *Hara & Wagatsuma* 1974). Entsprechend unseren Annahmen deuten sie darüber hinaus auch kindliches Verhalten signifikant eher als entschuldbar und weniger als böswillig oder rücksichtslos im Vergleich zu deutschen Müttern (*Kornadt* 1978b, 1988b; ebenso *Trommsdorff* 1987).

Hinweise dafür, daß derartige Einstellungen tatsächlich auch Effekte auf die kindliche Entwicklung haben, liefert eine Längsschnittstudie von *Engfer* (1986). Mütter, die späterhin durch Gewaltproblematik auffielen („wiederkehrende Situationen von Ärger, Ohnmacht und Gewaltanwendung gegenüber dem Kind", S. 5), glaubten bei ihren vier Monate alten Säuglingen zu beobachten, daß sie wesentlich schwieriger zu versorgen seien als Mütter einer Vergleichsgruppe, obwohl Ärzte und Schwestern diese Kinder bei der Geburt in keinem Merkmal als ungünstiger eingestuft hatten. Mit 8 Monaten waren diese Kinder dann tatsächlich auch freudloser und labiler in Stimmung, Aufmerksamkeit und Interaktionsbereitschaft. Ähnliches wurde (*Davids, Holden & Gray* 1963) bei Kindern hochängstlicher Mütter beobachtet.

Kulturbezogene Unterschiede gibt es nun aber nicht nur in den bisher beschriebenen frühkindlichen Mutter-Kind-Beziehungen hinsichtlich Bindung. Der Vergleich z.B. zwischen Japan und den westlichen Kulturen zeigt, daß auch die Erziehungs*ziele* unterschiedlich sind: Japanische Mütter legen mehr Wert auf Emotionskontrolle, Höflichkeit und Fügsamkeit, während z.B. US-Mütter mehr verbale und soziale Fähigkeiten im Sinne von Selbstbehauptung erwarten (*Hess, Kashiwagi, Azuma, Price & Dickson* 1980; *Kashiwagi* et al. 1984; *Itoh & Taylor* 1981).

3.5 Einfluß des Kindes und Mutter-Kind-Wechselwirkungen

Bisher haben wir stillschweigend so getan, als ob es nur von der Mutter (bzw. der sonstigen Betreuungsperson), ihrem Verhalten oder ihren Merkmalen abhinge, wie die Mutter-Kind-Beziehung gestaltet wird und wie folglich die Persönlichkeitsentwicklung des Kindes beeinflußt wird. Daß Unterschiede auch von vornherein in den Kindern liegen können und die Mütter sich dadurch zu unterschiedlichem Verhalten veranlaßt sehen können, haben wir bisher gar nicht zur Diskussion gestellt. Obwohl diese Möglichkeit eigentlich auf der Hand liegt, ist sie auch in der bisherigen Forschung weitgehend vernachlässigt worden. Selbst wenn ein Einfluß des Kindes theoretisch eingeräumt wurde, hat man ihn im Vergleich zu dem der Mutter für vergleichsweise unbedeutend gehalten oder wegen der zusätzlichen methodischen Schwierigkeiten auf die Erfassung von Wechselwirkungen verzichtet (*Bowlby* 1982b).

In neuerer Zeit ist jedoch, teils unter dem Einfluß von *Piaget*, teils aus biologisch-etho- logischer und handlungs-theoretisch-interaktionistischer Sichtweise die Rolle des Kindes stärker beachtet worden (*Bell* 1968, *Scarr & Kidd* 1983).

Im ganzen liegen hierzu noch nicht viele eindeutige Befunde vor. Am deutlichsten haben *Miyake* et al. (1985) gezeigt, daß sich Säuglinge in ihrer Irritabilität (also etwa der Neigung zum Schreien) unterscheiden. Sie konnten auch zeigen, daß diese Neigung bei japanischen Neugeborenen signifikant mit unsicherer Bindung (C-Typ) im Alter von 12 Monaten korreliert. Andererseits war diese Korrelation auch nicht = 1,0, so daß eben auch nicht alle irritierbaren Kinder eine unsichere Bindung entwickelt haben. *Crockenberg* (1981) konnte in eigenen Untersuchungen zeigen, daß irritierbare Kinder nur bei unresponsiven Müttern (gemessen mit 3 Monaten) im Alter von 12 Monaten bindungsunsicher sind.

Daß japanische Kinder im Durchschnitt mehr schreien als amerikanische, ist eben- falls beschrieben worden (*Shand & Kosawa* 1985) und mit der Vermutung, daß hier genetische Bedingungen verantwortlich sind, verknüpft worden. Allerdings sind damit funktionelle Zusammenhänge zu Bindungsformen oder zu dem für Japan spezifischen quasi-symbiotischen „Einssein" von Mutter und Kind („oneness", *Azuma* 1984) noch nicht aufgeklärt. Es gibt jedoch andere Befunde, die hier relevant sind: Kleine Kinder können sich z.B. darin unterscheiden (und das ist offenbar erbgenetisch bedingt), ob sie anschmiegsam (zärtlich, „schmusig") sind oder nicht (*Schaffer & Emerson* 1964) oder allgemeiner in ihrer Soziabilität. Aus Zwillingsuntersuchungen (*Scarr & Kidd* 1983; *Freedman* 1965) ergibt sich, daß auch diese Merkmale wahrscheinlich erbgene- tisch bedingt sind.

Wenn nun ein Kind viel schreit und schwer zu beruhigen ist, werden manche Mütter weniger geneigt sein, immer prompt auf das Schreien zu reagieren. Sie werden in ihrem Bemühen um Zuwendung eher entmutigt werden, ja vielleicht dazu neigen, das Kind mehr als Last denn als Freude zu erleben. Die sonst mögliche herzliche, fröhliche und unbeschwerte Zuwendung, die dieses Kind sicher genauso braucht wie andere, wird erschwert, wenn nicht ausbleiben. Daraufhin wird das Kind seinerseits wieder mit stärkerer Irritation, größerer Unsicherheit, mit häufigerem Schreien und auf die Dauer vielleicht auch mit Rückständen in der Entwicklung reagieren. So bildet sich ein negativer Interaktionszirkel zwischen Mutter und Kind heraus, an dessen Zu- standekommen das Kind selbst wesentlichen Anteil hat.

Grundsätzlich muß man davon ausgehen, daß erbgenetisch bedingte Unterschiede zwischen Kindern schon bei Geburt bestehen. Aber auch dann werden derartige Merk- male sicher nicht unidirektional die Mutter-Kind-Beziehung prägen. Vielmehr werden sie ein Faktor bei der Entstehung von Interaktionszirkeln zwischen Mutter und Kind sein. Natürlich werden diese Faktoren das Verhalten der Mutter beeinflussen; aber je nach den Bedingungen, die in der Mutter gegeben sind, und vermutlich auch nach kulturgegebenen Rahmenbedingungen können sich doch recht unterschiedliche Interaktionszirkel entwickeln.

Im Lichte dieser Überlegungen ist auch zu bedenken und ggf. zu prüfen, ob nicht bei einem Teil der Mütter, die in Untersuchungen als „nicht responsiv" eingestuft werden, ein solcher kindbedingter Interaktionszirkel vorliegt. Man würde dann aus dem überholten Denkansatz einer nur unidirektionalen Wirkungsrichtung Mutter → Kind dieser Mutter mangelnde Responsivität als Eigenschaft zuschreiben, während sie vielleicht bei einem anderen Kind (auch einem anderen Geschwister) durchaus anders sein könnte.

Entsprechende Interaktionszirkel wird es natürlich auch außerhalb des Bindungsverhaltens und nicht nur in früher Kindheit geben. Als ein Beispiel sei die Aggressivität genannt. Wenn ein Kind leicht frustrierbar ist und (genetisch bedingt) leicht und heftig mit Ärger reagiert, wird es in vielen Situationen, in denen es etwas lernen muß (z.B. Impulskontrolle, Regeln beachten usw.) mit stärkeren Affekten reagieren als andere Kinder. Es wird dadurch der Mutter mehr Probleme bereiten. Für die Mutter (jedenfalls die westliche) wird das ihrerseits eine Frustration sein, und sie wird es dadurch schwerer haben, geduldig zu sein und dem Kind in seinen Schwierigkeiten zu helfen. Falls sie darüber hinaus auch gemäß der im Westen kulturtypischen Neigung denkt, das Kind neige zu Trotz, Dickköpfigkeit und Böswilligkeit, wird ihr das auf die Dauer ein aggressionsminderndes Verhalten noch schwerer machen. Das Kind andererseits ist aufgrund seiner Erfahrungen dann veranlaßt, von der Welt und den Menschen ein eher negatives Bild aufzubauen, das später (s. *Kornadt* 1982, 1987a) die Entwicklung von aggressionsfördernden Zielsetzungen und -rechtfertigenden Wertschätzungen fördert.

In einer Kultur jedoch, in der man das Kind unter den besonderen Schutz der Götter gestellt sieht (*Yamamura* 1986), Kinder bis zu 7 Jahren als kaum fähig gelten, sich absichtlich fehlzuverhalten (*Lewis* 1984) und wo daher die Deutung herrscht, man müsse die Entwicklung mit viel Geduld abwarten und elterliche Einwirkungen seien eher schädlich, da wird diese Entwicklung viel weniger negativ verlaufen.

Daß ein derartiger Prozeß tatsächlich bestehen kann, ist zum ersten Mal von *Cortés* und *Gatti* (1972) beschrieben worden. Sie konnten einige Befunde vorlegen, die Temperamentsbesonderheiten von Aggressiven (Kriminellen) in dem genannten Sinne belegen. Sie haben diese Befunde auch bereits im Sinne des hier angedeuteten Interaktionszirkels zu erklären versucht.

Ein anderes Beispiel für aggressionsfördernde Interaktionszirkel hat *Patterson* (1982) beschrieben (vgl. *Kornadt* 1987a, S. 133).

Die letzten Beispiele haben bereits gezeigt, daß natürlich in den Aufbau eines Interaktionszirkels zwischen Mutter und Kind nicht nur eine Variable, sondern ein ganzes System von Variablen einbezogen ist. Eine wesentliche Rolle spielt dabei auch die gemeinsame Vorgeschichte: Eltern wie Kinder reagieren nicht auf ein singuläres

Ereignis, sondern dieses wird immer auf dem Hintergrund der kumulierten Erfahrungen miteinander erlebt.

Überhaupt muß betont werden, daß es für das Verständnis der Persönlichkeitsentwicklung mehr auf das Zusammenspiel eines Bündels von Variablen als auf Einzelvariablen in der Sozialisation ankommt. Das hat gerade die kulturvergleichende Forschung gezeigt, durch die erst kulturspezifische Konfigurationen in ihrer Besonderheit erkannt wurden. Dies läßt sich am besten am Beispiel des japanischen Ittaikan darlegen. Wir wollen dies am Ende dieses Artikels im Rahmen des Beispiels unserer kulturvergleichenden Untersuchungen zur Aggressionsgenese tun.

4   Längerfristige Sozialisations-Effekte früher Mutter-Kind-Beziehungen

Naturgemäß ist es schwierig, längerfristige Sozialisationseffekte früher Mutter-Kind-Beziehungen nachzuweisen, weil dies eigentlich nur durch aufwendige Längsschnitt-Untersuchungen möglich ist. Diese aber sind naturgemäß selten. So ist unser Wissen z.T. noch recht beschränkt auf kurz- (innerhalb der frühen Kindheit) oder mittelfristige (bis zum Schulalter) Dauerwirkungen.

Ein anderes Problem liegt darin, daß viele Daten aus Korrelationen zwischen frühkindlichen Bedingungen (etwa bestimmten Bindungsformen oder bestimmtem Mutterverhalten) und späteren Kindmerkmalen bestehen, die jedoch alleine keinen Aufschluß über Wirkungszusammenhänge liefern.

Am häufigsten wurden derartige Zusammenhänge für kognitive Fähigkeiten gefunden. *Belsky* (1981) z.B. beschreibt eine große Zahl von Studien, die „überraschend übereinstimmend" die wichtige Rolle einer warmherzigen, aufmerksamen, anregenden und „nicht restriktiven" mütterlichen Betreuung für die Förderung der intellektuellen Entwicklung zeigen. Zu einem ähnlichen Ergebnis kommt auch *Bretherton* (1985) aufgrund von Attachment-Untersuchungen. *Estrada, Arsenio, Hess & Holloway* (1987) fanden, daß zwischen der Art der Mutter-Kind-Beziehung im Alter von vier Jahren und dem IQ der Kinder zwei Jahre später eine Korrelation von .43 bestand; die Schulleistung im Alter von 12 Jahren korrelierte mit .47. Dieser Zusammenhang erwies sich übrigens als unabhängig vom mütterlichen IQ, von der sozialen Schicht und den kindlichen Fähigkeiten im Alter von vier Jahren. Damit ist der Einfluß der affektiven Beziehung gegenüber alternativen Erklärungsmöglichkeiten deutlich hervorgehoben. Die frühe Mutter-Kind-Beziehung ist auch für das „Kreativitäts-Potential" von Bedeutung, mit dem sie 7–11 Jahre später mit .44 korreliert (*Harrington, Block & Block* 1987). Eine Pfadanalyse ergab einen Pfadkoeffizienten von .35 für den Einfluß der Mutterbindung und von .29 für den Vater-Einfluß.

Diese in USA gewonnenen Ergebnisse wurden in Japan bestätigt. Anscheinend hat dort die Mutter-Kind-Beziehung sogar eine noch größere Bedeutung als in USA (*Kashiwagi* et al. 1984; *Hess* et al. 1986). Aus Deutschland berichtet *Grossmann* (1987), daß Kinder, die frühkindlich eine sichere Bindung haben, im Alter von fünf Jahren konzentrierter spielen, soziale Konflikte selbständiger lösen und seltener Probleme im Kindergarten haben als Kinder mit unsicherer Bindung.

Allerdings liegen neuerdings Arbeiten vor, nach denen diese Zusammenhänge in erster Linie auf gleiches Erbgut bei Mutter und Kind zurückgeführt werden. Die Diskussion hierüber ist jedoch noch nicht abgeschlossen (*Scarr* 1985; *Grossmann &* *Grossmann* 1986).

Auch auf soziale Einstellungen konnten langfristige Effekte der frühen Mutter-Kind-Bindung (meist retrospektiv ermittelt) nachgewiesen werden. Eine Studie aus Holland (*De Wuffel* 1986) zeigte eine deutliche Beziehung der frühkindlichen Erfahrungen zu den sozialen Einstellungen und Verhaltensweisen bei jungen Erwachsenen; der Autor sieht dies als Bestätigung der Annahmen von *Bowlby* (1973) über langfristig wirkende working models an.

In die gleiche Richtung weist eine kürzlich erschienene Arbeit von *Hazan* und *Shaver* (1987), die von der Annahme ausgehen, daß auch die Liebesbeziehungen zwischen Erwachsenen, deren Interpretation und die Bindungsformen gemäß der frühkindlich gebildeten „working models" von der Mutter-Kind-Bindung geprägt werden. Wie erwartet unterschieden sich Studenten in einigen Variablen gemäß den früheren Bindungstypen: Die früher bindungssicheren hatten die höchsten Werte für „Vertrauen", die früher bindungsabweisenden die höchsten Werte für „Furcht vor Nähe" und die früher bindungsambivalenten die höchsten Werte für Eifersucht, Bedürfnis nach Einsamkeit und auch Bedürfnis nach Gegenseitigkeit. Freilich müssen diese Ergebnisse als vorläufig angesehen werden, da sie überwiegend auf retrospektiven Daten beruhen.

Schließlich gehört zu *Bowlbys* Bindungstheorie die Annahme, daß die aus der Mutter-Kind-Beziehung gebildeten „working models" auch die spätere Beziehung zu den eigenen Kindern prägen. Auch die Selbst- und Persönlichkeitstheorie *Epsteins* (1980) bildet hierfür eine theoretische Basis.

Tatsächlich zeigte sich, daß Mütter, die aus einer zerrütteten Familie kommen, keine so enge, anregende und beständige Interaktion mit ihren fünf Monate alten Kindern hatten wie andere Mütter; sie sprachen weniger, hatten weniger Körperkontakt mit ihnen und reagierten weniger. Mit etwa drei Jahren hatten diese Kinder dann schlechtere sprachliche Fähigkeiten (*Hall, Pawlby & Wolkind* 1979; *Pawlby & Hall* 1980).

Ricks (1985) konnte ferner zeigen, daß Mütter von bindungssicheren Kindern eine höhere Selbsteinschätzung und positivere Kindheitsbeziehungen zu ihren eigenen Müttern, Vätern und Freunden hatten als Mütter von bindungsunsicheren Kindern. Und *Main, Kaplan & Cassidy* (1985) berichteten eine Korrelation von $r = .62$ ($p = .001$) zwischen der Bindungssicherheit der Mütter (geschätzt nach einem Attachment-Interview) und der ihrer Kinder.

Diese bisher nur intrakulturell gewonnenen Zusammenhänge lassen vermuten, daß die bestehenden kulturspezifischen Unterschiede in der Mutter-Kind-Interaktion in ähnlicher Weise langfristig wirken könnten, sofern nicht andere Faktoren (etwa die kulturspezifische Einbettung dieser Beziehung) andere Effekte haben.

Ein ganz besonders interessantes Thema ist die Hypothese, daß ganze kulturelle Systeme (Religionssysteme einschließlich bestimmter Glaubensinhalte und Rituale; Kunst; Deutung von Krankheiten und Heilungspraktiken) durch die Art der frühen Kindererziehung geprägt werden. Derartige Systeme finden sich in allen Kulturen. Sie sind etwas ubiquitär Menschliches. Die zugrundeliegende, wohl hauptsächlich aus der Psychoanalyse stammende Idee ist, daß diese von Erwachsenen der jeweiligen Kultur gestalteten kulturellen Systeme „projektive Systeme" sind, die psychologische Prozesse in den sie gestaltenden Menschen reflektieren, und daß deren motivationale Ursprünge in den Kindheitserfahrungen liegen. Vorstellungen über das Wesen der Götter werden z.B. als Projektionen des kindlichen Elternbildes verstanden; sie müßten daher aus der speziellen Eltern-Kind-Beziehung in der frühen Kindheit vorhersagbar sein.

Tatsächlich konnte eine Menge Befunde vorgelegt werden, die diese Annahme unterstützen können. Wie *Harrington & Whiting* (1972) resumierten, haben sowohl Feldstudien wie solche, die in den Human Relation Area Files (HRAF) gespeicherte Daten über eine Vielzahl von Kulturen auswerten, die Annahme bestätigt, daß „harsh parental treatment during infancy leads to the cultural belief that the spirit world is harsh and aggressive" (*Harrington & Whiting* 1972, S. 474). *Rohner* fand weiterhin signifikante Korrelationen zwischen elterlichem Akzeptieren und Zurückweisen und der Benevolenz bzw. Malevolenz der Götter im jeweiligen Glaubenssystem der Kultur (1975, S. 108). Ähnlich ist das Ergebnis von *Spiro* und *D'Andrade* (1958), daß in Kulturen, in denen die Kinder mit Nachgiebigkeit behandelt werden, der Glaube vorherrsche, daß die Götter durch die Einhaltung strenger Rituale beeinflußt werden können. „Infants who are treated indulgently by their parents ... when they grow up feel they can be equally successful in controlling the supernaturals" (*Harrington & Whiting* 1972, S. 474).

Ähnliche Zusammenhänge fanden sich auch hinsichtlich der Deutung für das Zustandekommen von Krankheiten. *Whiting & Child* (1953) fanden, daß man in Kulturen, in denen die Kinder früh abgestillt wurden und früh zur Selbständigkeit und sexuellen Enthaltsamkeit erzogen wurden, dazu neigte, die Ursache für Krankheiten im eigenen Verschulden zu sehen.

Whiting & Child (1953) gingen auch der Hypothese nach, daß besonders strenge Sozialisations-Praktiken eine Fixierung im Sinne einer angstbesetzten Präokkupation des betreffenden früh sozialisierten Verhaltenssystems zur Folge hätten und fanden entsprechende Ergebnisse. „The severity of weaning (oral anxiety) was strongly related to 'oral explanations for illness' ... The severity of aggression training (aggression socialization anxiety) ... was related to explanations for illness involving aggression" (*Harrington & Whiting* 1972, S. 480).

So interessant derartige Untersuchungsansätze auch sein mögen – ein wirklicher Aufschluß über die Prozesse, die zur Ausbildung unterschiedlicher kultureller Systeme führen, läßt sich mit diesen Studien allein nicht gewinnen. Zwar ist die Annahme, daß die Grundlinien der affektiven Orientierungen, Deutungen und Interessen der Erwachsenen die Basis für die kulturellen Systeme sind und daß sie ihrerseits ihre Wurzeln in der frühen Kindheit haben, nicht gar so unplausibel. Aber die Kausaldeutung der gefundenen Korrelationen könnte genausogut auch umgekehrt werden: Kulturen mit bestimmten religiösen Überzeugungen oder Krankheitsvorstellungen erzeugen (ja vielleicht erfordern) bestimmte Erziehungspraktiken. Die Existenz von Korrelationen kann also höchstens zeigen, daß Kindererziehungspraktiken Teil der allgemeinen sozialen und kulturellen Systeme sind, in denen viele Faktoren sich in komplizierter Weise gegenseitig beeinflussen. Eine klare Kausalbeziehung kann erst dann gefunden werden, wenn eindeutige funktionelle Zusammenhänge auch innerhalb der Person und zwischen Personmerkmalen und bestimmten Handlungsformen nachgewiesen sind. Aber davon sind wir gerade für so komplexe Sachverhalte noch weit entfernt.

5   Mutter-Kind-Beziehungen und Motivgenese am Beispiel des Vergleichs Japan–Westen

Wie erwähnt, sind längerfristige Sozialisationseffekte überwiegend in westlichen Kulturen, aber bisher kaum überzeugend kulturvergleichend untersucht worden, wenn man von den Beziehungen zwischen Sozialisation und „expressiven kulturellen Systemen" einmal absieht. Allerdings legen die hier andeutungsweise beschriebenen Unterschiede zwischen den Kulturen, die in der Mutter-Kind-Beziehung, in den Erziehungspraktiken und dem Bindungsverhalten bestehen, die Annahme nahe, daß dadurch auch entsprechende Unterschiede in den kognitiven und motivationalen Merkmalen, in der sozialen Anpassung usw. zwischen diesen Kulturen bedingt werden. Dies aber ist bisher nicht umfassend nachgewiesen worden.

Wir wollen daher zum Schluß zwei Beispiele aus der Motivgenese-Forschung bringen, darunter eines aus den eigenen kulturvergleichenden Forschungen.

5.1   Leistungsmotivation

Das Leistungsmotiv gehört zu den am besten erforschten Motivsystemen, und entscheidende Beiträge zur Kenntnis seiner Funktionsweise und seiner Genese sind *McClelland* und seinem Arbeitskreis zu verdanken. Unter Leistungsmotivation versteht man das Motiv, Ziele durch eigene Leistung zu erreichen und über das eigene Können befriedigt, ja stolz zu sein. Nach der allgemeinen Theorie der Leistungsmotivation hatte McClelland schon früh Bedingungen für die Entwicklung eines hohen Leistungsmotivs angenommen, die in bestimmten Sozialisationsbedingungen in der Kindheit liegen: „Cultures or families which stress 'competition with standards of excellence' or which insist that the child be able to perform certain tasks well by himself ... should produce children with high achievement motivation" (*McClelland, Atkinson, Clark & Lowell* 1953, S. 275). Diese Hypothese war von *Winterbottom* (1958) an amerikanischen Müttern und ihren 8- bis 10jährigen Söhnen geprüft und bestätigt worden. Mütter, die früh Selbständigkeit forderten, Leistungen höher bewerteten und mehr belohnten, hatten Söhne mit hohem Leistungsmotiv.

Andererseits hatten *McClelland & Friedman* (1952) diese von vornherein als transkulturell gültig angenommene Hypothese auch durch den Vergleich von Sozialisations- und Leistungsmotivations-Daten von acht amerikanischen Indianerstämmen (nach HRAF) bestätigt. Es fand sich eine erstaunlich hohe Korrelation von .91 zwischen Frühe und Strenge der Selbständigkeitserziehung und der Höhe der Leistungsmotivation. Andere Untersuchungen konnten diese Beziehung jedoch zunächst nicht bestätigen, so z.B. *Hayashi & Yamauchi* (1964) für Japan. Eine weitere Untersuchung von *McClelland* (1961) erbrachte zunächst den verwirrenden Befund, daß in Brasilien eine positive, in Deutschland eine negative und in Japan gar keine Korrelation zwischen Alter der Selbständigkeitserziehung und Höhe des Leistungsmotivs bestand. Eine genauere Analyse erbrachte dann aber zwei wichtige Ergebnisse:

1. Es kommt nicht auf das absolute Alter an (im Sinne von je früher, um so besser), sondern auf die Entwicklungs-Angemessenheit der Erziehung zu selbständiger Leistung. Hierfür gibt es offenbar ein Optimum, das bei ca. acht Jahren liegt (s. Abb. 1).

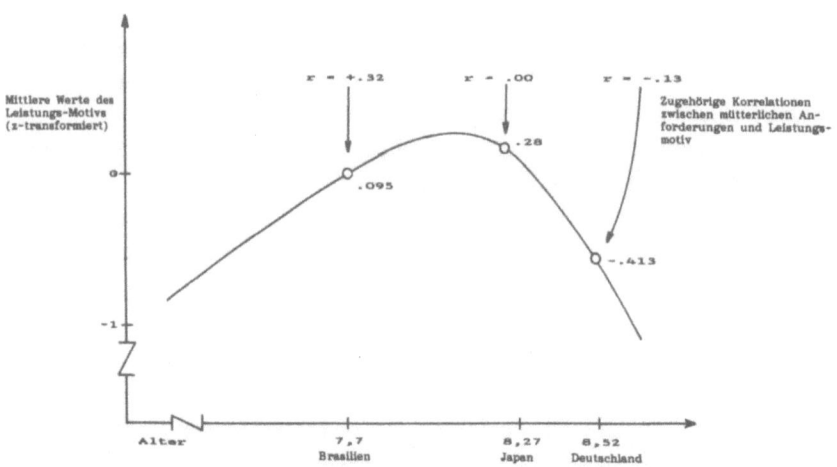

Abb. 1 Graphische Darstellung der (hypothetischen) Beziehung zwischen durchschnittlichem Zeitpunkt mütterlicher Leistungs-Anforderungen und Leistungsmotiv der Söhne (aus *H.-J. Komadt* et al.: Cross-cultural research on motivation and its contribution to a general theory of motivation. In: *H. C. Triandis, W. Lonner* [Hrsg.], Handbook of cross-cultural psychology, Bd. 3: Basic process. Alyn & Bacon, Boston 1980)

Zu frühe Selbständigkeitsforderungen führen eher zur Entstehung von Versagensangst (*Teevan & McGhee* 1972).

2. Es kommt nicht nur darauf an, ob Selbständigkeit gefordert wird, sondern wie. Dabei ist einmal die Vermittlung einer positiven Wertung von Leistung wichtig (wie in Japan gezeigt, *Hayashi, Okamoto & Habu* 1962); zum anderen, daß es sich nicht um eine eltern-, sondern um eine kindzentrierte Selbständigkeitserziehung handelt. Dieses Beispiel zeigt zugleich, daß kulturvergleichende Forschung nicht nur über kulturelle Unterschiede Aufschluß geben, sondern auch einen Beitrag zur allgemeinen Theoriebildung leisten kann.

5.2 Aggressionsmotiv

Feindseligkeit, Mißtrauen, leichtes Ärgerlichwerden usw. sind Merkmale, die eine deutliche Affinität zu frühkindlicher Bindungsunsicherheit haben. Da dies sicher auch für die nach *Hazan & Shaver* (1987) damit korrelierende Bindungsform bei Erwachsenen (mit Tendenz zur Eifersucht z.B.) zutrifft, liegt die Vermutung auf der Hand, daß sich Beziehungen zwischen der frühen Mutter-Kind-Bindung und der späteren Aggressivität nachweisen und aufklären lassen. Die Bindungstheorie hat dafür auch ein die Aggressionstheorie ergänzendes Erklärungsprinzip bereitgestellt: Mit der begründeten Annahme eines frühkindlichen Sicherheits- und Bindungsbedürfnisses wird erklärlich, daß dessen mangelhafte Befriedigung (Typ A- und C-Kinder) eine aggressionsfördernde Frustration darstellt, und für deren langfristige Wirkung hat die Bindungstheorie darüber hinaus das Konzept der working models entwickelt. Allerdings müßte dieses zu allgemeine Konzept durch präzisere funktionelle Konstrukte der Motivationstheorie der Aggression abgelöst werden. Solche Vorstellungen sind schon vor einiger Zeit, besonders im Rahmen der Motivationstheorie der Aggressivitätsgenese entwickelt worden (*Kornadt* 1982, 1984).

Sie fußen auf dem Konzept eines spezifischen Aggressionsmotivs mit verschiedenen Teilkomponenten. Solche Teilkomponenten sind z.B. kognitive Schemata hinsichtlich der Vertrauenswürdigkeit oder Feindseligkeit der Welt, Intentionsattribuierungstendenzen für Frustrationen, die Bereitschaft zur Ärgerreaktion, die Erwartung, bestimmte Aggressionen zu benötigen und mit ihnen Erfolg zu haben, oder allgemeine Zielsetzungen und Wertschätzungen. Derartige Hypothesen stellen präzisere und funktionsbezogene Vorstellungen über das dar, was in der Bindungsforschung mit working model umschrieben wurde; sie ergänzen diesen Ansatz. Aus diesen Annahmen lassen sich Hypothesen darüber ableiten, durch welche Entwicklungsprozesse sie im einzelnen aufgebaut werden. Sie beziehen sich einmal auf bestimmte frühkindliche Ausgangsbedingungen, zum anderen auf spätere komplexere Sozialisationsbedingungen.

So wird einerseits ein erbgenetisch bedingtes und somit im Prinzip universelles Reaktionssystem angenommen, auf Beeinträchtigung und Frustration mit Ärger zu

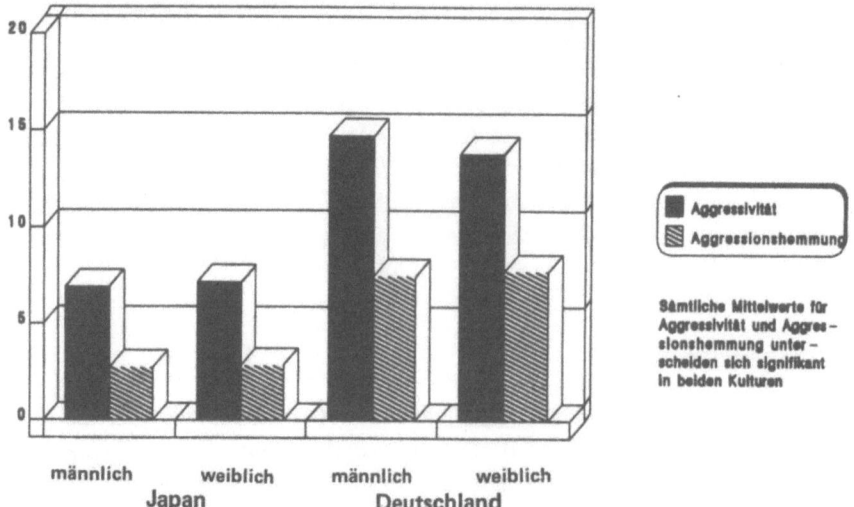

Abb. 2 Aggressivitäts- und Aggressionshemmungswerte japanischer (*n* = 235) una aeurscner Jugendlicher (*n* = 128) im TAT
Sämtliche Mittelwerte für Aggressivität und Aggressionshemmung unterscheiden sich signifikant in beiden Kulturen

reagieren, das der spezifischen Ausgangspunkt für die Entwicklung des Aggressionsmotivs ist. Der tatsächliche Aufbau des Aggressionsmotivs setzt allerdings bestimmte Erfahrungen voraus, die entsprechend unterschiedlicher Sozialisation durchaus unterschiedlich sein und eine unterschiedliche Stärke des Aggressionsmotivs zur Folge haben können. Als besonders wichtig wird die Art und Häufigkeit frühkindlicher Ärgeraktivierung durch Frustrationen angesehen, für die die Art, in der das frühkindliche Bedürfnis nach Sicherheit und Geborgenheit in der Mutter-Kind-Beziehung erfüllt wird, und die Art des sich entwickelnden Selbstkonzeptes eine Schlüsselrolle spielen.

Darüber hinaus sind vielfältige weitere Erfahrungen am Aufbau des Aggressionsmotivs und seiner spezifischen Gegenkomponente, der Aggressionshemmung, beteiligt. Es müßte z.B. darauf ankommen, welche Erfolge mit Aggressionsverhalten ermöglicht, welche Gegebenheiten, Anreize und Vorbilder geboten werden und welche Wertschätzungen vermittelt werden. Diese Bedingungen sind weit über die Mutter-Kind-Beziehung hinaus wirksam, wenn durch diese wahrscheinlich auch eine erste Weichenstellung für die weitere Entwicklung (z.B. für die Verarbeitung von Erfahrungen) anzunehmen ist.

Zwei Aspekte sind darüber hinaus noch wichtig: Einmal, daß auch für die Entwicklung eines einzigen Motivs nicht einzelne Sozialisationsvariablen wirksam und isoliert zu betrachten sind, sondern jeweils ein ganzes Bündel ineinandergreifender Faktoren (*Kornadt* 1987a). Zum anderen, daß sich die Vielfalt dieser Bedingungen dann ordnen läßt, wenn man die Entwicklung eines Motivs in ihrer Einbettung in die

Persönlichkeitsentwicklung sieht, für die das Motiv unter den gegebenen Sozialisationsbedingungen eine bestimmte Bedeutung erlangt (*Kornadt* 1988a; *Kornadt &* *Husarek* 1985).

Unter diesem Aspekt ist aber durchaus anzunehmen, daß das Aggressionsmotiv trotz seiner biologisch-bedingten universellen Ausgangsbasis auch nur schwach ausgebildet werden kann, wenn die aggressionsfördernden Sozialisationsbedingungen fehlen.

Zur empirischen Prüfung dieser Annahmen sind kulturvergleichende Untersuchungen besonders geeignet, weil Kulturen am besten die unterschiedlichen Bündel von relevanten Sozialisationsbedingungen aufsuchen lassen. Wir haben daher eine solche Untersuchung in Japan, in zwei Kulturen Indonesiens, in Deutschland und in der Schweiz durchgeführt. Dazu wurden Daten über die Aggressivität von Jugendlichen sowie umfangreiche Daten über Mutter-Kind-Beziehungen und über andere Entwicklungsbedingungen, insbesondere die Erziehungsformen von Müttern 4- bis 6jähriger Kinder ermittelt. Da nach eigenen Ergebnissen (s. Abb. 2) sowie nach denen anderer Autoren das Aggressionsmotiv in Japan im allgemeinen geringer ausgebildet ist als im Westen, beschränken wir uns hier auf den Vergleich der Mutter-Kind-Interaktion zwischen Japan und Deutschland. Für unseren Zusammenhang ist vor allem die Frage wichtig, ob japanische Kinder in der Mutter-Kind-Interaktion tatsächlich viel Sicherheit und Geborgenheit erleben, wenig Konflikte, Ablehnung und Selbstwertverletzungen aufgrund von Fehlverhalten erfahren, und wie dennoch Verhaltensregeln vermittelt und durchgesetzt, ja vielleicht von den Kindern internalisiert werden.

Unsere Daten zeigen tatsächlich entsprechende Unterschiede in der Mutter-Kind-Interaktion. Wenige Beispiele müssen hier genügen: Zunächst sollen typische Reaktionsweisen deutscher und japanischer Mütter in einem Konflikt mit dem Kind stark vereinfacht beschrieben werden. In einem Szenario-artigen Verfahren hatten die Mütter ihr Verhalten in verschiedenen Situationen zu beschreiben, u.a. in folgender: „Sie erwarten einen wichtigen Anruf von Ihrer Freundin. Kaum haben Sie den Hörer abgenommen, beginnt Ihr Kind herumzumaulen. Kind: ‚Du sollst aber jetzt mit mir spielen‘".

Die *deutschen Mütter* (n = 98) reagieren in ihrer Mehrheit etwa folgendermaßen: Die meisten deutschen Mütter (76%) erleben die eigenen Bedürfnisse und die des Kindes als unvereinbar*. Für sie ist es eine Situation, in der es nur Sieger oder Verlierer, bestenfalls einen (meist faulen) Kompromiß geben kann. Die Mehrzahl der deutschen Mütter (80%) sind der Meinung, daß es dem Kind eigentlich gar nicht ums Spielen geht; es kann lediglich nicht vertragen, „einmal nicht im Mittelpunkt zu stehen"*.

---

* Wir rekonstruieren aus Einzelbefunden zusammenfassend einen typischen Verlauf der Reaktion. Signifikante Differenzen zwischen Deutschland und Japan sind mit einem Stern gekennzeichnet.

Zwar können viele Mütter das Kind eigentlich gut verstehen. Aber sie selbst fühlen sich im Konflikt*: Einerseits tut ihnen das Kind leid, und sie haben ein schlechtes Gewissen; andererseits fühlen sie sich durch das Kind gestört und beeinträchtigt. Es überwiegt jedoch meist Ärger und ein Gefühl der Frustriertheit und der Enttäuschung* über das Kind. Das Kind soll akzeptieren, daß auch andere Menschen ein Recht auf ihre Interessen haben, wie sie das selbst auch dem Kind (wenn auch zu anderen Zeiten) zugestehen – eine Erziehungsabsicht, die von den meisten deutschen Müttern in diesem Zusammenhang ausgedrückt wird*. Trotzdem weisen aber die deutschen Mütter das kindliche Bedürfnis zurück* oder sie schimpfen mit dem Kind in selbstwertverletzender Weise*. Ein nicht unbeträchtlicher Teil gerät sogar in einen ärgerlich-aggressiven und eskalierenden Konflikt mit dem Kind*. Daß auch das Kind ärgerlich wird, wird von den deutschen Müttern dabei erwartet und hingenommen*: Nur eine Mutter der deutschen Stichprobe zeigte sich bereit, freiwillig nachzugeben, um negative Gefühle beim Kind zu vermeiden.

Japanische Mütter (n = 62). Nur eine einzige japanische Mutter erlebt diese Situation als eine, in der mütterliche und kindliche Bedürfnisse unvereinbar aufeinandertreffen und in der entweder ein Machtkampf unvermeidlich oder ein Kompromiß auszuhandeln ist*. Auch die Interpretation des kindlichen Verhaltens ist deutlich positiver: Die (für Deutschland typische) Möglichkeit, das Kind könnte sich mit seinem Wunsch bewußt gegen die mütterliche Abwendung auflehnen, halten nur wenige japanische Mütter für denkbar. Ganz überwiegend (66%) sind sie der Meinung, daß das Kind Zuwendung „wie sonst auch immer" sucht und dies kein besonders bemerkenswertes Verhalten ist. Entsprechend ist die japanische Mutter in dieser Situation auch seltener affektiv berührt von dem kindlichen Verhalten. Aber auch wenn sich die japanische Mutter ärgert, schimpft sie nie mit dem Kind in selbstwertverletzender Weise (0%*), auch eskalierende Konflikte kommen nicht vor*.

Statt dessen hat die japanische Mutter effektive Mittel, einen Konflikt schnell zu beenden oder zu vermeiden: Sie unterbindet entweder den Protest und Widerstand sofort, ohne zu zögern, ohne große Aufregung und Belastung des Kindes*. Oder aber – und das viel häufiger – sie findet einen Weg, sich mit dem Kind echt zu einigen* oder sie gibt, um das Kind nicht zu überfordern und die Harmonie nicht zu stören, ohne Vorwurf schrittweise nach*.

Um zu zeigen, daß dies keine willkürliche oder übertrieben idealisierte Beschreibung ist, sollen einige Daten über Teilvariablen der Mutter-Kind-Beziehung mitgeteilt werden (vgl. Tab. 1).

Offenbar wäre es aber falsch, für die Motiv-Genese einzelne Variablen, wie etwa nur die Art der Mutter-Kind-Bindung, als wesentlich anzusehen. Offensichtlich ist ein ganzes Muster von Variablen, wie es nun einmal von einer Kultur relativ geschlossen vermittelt wird, relevant. Im ganzen bestätigen unsere (umfangreichen) Daten Hinweise aus der Literatur, daß in Japan eine eigentümliche kulturtypische Art der Mutter-Kind-Beziehung von zentraler Bedeutung ist. Sie wird mit dem Begriff des Sich-Eins-

Tabelle 1 Merkmale[a] deutscher (*n* = 98) und japanischer Mütter (*n* = 62)

	Deutschl. *M*		Japan *M*	*p*[b]
Fehlverhalten des eigenen Kindes als entschuldbar gedeutet	1.85	<	2.78	.000
Fehlverhalten des eigenen Kindes als böswillig oder rücksichtslos gedeutet	2.16	>	1.63	.000
Responsivität	1.27	<	1.82	.000
Bereitschaft zur Nachgiebigkeit	1.25	<	1.47	.001
Positive Wertschätzung von Aggression und aggressiver kindlicher Selbstbehauptung	2.47	>	2.06	.000

[a]Den Werten liegen eine Reihe von Einzeldaten aus verschiedenen Verfahren (Fragebogen, Szenario-Verfahren) zugrunde., [b]nach t-Test.

Fühlens (japanisch: ittai-kan) beschrieben. In Anlehnung an *Azuma* (1984) und *Doi* (1973) ist darunter ein Komplex von Einstellungen, Deutungen und Gefühlen der Mutter zu verstehen, das kulturvermittelt ist und aus dem sich eine spezifische „symbiotische" Mutter-Kind-Beziehung entwickelt. Das Kind wird bis zum Alter von 4 oder 6 Jahren quasi noch als Teil der Mutter erlebt, mit dessen Wünschen und Gefühlen sich die Mutter identifiziert (und als Folge davon wahrscheinlich auch umgekehrt das Kind mit der Mutter).

Diese Einstellung wird getragen von einer intensiven Empathie, und dies führt zu einer hohen Responsivität der Mutter. Dies wird verstärkt durch eine kulturgebundene Deutung des Kindes im Sinne hoher Reifungsabhängigkeit (*Yamamura* 1986). Daraus erwächst viel Verständnis und Geduld und eine Einstellung, das Kind nur zurückhaltend mit eigenen Wünschen zu konfrontieren, es nicht zu überfordern und schon gar nicht etwas mit Zwang bei ihm durchsetzen zu wollen.

Grundlegend ist die Tendenz, die Entstehung negativer Gefühle im Kind zu vermeiden, um die bestehende Harmonie zwischen Mutter und Kind nicht zu gefährden. Dazu gehört auch die Bereitschaft und die Fähigkeit der Mutter, ihre eigenen Wünsche mit denen des Kindes so zu harmonieren, daß offene Konflikte vermieden werden. Dabei verfolgt die Mutter durchaus zielbewußt bestimmte Erziehungsziele der Selbstdisziplin, der Zurückhaltung, Rücksichtnahme und Regelbeachtung, aber das stets so und mit solchen Mitteln, daß Selbstwertverletzungen beim Kind vermieden werden und das Kind ein positives Selbstbild aufbauen kann. Dazu erzielt die Mutter viel mehr durch Beispiel-Geben als durch Forderungen. Bei unerwünschtem Aggressionsverhalten vermeidet es die Mutter, das Kind dafür zu bestrafen (keine Vorbildwirkung eigenen Verhaltens, keine Selbstwertverletzung).

Im ganzen handelt es sich also um eine stark gefühlsbetonte verhaltenswirksame Einstellung der Mutter, durch die Gemeinsamkeit und Reziprozität mit dem Kind betont werden und die die Mutter zu einer besonders feinen, sensiblen Responsivität

Tabelle 2 Merkmale[a] deutscher (n = 137) und japanischer Jugendlicher (n = 454)

	Deutschl. M		Japan M	p[b]
Geringe Frustrationstoleranz	3.50	>	3.03	.000
Intensität und Extensität von Ärger	4.26	>	3.78	.000
entlastende Deutungen bei interpersonalen Konflikten	3.97	<	4.67	.000
belastende Deutungen bei interpersonalen Konflikten	4.11	>	2.93	.000
positive Wertschätzung von Aggression	4.15	>	3.67	.000
positive Wertschätzung von Nachgiebigkeit	3.79	<	4.04	.000
Akzeptanz von Lenkung und Kontrolle durch die Mutter	3.59	<	3.81	.006

[a]Den Werten liegen eine Reihe von Einzeldaten aus verschiedenen Fragebogenverfahren zugrunde, [b]nach t-Test.

befähigt. Es ist anzunehmen, daß auf dieser Grundlage die Kinder ihrerseits eine intensive emotionale Bindung an die Mutter entwickeln und sich mit ihr identifizieren, und daß dies es den Kindern leicht macht, die Wünsche der Mutter von sich aus erfüllen zu wollen, um ihrerseits die innige „symbiotische" Harmonie mit der Mutter nicht zu gefährden.

Alle diese Bedingungen müßten nach der Motivationstheorie zu einer geringen Aggressivitätsentwicklung beitragen. Dies ist um so mehr der Fall, als auch die sonstigen soziokulturellen Rahmenbedingungen in die gleiche Richtung wirken: Der Ausdruck von Ärger und Aggression wird als Zeichen der Unreife abgelehnt, andere Lösungswege für Meinungsverschiedenheiten und für die (selten auftretenden) sozialen Konflikte werden kultiviert, und Harmonie ist generell ein hoher kultureller Wert.

Das ungewöhnliche Bindungsverhalten japanischer Kinder in der experimentellen Fremdensituation ist auf diesem Hintergrund durchaus zu verstehen. Das Alleingelassenwerden muß für so aufgewachsene Kinder in der Tat ein traumatisches Verlusterlebnis sein. Ebenso sind die Erziehungsziele der Japaner zu verstehen.

Der Vater spielt dabei in der japanischen Familie eine untergeordnete Rolle. Father „is treated in many ways as a high-status guest in the home, a welcome, friendly, and even jovial guest, but one who stands on the periphery of the intimate circle of mother and children" (Vogel 1971, S. 212).

Unsere (vorläufigen) Ergebnisse zeigen auch bereits, daß es sich tatsächlich um ein System von Einstellungen und emotionalen Reaktionsweisen handelt, das in Deutschland und Japan unterschiedlich ist und in dem Einzelvariablen möglicherweise eine ganz unterschiedliche Bedeutung erlangen. Als ein Beispiel seien hier mütterliche Gefühle von Ärger und Verletztsein angeführt:

Wir haben zum einen gefunden, daß deutsche Mütter signifikant häufiger negative Emotionen im Umgang mit ihren Kindern erleben als japanische Mütter (p = .001). Noch interessanter aber ist, daß Mütter beider Kulturen in den Fällen, in denen sie über das Kind verärgert sind oder sich verletzt fühlen, kindliches Verhalten unterschiedlich deuten und vor allem auch ganz unterschiedlich auf das Kind reagieren. Bei deutschen Müttern gehen negative Gefühle mit Deutungen wie „das Kind ist böswillig" oder „rücksichtslos" einher und ziehen meist Selbstwertverletzungen des Kindes und konflikthafte Auseinandersetzungen mit ihm nach sich. Japanische Mütter dagegen neigen, auch wenn sie sich ärgern oder verletzt fühlen, immer noch dazu, kindliches Verhalten eher zu entschuldigen und Übereinstimmung mit dem Kind zu finden, statt es zu kritisieren (vgl. *Kornadt* 1988b).

Für die Frage, ob sich evtl. langfristige Effekte der Mutter-Kind-Interaktion auch im Bereich der Aggressivitätsentwicklung zeigen, lassen sich ebenfalls aus unseren Daten über die oben erwähnten generellen Unterschiede in der Höhe des Aggressionsmotivs zwischen Deutschland und Japan hinaus auch einige Detail-Informationen aus unseren Daten gewinnen (vgl. Tab. 2).

Freilich muß betont werden, daß diese Daten *keine* langfristigen Effekte der Mütter auf *ihre* Kinder widerspiegeln, denn es handelt sich um Daten von Jugendlichen, die nicht die Kinder der untersuchten Mütter sind. Insofern wären diese Daten überhaupt nicht zu vergleichen. Interessant werden die Daten jedoch, wenn man sie als Aggregat-Daten betrachtet, die jeweils Stichproben aus den gleichen Kulturen betreffen, und sie dann in Beziehung bringt. Dies ist in gewisser Hinsicht eine konservative Schätzung, wenngleich sie auch dann nicht als Beweis für eine unmittelbare Langfristwirkung der Mutter-Kind-Interaktion angesehen werden kann.

6 Schluß

Zum Abschluß noch einige allgemeine Bemerkungen:

1. Im Vorangegangenen war immer von der Mutter-Kind-Beziehung die Rede. Wie schon auf erwähnt, ist damit natürlich nicht notwendigerweise die biologische Mutter gemeint, sondern prinzipiell jede Person, die deren Funktion als Hauptbetreuerin übernimmt. Hohe Responsivität ist allerdings ohne sehr viel Verzichtbereitschaft auf eigene Wünsche undenkbar. Dazu muß eine hohe Motivation vorliegen, die in der Regel die eigene Mutter, die viele existentielle Wünsche mit ihrem Kind verbindet, am ehesten aufbringen wird; von professionellen Betreuern wird sie dagegen kaum zu erwarten sein. Es kann auch an mehrere Personen gleichzeitig eine Bindung bestehen, wie das in der traditionellen Großfamilie der Fall gewesen sein dürfte oder in polygamen Familien der Fall ist. Die Kinder sind dann auch keineswegs unsicherer.

2. Die Heraushebung der Mutter-Kind-Beziehung, wie sie in der Themenstellung für diesen Artikel erfolgte, ist im Grunde ihrerseits eigentlich eine kulturgebundene westliche Sichtweise. Sie entspricht den Verhältnissen, wie sie sich in den westlichen Industrienationen mit der dort üblichen Kernfamilie entwickelt haben. Die Kernfamilie mit ihrer intensiven Mutter-Kind-Beziehung ist jedoch nicht allgemein üblich und keineswegs notwendig. In vielen anderen Gesellschaften sind es normalerweise mehrere Personen, die sich um das Kind kümmern, der Vater oder besonders ältere

Geschwister können eine sehr viel größere Rolle spielen als bei uns; natürlich kann an sie eine Bindung entwickelt werden. In dieser Hinsicht gibt es charakteristische Unterschiede zwischen den Kulturen, die nicht vergessen werden dürfen.

3. Wir haben Zusammenhänge zwischen Mutter-Kind-Beziehung und späterer Persönlichkeit des Kindes beschrieben, die strenggenommen *so nicht* als Beweis für die Sozialisations-Effekte dieser Mutter-Kind-Beziehung gewertet werden dürfen. Schon die Deutung der Konstanz der Bindungsformen und eventueller längerfristiger Charakteristika ist noch offen. Lange Zeit war diskutiert worden, ob nicht im Attachment etwas der Prägung bei Tieren Ähnliches vorliege. Dies kann inzwischen als unzutreffend angesehen werden. Aber auch das langfristige Wirken der von *Bowlby* angenommenen „working models" ist nicht die einzige verbleibende Erklärung. Die stabilisierende Wirkung des sozialen Umfeldes darf nicht übersehen werden. Die beobachteten Langzeitwirkungen treten in der Regel dann auf, wenn dieses Umfeld mit seinem Beziehungsgeflecht stabil bleibt und wenn auch die Mutter einen immerwährenden und stabilen Einfluß hat.

4. Schließlich ist hier ungenau meist von Mutter-Kind-Beziehung und dem Betreuungsverhalten der Mutter die Rede gewesen, ohne daß immer drei wichtige Einschränkungen betont worden waren:

– Einmal die Wechselseitigkeit der Mutter-Kind-Beeinflussung mit dem Anteil des Kindes daran. Auch wenn der kindliche Anteil kaum untersucht ist, darf er doch prinzipiell nicht außer acht gelassen werden.

– Zum anderen werden das Elternverhalten und entsprechende Erziehungsmethoden je nach den erlebten einbettenden Erziehungszielen vom Kind verschieden aufgefaßt, so z.B. wird elterliche Kontrolle in Deutschland abgelehnt, in Japan dagegen nicht nur akzeptiert, sondern sogar als Zeichen der Fürsorge verstanden (*Trommsdorff* 1978, vgl. auch Tab. 2, S. 113). Ohne diese Erziehungsziele und ihre kulturelle Einbettung sind also erzieherische Maßnahmen und das Verhalten der Mutter in der Mutter-Kind-Interaktion vor allem bei etwas älteren Kindern nur unvollständig in ihrer Wirkung erfaßt.

– Und schließlich müssen bestimmte mütterliche Verhaltensweisen auch je nach dem Entwicklungsstand des Kindes unterschiedliche Wirkung haben, wie das Beispiel der Beziehung zwischen Alter der Selbständigkeitserziehung und der Leistungsmotiv-Entwicklung zeigt. In einem bestimmten Alter kann die Forderung nach Selbständigkeit (auch die Forderung, nach eigener Einsicht selbständig zu entscheiden) die Kinder hoffnungslos überfordern. Sie können noch nicht die kognitive Entwicklung haben, um die nötige Einsicht zu entwickeln; sie können noch nicht die Erfahrung haben, um die Konsequenzen abschätzen zu können, und sie können auch noch nicht die Fähigkeit zur Selbstkontrolle entwickelt haben. In einem anderen Alter kann die Forderung schlicht zu spät kommen.

Literatur

Ainsworth, M. D. S. (1967): Infancy in Uganda: Infant care and the growth of love. Baltimore: Johns Hopkins University Press

Ainsworth, M. D. S. (1977): Infant development and mother-infant interaction among Ganda and American families. In: P. H. Leiderman, S. R. Tulkin, R. Rosenfeld (Eds.), Culture and infancy (119–149). New York: Academic Press

Ainsworth, M. D. S., Bell, S. M., Stayton, D. J. (1972): Individual differences in the development of some attachment behaviors. Merrill-Palmer-Quarterly, 18, 123–143

Ainsworth, M. D. S., Blehar, M. C., Waters, E., Wall, S. (1978): Patterns of attachment: A psychological study of the strange situation. Hillsdale: Erlbaum

Azuma, H. (1984): Socialization and motivation: Some thoughts about „receptive dilligence" implicity encouraged in Japanese education. Presented at AERA annual convention, New Orleans

Bell, R. Q. (1968): Reinterpretation of the direction of effects in studies of socialiaztion. Psychol. Rev. 75, 81–95

Belsky, J. (1981): Early human experience: A family perspective. Developm. Psychol. 17, 3–23

Belsky, J., Rovine, M., Taylor, D. G. (1984): The Pennsylvania infant and family development project, 3: The origins of individual differences in infant-mother attachment: Maternal and infant contributions. Child Developm. 55, 718–728

Bowlby, J. (1958): The nature of the child's tie to his mother. Internat. J. Psycho-Analysis 39, 350–373

Bowlby, J. (1973): Attachment and loss, Vol. 2, New York: Basic

Bowlby, J. (1982a): Attachment and loss: Vol. 1. Attachment (2nd ed.). New York: Basic

Bowlby, J. (1982b): Attachment and loss: Retrospect and prospect. Amer. J. Orthopsych. 52, 664–678

Bretherton, I. (1985): Attachment theory: Retrospect and prospect. In: I. Bretherton, E. Waters (Eds.), Growing points of attachment theory and research (Monographs of the Society for Research in Child Development No. 209, Vol. 50, 3–38). Chicago: University of Chicago Press

Caudill, W., Plath, D. W. (1966): Who sleeps by whom? Parent-child involvement in Urban Japanese Families. Psychiatry, 29, 344–366

Cortés, J. B., Gatti, F. M. (1972). Delinquence and crime. New York: Seminar Press

Crockenberg, S. (1981): Infant irritability, mother responsiveness, and social support influences on the security of infant-mother attachment. Child Developm. 52, 857–865

Davids, H., Holden, R. H., Gray, G. B. (1963): Maternal anxiety during pregnancy and adequacy of mother and child adjustment eight months following childbirth. Child Development 34, 993–1002

DeWuffel, F. J. (1986): Attachment beyond childhood. Nijmegen: Stichting Studentenpers (Doctor Dissertation)

Doi, L. T. (1973): The anatomy of dependence. Tokyo: Kodansha International

Eckensberger, L. H. (1973): Methodological issues of cross-cultural research in developmental psychology. In: J. R. Nesselroade, H. W. Reese (Eds.), Life-span developmental psychology: Methodological issues (43–64). New York: Academic Press

Engfer, A. (1986): Zur prognostischen Identifizierung gewaltbelasteter Familien. München: Unveröffentlichter Arbeitsbericht des Staatsinstituts für Frühpädagogik und Familienforschung

Epstein, S. (1980): The self-concept: A review and the proposal of an integrated theory of personality. In: E. Staub (Ed.), Personality: Basic aspects and current research (82–131). Englewood Cliffs: Prentice-Hall

Estrada, P., Arsenio, W. F., Hess, R. D., Holloway, S. D. (1987): Affective quality of the mother-child relationship: Longitudinal consequences for children's school-relevant cognitive functioning. Developm. Psychol. 23, 210–215

Freedman, D. G. (1965): Hereditary control of early social behavior. In: B. M. Foss (Ed.), Determinants of infant behavior (III, 149–159). New York: Wiley

Freeman, D. (1983): Margaret Mead and Samoa: The making and unmaking of an anthropological myth. Cambridge: Harvard University Press

Freud, S. (1940–1952): Gesammelte Werke. London: Imago

Goldfarb, W. (1943): The effects of early institutional care on adolescent personality. J. Experiment. Education 12, 107–129

Grossmann, K., Grossmann, K. E., Spangler, G., Suess, G., Unzner, L. (1985): Maternal sensitivity and newborn's orientation responses as related to quality of attachment in Northern Germany. In: I. Bretherton, E. Waters (Eds.), Growing points of attachment theory and research (Monographs of the Society for Research in Child Development No. 209, Vol. 50, 233–257). Chicago: University of Chicago Press

Grossmann, K. E. (1987): Patterns of attachment in different cultures. Universality or culture relativity. Vortrag, gehalten auf dem IX. ISSBD Kongreß in Tokyo, Juli 1987

Grossmann, K. E., Grossmann, K. (1986): Phylogenetische und ontogenetische Aspekte der Entwicklung der Eltern-Kind-Bindung und der kindlichen Sachkompetenz. Z. Entwicklungspsychol. Pädagog. Psychol. 18, 287–315

Grossmann, K. E., Grossmann, K., Huber, E., Wartner, U. (1981): German children's behavior toward their mothers and their fathers at 18 months in Ainsworth's strange situation. Internat. J. Behav. Developm. 4, 157–181

Hall, F., Pawlby, S., Wolkind, S. (1979): Early life experiences and later mothering behaviors: A study of mothers and their 20-week-old babies. In: D. Schaffer, J. Dunn (Eds.), The first year of life (153–174). New York: Wiley

Hara, H., Wagatsuma, H. (1974): Child-rearing. Tokyo: Kobundo

Harlow, H. F. (1958): The nature of love. Amer. Psychologist 13, 673–685

Harrington, C., Whiting, W. M. (1972): Sozialization process and personality. In: F. L. K. Hsu (Ed.), Psychological Anthropology (469–507). Cambridge

Harrington, D. M., Block, J. H., Block, J. (1987): Testing aspects of Carl Roger's theory of creative environments: Child-rearing antecedents of creative potential in young adolescents. J. Personal. Soc. Psychol. 52, 851–856

Hayashi, T., Okamoto, N., Habu, K. (1962): Children's achievement motivation and its relation to intelligence, school achievement, anxiety tendencies, and parent-child relations. Bulletin Kyoto Gakugei University, A 21, 16–20

Hayashi, T., Yamauchi, K. (1964): The relation of children's need for achievement to their parents' home discipline in regard to independence and mastery. Bulletin Kyoto Gakugei University, A 25, 31–40

Hazan, C., Shaver, P. (1987): Romantic love conceptualized as an attachment process. J. Personal. Soc. Psychol. 52, 511–524

Herrmann, T., Stapf, K. H., Stäcker, K. H. (1972): Elterliche Bekräftigung in der Erziehung. In: G. Reinert, Ber. 27. Kongr. Dt. Ges. Psychol. Göttingen: Hogrefe

Hess, R., Holloway, S., McDevitt, T., Azuma, H., Kashiwagi, K., Nagano, S., Miyake, K., Dickson, W. P., Price, G., Hatano, G. (1986): Family influences on school readiness and achievement in Japan and the United States: An overview of a longitudinal study. In: H. Stevenson, H. Azuma, K. Hakuta (Eds.), Child development and education in Japan (147–166). New York: Freeman

Hess, R. D., Kashiwagi, K., Azuma, H., Price, G. G., Dickson, W. P. (1980): Maternal expectations for mastery of developmental tasks in Japan and the United States. Internat. J. Psychol. 15, 261–276

Hostetler, J., Huntington, G. E. (1967): The Hutterites in North America. New York: Holt, Rinehart & Winston

Itoh, F., Taylor, C. M. (1981): A comparison of child-rearing expectations of parents in Japan and the United States. J. Comparative Family Studies, 12, 449–460

Kashiwagi, K., Azuma, H., Miyake, K., Nagano, S., Hess, R. D., Holloway, S. D. (1984): Japan-US comparative study on early maternal influences upon cognitive development: A follow-up study. Jap. Psychol. Res. 26, 82–92

Kornadt, H.-J. (1982): Aggressionsmotiv und Aggressionshemmung. Bd. 1 und 2. Bern: Huber

Kornadt, H.-J. (1983): A cross-cultural analysis of the development of aggression. In: J. B. Deregowski, S. Dziurawiec, R. C. Annis (Eds.), Explications in cross-cultural psychology (Selected papers from the Sixth Intern. Association for Cross-Cultural Psychology. Held at Aberdeen Juli 20–23, 1982, 285–297). Lisse: Swets and Zeitlinger

Kornadt, H.-J. (1984): Development of aggressiveness: A motivation theory perspective. In: R. M. Kaplan, V. J. Konecni, R. W. Nowaco (Eds.), Aggression in children and youth (73–87). The Hague: Martinus Nijhoff

Kornadt, H.-J. (1987a): The aggression motive and personality development: Japan and Germany. In: F. Halisch, J. Kuhl (Eds.), Motivation, Intention, and Volition (115–140). New York: Springer

Kornadt, H.-J. (1987b): Mother-child interaction and the development of aggressiveness. Vortrag, gehalten auf dem IX. ISSBD Kongreß in Tokyo, Juli 1987

Kornadt, H.-J. (1988a): Why motives can be better understood if seen as parts of the personality. In:

I Reykowski, G. Van Hec (Eds.), Personality Psychology in Europe, Vol. 3: Theory, Assessment, and Research (in press)

Kornadt, H.-J. (1988b): Entwicklungsbedingungen unterschiedlicher Aggressivität in Deutschland und Japan: Beitrag des Kulturvergleichs zur Motivationstheorie. Psychologische Beiträge (im Druck)

Kornadt, H.-J., Eckensberger, L. H., Emminghaus, W. B. (1980): Cross-cultural research on motivation and its contribution to a general theory of motivation. In: H. C. Triandis, W. Lonner (Eds.), Handbook of cross-cultural psychology, Vol. 3: Basic process (223–322). Boston: Alyn & Bacon

Kornadt, H.-J., Husarek, B. (1985): Aggressivität und Erziehung im Kulturvergleich (7. Tagung Entwicklungspsychologie in Trier). Trier: Drukkerei der Universität Trier (408–409)

Lewis, C. C. (1984): Cooperation and control in Japanese nursery schools. Comparative Education Rev. 28, 69–84

Main, M., Kaplan, N., Cassidy, J. (1985); Security in infancy, childhood, and adulthood: A move to the level of representation. In: I. Bretherton, E. Waters (Eds.), Growing points of attachment theory and research (Monographs of the Society for Research in Child Development No. 209, Vol. 50, 66–104). Chicago: University of Chicago Press

Main, M., Weston, D. R. (1982): Avoidance of the attachment figure in infancy: Descriptions and interpretations. In: C. M. Parkes, J. Stevenson-Hinde (Eds.), The place of attachment in human behavior (31–59). New York: Basic

Malinowski, B. (1927): Sex and repression in savage society. London: Kegan Paul

Marvin, R. S., VanDevender, T. L., Iwanaga, M. I., LeVine, S., LeVine, R. A. (1977): Infant-caregiver attachment among the Hausa of Nigeria. In: H. McGurk (Ed.), Ecological factors in human development (247–259). Amsterdam: North Holland

McClelland, D. C. (1961): The achieving society. Princeton: Van Nostrand

McClelland, D. C., Friedman, G. A. (1952): A cross-cultural study of the relationship between child rearing practices and achievement appearing in folk tales. In: G. E. Swanson, T. M. Newcomb, E. L. Hartley (Eds.), Readings in Social Psychology. New York

McClelland, D. C., Atkinson, J. W., Clark, R. A., Lowell, E. L. (1953): The achievement motive. New York: Appleton-Century-Crofts

Mead, M. (1928): Coming of age in Samoa. New York: Wiley

Miyake, K., Chen, S.-J., Campos, J. J. (1985): Infant temperament, mother's mode of interaction, and attachment in Japan. In: J. Bretherton, E. Waters (Eds.), Growing points of attachment theory and research (Monographs of the Society for Research in Child Development, Serial No. 209, Vol. 50, 276–297). Chicago: University of Chicago Press

Moss, H. A., Robson, K. S. (1968): Maternal influences in early social visual behavior. Child Development, 39, 401–498

Munroe, R. H., Munroe, R. L. (1974): Household density and infant care in an East African society. In: R. A. LeVine (Ed.), Culture and personality (335–344). Chicago: Aldine Publ. Company

Parke, R. D. (1978): Progress, paradigms, and problems. In: G. Sackett (Ed.), Observing behavior, Vol. 1: Theory and applications in mental retardation (69–94). Baltimore: University Park Press

Patterson, G. (1982): Coercive family process. A social learning approach, Vol. 3. Eugene: Castilia

Pawlby, S., Hall, F. (1980): Early and later language development of children who come from disrupted families of origin. In: T. Field, S. Goldberg, D. Stern, A. Sostek (Eds.), High-risk infants and children: Adult and peer interaction (61–75). New York: Academic Press

Reichel-Dolmatoff, G., Reichel-Dolmatoff, A. (1961): The people of Aritama: The cultural personality of a Columbian mestizo village. Chicago: University of Chicago Press

Ricks, M. H. (1985): The social transmission of parental behavior: Attachment across generations. In: I. Bretherton, E. Waters (Eds.), Growing points of attachment theory and research (Monographs of the Society for Research in Child Development, No. 209, Vol. 50). Chicago: University of Chicago Press

Rohner, R. P. (1975): They love me, they love me not. HRAF Press

Sagi, A., Lamb, M. E., Lewkowicz, K. S., Shoham, R., Dvir, R., Estes, D. (1985): Security of infant-mother, -father, and -metapelet attachments among Kibbutz-reared Israeli children. In: I. Bretherton, E. Waters (Eds.), Growing points of attachment theory and research (Monographs of the Society for Research in Child Development, No. 209, Vol. 50, 257–275). Chicago: University of Chicago Press

Scarr, S. (1985): Constructing psychology. Amer. Psychol. 40, 499–512

Scarr, S., Kidd, K. K. (1983): Developmental behavior genetics. In: P. H. Mussen (Ed.), Handbook of child psychology, Vol. II: Infancy and developmental psychobiology. M. M. Haith, J. J. Campos, Volume editors (345–433). New York: Wiley

Schaffer, H. R., Emerson, P. E. (1964): Patterns of response to physical contact in early human development. J. Child Psychol. Psychiatry 5, 1–13

Sears, R. R., Maccoby, E. E., Levin, H. (1957): Patterns of child rearing. Evanston: Row, Peterson

Shand, N., Kosawa, Y. (1985): Japanese and American behavior types at three months: Infants and infant-mother-dyads. Infant Behav. Developm. 8, 225–240

Shereshefsky, P. M., Yarrow, L. J. (1973): Psychological aspects of a first pregnancy and early postnatal adaptation. New York: Raven Press

Smith, K. C., Schooler, C. (1978): Women as mothers in Japan. The effects of social structure and culture on values and behavior. J. Marriage and the Family, 613–620

Spiro, M. E., D'Andrade, R. G. (1958): A cross-cultural study of some supernatural beliefs. Amer. Anthropol. 60, 456–466

Spitz, R. A. (1945): Hospitalism: An inquiry into the genesis of psychiatric conditions in early childhood. I. Psychoanal. Study Child, 1, 53–74

Stapf, K. H., Herrmann, T., Stapf, A., Stäcker, K. H. (1972): Psychologie des elterlichen Erziehungsstils. Bern: Huber

Teevan, R. C., McGhee, P. E. (1972): Childhood development of fear of failure motivation. J. Personal. Soc. Psychol. 21, 345–348

Trommsdorff, G. (1978): Möglichkeiten und Probleme des Kulturvergleichs am Beispiel einer Aggressionsstudie. Kölner Z. Soz. Sozialpsychol., 2, 361–381

Trommsdorff, G. (1987): Mother-child relation in cross-cultural perspective: The function of naive theories of personality development. Vortrag, gehalten auf dem IX. ISSBD-Kongreß in Tokyo, Juli 1987

Vogel, E. (1971): Japan's new middle class. Berkeley: University of California Press

Whiting, J. W. M., Child, I. (1953): Child training and personality: A cross-cultural study. New Haven: Yale University Press

Winterbottom, M. R. (1958): The relation of need for achievement to learning experiences in independence and mastery. In: J. W. Atkinson (Ed.), Motives in fantasy, action, and society (453–478). Princeton: Van Nostrand

Yamamura, J. (1986): The child in the Japanese society. In: H. Stevenson, H. Azuma, K. Hakuta (Eds.), Child development and education in Japan (28–38). New York: Freeman

Sozialisation und Werthaltungen im Kulturvergleich

Gisela Trommsdorff

Übersicht

1   Einführung: Sozialisation von Werthaltungen

Individuelle Werthaltungen werden hier als generalisierte und emotional verankerte, motivierende Überzeugungen verstanden. Sie dienen der Deutung und Bewertung der sozialen Umwelt und der eigenen Person und strukturieren Handlungsziele und darauf bezogenes Verhalten. *Kulturelle Werte* werden als in einer Kultur oder Gesellschaft vorherrschende Werthaltungen von Individuen bzw. als kollektive generalisierte Überzeugungen verstanden, die sich z.B. in Ritualen, Mythen, Tradition und Religion spiegeln (zur Begriffsklärung von Wert und Werthaltung vgl. *Graumann & Willig* 1983).

Werthaltungen sind ein Ergebnis von Sozialisationsprozessen, d.h. sie werden im Laufe der Persönlichkeitsentwicklung aufgebaut, hierarchisiert und differenziert: Sie können sich je nach Kultur, Lebensalter und sozialer Stellung aufgrund von Erfahrungen verändern. Für Fragen zum Zusammenhang von Sozialisation und Werthaltungen im Kulturvergleich ist die Funktion von Werthaltungen für die Strukturierung von Selbst-Umwelt-Beziehungen und die Bewältigung kulturspezifischer Entwicklungsaufgaben relevant. Werthaltungen lenken die Wahrnehmung und Bewertung von Umweltanforderungen und von Ereignissen und strukturieren Entscheidungspräferenzen, die dann den weiteren Handlungsablauf in der Selbst-Umwelt-Beziehung beeinflussen. Individuelle Werthaltungen und kollektive Werte sind generalisierte Überzeugungen, die auch als Funktionselemente von Sozialisationsprozessen selbst wirksam werden können. Die Rolle von Eltern und Erziehern und die Rolle des Kindes sind zwar durch kulturelle Werte weitgehend definiert.Individuelle Werthaltungen der Eltern sind jedoch in hochindustrialisierten Gesellschaften keineswegs homogen und beinflussen den tatsächlichen Sozialisationsprozeß. Elterliche Werthaltungen in bezug auf die Sozialisation ihres Kindes beruhen auf naiven Theorien über die Natur des Kindes und die eigene Rolle bei der Entwicklung des Kindes sowie auf Überzeugungen, welche Erziehungsziele anzustreben und welches die besten Strategien sind, diese Erziehungsziele zu erreichen. Diese Werthaltungen fließen in das Verhalten gegenüber dem Kind ein und tragen somit zur Strukturierung der sozialen Umwelt des Kindes bei. Dies beeinflußt Voraussetzungen für die Entwicklung von Werthaltungen beim Kind – zunächst für die Wahrnehmung und Deutung elterlichen Verhaltens und schließlich für die Internalisierung elterlicher Werte.

So gesehen, müßte eine sozialisationstheoretische Analyse von Werthaltungen das Zusammenwirken von Werthaltungen der am Sozialisationsprozeß beteiligten Personen erfassen, und zwar über Zeit im Verlauf der Sozialisation. Auch wenn während der Phase der Kindheit das Untersuchungsinteresse eher den Werthaltungen der Eltern und den damit verbundenen Verhaltensweisen dem Kind gegenüber gilt, darf sich die Analyse der Sozialisation von Werthaltungen nicht nur auf die Elternseite beziehen, sondern muß auch deren Wirkungen auf das Kind sowie dessen Einfluß auf elterliche Werthaltungen mit berücksichtigen. Die Analyse des Kindverhaltens in diesem Interaktionsprozeß gibt Aufschlüsse über beobachtbare Ergebnisse der Internalisierung elterlicher Werthaltungen.

Zu diesen interaktiven Vorgängen der Wertinternalisierung liegen inzwischen umfangreiche Studien vor, die der Vielfalt von Einflußvariablen und der Bedeutung in der Mutter-Kind-Interaktion Rechnung tragen (*Baumrind* 1980). Daß Eltern innerhalb einer Kultur (in hochindustrialisierten Gesellschaften) unterschiedliche Werthaltungen vertreten, hängt mit ihrer eigenen Sozialisationsgeschichte und ihren subjektiven Erfahrungen (u.a. durch Bildung und Verantwortung im Beruf vermittelt) zusammen sowie auch mit ihren Erfahrungen mit dem Kind.

Im Zusammenhang mit der Entwicklung des Selbstkonzeptes und der Identität bilden sich im Jugendalter individuelle Werthaltungen als reflektierte Deutungsmuster und Handlungsorientierungen heraus und werden probeweise in verschiedenen Situationen durch entsprechendes Verhalten auf ihre Wirksamkeit getestet. Zur Beschreibung solcher Werthaltungen liegt eine Fülle von empirischen deskriptiven Untersuchungen vor (z.B. *Stiksrud* 1984), jedoch nur wenige kulturvergleichende Studien (dazu *Trommsdorff*, im Druck).

Daß diese Werthaltungen noch nicht stabil sind, ist aufgrund der besonderen sozialen Lage von Jugendlichen in modernen Industriegesellschaften zu erwarten. In einer verlängerten Jugendphase wird Jugendlichen das realitätsbezogene Erleben von Handlungskonsequenzen beim Testen von Werten geradezu erschwert. Allerdings können im Sinne antizipatorischer Sozialisation kommende Anforderungen in der Erwachsenenrolle (z.B. Gründung einer eigenen Familie und Berufstätigkeit) den Spielraum solcher Erprobungen von Werthaltungen mitbestimmen.

Die zunächst erprobten und im späteren Lebensverlauf sich stabilisierenden Werthaltungen sind mit dem kollektiven Wertsystem verknüpft – sei es im Versuch einer Abgrenzung oder in der überzeugten Übernahme dieser kulturellen Werte. Dies kann zu Subkulturbildung und sozialem Wandel führen. Sozio-kultureller Wandel und damit verbundene Anforderungen, aber auch individuelle Ereignisse können erneute Modifikationen der individuellen Werthaltungen erfordern. Aus sozialisationstheoretischer Sicht ist dabei interessant, daß die Aufgaben, denen Jugendliche später in der Rolle als Eltern gegenüberstehen, z.B. in Auseinandersetzung mit ihren eigenen Kindern, weitere Änderungen ihrer Werthaltungen bewirken können – zum einen, weil sich historisch die Elternrolle geändert hat, zum anderen wegen der besonderen Anforderungen der eigenen Kinder und der Besonderheiten der eigenen Biographie.

So ist eine lebenslange Entwicklung individueller Werthaltungen möglich. Stabilität und Wandel der Werthaltungen sind im Kontext individueller sozialer und kultureller Bedingungen zu betrachten.

Die Untersuchung von Werthaltungen und ihrer Sozialisation ist darum so interessant, weil Werthaltungen als handlungsrelevante Orientierungen verstanden werden können, die ihrerseits wieder verhaltenswirksam sind. Fragen nach individuellen Werthaltungen führen damit zu Fragen nach Verhalten im sozialen Kontext und nach Auswirkungen auf diesen sozialen Kontext, d.h. auf mögliche Änderungen in der gegebenen Gesellschaft.

Individuelle Werthaltungen beeinflussen gegenwärtige sowie zukünftige Sozialisationsbedingungen (für die nächste Generation). Sie beeinflussen auch aktuell andere Bereiche der Gesellschaft und können somit sozialen Wandel bewirken. Beziehungsweise können, bedingt durch Wertwandel, neue Sozialisationsinstitutionen (wie Selbsthilfegruppen für jugendliche Problemgruppen) entstehen. Werte und Verhaltenspräferenzen aus Jugendkulturen werden auch von anderen sozialen Gruppen aufgegriffen und propagiert, z.B. von politischen Parteien, Medien, Wirtschaft. Dies beeinflußt wiederum den Sozialisationskontext für die nächste Generation, z.B. das Sprach-, Wahl-, oder Konsumverhalten als sozialisationsrelevante Verhaltensmuster oder z.B. die Bildungs-, Familien-, und Sozialpolitik auf der Ebene der Gesellschaft.

Durch vielfältige Wechselwirkungsprozesse zwischen Handelnden verschiedener sozialer Bereiche können somit Änderungen individueller Werthaltungen und deren Verhaltenswirksamkeit entstehen, die über den Sozialisationsprozeß in Kindheit und Jugend hinaus auch in späteren Lebensphasen wirksam sind und ihrerseits einen Wandel von Sozialisationsbedingungen und kulturellen Werten bewirken.

Individuelle Werthaltungen und ihre Sozialisation sind also ein wichtiger Untersuchungsbereich, von dem aus sich Fragen nach den Bedingungen und Prozessen sozialen Wandels, d.h. auch des Wandels von kulturellen (kollektiven) Werten, stellen. Individuelle Werthaltungen lassen sich als bedeutsame Schnittpunkte für individuelles und soziales Handeln und deren Änderung verstehen. Diese Änderungen können die Lebensgeschichte des Individuums und seines soziokulturellen Kontextes und damit den Wandel von kulturellen Werten, Verhaltensmustern und Institutionen beeinflussen.

Andererseits ist aber auch die Wirkung kultureller Werte und der auf ihnen gründenden sozialen Institutionen (z.B. den Sozialisierungsinstitutionen) auf die Entwicklung individueller Werthaltungen zu untersuchen. Solche kulturellen Werte werden in kulturspezifischen Deutungsmustern und Überzeugungen, Religion, Mythen und Traditionen sichtbar (vgl. *Huber* in diesem Band). Sie werden vermittelt über die jeweils wirksamen Sozialisationsinstitutionen (wie Familie, Schule, Beruf), (vgl. *Kornadt; Hofstede* in diesem Band) und deren Strukturen (z.B. horizontale vs. vertikale soziale Differenzierung oder angeborene vs. erworbene soziale Plazierung) (vgl. *Weiland; Heidt* in diesem Band). Die inhaltliche Bedeutung dieser kulturellen Werte erlaubt Vorhersagen für die Persönlichkeitsentwicklung des einzelnen (*Kornadt; Silbereisen* et al. in diesem Band). In allen Phasen ihrer Persönlichkeitsentwicklung sind Individuen solchen kulturellen Werten und den sie repräsentierenden sozialen Institutionen nicht passiv ausgesetzt, sondern sie gehen damit selektiv aufgrund eigener individueller Deutungsmuster und Werthaltungen um. Damit werden, je nach individueller Selektion und Wertpräferenz, bestimmte kulturelle Werte besonders wirksam und andere weniger.

Sozialisation wird hier im Sinne von *Child* (1954, S. 655) als ein Prozeß verstanden, bei dem das Individuum eine optimale Passung eigener Werthaltungen und kultureller, allgemein akzeptierter Werte versucht. Daher ist davon auszugehen, daß zwischen Gesellschaften, die in unterschiedlichen kulturellen Wertsystemen verankert sind, Kinder und Jugendliche unterschiedlich sozialisiert werden und entsprechende individuelle Werthaltungen bevorzugen. Diese sehr allgemeine Aussage ist für Probleme der Beziehung von Makrovariablen (wie Kultur, politische Systeme) und Mikrovariablen (wie familiale Sozialisation) von Interesse. Für diese Frage würde man versuchen, intrakulturelle Ähnlichkeiten auf diesen verschiedenen Analyseebenen festzustellen, um diese von entsprechenden Strukturmerkmalen anderer Kulturen zu unterscheiden.

Von größerem Interesse ist hier jedoch, von inhaltlichen Dimensionen kulturspezifischer Werte auszugehen, um zu prüfen, inwieweit sich diese in Sozialisationsbedingungen und -ergebnissen spiegeln. Dazu wäre von Gesellschaften auszugehen, die möglichst verschiedene Werte in bezug auf Entwicklungsaufgaben von Kindern und Jugendlichen repräsentieren; dann ließen sich die individuellen Werthaltungen von dafür relevanten Bevölkerungsgruppen erfassen und vergleichen. Das sind zum einen insbesondere Jugendliche, auf die sich Tätigkeiten einer Vielzahl von Sozialisationsagenten in Familie, Schule und Beruf richten. Das sind zum anderen Erzieher, insbesondere jüngere Mütter, die selbst Träger von Sozialisationsaufgaben sind.

Wie eine solche Untersuchung aussehen könnte, soll im folgenden skizziert werden; anschließend soll auf Fragen eingegangen werden, inwieweit Werthaltungen von Jugendlichen Aufschluß über möglichen sozialen Wandel geben können.

2   Kontrollorientierung und kulturelle Werte

Um Werthaltungen, deren Sozialisation und Handlungswirksamkeit in bezug auf sozialen Wandel zu untersuchen, bietet es sich an, solche Gesellschaften auszuwählen, die sich möglichst stark in ihren kulturellen Werten unterscheiden aber hinsichtlich soziokultureller und ökonomischer Merkmale möglichst ähnlich sind.

Für die Frage der Beziehung von Individuum und Umwelt im Sozialisationsprozeß erscheint insbesondere eine Wertorientierung relevant, die auf die Besonderheiten und Ziele des Individuums abhebt im Vergleich zu einer Wertorientierung, die die Ziele der sozialen Gruppe akzentuiert. Auf so verschiedenen Grundlagen einer Strukturierung von Selbst-Umwelt-Beziehungen müßten unterschiedliche Sozialisationsprozesse zu erwarten sein, die zu einer unterschiedlichen Entwicklung der Persönlichkeit führen.

2.1   Individual- und Gruppenorientierung

Eine durch Kulturvergleich gewonnene inhaltliche Dimensionierung von Werten haben u.a. *Rokeach* (1982), *Hofstede* (1980; vgl. in diesem Band) und *Bond* (The Chinese Culture Connection, 1987) durchgeführt. Bei der berechtigten Kritik an diesen Versuchen, sämtliche möglichen Werte zu erfassen und faktoranalytisch zu ordnen, erscheint doch die Tatsache bemerkenswert, daß in allen diesen kulturvergleichenden Untersuchungen zu Werthaltungen u.a. eine Dimension immer wieder auftaucht, die sich als „Individualismus vs. Kollektivismus" beschreiben läßt.

Diese Dimension unterscheidet Gesellschaften deutlich nach zwei „Werte-Typen". Mit Individualismus sind Werte gemeint, die sich primär auf das Individuum und die Erfüllung individueller Ziele und Bedürfnisse beziehen; mit Kollektivismus sind

Werte gemeint, die sich auf die soziale Gruppe und auf die Erfüllung von Gruppenzielen (unter Hintanstellung individueller Interessen) beziehen. Zwar ist es problematisch anzunehmen, daß Individual-und Gruppenorientierung/Kollektivismus zwei Pole *einer* Dimension seien. (Es könnte ja auch mit beiden Wertorientierungen jeweils eine eigene Dimension verbunden sein.) Problematisch ist auch, daß diese Pole Typisierungen von Merkmalsklassen darstellen. (Individuen und Gesellschaften weisen normalerweise Merkmale und Merkmalskombinationen auf, die keineswegs diesen reinen Typ einer Individual- und Gruppenorientierung repräsentieren.) Dennoch scheint diese Typisierung für uns brauchbar, weil die theoretischen Konstrukte der Individual- und Gruppenorientierung relevant für Hypothesen zum sozialen Wandel und Sozialisation von Werten sind. Für demokratische Gesellschaften mit hoher *Individualorientierung* ist anzunehmen, daß vielfältige Wertorientierungen gegen- und nebeneinander bestehen, die in mehr oder weniger konflikthaften Interaktionen ausgehandelt werden und eine ständige innere Dynamik fördern. Dies bewirkt Wertwandel und damit auch sozialen Wandel in allen Bereichen, d.h. auch in zentralen Institutionen der Sozialisation wie der Familie.

Bei hoher *Gruppenorientierung* hingegen dürfte das Aushandeln von Wertprioritäten vor allem nur für einen eingeschränkten Bereich von Werten gelten. Dies dürfte sich auf sozialen Wandel eher hemmend auswirken und die zentralen Institutionen, insbesondere die primäre Sozialisationsinstanz der Familie stabilisieren bzw. gegen grundlegenden Wandel immunisieren.

2.2   Kontrollorientierung

Es läßt sich annehmen, daß mit Individual- und Gruppenorientierung unterschiedliche Kontrollorientierungen verbunden sind.

Menschen können eher davon überzeugt sein, durch eigenes Handeln ihre Umwelt beeinflussen zu können, oder sie glauben eher, sich in Zielen und Handeln auf die Gegebenheiten der Umwelt einstellen zu müssen. Im ersten Fall sprechen wir von einer *„primären"* Kontrollüberzeugung; hier glaubt der Mensch an die Beeinflußbarkeit seiner Umwelt mittels eigener Kraft.

Im zweiten Fall sprechen wir von *„sekundärer"* Kontrollüberzeugung; hier glaubt der Mensch an die Notwendigkeit, sich den Gegebenheiten, den Erwartungen und Anforderungen der Umwelt anpassen zu müssen.

Dieses Konzept der „primären" und „sekundären" Kontrollüberzeugung entstand aufgrund umfangreicher Literaturstudien von *Rothbaum* et al. (1982) und von *Weisz* et al. (1984), die zeigen konnten, daß das in der Literatur zur Kontrollüberzeugung bisher traditionell verwendete Konzept von *Rotter* (1966) zur internalen vs. externalen Kontrolle (locus of control) in Kulturen außerhalb der USA zu ganz unerwarteten, widersprüchlichen Ergebnissen geführt hat. Die von den Autoren geleistete Erweiterung des Kontrollüberzeugung-Konzeptes von *Rotter* besteht darin, daß sie eine grundsätzlich unterschiedliche Kontrollüberzeugung von Individuen annehmen, die je nach Art der Beziehung zwischen Selbst und Umwelt eher auf „primäre" oder eher auf „sekundäre" Kontrolle hin orientiert ist.

Für unsere Frage nach der Sozialisation von Werthaltungen bedeutet dies folgendes: Es ist anzunehmen, daß bei „primärer" Kontrollüberzeugung das Selbst und seine Entfaltung eine besonders große Bedeutung einnehmen. Bei „sekundärer" Kontrollorientierung hingegen müßte vielmehr die soziale Umwelt von besonderer Bedeutung sein; das Selbst müßte hier eher als Teil dieser sozialen Umwelt im Sinne der Übernahme von Erwartungen der sozialen Umwelt in eigene Handlungsziele verstanden werden. Zwischen Individualorientierung und „primärer" Kontrollorientierung lassen sich insofern direkte Beziehungen erkennen, als die Person bei Individualorientierung den größten Wert in individueller Selbstbestimmung und -erfüllung sieht. Bei Gruppenorientierung und „sekundärer" Kontrollorientierung sind hingegen eigene Ziele eingebettet in Ziele der sozialen Gruppe, aus deren Mitgliedschaft die Person ihre Identität gewinnt und bei deren Erreichen sie Befriedigung erfährt.

2.3 Sozialisationsbedingungen bei verschiedenen Kontrollorientierungen

Es läßt sich daher annehmen, daß entsprechend als Erziehungsziel bei „primärer" Kontrollorientierung eine stärkere Betonung von Unabhängigkeit und Eigenständigkeit und bei „sekundärer" Kontrollorientierung eher Gehorsam und Anpassung vorherrschen. Dies müßte bei „sekundärer" Kontrollorientierung weiter mit Erziehungsüberzeugungen einer unproblematischen Entwicklung des Kindes verbunden sein – die Einordnung in die Umwelt wird als ein vorgezeichneter selbstverständlicher Entwicklungsweg gesehen. Bei „primärer" Kontrollorientierung hingegen würde eher die Auffassung bestehen müssen, daß die Entwicklung des Individuums in Auseinandersetzung mit den Gegebenheiten und Ansprüchen der sozialen Umwelt erfolgt, u.U. auch als Durchsetzung individueller Ziele.

Bei „sekundärer" Kontrollorientierung ist eine harmonische Interaktion zwischen Mutter und Kind zu erwarten sowie überhaupt zwischen allen Mitgliedern der an Sozialisationsaufgaben beteiligten Gruppe. Diese Interaktionsform müßte sich selbstwertschonend für die beteiligten Interaktionspartner auswirken – für die Mutter z.B. insofern, als sie zufrieden mit ihrer Rolle und überzeugt ist, diese angemessen auszuführen.

Bei „primärer Kontrollorientierung" ist eine eher konflikthafte und selbstwertbedrohende Interaktion zu erwarten (z.B. beim Ausloten der eigenen Einflußstärke, bei Begegnung mit frustrierenden Ereignissen, die Bedürfnisbarrieren darstellen usw.). Entsprechend müßten bei „primärer" Kontrollorientierung selbstwertbelastende Interaktionen zwischen Mutter und Kind häufiger als bei „sekundärer" Kontrollorientierung auftreten.

Diese erwarteten Unterschiede entsprechen den unterschiedlichen Werthaltungen einer Individual- und Gruppenorientierung, u.a. in bezug auf die unterschiedliche Bedeutung von sozialer Harmonie und der unterschiedlichen Akzeptanz von sozialen Regeln und Erwartungen.

Damit sollte aber nicht vorschnell gefolgert werden, daß „primäre" und „sekundäre" Kontrollorientierung stark ausgeprägt ist, z.B. weil dies eine Erweiterung des individuellen Handlungsspielraumes im Rahmen kollektivistischer Normen erlaubt. Umgekehrt ist bei hoher Individualorientierung einer Gesellschaft durchaus denkbar, daß „sekundäre" Kontrollorientierungen funktional für den Gewinn von Sicherheit und Geborgenheit in einer sozialen Gruppe ist.

Wir haben es also mit verschiedenen theoretischen Konstrukten zu tun und können nicht einfach von einer positiven Korrelation zwischen Individual- und „primärer" Kontrollorientierung andererseits ausgehen. Es ist anzunehmen, daß die Sozialisation in individual- und in gruppenorientierten Gesellschaften in unterschiedlicher Weise verläuft, nicht nur, daß dort unterschiedliche Erziehungsziele bestehen müßten, die die Beziehung des einzelnen mit seiner sozialen Umwelt regeln, und damit unterschiedliche Kontrollorientierungen fördern, sondern auch, daß die Art der Interaktion zwischen den Familienmitgliedern, insbesondere zwischen Mutter und Kind, unterschiedlich strukturiert und inhaltlich ausgerichtet sind.

In *individualorientierten* Gesellschaften ist zu erwarten, daß die an der Sozialisation beteiligten Personen solche Handlungen selbst bevorzugen und beim Kind fördern, die eine Durchsetzung individueller Interessen erlauben. Dabei müßten Abweichungen von traditionellen Arbeitsteilungs- und Einflußmustern innerhalb der Familie sowie auch konflikthafte Auseinandersetzungen zwischen Familienmitgliedern, insbesondere zwischen Eltern und Kindern, normal und akzeptabel sein.

In *gruppenorientierten* Gesellschaften hingegen müßte das Interesse des einzelnen darauf gerichtet sein, seine Familie als emotional bedeutendste soziale Gruppe und Sozialisationsinstitution zu erhalten. Hier müßten traditionelle Prinzipien der Arbeitsteilung und Einflußstruktur vorherrschen, harmonische Beziehungen zwischen den Familienmitgliedern bestehen und eine selbstverständliche Unterordnung eigener individueller Ziele unter die der Gruppe (Familie) erfolgen.

Diese Sozialisationsbedingungen in der Primärgruppe der Familie dürften in den jeweiligen Gesellschaften Entsprechungen in weiteren Sozialisationsinstitutionen finden, so daß die Persönlichkeitsentwicklung des Kindes auch später durch entsprechende (eher individual- oder eher gruppenorientierte) Bedingungen in Schule und Altersgruppe beeinflußt wird. Daher müßten beim Jugendlichen, bei dem sich schließlich über direkte und indirekte Lernerfahrungen und Selbstidentitätsprozesse ein Wertsystem aufgebaut hat, Merkmale von Individual- oder Gruppenorientierung festzustellen sein, die das Wertsystem der jeweiligen Sozialisationsinstitution und Gesellschaft abbilden. Dies könnte Hinweise für eventuellen Wertwandel und sozialen Wandel in der jeweiligen Gesellschaft liefern.

3 Untersuchungen zu Sozialisation, Wert- und Kontrollorientierung

3.1 Methoden

3.1.1 Auswahl der Kulturen

Eine Untersuchung, die auf den oben dargelegten theoretischen Überlegungen aufbaut, steht zunächst vor der Aufgabe, Stichproben aus einer Gesellschaft auszuwählen, deren Wertsystem eher individual- oder eher gruppenorientierte Merkmale aufweist. Hier soll die Bundesrepublik Deutschland für eine Gesellschaft mit individualorientiertem und Japan für eine Gesellschaft mit gruppenorientiertem Wertsystem stehen.

In der Bundesrepublik ist aufgrund der christlich-abendländischen Tradition, der Aufklärung sowie der Auswirkungen der französischen Revolution die Stellung des Individuums in Religion, Deutungssystemen, politischen Institutionen und gesellschaftlichen Strukturen eine ganz andere als in Japan.

Die westliche Auffassung von Individualismus als einem Grundrecht und einem Entwicklungsziel, das sich durch ein pluralistisches Wertsystem legitimiert, steht der fernöstlichen Auffassung gegenüber, nach der der einzelne der Träger der Ziele und Interessen der Gruppe bzw. des sozialen (und nichtsozialen, materiellen) Kontextes ist und durch angemessene Übernahme der Gegebenheiten und Regeln dieses Kontextes seine eigentlichen Funktionen erfüllt.

Die konfuzianische Tradition definiert, welche soziale Rolle der einzelne gemäß Alter und Geschlecht (also nach natürlichen und nicht gemäß erworbenen Merkmalen) zu übernehmen hat, welcher soziale Status ihm damit zukommt, welche Aufgaben zu erfüllen sind: z.B. Loyalität des Untergebenen gegenüber dem Vorgesetzten und auf der anderen Seite die Verpflichtung des Vorgesetzten zur Fürsorge gegenüber seinem Untergebenen im Sinne einer gegenseitigen Abhängigkeit.

Weiter ist es aufgrund buddhistischer, taoistischer, schintoistischer und konfuzianischer Werte, die in das japanische Wertsystem einfließen, nicht von Bedeutung, abstrakten Regeln zu folgen und Rationalität und Logik zur Richtschnur des Denkens und Handelns zu machen. Vielmehr strukturiert eine affektiv höchst relevante Überzeugung individuelles Handeln im sozialen Kontext: Das Ziel, dazu beizutragen, die Harmonie der Gruppe zu erhalten. Die Durchsetzung individueller Interessen kann die Gruppenharmonie stören und ist daher nicht erwünscht. Hervorragende Leistungen einzelner Personen können durchaus im Interesse der Gruppe sein, soweit sie die Gruppenharmonie nicht stören.

Es liegt eine Vielzahl von Arbeiten über die japanische Kultur und Gesellschaft vor, die Besonderheiten des japanischen Wertsystems beschreiben und zeigen, warum sich diese Gesellschaft zu einer führenden Industrienation entwickelt hat (z.B. *Bendix* 1966/67, *Bellah* 1971, *Reischauer* 1970, *Dore* 1973).

Historische Analysen zum Vergleich der neueren deutschen und japanischen Geschichte machen die Wirksamkeit der jeweiligen kulturellen Tradition deutlich und zeigen, warum in Japan quasi-feudalistische Strukturen weiterbestehen und kaum Voraussetzungen für einen Individualismus westlicher Prägung gegeben sind (*Martin* 1986).

Aufgrund dieser Überlegungen scheint es angebracht, die Bundesrepublik Deutschland und Japan als Vertreter moderner Industriegesellschaften zu wählen, die aufgrund ihrer kulturhistorischen Tradition heute ganz unterschiedliche Wertsysteme aufweisen – ein individualistisches Wertsystem auf der einen und ein gruppenorientiertes Wertsystem auf der anderen Seite.

3.1.2 Auswahl der Stichproben in den Kulturen

Für unsere Fragen nach Sozialisationsbedingungen und -ergebnissen haben wir jeweils zwei Stichproben in beiden Kulturen gewählt.

Um Sozialisationsbedingungen in der frühen Kindheit zu untersuchen, war es sinnvoll, Mütter aus beiden Gesellschaften auszuwählen, die hinsichtlich ihrer soziodemographischen Merkmale vergleichbar waren und ein Kind im Vorschulalter hatten. Daher wurden Mütter gleichen sozioökonomischen Status aus zwei deutschen und zwei japanischen Städten mittlerer Größe für die Befragung ausgewählt. Der Zugang zu diesen Müttern erfolgte über Kindergärten. Im folgenden wird nur eine Teilstichprobe der größeren Gruppe von Probanden berücksichtigt, um hier durch eine erste Datenauswertung Möglichkeiten einer kulturvergleichenden Untersuchung zu Kontrollorientierungsindikatoren in Sozialisationsbedingungen und Werthaltungen aufzuzeigen. Für dieses Thema wäre eine Längsschnittstudie über die Genese von Werthaltungen bei den Kindern dieser befragten Mütter sinnvoll. In einer Prozeßanalyse der Wertentwicklung könnte der interaktionstheoretische Ansatz einer wechselseitigen Beeinflussung von Mutter und Kind geprüft werden.

Solche im Längsschnitt erhobene Prozeßdaten liegen jedoch hier nicht vor; daher beschränken wir uns auf einfache Analysen von Aggregatdaten aktueller Werthaltungen von Jugendlichen aus beiden Gesellschaften. Dazu soll auf eine international vergleichende Studie zurückgegriffen werden, bei der in verschiedenen Ländern jeweils eine repräsentative Stichprobe von Jugendlichen nach ihren Werthaltungen befragt wurden (vgl. Prime Minister's Office 1984).

3.1.3 Untersuchungspläne

Die Methoden für die Datenerhebung für diese beiden Datensets sind ganz unterschiedlich. Einmal handelt es sich um Zeitreihen aus repräsentativen Umfragen bei Jugendlichen, zum anderen um halbstrukturierte Interviews an kleinen Stichproben von

Müttern. Weiter sind die Stichproben der Jugendlichen und Mütter unabhängig voneinander; sie gehören zwar zu derselben Kultur, aber nicht zur selben Familie. Sozialisationseffekte auf Individualniveau können hier also nicht gemessen werden. Beide Datensets erfassen jeweils bestimmte Indikatoren von Kontrollorientierung bzw. von Sozialisation und Werthaltungen. Dennoch soll hier der Versuch gemacht werden, Ergebnisse dieser beiden Untersuchungen im Zusammenhang miteinander zu diskutieren, um Hypothesen für spätere gezielte Untersuchungen zur Frage nach der Verknüpfung von kulturellen Werten und Sozialisationsbedingungen für die Entwicklung von Kontrollorientierung und Wertwandel abzuleiten.

3.2 Wertorientierung: Bewertung von Sozialisationsbereichen durch japanische und deutsche Jugendliche

Im folgenden soll über eine vom japanischen Erziehungsministerium in Auftrag gegebene Zeitreihenuntersuchung zum Wertwandel von Jugendlichen berichtet werden (Prime Minister's Office 1984).

3.2.1 Methode

In elf Ländern wurde jeweils ein einheimisches Forschungsinstitut damit beauftragt, jeweils etwa 1000 Interviews (Einzelbefragung) in einer repräsentativen Zufallsstichprobe von Jugendlichen zwischen 18 bis 24 Jahren durchzuführen. Die Interviews enthielten standardisierte Fragen mit vorgegebenen Antwortmöglichkeiten zu verschiedenen Themen. Im folgenden werden nur solche Fragen selegiert, die Bewertungen verschiedener Sozialisationsbereiche beinhalten – Bewertungen der Familie, der Schule, des Berufes und der politischen Partizipation.

Bevor die Ergebnisse berichtet werden, ist wenigstens eine Bemerkung in bezug auf die eingeschränkte Gültigkeit dieser Daten erforderlich. Mit diesen Daten sind eine Reihe methodischer Probleme verbunden. Dies sind u.a. die bekannten Probleme der Äquivalenz von Meßverfahren in verschiedenen Kulturen und zu verschiedenen Zeitpunkten (vgl. *Trommsdorff* in diesem Band) (hier sind Items nur übersetzt und auf Kulturangemessenheit geprüft worden), die Heterogenität der Items zur Erfassung von Bewertungen (und Werten), die Aggregierung von Daten über ganze Nationen (ohne zwischen entwicklungspsychologisch und soziologisch interessierenden Teilstichproben von Jugendlichen zu differenzieren). Dennoch soll hier versucht werden, auf der Grundlage dieser globalen Daten, die zunächst nur kulturspezifische Bewertungsmuster abbilden können, einen ersten empirisch fundierten Schritt für die Diskussion von Hypothesen zu möglichen Beziehungen zwischen Sozialisation, Kontrollorientierung und Wertwandel zu leisten.

3.2.2 Ergebnisse

Familie: Hinsichtlich der Struktur der Familie bevorzugen japanische im Vergleich zu deutschen Jugendlichen eine strenge Geschlechtsrollendifferenzierung mit klarer patriarchalischer Struktur. Die japanische Frau soll zu Hause bleiben und ihre Rolle als Mutter wahrnehmen. Ihr damit verbundener Einfluß auf die Erziehung der Kinder und den Haushalt wird jedoch begrenzt durch das von 80 % der japanischen Jugendlichen ihrem Vater zugestandene Recht, in wichtigen Fragen selbst zu entscheiden (vgl. Tab. 1).

Diese eindeutigen Unterschiede in der Bevorzugung einer strengen Geschlechtsrollendifferenzierung entsprechen den Befunden anderer Untersuchungen zum Vergleich von Japan und der Bundesrepublik (*Trommsdorff* 1982, 1983; *Sugiyama* 1984; *Trommsdorff, Suzuki & Sasaki* 1987).

Die auf konfuzianischen Werten einer patriarchalischen Familienstruktur beruhende Geschlechtsrollendifferenzierung wird in Japan als relativ selbstverständlich bevorzugt; hingegen streben deutsche Jugendliche auf der Grundlage individualistischer und demokratischer Gleichheitswerte überwiegend eine Gleichstellung der Aufgaben und Rechte für beide Geschlechter an. Auch für andere Bereiche der familialen Sozialisation, insbesondere für die Beziehung zwischen Kindern bzw. Jugendlichen und ihren Eltern zeigen sich deutliche Unterschiede zwischen beiden Kulturen: So bewerten japanische Jugendliche ihre Beziehung zu ihren Eltern deutlich positiver und harmonischer als deutsche Jugendliche (76 % vs. 56 %). Dieser Befund entspricht zahlreichen Untersuchungen zum Vergleich der Mutter-Kind-Beziehung in Japan und westlichen Industrienationen (vgl. *Kornadt* in diesem Band; *Trommsdorff & Iwawaki*, im Druck).

Offenbar hat der konfuzianische Wert der Harmonie in interpersonalen Beziehungen (giri) trotz allen ökonomischen und technologischen Wandels in Japan weiterhin festen Bestand. Das zeigen auch neuere Zeitreihenstudien des „Institute for Statistical Mathematics" zum „Japanese National Character", die seit über 35 Jahren regelmäßig mit einem Kernsatz gleicher Fragen alle fünf Jahre durchgeführt werden (vgl. *Suzuki* 1984, *Hayashi & Suzuki* 1984, *Trommsdorff* 1985). Darüber hinaus ist die enge Mutter-Kind-Beziehung für die Sozialisation und Persönlichkeitsentwicklung japanischer Kinder und Jugendlicher von besonderer Bedeutung (vgl. *Kornadt* in diesem Band).

Diese hohe Wertrelevanz enger emotionaler Sozialisationsbeziehungen läßt sich durch das Konzept des „amae" beschreiben (*Doi* 1973). „Amae" stellt ein Grundmuster sozialer Beziehungen in der japanischen Gesellschaft dar, das eine gegenseitige emotionale Abhängigkeit von Geborgenheit und Bindung bedeutet. Dieses grundlegende Merkmal sozialer Beziehungen wird zunächst in der Qualität der Mutter-Kind-Beziehung als Einssein (ittaikan) erlebt und begründet ein in früher Kindheit aufgebautes Bedürfnis nach entsprechender Gestaltung sozialer Beziehungen auch im wei-

teren Lebenslauf. Damit entsteht eine grundlegend von individualistisch partnerschaft-
lichen Sozialbeziehungen im Westen zu unterscheidende Qualität partikularistisch an-
gelegter emotionaler Sozialbeziehungen.

Die Priorität dieser engen Mutter-Kind-Beziehung kann allerdings die Selbständig-
keitsentwicklung beeinträchtigen. Das mag ein Grund dafür sein, daß japanische Jugendliche im Vergleich zu Jugendlichen aller anderen Nationen besonderen Wert
darauf legen, daß sich ihre Mutter (!) aus der engen Mutter-Kind-Beziehung löst und
eigenen Interessen nachgeht (vgl. Tab. 1).

Die Wertrelevanz enger emotionaler Bindungen reicht über die Eltern-Kind-Beziehung hinaus und wird offensichtlich auf soziale Bereiche generalisiert – auf Beziehungen zwischen Gleichaltrigen und soziale Kontakte im Berufsleben. Dies belegen
Daten zur unterschiedlichen Bewertung dieser Sozialbeziehungen in Japan und der
Bundesrepublik (vgl. Tab. 1).

Altersgruppen; Beruf: Daß Beziehungen mit Gleichaltrigen als Freundschaften
möglichst eng sind, wünschen japanische Jugendliche mehr als deutsche (68 % vs 30
%) (bzw. als Jugendliche aller anderen Nationen). Auch im Berufsbereich legen japanische stärker als deutsche Jugendliche Wert auf harmonische persönliche Sozialbeziehungen. Sie erstreben soziale Kontakte mit dem Vorgesetzten auch außerhalb der
Arbeitszeit (63 % vs. 43 %).

Weiter gelten für japanische stärker als für deutsche Jugendliche partikularistische
traditionelle Werte als Grundlage für die Strukturierung von Sozialbeziehungen.
Gemäß dem konfuzianischen Wert der Seniorität bevorzugen japanische anders als
deutsche Jugendliche einen beruflichen Aufstieg aufgrund von Alter (bei Mitberück-
sichtigung von Leistung) gegenüber der allgemeinen Priorität von Leistungskriterien
(vgl. Tab. 1).

Insgesamt also scheinen Werthaltungen japanischer Jugendlicher stärker als die
deutscher Jugendlicher an persönlichen familialen Kriterien orientiert zu sein. Das
führt zu der Frage, wie der Bereich der politischen Sozialisation bzw. der Partizipation als Staatsbürger in der Öffentlichkeit bewertet wird.

Politische Partizipation: Nach der Postmaterialismus-These (*Inglehart* 1977,
1982) werden in hochentwickelten Industrienationen (wie Japan und der Bundesrepublik) postmaterialistische Werte wie Individualismus, Selbsterfüllung, unkonventionelle politische Partizipation bevorzugt. Nach den hier vorliegenden Daten ist dies
jedoch nicht der Fall. Werte der individuellen Lebenserfüllung sind japanischen Jugendlichen deutlich weniger wichtig als deutschen Jugendlichen (auch wenn deren
Bedeutung im Laufe der letzten 35 Jahre zugenommen hat); materielle Werte sind
ihnen erheblich wichtiger (ähnlich wie auch in den vergangenen Jahrzehnten); und zu
unkonventionellem politische Verhalten sind sie weniger bereit.

Am Beispiel der vorliegenden vergleichenden Daten zur politischen Partizipation –
einem weiteren Sozialisationskontext für Jugendliche – läßt sich gut veranschaulichen,
daß die Postmaterialismus-These so nicht haltbar ist.

Tabelle 1 Bewertung von Lebensbereichen durch japanische und deutsche Jugendliche

	Japan		BRD	
	1983	(1977)	1983	(1977)
1. Lebensziele				
Leben nach eigenem Geschmack führen	43,4	(41,2)	58,8	(60,6)
reich werden	38,0	(353,4)	9,6	(9,0)
2. Sozialisationskontexte				
a) Familie				
Familienstruktur				
Vater entscheidet in wichtigen Fragen	80,7	(81,0)	68,1	(64,9)
Mann arbeitet, Frau bleibt zu Hause	44,5	(50,4)	26,2	(28,8)
Familienklima und Erziehungsstil				
keine schweren Konflikte mit Eltern	76,6	(79,1)	56,7	(58,6)
Konflikte mit Eltern	19,2	(15,8)	36,4	(35,1)
Mutter soll eigene Interessen haben				
(unabhängig sein)	73,2	(67,3)	47,7	(37,8)
Mutter soll streng sein	14,5	(15,8)	6,2	(4,2)
Vater soll streng sein	36,7	(32,3)	9,2	(6,1)
b) Altersgruppen				
enge Freundschaften	50,9	(56,6)	15,7	(14,8)
c) Beruf				
Paternalistischer Vorgesetzter	63,3	(73,4)	45,3	(48,2)
Soziale Differenzierung:				
Beförderung aufgrund von Seniorität				
und Leistung	37,7	(36,0)	16,0	(14,3)
Leistung und Seniorität	32,2	(25,8)	51,6	(39,2)
Leistung allein	6,4	(6,5)	28,6	(39,0)
d) Öffentlicher Bereich				
Wahlrecht ausüben	41,1	(39,3)	45,2	(48,8)
unkonventionelles politisches				
Verhalten bevorzugen	20,6	(26,0)	32,1	(32,2)
Experten sollen/können Probleme lösen	13,6	(13,2)	36,7	(30,8)
Einzelner kann Probleme nicht lösen	68,1	(64,7)	43,3	(46,2)
„Aussteigen"	16,5	(13,4)	6,4	(4,8)

Quelle: Prime Minister's Office, Youth Development Quarters: The Japanese youth in comparison with the youth in the world. Tokyo 1984.

Diese Befunde widersprechen deutlich Ingleharts These einer universellen Akzeptanz postmaterieller Werte in hochentwickelten Industrienationen. (Diese These ist im übrigen inzwischen von vielen Seiten kritisiert und auch durch widersprüchliche empirische Befunde in Frage gestellt worden; vgl. *Herz* 1979, *Jagodzinski* 1984).

Hinsichtlich der Bereitschaft, ihr Wahlrecht auszuüben, bestehen keine besonderen Unterschiede zwischen Jugendlichen beider Nationen. In beiden Nationen übt nicht einmal die Hälfte der Jugendlichen ihr Wahlrecht aus. Daneben bestehen kulturspezifisch grundsätzlich unterschiedliche Bewertungen in bezug auf den individuellen Einfluß auf politisches Geschehen bzw. eine grundsätzlich unterschiedliche Kontrollüberzeugung. Während japanische Jugendliche das politische Geschehen weitaus stärker außerhalb ihrer Kontrolle erleben und deutlich weniger unkonventionell politisch aktiv sein wollen und auch politischen Experten viel weniger erfolgreichen Einfluß attribuieren als dies deutsche Jugendliche tun, sind japanische Jugendliche gleichzeitig sehr viel eher bereit als deutsche Jugendliche, aus der Gesellschaft „auszusteigen". Hier zeigt sich bei japanischen im Vergleich zu deutschen Jugendlichen eine deutlich stärkere Überzeugung mangelnder eigener Einflußmöglichkeit und einer damit verbundenen Neigung zu Passivität und zum Rückzug aus politischer Verantwortung (vgl. Tab. 1).

Insgesamt überwiegt eine eher partikularistsiche Werthaltung, die für den politischen Handlungsbereich durch deutlich geringere Kontrollüberzeugung japanischer im Vergleich zu deutschen Jugendlichen gekennzeichnet ist.

3.2.3 Zusammenfassung

Die hier berichteten Befunde zu japanischen Jugendlichen entsprechen Umfrageergebnissen der seit Jahrzehnten durchgeführten Zeitreihenuntersuchung zum „National Japanese Character". Insbesondere sind traditionelle konfuzianische Werte, die sich auf die Gestaltung von Sozialbeziehungen beziehen, stabil geblieben und nehmen heute wieder an Bedeutung zu (*Suzuki* 1984, *Hayashi & Suzuki* 1984).

Die Sozialisationskontexte der Familie, der Altersgruppen und des Berufes bieten offenbar heute noch immer genügend Voraussetzung zur Weiterführung traditioneller sozialorientierter Werte; diese werden in harmonischen persönlichen und in emotionalen Beziehungen vermittelt. Solche Beziehungen sind gemäß „natürlichen" Merkmalen der Seniorität und des Geschlechts strukturiert – im Gegensatz zu westlichen Kulturen wie der Bundesrepublik, wo Gleichheitswerte bevorzugt werden und Sozialisationskontexte entsprechend gestaltet sind.

Für unser Thema sind die Ergebnisse der hier berichteten Untersuchungen auch insofern interessant, als sie zeigen, daß keine Konvergenz zwischen westlichen und japanischen Werten im Sinne einer Postmaterialismus-Orientierung erfolgt ist, sondern im Gegenteil eine Divergenz besteht und weiter zunimmt. Diese Divergenz beruht vermutlich auf einer grundsätzlich unterschiedlichen Werthaltung in bezug auf individuelle Handlungskontrolle und entsprechende Strukturierung von Sozialbeziehungen.

Beides, die geringe Überzeugung eigenen Einflusses und die Orientierung auf den persönlichen Bereich harmonischer sozialer Beziehungen, sind nach den vorliegenden Daten typische Merkmale von Werthaltungen japanischer im Vergleich zu deutschen Jugendlichen. Diese Merkmale kennzeichnen ein Fortbestehen traditioneller konfuzianischer japanischer Werte für die Gestaltung von Sozialbeziehungen, die offenbar trotz des gewaltigen sozio-ökonomischen und politischen Wandels dieser Nation stabil geblieben sind und in entsprechenden Sozialisationsbereichen gefördert und internalisiert werden.

Einen solchen Sozialisationsbereich – Erziehungsvorstellungen von Müttern – wollen wir auf der Grundlage eigener empirischer Daten im folgenden ausführlicher betrachten.

3.3   Untersuchungen von Erziehungsvorstellungen, -zielen und -verhalten von Müttern in Japan und der Bundesrepublik Deutschland

3.3.1 Fragestellung

Wenn Werthaltungen als kognitiv-motivationale und emotional verankerte Überzeugungen handlungsrelevant sind, müßten sie sich auch im Sozialisationshandeln niederschlagen. Hier beschäftigt uns ein Indikator von Werthaltungen in einem speziellen Sozialisationskontext – Erziehungsvorstellungen von Müttern. Diese sollen unter dem Aspekt ihrer Ausprägung gemäß primärer und sekundärer Kontrollorientierung untersucht werden. Denn es kann angenommen werden, daß die in den Sozialisationsprozeß eingehende Kontrollorientierung von Müttern entsprechende Werthaltungen von Kindern und Jugendlichen beeinflußt.

Während die Entwicklung von primärer Kontrollorientierung eher von kulturellen Werten der Individualität und Selbsterfüllung beeinflußt wird, müßten für die Entwicklung sekundärer Kontrollorientierung eher kulturelle Werte der Gruppen- bzw. Sozialorientierung relevant sein.

Entsprechend müßten Überzeugungen und Verhalten von Müttern als relevante Sozialisationsbedingungen diese Merkmale aufweisen: Bei primärer Kontrollorientierung müßte die Erfüllung eigener Ziele bei gleichzeitig wirksamen Selbständigkeitszielen für das Kind im Vordergrund stehen; bei sekundärer Kontrollorientierung müßte die Übereinstimmung von eigenen und kindlichen Zielen bei stärkerer Kindorientierung und ausgeprägterem Harmoniestreben vorherrschen. Um anzudeuten, wie diese Fragen kulturvergleichend bearbeitet werden können, soll hier eine Untersuchung vorgestellt werden, in der als Teil einer größeren kulturvergleichenden Untersuchung (vgl. *Kornadt* in diesem Band) Erziehungsziele, -vorstellungen und -verhalten bei japanischen und deutschen Müttern verglichen wurden (*Trommsdorff* 1987).

3.3.2 Methode

Die Stichprobe bestand aus N = 20 deutschen und N = 27 japanischen Müttern vergleichbarer soziodemographischer Herkunft mit 4- bis 6jährigen Kindergartenkindern in Saarbrücken, Aachen und Gifu.

Tabelle 2 Primäre und sekundäre Kontrollorientierung in Erziehungszielen, -verhalten, -überzeugungen und affektiven Reaktionen[1]

	Japan N = 27		BRD N = 20		
	x	SD	x	SD	t
1. Überzeugungen/naive Theorien zur Natur des Kindes					
Kind ist noch Kind	.48	.70	.10	.31	-2.27^x
2. Erziehungsziele für Kind					
Anpassung, Gehorsam	6.19	.92	4.95	1.15	-4.10^{xx}
Ordnung, Disziplin	.81	1.00	.15	.37	-2.83^{xx}
Anderen nicht schaden	1.15	.95	.45	.61	-2.88^{xx}
3. Erziehungsverhalten der Mutter					
drohen	.15	.36	.40	.59	1.79
bestrafen	.07	.27	.30	.47	2.09^x
Anpassung indizieren	6.63	.93	5.10	1.65	-4.04^{xx}
Partei für Peers ergreifen	.63	.63	.25	.44	-2.30^x
4. Emotionale Reaktionen der Mutter					
Ärger (wegen Frustration)	.56	.80	1.20	1.20	2.21^x
selbstbezogene Emotionen	1.15	1.26	2.05	1.67	2.11^x
Sorgen/Befürchtungen für Kind	.52	.85	.15	.37	-1.82
Empathie mit Kind	2.04	1.40	1.20	1.24	-2.13^x
5. Interaktion zwischen Mutter und Kind					
beide geben nach	2.78	.93	2.10	1.52	-1.89^x

[1]Die Werte beinhalten relative Häufigkeiten von Nennungen (in den betreffenden Kategorien), gemittelt über die Versuchspersonen und die 7 Situationen.
^{x}p < .05; ^{xx}p < .01

Die Mütter nahmen u.a. an einem teilstandardisierten Interview teil, das hier als Datenquelle dient. Den Müttern wurden Strichzeichnungen von alltäglichen Interaktionen zwischen Mutter und Kind vorgelegt, in denen ein Zielkonflikt dargestellt war.

Situation 1: Spielplatzsituation – Mutter will nach Hause, Kind will weiter spielen. Hier soll die Mutter angeben, wie sie sich verhält; wie sich das Kind verhält; wie sich die Mutter fühlt; wie sie das Verhalten des Kindes erklärt und wie die Situation schließlich ausgeht.

Diese verbalen Angaben wurden gemäß einem Kodierungsschema, das aufgrund der theoretischen Überlegungen zu Merkmalen der primären und sekundären Kontrollmotivation entwickelt wurde, ausgewertet. Damit sollte geprüft werden, ob Äußerungen der Mutter zu diesen Erziehungssituationen eher den Merkmalen der primären oder eher den Merkmalen der sekundären Kontrollorientierung entsprechen.

3.3.3 Ergebnisse

Vergleiche zwischen den beiden Gruppen von Müttern ergeben eindeutig, daß deutsche Mütter eher Merkmale der primären Kontrollorientierung und japanische Mütter eher Merkmale der sekundären Kontrollorientierung aufweisen. Insbesondere zeigen vorläufige Ergebnisse dieser Untersuchung, daß deutsche Mütter signifikant stärker als japanische Mütter in ihrer Erziehung auf eigene Ziele und Interessen hin orientiert sind als auf Interessen ihres Kindes. Ferner sind ihre emotionalen Reaktionen auf das Verhalten des Kindes signifikant stärker durch negative Emotionen wie Ärger und weniger durch positive Emotionen wie Freude bestimmt. Schließlich ist die gesamte Interaktionssequenz über verschiedene Situationen bei deutschen Müttern signifikant weniger kooperativ und harmonisch als bei japanischen Müttern (Tab. 2).

Weiter wenden japanische Mütter gemäß diesen Ergebnissen stärker indirekte Erziehungsmaßnahmen an, z.B. indem die Mutter dem Kind positive Intentionen attribuiert bzw. dessen Versagen nicht als intendierte Verletzung mütterlicher Interessen, sondern als natürliches Entwicklungsdefizit deutet. Deutsche Mütter hingegen versuchen stärker, durch negative Sanktionen das Kind direkt zu beeinflussen und fühlen sich – durch dem Kind unterstellte negative aggressive Intentionen – in ihrem Selbstwert und eigenen Interessen verletzt.

Insgesamt lassen japanische Mütter in ihrem Verhalten und Erleben eher eine sekundäre Kontrollorientierung im Sinne von Einssein mit dem Kind erkennen, während deutsche Mütter deutlich eher eine primäre Kontrollorientierung zum Ausdruck bringen, die sich u.a. in eigener Durchsetzung von Interessen und konflikthaften Interaktionen spiegelt. In Japan geben beide, Mutter und Kind, nach.

In gleicher Weise deuten Mütter das Verhalten ihres Kindes. Mütter japanischer im Vergleich zu deutschen Kindern deuten deren Verhalten eher im Sinne einer stärkeren sekundären Kontrollorientierung: japanische Kinder zeigen eine höhere Bereitschaft, mütterliche Ziele und Wünsche zu akzeptieren. Mit dieser Untersuchung von Müttervorstellungen haben wir damit erste systematische Hinweise für Zusammenhänge zwischen Kulturzugehörigkeit und Sozialisationsbedingungen unter dem Aspekt von Kontrollorientierung gewonnen.

3.4   Diskussion der beiden Untersuchungen

Die hier vorgestellten Daten der beiden Studien stammen aus unabhängig voneinander durchgeführten Untersuchungen. Sie können nur post hoc in Zusammenhang miteinander gebracht werden. Diese beiden Untersuchungen können aber zu Überlegungen anregen, wie vorzugehen wäre, um Zusammenhänge zwischen Sozialisationsbedingungen und Werthaltungen in verschiedenen Kulturen zu erfassen. Damit können Teilaspekte der allgemeinen Frage zur Internalisierung von Werten und zum Wert- und sozialen Wandel behandelt werden.

1. *Rothbaum* et al. (1982), *Weisz* et al. (1984) und *Azuma* (1984) haben auf einige kulturspezifische Besonderheiten bei der Wertinternalisierung und der Entwicklung von sekundärer Kontrollorientierung hingewiesen, die besonders in Japan gegeben zu sein scheinen. Insbesondere dürfte die enge Mutter-Kind-Beziehung bei langdauerndem Körperkontakt und Bevorzugung nonverbaler Interaktion in Japan eine günstige Voraussetzung für Imitationslernen sowie für den Aufbau einer bestimmten Form der sekundären Kontrollorientierung – der Empathie – sein. Hierbei erlebt das handelnde Individuum (das Kind) die Ziele, Wünsche und Erwartungen seiner Umwelt (der Mutter) stellvertretend mit und übernimmt diese Ziele in den eigenen Handlungsablauf. In diesem Zusammenhang lassen sich auch die Arbeiten von *Lewis* (1982), *Hoffman* (1980), *Baumrind* (1980) und *Yarrow & Zahn-Waxler* (1977) heranziehen, die belegen, daß eine positiv-affektive regelsichere Mutter-Kind-Beziehung günstige Voraussetzungen für die Internalisierung mütterlicher Werte und für die Entwicklung von Empathie und prosozialem Verhalten vermittelt. Dies alles sind Komponenten, die auch relevant für den Aufbau sekundärer Kontrollorientierung sind (vgl. Tab. 3).

Darüber hinaus sind jedoch auch in weiteren Sozialisationskontexten Bedingungen für den Aufbau einer sekundären Kontrollorientierung erforderlich. So müßte eine Einbindung in die Gruppe und Einbeziehung der Gruppenziele in eigenes Handeln auch in sekundären Sozialisationsinstitutionen vermittelt werden, um eine entsprechende Stabilisierung der sekundären Kontrollorientierung zu bewirken.

Kulturspezifische Besonderheiten bei der Entwicklung primärer Kontrollorientierung beruhen hingegen auf kulturellen Werten der Individualität und Selbsterfüllung sowie auf darauf abgestimmten Sozialisationsbedingungen, z.B. auch hinsichtlich Erziehungszielen und -verhalten in der Familie. Hier ist der Sozialisationskontext der Familie so gestaltet, daß Eltern Selbständigkeit und Unabhängigkeit des Kindes anstreben, durch direkte Sanktionen und Erklärung ihre Erziehungstheorien und Erziehungsziele vermitteln, ihre eigenen Rolle unter dem Aspekt der Selbsterfüllung definieren, ihr Kind als Partner wahrnehmen, jedoch in ständigen Aushandlungsprozessen mit dem Kind schließlich doch eigene Ziele durchzusetzen versuchen und mit dem Egoismus ihres Kindes als Quelle eigener Frustrationen rechnen.

In einem solchen Sozialisationskontext wirkt das auf primärer Kontrollorientierung beruhende Verhalten der Eltern bereits als Modell für das Kind. Erziehungsziele und Erwartungen der Eltern in bezug auf Selbständigkeit des Kindes sind relevant für den Aufbau entsprechender Ziele beim Kind. Schließlich wirken sich die auf konflikthafte Auseinandersetzung gleichberechtigter, aber widersprüchlicher Interessen ausgerichteten Interaktionen zwischen Eltern und Kindern förderlich auf das Lernen von Durchsetzung im Sinne der primären Kontrolle aus (vgl. Tab. 3).

Tatsächlich belegen unsere kulturvergleichenden Ergebnisse zur Entwicklung von Kontrollorientierung, daß solche – gemäß primärer Kontrollorientierung wirkenden – Erziehungstheorien, Ziele, Techniken und Interaktionsstile kennzeichnend für deutsche, nicht aber für japanische Mütter sind (*Trommsdorff* 1987).

Tabelle 3 Erziehungstheorien, -ziele und Verhalten bei primärer und sekundärer Kontrollorientierung

	primäre Kontrollorientierung	sekundäre
1. Überzeugungen, naive Theorien. Attribuierungen		
Natur des Kindes	Kind ist egoistisch	Kind ist Kind; unreif, von Natur gut
Mutter-Kind-Beziehung	Partnerschaft; Kind ist eigenständig	Symbiose von Mutter und Kind
Bewertung der Mutterrolle	Überforderung durch Kind	Erfüllung durch Kind
Ursachen für Fehlverhalten Kind	negative Intentionen des Kindes	Externe Bedingungen; Unreife des Kindes
2. Erziehungsziele für Kind		
	Selbständigkeit; Durchsetzung	Einbindung in Gruppe; Anpassung an Umweltanforderungen
3. Erziehungsverhalten		
Erziehungs- und Kommunikationsstil	Negative und positive Sanktionen	Modellernen; Imitationslernen
	Überzeugen	Empathisches Verstehen
4. Emotionale Reaktionen		
generell	Selbstbezogene Emotionen	Kindbezogene Emotionen
bei Fehlverhalten des Kindes	Ärger	Schuld, Scham, Traurigkeit
5. Interaktion mit Kind	konfliktreich	harmonisch; kooperativ

2. Ähnlich lassen sich die Daten aus der hier berichteten Jugendlichen-Untersuchung unter dem Aspekt der unterschiedlichen Kontrollorientierung einordnen. Die Bewertung von Sozialisationskontexten und -merkmalen durch Jugendliche wird hier als Indikator für *individuelle Werthaltungen* verwendet, die Selbst-Umwelt-Relationen thematisieren und gemäß den Kriterien der primären und sekundären Kontrollorientierung analysiert werden.

Bei primärer (im Vergleich zu sekundärer) Kontrollorientierung, bei der die Gestaltung der Umwelt gemäß eigenen Zielen in der jeweiligen Umwelt thematisiert wird, werden eher individualistische Lebensziele bevorzugt und Sozialbeziehungen unter dem Aspekt der Rollengleichheit und (ggf. mit Konflikten verbundenen) Durchsetzung eigener Ziele strukturiert. Die höhere Bevorzugung des Zieles, ein Leben nach

Tabelle 4 Indikatoren for Kontrollorientierung

Bewertungsthemen	Kontrollorientierung	
	Primäre	Sekundäre
1. Lebensziel		
Individualismus (Leben nach dem eigenen		
Geschmack führen)	+	0
2. Soziale Beziehungen		
in Familie (Emotionalität; enge Bindungen)		
Konformitätserwartungen/Regelsicherheit		
(Mutter/Vater soll streng sein)	0	+
Harmonie (Konflikte mit Eltern)	0	+
Mutter-Kind-Bindung (Mutter sollte eigene		
Interessen haben)	0	+
mit Altersgruppe		
Emotionalität und Enge der Bindung		
(enge Freundschaften)	0	+
im Beruf		
partikularistische vs. universalistische Strukturen		
(paternalistischer Vorgesetzter)	0	+
3. Soziale Differenzierung (vs. Gleichheit)		
Geschlechtsrollendifferenzierung/Familienstruktur		
(Vater entscheidet; Mann arbeitet – Frau bleibt		
zu Hause)	0	+
Sozialer Status und Aufstieg		
(Seniorität o. Leistung als Beförderungskriterium)	0	+
4. Öffentlicher Bereich (Ausmaß und Art eigenen Einflusses)		
Unkonventionelle Partizipation		
(Demonstrationsbeteiligung)	+	0
Vertrauen in Experten (Experten Problemlösung überlassen)	+	0
Vertrauen in eigene Problemlösungsfähigkeit	+	0
Rückzugsbereitschaft („Aussteigen")	0	+

eigenen Geschmack zu führen, die stärkere Bevorzugung von Gleichheit der Geschlechterrollen, die stärkere Ablehnung von Seniorität als Selektionskriterium für sozialen Aufstieg sowie die stärkere Ausprägung von konflikthaften Auseinandersetzungen mit den Eltern und die größere Bereitschaft für unkonventionelle politische Partizipation lassen sich als Indikatoren für eine stärkere primäre und geringere sekundäre Kontrollorientierung bei deutschen im Vergleich zu japanischen Jugendlichen sehen (vgl. Tab. 4).

Interessant sind neben diesen Ergebnissen zum Vergleich der Ausprägung von primärer vs. sekundärer Kontrollorientierung unsere weiteren Befunde zur Bevorzugung von partikularistischen, auf familienähnliche Strukturen ausgerichteten Sozialbeziehungen in Berufs- und Altersgruppen bei japanischen Jugendlichen.

Hier stellt sich die Frage, ob die Entwicklung sekundärer Kontrollorientierung an solche Sozialisationsbedingungen geknüpft sein muß, die von einer ausgeprägt positiven affektiven Bindung des einzelnen an seine soziale Umwelt gekennzeichnet sind, während die Entwicklung primärer Kontrollorientierung eher in einem Sozialisationskontext gefördert wird, in dem eine klare Trennung zwischen Selbst und Umwelt sowie zwischen Privatheit (bzw. Familie) und Öffentlichkeit besteht.

Konflikthaftere Beziehungen zu den Eltern, weniger enge Bindungen an Altersgruppenmitglieder und unpersönlichere Kontakte mit dem Vorgesetzten können als Indikatoren für einen stärker auf Trennung von Selbst und Umwelt ausgerichteten Sozialisationskontext verwendet werden. Dies ist bei deutschen ausgeprägter als bei japanischen Jugendlichen. Kontexte der primären und sekundären Sozialisation, die sich gemäß diesen Kriterien der Selbst-Umwelt-Abgrenzung analysieren lassen, dürften die eigentlichen Bedingungen für die Entwicklung von Kontrollorientierung umfassen.

3. Schließlich sei auf einen Befund hingewiesen, der Fragen zur Handlungswirksamkeit von Kontrollorientierung im weiteren Kontext *sozialen Wandels* anregen mag. Bisher haben wir nur solche Aspekte individuellen und sozialen Handelns angesprochen, die den Familien- und Berufsbereich betreffen. Im Kontext des öffentlichen Bereichs läßt sich primäre Kontrollorientierung durch solche Indikatoren wie Vertrauen in eigene Einflußmöglichkeit, in den Einfluß von Experten und unkonventionelle politische Partizipation erfassen. Da das Wahlverhalten alleine nicht zwischen primärer und sekundärer Kontrollorientierung differenziert, müssen diese Variablen hinzugezogen werden. Wenn eher die Überzeugung besteht, daß sich das politische Geschehen außerhalb der eigenen Reichweite abspielt und nicht einmal Experten in der Lage sind, erwünschte politische Effekte zu erzielen, dann ist der Schritt zur politischen Passivität und Apathie nicht mehr weit. Tatsächlich sind mehr japanische (bei denen diese Konstellation eher zutrifft) als deutsche Jugendliche bereit, aus der Gesellschaft auszusteigen. Hier zeigen sich erste Hinweise auf Beziehungen zwischen individueller Entwicklung von Werthaltungen und sozialem Wandel.

Ob und wie sich eine generalisierte partikularistische Sichtweise der sozialen Welt als potentieller Familienverband auch in modernen Industrienationen im Bereich politischen Handelns bewährt, wäre eine im Kulturvergleich zu prüfende Frage. Für die klassischen Modernisierungstheoretiker hat sich diese Frage allerdings nicht gestellt, da für sie selbstverständlich war, daß universalistische (emotionsneutrale) Sozialbeziehungen dem Modernisierungsprozeß zugrundeliegen (vgl. *Lerner* 1974; *Heidt, Weiland* in diesem Band). Erst die Ausweitung von Untersuchungskontexten über unsere eigene Kultur hinaus erlaubt eine Varianzerweiterung, die bestehende Theorieansätze (z.B. die Postmaterialismustheorie) relativiert bzw. ethnozentrische Annahmen aufdeckt und zu Modifikationen bestehender Theorien veranlaßt.

4 Schlußbemerkung

Erst neuerdings ist (nach der auf den Behaviorismus folgenden kognitiven Wende in der Psychologie sowie auch in der Soziologie) der Bereich der Emotionen als grundlegende Bedingung für individuelles und soziales Handeln wieder entdeckt worden.

Die Rolle von Emotionen ist für Fragen des sozialen Wandels, des Wertwandels und der Sozialisation im Kulturvergleich höchst aufschlußreich, wie die kürzlich von *Herrmann* (im Druck) vorgetragenen Überlegungen zeigen. Danach läßt sich die erstaunliche Stabilität traditioneller Werte und Sozialbeziehungen in Japan in engem Zusammenhang mit den dort gegebenen emotionsverankerten Sozialisationsbedingungen sehen.

Diese Überlegung ergibt sich auf der Grundlage unseres Ansatzes zur sekundären Kontrollorientierung. Insbesondere muß die Wirksamkeit von Sanktionen in einer Kultur außerordentlich hoch sein, in der positive affektive soziale Beziehungen eine zentrale Bedeutung haben: Ohne diese emotional fundierte Sozialorientierung, die eine enge Bindung an die eigene Gruppe (der Familie, des Betriebes) bedeutet, fühlt sich der einzelne verloren. Um aber diese positive Bindung im Sinne der sicheren Einbettung des Selbst in die Gruppe bzw. des Aufgehens in der Gruppe aufrechtzuerhalten, bemüht sich der einzelne, den Erwartungen der Gruppe gerecht zu werden, sich den sozialen Normen anzupassen und so emotional verankerte soziale Sanktionen zu vermeiden, die die Selbst-Umwelt-Beziehung aus dem Gleichgewicht bringen würden. Hier würde eine sekundäre Kontrollorientierung dazu beitragen, daß individuelle Handlungsmuster aufgebaut werden, die der Stabilisierung des sozialen Kontextes und der dort vermittelten Wertorientierungen dienen.

Dies ist für unsere Frage relevant, ob Kulturen und Sozialisationskontexte, in denen sekundäre Kontrollorientierung akzentuiert wird, weniger Wandel zentraler Werte aufweisen, auch wenn sich in ökonomischen, technologischen und ökologischen Bereichen grundlegende Wandlungsprozesse vollziehen und sogar in gewissem Ausmaß eine primäre Kontrollorientierung erforderlich ist. Eine durch Kontrollorientierung vermittelte Stabilisierungskraft – insbesondere in bezug auf zentrale Werte der Gestaltung sozialer Beziehungen – beruht auf der hohen emotionalen Qualität antizipierter und erfahrener Sanktionen. Dies müßte sich auf die Internalisierung von Werthaltungen während der Sozialisation und auf andere Aspekte der Persönlichkeitsentwicklung auswirken. Ob die hier angesprochenen vielfältigen, sich wechselseitig beeinflussenden Faktoren von Sozialisation und Wertwandel in verschiedenen Kulturen unterschiedlich oder in gleicher Weise wirksam sind, bleibt weiteren Untersuchungen vorbehalten.

Literatur

Azuma, H. (1984): Secondary control as a heterogeneous category. Amer. Psychol. 39, 970-971

Baumrind, D. (1980): New directions in socialization research. Amer. Psychol. 35, 639-652

Doi, L. T. (1973): The anatomy of dependence. Tokyo: Kodansha

Graumann, C. F., R. Willig (1983) Wert, Wertung, Werthaltung. In: *H. Thomae* (Hrsg.), Theorien und Formen der Motivation. Enzyklopädie der Psychologie. Göttingen: Hogrefe

Hayashi, Ch., T. Suzuki (1984): Changes in belief systems, quality of life issues and social conditions over 25 years in post-war Japan. Ann. Institute Statist. Mathematics 36, 135-161

Herrmann, T.: Spracherwerb als Sozialisationsfaktor. In: Festschrift für Hans-Joachim Kornadt, Psychologische Beiträge, Sonderheft, im Druck

Herz, T. (1979): Der Wandel von Wertvorstellungen in westlichen Industriegesellschaften. Kölner Z. Soz. Sozialpsychol. 3, 282-302

Hoffman, M. L. (1980): Moral development in adolescence. In: *J. Adelson* (Ed.), Handbook of adolescent psychology. New York, Chichester: Wiley

Hofstede, G. (1980): Culture's consequences: International difference in work-related values. Beverly Hills: Sage Publications

Hofstede, G. (1983): Dimensions of national cultures in fifty countries and three regions. In: *J. B. Deregowski, S. Dziurawiec, R. C. Annis,* Expirations in cross-cultural psychology, 335-355. Lisse: Swets & Zeitlinger

Inglehart, R. (1977): The silent revolution. Changing values and political style among Western publics. Princeton: Princeton University Press

Inglehart, R. (1982): Changing values in Japan and the West. Comparative Political Studies 14, 445-479

Jagodzinski, W. (1984): Die zu stille Revolution. In: *A. Stiksrud* (Hrsg.), Dokumentation über den fünften Workshop „Politische Psychologie": Jugend und Werte. Berlin, Freie Universität

Lerner, D. (1974): Modernization. In: International Encyclopaedia of the Social Sciences, Vol. 10, 385-393. New York: Mac Millan and Free Press

Lewis, C. C. (1981): The effects of parental firm control: a reinterpretation of findings. Psychol. Bull. 90 (1981): 547-563

Martin, B. (Hrsg.) (1987): Japans Weg in die Moderne. Ein Sonderweg nach deutschem Vorbild? Frankfurt: Campus

Prime Minister's Office (1984): Youth Development Quarters: The Japanese youth in comparison with the youth in the world. Tokyo, Youth Development Quarters, Prime Minister's Office

Rokeach, M. (1982): On the validity of Spranger-based measures of value similarity. J. Personal. Soc. Psychol. 42 (1), 88-89

Rothbaum, F., J. R. Weisz, S. S. Snyder (1982): Changing the world and changing the self: a two-process model of perceived control. J. Personal. Soc. Psychol. 42, 5-37

Stiksrud, A. A. (Hrsg.) (1984): Jugend und Werte. Aspekte einer politischen Psychologie des Jugendalters. Weinheim – Basel: Beltz

Sugiyama, M. (1984): A woman's place in society: comparative attitudes in Japan, West Germany and the United States. Behaviormetrika, 15, 55-75

Suzuki, T. (1984): Ways of life and social milieus in Japan and the United States: a comparative study. Behaviormetrika, 15, 102-107

The Chinese Culture Connection (1987): Chinese values and the search for culture-free dimensions of culture. J. Cross-Cultural Psychol. 18, 143-164

Triandis, H. D., R. Bontempo, H. Betancourt, M. H. Bond, K. Leung, A. Brenes, J. Georas et al.: The measurement of the ethic aspects of individualism and collectivism across cultures. Austr. J. Psychol. im Druck

Trommsdorff, G. (September 1982): Family roles as perceived by Japanese and German adolescents. Paper prepared for the Annual Convention of the American Sociological Association, San Francisco

Trommsdorff, G. (1983): Value change in Japan. Internat. J. Intercultural Relations 7, 1-24

Trommsdorff, G. (1985): Some comparative aspects of socialization in Japan and Germany. In: *I. R. Lagunes, Y. H. Poortinga* (Eds.), From a different perspective: studies of behavior across cultures, 231-240. Lisse: Swets & Zeitlinger

Trommsdorff, G. (July 1987): Cross-cultural study of beliefs and mother-child-interactions. Vortrag gehalten auf dem Kongreß der International Society for Behavioral Development, Tokyo

Trommsdorff, G. (im Druck): Kulturvergleichende Jugendforschung. In: *M. Markefka, R. Nave-Herz* (Hrsg.), Handbuch der Familien- und Jugendforschung. Neuwied: Luchterhand

Trommsdorff, G., S. Iwawaki (im Druck): Students' perceptions of socialization and gender roles in Japan and Germany. Internat. J. Behav. Developm.

Trommsdorff, G., T. Suzuki, M. Sasaki (1987): Soziale Ungleichheiten in Japan und der Bundesrepublik Deutschland. Wertstrukturen im Vergleich. Kölner Z. Soz. Sozialpsychol. 39, 496-515

Weisz, J. R., F. M. Rothbaum, T. C. Blackburn (1984): Standing out and standing in. The psychology of control in America and Japan. Amer. Psychol. 39, 955-969

Yarrow, M. R., C. Zahn-Waxler (1977): The emergence and functions of prosocial behavior in young children. In: *R. Smart, M. Smart* (Eds.), Reading in child development and relationships, 2nd ed. New York: MacMillan

Entwicklungsübergänge und Problemverhalten bei deutschen und türkischen Jugendlichen in Berlin[1]

Rainer K. Silbereisen, Ute Schönpflug und Hans Otremba

Übersicht

Im folgenden Beitrag wollen wir veranschaulichen, daß Problemverhalten Jugendlicher je nach seiner sozialen Akzeptanz in einem kulturellen Kontext anderen Entwicklungsbedingungen unterliegt.

Zu dieser Thematik haben uns Forschungen zum Problemverhalten Jugendlicher geführt, die mit einer besonderen theoretischen Ausrichtung konzipiert wurden. Problemverhalten[2] wird im Kontext der alterstypischen Persönlichkeitsentwicklung betrachtet und auf Entwicklungsprozesse bezogen, die für weite Bereiche des Handelns

---

[1]Die Untersuchungen erfolgten im Rahmen des mit Unterstützung der Deutschen Forschungsgemeinschaft (Si 296/1-1 bis 6, Projektleiter: *R. K. Silbereisen, K. Eyferth*) durchgeführten „Berliner Jugendlängsschnitt". An den hier berichteten Arbeiten waren weiterhin *M. Bineytioglu* und *E. Schütte* im Zusammenhang ihrer Diplomarbeit beteiligt. *R. Sey* und *S. Eroglu* arbeiteten als Interviewer und Übersetzer. Wir danken den Jugendlichen und ihren Eltern für die freundliche Unterstützung. Die Abfassung des Manuskripts erfolgte während eines Forschungsaufenthalts des Erstautors am Department of Individual and Family Studies (*Head: John Nesselroade*) und am Center for the Study of Child and Adolescent Development (Director: *Richard M. Lerner*) der Pennsylvania State University, der von der Deutschen Forschungsgemeinschaft unterstützt wurde (Si 296/3-1). Für hilfreiche Hinweise zu einer früheren Fassung dieses Papiers danken wir *Helfried T. Albrecht, Klaus Hurrelmann* und *Bernhard Nauck*. Korrespondenz bitte an *R. K. Silbereisen*, Justus-Liebig-Universität Giessen, Otto-Behaghel-Straße 10 F, D-6300 Giessen.

Jugendlicher und nicht nur für Problemverhalten, wie etwa Drogengebrauch, bedeutsam sind. *Silbereisen* und *Noack* sprechen deshalb ausdrücklich von der „konstruktiven Rolle des Problemverhaltens" für die Bewältigung von Entwicklungsschwierigkeiten, ohne damit mögliche negative Auswirkungen bagatellisieren zu wollen (vgl. zu ähnlichen Auffassungen *Baumrind & Moselle* 1985; *Baumrind* 1987).

Solche Zusammenhänge von Entwicklung und Problemverhalten lassen sich schon an der Kovariation zwischen dem Alter und dem Gebrauch von Substanzen wie Alkohol oder Cannabis verdeutlichen. Wie prospektive Längsschnittstudien an Normalpopulationen in mehreren Ländern gezeigt haben, liegt der Schwerpunkt des Gebrauchs im Übergang zum Erwachsenenalter, wobei aber bereits in der frühen und mittleren Adoleszenz teilweise erhebliche Prävalenzen zu verzeichnen sind. Alle Untersuchungen beziehen sich allerdings auf hochindustrialisierte westliche Länder (*Johnston & Harrison* 1984). Daß hinter solchen Verteilungsmustern soziokulturell vermittelte Vorstellungen über die Organisation des Lebenslaufs wirksam sind, hat besonders *Kandel* (*Yamaguchi & Kandel* 1985; *Kandel, Mossel & Kaestner* 1987) in einer Serie von Publikationen belegen können. Der Gebrauch von Marihuana beispielsweise steht in einem regelhaften Zusammenhang mit der künftigen Bewältigung alterstypischer Übergänge. Beim Eintritt ins Berufsleben oder im Vorfeld von Heirat und Elternschaft hören manche junge Erwachsene ganz auf, die meisten vermindern den Gebrauch zumindest erheblich.

Die Art der Strukturierung von Lebensläufen ist keine anthropologische Konstante. Im Gegenteil, Kulturen unterscheiden sich in ihren Erwartungen über Inhalt, Richtung und Dynamik der Entwicklung. Wenn Problemverhalten Jugendlicher im Zusammenhang mit der Bewältigung von alterstypischen Lebensübergängen steht, sollten sich also im Vergleich von Kulturen Unterschiede, beispielsweise hinsichtlich der Kovariation zwischen dem Alter und der Prävalenz von Substanzgebrauch, finden lassen. Dem Kulturvergleich kommt somit als Forschungsstrategie eine besondere Bedeutung zu.

Die folgende Darstellung befaßt sich mit solchen vergleichenden Analysen bei deutschen und türkischen Jugendlichen aus Familien von Arbeitsmigranten in Berlin. Der Beitrag ist in vier Abschnitte gegliedert. a) Zunächst werden die Notwendigkeit kulturvergleichender Analysen genauer erläutert und ein Rahmenmodell für die Entwicklung von Problemverhalten vorgestellt. b) Danach wird das Verhältnis von ge-

---

[2] Als Problemverhalten bezeichnen wir Verhaltensweisen, die unter Gesichtspunkten sozialer Norm (etwa Gebrauch illegaler Substanzen) und/oder Kriterien der Funktionstüchtigkeit (etwa Gesundheitsprobleme beim Rauchen) problematisch sind. Dieser Begriff ist ähnlich unscharf wie der des Risikoverhaltens, der beispielsweise von *Lipsitt* (1987) als „a help in understanding how persons come to contribute to their own life dangers" gesehen wird. Den heuristischen Wert sehen wir darin, daß die gemeinsame Untersuchung phänomenal womöglich sehr unterschiedlicher Verhaltensweisen gefördert wird. Gerade beim Problemverhalten Jugendlicher, seien es Drogengebrauch, Eßstörungen oder ungeschützter Geschlechtsverkehr, imponiert oft die Unachtsamkeit gegenüber nachteiligen Folgen. Dies liegt häufig daran, daß solche Verhaltensweisen Teil größerer Handlungssysteme wie etwa der Suche nach Anerkennung unter Gleichaltrigen sind, die positive Valenz haben.

genwärtigem Stand und künftiger Perspektive der Entwicklung behandelt, beispielsweise bezogen auf die Lösung von den Eltern oder den Aufbau gegengeschlechtlicher
Freundschaften. c) Im weiteren wird gefragt, ob die Akkulturiertheit türkischer Jugendlicher im Zusammenhang mit der Entwicklung von Problemverhalten steht.
Hierbei wird die Orientierung an jugendkulturellen Inhalten und Äußerungsformen
besonders beachtet. d) Schließlich wird versucht, alle zuvor behandelten Aspekte für
die Vorhersage von Alkoholgebrauch und Transgressionsbereitschaft in einem Pfadmodell zusammenzuführen. Hinweise zur Theorienbildung über Problemverhalten, die
sich aus Unterschieden und Gemeinsamkeiten zwischen den Befunden bei türkischen
und deutschen Jugendlichen ergeben, werden diskutiert.

1   Ein Modell zur Entwicklung von Problemverhalten

Mit dem Konstrukt Entwicklungsaufgabe als Leitbegriff hat *Havighurst* (1952) eine der
bekanntesten theoretischen Vorstellungen zu Entwicklungsprozessen über die Lebensspanne vorgelegt (vgl. *Baltes* 1987). Inhalt, Richtung und Dynamik der lebenslangen
Entwicklung sieht er bestimmt durch eine Abfolge von Anforderungen bzw. Möglichkeiten, die im Wechselspiel von biologischen Veränderungen, sozio-kulturellen Erwartungen und Handlungen der Person entstehen.

Diese Auffassung darf nicht mit der Annahme einer einheitlichen Normbiographie
gleichgesetzt werden, die angesichts eines zunehmend pluralistischen Normenverständnisses nicht haltbar ist (*Luckmann* 1980; *Marini* 1984). Den Menschen unserer
Zeit wird sowohl mehr Freiheit „jenseits von Stand und Klasse" (*Beck* 1983) zugestanden, als auch mehr persönliche Verantwortung für ihren Lebensweg auferlegt.

1.1   Der kulturvergleichende Forschungsansatz

Das Thema Entwicklungsaufgaben macht bereits deutlich, warum bei Forschungen
zum Zusammenhang von Problemverhalten und Jugendentwicklung der Kulturvergleich – als theoretischer Ansatz wie als methodische Strategie – wichtige Erkenntnisse
vermitteln kann. Befunde, die sich auf Untersuchungen an einer Kultur stützen, stellen
womöglich nur die für sie typische Lebensform und deren Beziehung zur Bewältigung
von Entwicklungsaufgaben dar. Besonderheiten und Begrenzungen lassen sich eher erkennen, wenn die Variationsbreite und Konstellation von Entwicklungsbedingungen
durch systematischen Vergleich über Kulturen berücksichtigt wird. Vor diesem Hintergrund können sich dann relativ kulturinvariante, grundlegendere Entwicklungsprozesse
hervorheben.

Kulturvergleich als Forschungsstrategie in der Entwicklungspsychologie hilft zu
verwirklichen, was *Bronfenbrenner* (1986) als „Person-Kontext-Prozeß"-Ansatz der
ökologischen Sozialisationsforschung beschrieb. Gemeint ist, daß je nach Zusammen-

spiel von Umwelt und Individuum andere Entwicklungsprozesse hinter vermeintlich gleichen Veränderungen im Lebenslauf stehen können. Nicht nur für die Forschung zum Problemverhalten, sondern für die psychologische Jugendforschung allgemein, die in den letzten Jahren einen erheblichen Aufschwung genommen hat (*Petersen* 1988), kann dieser Ansatz besonders fruchtbar sein.

Im Rahmen des Berliner Jugendlängsschnitts[3], dessen Daten diesem Beitrag zugrunde liegen, werden zwei kulturvergleichende Ansätze verwirklicht: Der eine Ansatz geht von einer parallelen Analyse entwicklungspsychologischer Phänomene in zwei kulturellen Kontexten aus, nämlich Berlin (West) und Warschau. Der Stand des gegenwärtigen Wissens erlaubt es zwar nicht, mit dieser Gegenüberstellung zugleich Hypothesen über die Auswirkung bestimmter, in theoretischen Konstrukten des Faches gefaßter Bedingungskonstellationen zu prüfen. Doch läßt sich zumindest eine erste Aussage über die Generalisierbarkeit von Befunden durch Analysen in einem anderen sozio-kulturellen Kontext treffen. Über diese Arbeiten wird an anderer Stelle berichtet werden; erste Ergebnisse finden sich bei *Boehnke, Silbereisen, Eisenberg, Reykowski* und *Palmonari* (in Druck).

Gegenstand des zweiten kulturvergleichenden Ansatzes ist die Untersuchung der Beziehungen von Problemverhalten und Persönlichkeitsentwicklung bei Jugendlichen deutscher und türkischer Nationalität in Berlin. Hierbei geht es nicht primär um die Generalisierbarkeit. Der Kulturvergleich ist vielmehr die Methode der Wahl, um theoretische Annahmen über die Entwicklungsprozesse zu überprüfen. Dieser zweite, erkenntnistheoretisch wohl bedeutendere Ansatz findet sich in der kulturvergleichenden Forschung weit seltener (*Kohn* 1987). Wir werden uns im folgenden hierauf konzentrieren.

Denkt man an Unterschiede in den Rahmenbedingungen von Entwicklung und Sozialisation zwischen diesen Jugendlichen türkischer Nationalität und ihren deutschen Altersgleichen, so kommt den Beziehungen zwischen Eltern und Kindern besondere Bedeutung zu. Wie frühere Darstellungen belegen (vgl. *Schrader, Nikles & Griese* 1979; *Nauck* 1988), ist der Erkenntnisstand über Unterschiede der Interaktions- und Kommunikationsmuster in den Familien einigermaßen breit; allerdings gilt, daß die meisten Untersuchungen selbst einfachen methodischen Standards nicht genügen.

Statt hierauf näher einzugehen, sei auf eigene Befunde an Familien verwiesen, deren Kinder an den in diesem Beitrag behandelten Untersuchungen teilnahmen. Wie *Schönpflug, Silbereisen* und *Schulz* (in Druck) beim Vergleich der Eltern türkischer Jugendlicher mit einer nach Einkommen sowie Berufs- und Ausbildungsstatus vergleichbaren Gruppe von Eltern deutscher Jugendlicher feststellen konnten, leben die

---

[3]Technische Einzelheiten zum Berliner Jugendlängsschnitt finden sich in: *K. Boehnke* und *K. Scherrinsky* (1985). Die ersten zwei Erhebungswellen des Berliner Jugendlängsschnitts – eine Bilanz der Stichprobenentwicklung. Berichte aus der Arbeitsgruppe Tudrop Jugendforschung, No. 49/85. Berlin: Technische Universität; *R. K. Silbereisen* und *K. Eyferth* (1985). Der Berliner Jugendlängsschnitt. Dritter Fortsetzungsantrag an die Deutsche Forschungsgemeinschaft. Berichte aus der Arbeitsgruppe Tudrop Jugendforschung, No. 50/85. Berlin: Technische Universität.

deutschen Heranwachsenden in vergleichsweise egalitär strukturierten Familien, während in den türkischen Familien ein stärkeres Autoritätsgefälle herrscht. Diese allgemeine Einschätzung trifft sich mit den Ergebnissen von *Nauck* (im Druck). In seiner Untersuchung zeigte autoritäre Kontrolle nächst Behütung die deutlichsten Unterschiede zwischen den Familien türkischer Migranten und solchen deutschen Familien, deren ökologischer Kontext vergleichbar ist.

Die Ergebnisse unserer erwähnten Studie lassen sich wie folgt zusammenfassen. Selbst in der Migrationssituation, in der anders als im Heimatland die Mehrzahl der Mütter zum Familieneinkommen beiträgt, nimmt der Mann die traditionelle Position des Familienoberhauptes ein. Er beeinflußt weitgehend Entscheidungen über allgemeine Familienfragen und finanzielle Angelegenheiten. Nur Entscheidungen, die das Kind angehen, werden von den türkischen Eltern gleichberechtigt getroffen. In den vergleichbaren deutschen Familien hingegen beeinflussen beide Eltern gleichermaßen die Entscheidungen über Familienprobleme und Finanzen. Die Frau hat eine größere Entscheidungsfreiheit, wenn Angelegenheiten der Kinder zu regeln sind.

Die den Jugendlichen zugestandene Position wird von den beiden Gruppen ebenfalls sehr unterschiedlich gesehen. Türkische Eltern gestehen ihren Kindern Einfluß auf Entscheidungen in deren eigenen Angelegenheiten zu, gewähren hier also eine gewisse Selbständigkeit. In den deutschen Familien unserer Untersuchung hingegen beeinflußt das Kind Entscheidungen über allgemeine Familienangelegenheiten noch stärker als Entscheidungen in eigenen Angelegenheiten. Die deutschen Familien unterscheiden sich also von den türkischen im Ausmaß an Partizipation, das sie den Kindern einräumen.

1.2   Das Modell im Überblick

Wir stellen nachfolgend ein Modell vor, das vor allem zwei Ansätze aus der Forschung zum Problemverhalten aufgreift. Die Anregungen verdanken wir zum einen *Elliott* (*Elliott, Huizinga & Ageton* 1985), dessen Arbeiten in der kriminologischen Tradition der Delinquenzforschung stehen, zum anderen *Patterson* (*Patterson & Dishion*, im Druck), der sich mit der Bedeutung familiärer Interaktion für die Entwicklung antisozialen Verhaltens befaßt. Wenn in der Vergangenheit in Untersuchungen zu diesem Bereich die kulturelle Dimension problematisiert wurde, so handelte es sich um Jugendliche aus ethnischen Minoritäten, und dabei zumeist um männliche Jugendliche aus besonderen Risikogruppen (*Snyder & Patterson* 1987).

In Abb. 1 sind die Merkmale des Modells und ihre Beziehungen schematisch dargestellt.

Zielmerkmale. Wie eingangs erwähnt, verstehen wir unter *Problemverhalten* Unterschiedliches. Es geht zum einen um Substanzgebrauch wie Rauchen und Trinken, zum anderen um die Bereitschaft, Normen zu übertreten, die wir als Transgressionsbereit-

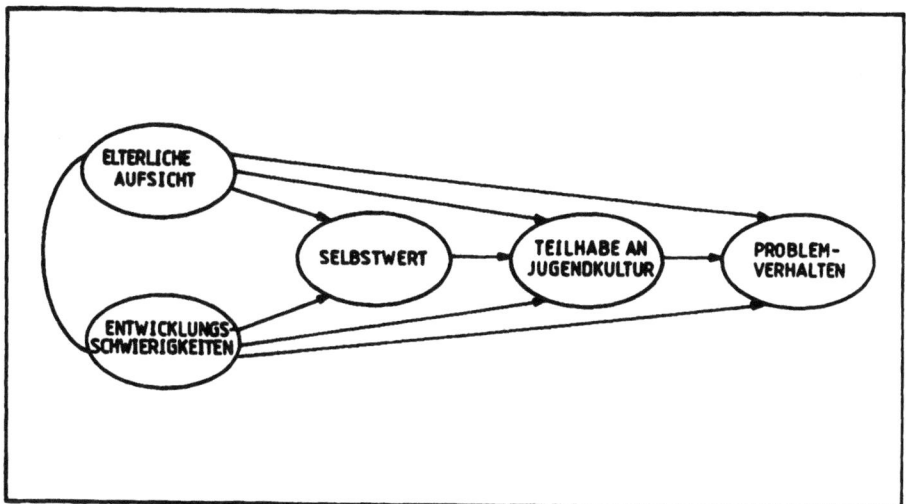

Abb. 1 Modell zur Entwicklung des Problemverhaltens. Elterliche Aufsicht und Entwicklungsschwierigkeiten der Jugendlichen werden als ihrerseits korrelierte exogene Merkmale verstanden,
die direkte und indirekte (Mediation) Auswirkungen auf den Selbstwert, die Teilhabe an der Jugendkultur und verschiedene Arten von Problemverhalten (Konsum von Nikotin oder Alkohol,
Transgressionsbereitschaft) haben. Zur Vereinfachung der Darstellung wurden der direkte Pfad
zwischen Selbstwert und Problemverhalten sowie Kontrollvariablen wie Alter und Geschlecht
weggelassen. Weitere Erläuterungen erfolgen im Text

schaft bezeichnen. Diese Zielvariablen werden als Folge verschiedener Einflüsse aus
Familie und Umwelt gesehen.

Das Modell vereinfacht die Komplexität des Geschehens zumindest in einer Hinsicht beträchtlich. Wir haben nämlich allen Anlaß anzunehmen, daß beispielsweise die
Einflüsse zwischen Eltern und Jugendlichen nicht unidirektional sind, sondern sich re-
ziprok auswirken: haben elterliche Einflüsse erst einmal das Problemverhalten ihrer
Kinder begünstigt, so werden sich dadurch neue Belastungen ergeben, die auf die
Eltern zurückwirken. Da wir diese Sicht nur als Hintergrund der Interpretation berücksichtigen, aber nicht zum Gegenstand der empirischen Analyse machen werden, ist die
vereinfachte Darstellung angemessen.

Antezedenzmerkmale. Die beiden wichtigsten sind die Qualität der familiären Interaktion, auf die wir gleich zurückkommen, und *Entwicklungsschwierigkeiten,* worunter wir
länger anhaltende Abweichungen zwischen den eigenen Entwicklungszielen, etwa hinsichtlich des Aufbaus von Beziehungen zu anderen Jugendlichen, und dem erreichten
Entwicklungsstand verstehen wollen (*Silbereisen & Kastner* 1987). Die Schwierigkeiten wachsen, wenn Jugendliche in mehreren Bereichen Abweichungen bewältigen
sollen. In einer kürzlich erschienenen Studie von *Simmons, Burgeson, Carlton-Ford*
und *Blyth* (1987) konzipieren die Autoren Entwicklungsschwierigkeiten als „multiple

life changes". Während wir durch die Jugendlichen selbst eingeschätzte Ansprüche an ihre künftige Entwicklung sowie deren Verwirklichung erfassen, geht es in diesen Untersuchungen darum, ob normative Übergänge erfolgt sind oder nicht.

Für *Snyder, Dishion* und *Patterson* (1986) sind es vor allem zwei elterliche Verhaltensweisen, die für künftiges Problemverhalten bedeutsam sind: Inkonsistenz in normativen Forderungen („erratic discipline") und Nachlässigkeit in der Aufsicht („poor monitoring"). Ihr Einfluß ist nicht nur für die Entstehung, sondern auch für die Dauer bedeutsam, mit der Problemverhalten auftritt. Nicht minder interessant für unsere Problemstellung ist die sorgsamer Aufsicht zugeschriebene Schutzfunktion in Umwelten, die antisoziales Verhalten herausfordern (*McCord* 1979). Wir werden uns nur mit diesem Aspekt der Eltern-Kind-Interaktion befassen.

Von *Nachlässigkeit in der Aufsicht* wird dann gesprochen, wenn die Eltern wenig über die außerhäuslichen Aktivitäten ihres Kindes wissen, also Zeit, Ort und Begleitung nicht kennen. Zu diesem Verhaltensmuster zählt auch allzu viel Vertrauen ohne zumindest gelegentliches Überprüfen. Als direkte Folge solchen Verhaltens kann es dazu kommen, daß frühe Vorboten eines Problemverhaltens übersehen werden. Ein eher indirekter Effekt ist, daß Kontakte mit devianten Peergruppen weniger auffallen.

Mediationsmerkmale. In der bisherigen Beschreibung wurde die *Selbstbewertung*, ein wichtiger Aspekt der Persönlichkeit des Jugendlichen, ausgespart. Was die Verhaltenswirksamkeit und den Zusammenhang mit Entwicklungsschwierigkeiten und Interaktionsqualität betrifft, also die Rolle als Mediator, beziehen wir uns auf den Ansatz von *Harter* (1986). Unser Verständnis von Entwicklungsschwierigkeiten entspricht dem, was sie als Mißverhältnis von Kompetenz und Anspruch bezeichnet. Als dessen Folge wird eine Minderung des Selbstwerts erwartet. Beeinträchtigungen des Selbstwerts als Anlaß von Problemverhalten zu sehen, ist im übrigen eine weit verbreitete Auffassung (*Bentler* 1987).

Eine weitere wichtige Bedingung, die Einflüsse auf das Problemverhalten vermittelt, ist die Teilhabe an Aktivitäten und Orientierungen von Peergruppen. Solche Mediationseffekte dürften über mehrere Stationen verlaufen; vielleicht mit einer positiven Bewertung von Gruppen beginnend, die für das in Frage stehende Problemverhalten prädestiniert sind, bis hin zur Bindung an die Gruppe und deren ökologischem Umfeld (*Kaplan* 1980). Darüber hinaus darf nicht vergessen werden, daß die Jugendlichen selbst, sind sie erst einmal zu Problemverhalten disponiert, entsprechende Peergruppen aktiv aufsuchen (*Kandel* 1986).

Um der Lage jugendlicher Migranten der zweiten Generation Rechnung zu tragen, wird im Modell die Akkulturation, also der Grad der Anpassung an die Normen und Werte der Mehrheit der deutschen Jugendlichen, herausgestellt. Diese *Teilhabe an der Jugendkultur* deutscher Altersgleicher kann die schützende Wirkung elterlicher Aufsicht aufheben und Problemverhalten fördern. Andererseits bietet Teilhabe an der Jugendkultur den türkischen Jugendlichen in schwierigen Entwicklungssituationen eine

Nische an, in der sie durch die Übernahme der Normen und Werte anderer Jugendlicher sowohl entwicklungsfördernde als auch kompensatorische Einflüsse erfahren können. Für die Situation der türkischen Jugendlichen gilt zudem, daß es – abhängig von der Art des Problemverhaltens und seiner Bewertung in der Gastkultur – ein zusätzliches Risiko sein kann, sich deutschen Altersgenossen anzugleichen. Dies trifft, wie später gezeigt wird, für den Alkoholgebrauch türkischer Jugendlicher zu.

Die Darstellung des Modells zeichnete lediglich eine Forschungsleitlinie. Sie dient dem Beitrag zwar als Rahmen, kann aber nur teilweise geprüft werden. Wir werden hierzu von verschiedenen Seiten ansetzen.

2   Entwicklungsstand und Entwicklungsperspektive

Zur Vorbereitung der späteren Analysen sollen zunächst Unterschiede und Gemeinsamkeiten in den Entwicklungsorientierungen türkischer und deutscher Jugendlicher betrachtet werden.

Statt die Perspektive auf normative Entwicklungsaufgaben der Jugendzeit zu richten, wurden in der jüngeren psychologischen Forschung die individuellen Entwicklungsorientierungen der Jugendlichen, also ihre persönliche Perspektive, stärker beachtet (vgl. *Oerter* 1986). Dies traf sich mit einer Umorientierung in den grundsätzlichen Annahmen über Entwicklung, insbesondere im Jugend- und Erwachsenenalter. So wird zunehmend der Aspekt der Selbstregulation, also des eigenen Bemühens um Entwicklungsziele, hervorgehoben (*Lerner & Busch-Rossnagel* 1981; *Brandtstädter* 1984; *Silbereisen & Eyferth* 1986). Der Untersuchung von Entwicklungsorientierungen und deren Veränderung über die Lebensspanne kommt hierbei große Bedeutung zu, wie dies auch in unserem Modell der Entwicklung des Problemverhaltens vorausgesetzt wurde.

Ungeachtet der Schlüsselrolle von Entwicklungsorientierungen ist die Literatur zu diesem Thema spärlich. Schränkt man auf Ansätze ein, die unserem Vorgehen ähnlich sind, so wären beispielsweise *Oerter* (1984) zu naiven Theorien über berufliche Entwicklung, oder *Dreher* und *Dreher* (1984) zur subjektiven Einschätzung des Entwicklungsstands zu nennen. Es gibt freilich inhaltlich verwandte Ansätze, etwa in der Forschung zu Zukunftsorientierungen (vgl. *Trommsdorff* 1986). Im wesentlichen handelt es sich aber um ein Konzept, das in unserer Forschungsgruppe entwickelt wurde.

2.1   Methode

Im Berliner Jugendlängsschnitt werden auch ausländische Jugendliche und ihre Familien, entsprechend dem Anteil an der Schülerpopulation der Stadt, einbezogen. Untersucht wird im folgenden je eine *Stichprobe* deutscher und türkischer Jugendlicher, die nach Alter, Geschlecht und Schultyp parallelisiert wurden und deren Familien zudem vergleichbar waren hinsichtlich Bildung, beruflicher Tätigkeit und Einkommen; es wurden nur vollständige Familien in die Analysen einbezogen.[4]

In der Erhebung 1984, der dritten Welle des Längsschnitts, nahmen 110 türkische Jugendliche teil. Wegen Sprachschwierigkeiten und fehlenden Daten verminderte sich die Zahl auf 77. Jene 53 Fälle, in denen außerdem die Familien teilnahmen, bildeten die Grundlage für frühere Berichte über Unterschiede in der familiären Entscheidungsstruktur türkischer und deutscher Familien (*Schönpflug, Silbereisen & Schulz,* im Druck).

Den verschiedenen Analysen, die in diesem Beitrag verarbeitet werden, lag jeweils der größtmögliche Stichprobenumfang zugrunde. Wenn die Merkmale nur bei den Jugendlichen erfaßt wurden, sind es 77; wird außerdem auf Angaben der Eltern Bezug genommen, vermindert sich der Umfang auf 53.

Die Befragungen zu *Entwicklungsorientierungen* fanden – wie auch alle weiteren Erhebungen – im Klassenverband in der Schule statt. Die Schüler füllten einen Fragebogen in deutscher Sprache aus, in dem nach der Bedeutsamkeit von thematisch unterschiedlichen Entwicklungsbereichen gefragt wird. Für jeden Bereich wurde zunächst auf einer dreistufigen Skala erhoben, wie wichtig oder dringlich[5] eine bestimmte Entwicklungsperspektive, etwa „auf eigenen Beinen stehen", für die Jugendlichen ist; anschließend schätzten sie ihren eigenen Entwicklungsstand in dem angesprochenen Bereich ein. Im einzelnen wurden folgende Entwicklungsbereiche in die Analyse einbezogen: Freundesgruppe haben (Peerintegration), Selbständigwerden (Autonomie), ein Kind erziehen können (Familie), ein politisch mündiger Bürger werden (Politik), auf einen Beruf gut vorbereitet sein (Beruf), feste(n) Freundin bzw. Freund haben (gegengeschlechtliche Partnerschaft). Der Wortlaut und die Antwortkategorien sind im Anhang zusammengestellt.

An anderer Stelle (*Silbereisen & Noack,* im Druck c) haben wir über bisherige Befunde berichtet, die sich dieses Verfahrens bedienen.

---

[4] Die türkische Stichprobe (N = 77) besteht zu 58% Mädchen und 42% Jungen. Sie sind zwischen 12 und 19 Jahre alt; der Altersdurchschnitt liegt bei 14 Jahren. Unter den Jugendlichen besuchen 12% die Hauptschule, 12% die Realschule, 19% das Gymnasium, 44% die Gesamtschule und 13% Sonderschulen. Der Anteil an Kurden ist gering (9%); 90% gehören dem islamischen Glauben an. Nur 9% nehmen außerhalb des regulären Schulbetriebs noch an nationalem oder Religionsunterricht teil. Die jungen Türken leben im Durchschnitt seit etwa 7 1/2 Jahren in Berlin oder der Bundesrepublik; 80% sind in der Türkei geboren und besuchten dort auch einige Zeit die Grundschule (im Durchschnitt etwa 4 Jahre). In allen Fragen nach der Art der Peerkontakte ergab sich ein ausgewogenes Verhältnis der Bevorzugung von inter- und intraethnischen Gleichaltrigen.

Die Familien, in denen die türkischen Jugendlichen aufwachsen, sind Arbeitsmigranten der ersten und zweiten Generation, die weitgehend aus ländlichen Gegenden um das Marmarameer, teils mit Zwischenaufenthalten in größeren Städten, nach Berlin oder in die Bundesrepublik ausgewandert waren. Ihr Durchschnittseinkommen beträgt 2400,– DM; 60% der Mütter sind erwerbstätig, 3% der Väter sind arbeitslos. Die Eltern lebten zum Zeitpunkt der Befragung etwa 10 Jahre in Berlin oder der Bundesrepublik.

Die deutsche Stichprobe (N = 53) entsprach in den Merkmalen Geschlecht, Alter und Schultyp sowie den genannten Familienmerkmalen der türkischen Gruppe. Die deutschen Jugendlichen geben fast ausschließlich als besten Freund oder Freundin andere deutsche Jugendliche an.

[5] Die Begriffe „wichtig" und „dringlich" werden in Anlehnung an *Dörner* (1983) verwendet.

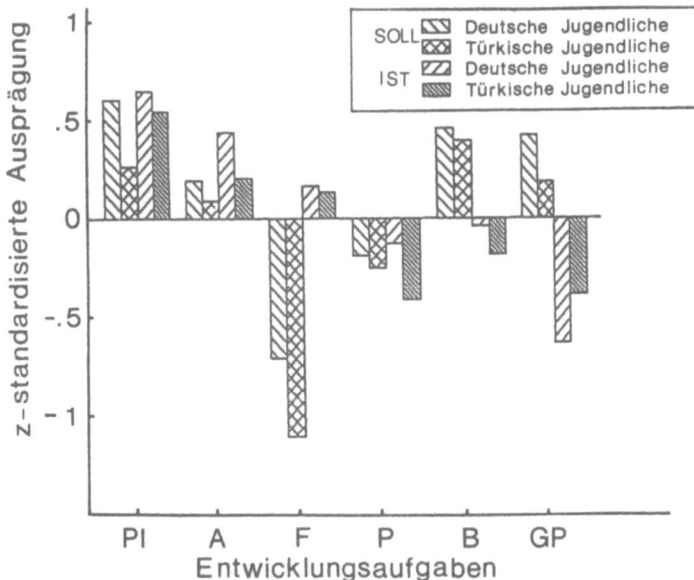

Abb. 2 Entwicklungsstand (Ist) und Zukunftsperspektive (Soll) bei deutschen und türkischen Jugendlichen in Berlin (West). Dargestellt ist die relative Ausprägung (Originalskala 3stufig, z-standardisiert getrennt nach Nationalität) in den Bereichen Peer-Integration (P), Autonomie (A), Aufbau einer Familie (F), Politik (P), Berufsvorbereitung (B) und gegengeschlechtliche Partnerschaft (GP)

2.2   Ergebnisse

In Abb. 2 sind die Unterschiede zwischen Entwicklungsstand und Entwicklungsperspektive für die sechs Entwicklungsbereiche dargestellt. Um die relative Bedeutung eines Bereichs im Gesamt aller auszudrücken, wurden die Daten der Jugendlichen z-standardisiert, und zwar für die Aspekte Stand (IST) und Perspektive (SOLL) getrennt, aber für beide Nationalitäten gemeinsam. Die Verteilungsmomente waren bei deutschen und türkischen Jugendlichen nicht sehr verschieden (Entwicklungsperspektive: $M = 2.23$, $SD = .31$ bzw. $M = 2.09$, $SD = .34$; Entwicklungsstand: $M = 1.85$, $SD = .34$ bzw. $M = 1.77$, $SD = .35$).

Das Verhältnis zu Gleichaltrigen zeichnet sich dadurch aus, daß der gegenwärtige Stand und die Orientierung für künftige Veränderungen in vergleichbarem Ausmaß vom Durchschnitt der Gesamtheit aller abweichen. Anders ausgedrückt ist dies eine Domäne, die im untersuchten Altersbereich durch Stabilität ausgezeichnet ist. In dieser Hinsicht vergleichbar, wenn auch im Gesamtniveau unter dem Durchschnitt, ist der Bereich Politik. Der Aufbau einer eigenen Familie ist, wie nicht anders zu erwarten, hinsichtlich der Wünschbarkeit für die nahe Zukunft weit unterdurchschnittlich.

Die Berufsfindung und der Aufbau gegengeschlechtlicher Partnerschaft sind Entwicklungsbereiche mit unausgeglichenem Verhältnis von eigenen Wünschen und Entwicklungsstand. Während im ersten Fall die gegenwärtige Situation im Durchschnitt aller Aufgaben liegt, ist die Zukunft durch relativ stark ausgeprägte Wünsche gekennzeichnet. Genauso sieht es mit der Zukunftsperspektive bei Partnerschaft aus. Der Entwicklungsstand hingegen liegt weit darunter. Freundschaften mit dem anderen Geschlecht sind also ein Bereich, der sich durch großen „Entwicklungsdruck" (*Silbereisen* 1983) auszeichnet.

Differentielle Gesichtspunkte. Die bisherige Darstellung gab lediglich einen Überblick. Der Einfluß der Nationalität ebenso wie mögliche Unterschiede zwischen Altersgruppen oder den Geschlechtern, blieben unberücksichtigt. Die folgenden Auswertungen holen dies nach. Sie erfolgten mittels univariater Varianzanalysen, wobei die Entwicklungsbereiche als Meßwiederholungsfaktor einbezogen wurden. Als weitere Klassifikationsvariablen wurden Geschlecht und Alter (jünger als 14 Jahre, 14 bis unter 16, 16 und älter) sowie die Nationalität – nach Überprüfung der Varianzhomogenität – berücksichtigt. Die Auswertung erfolgte getrennt für die Entwicklungsperspektive, den Entwicklungsstand sowie die numerische Differenz beider.

Auffallend ist zunächst, daß ein deutlicher Unterschied in den Effekten zwischen den drei abhängigen Variablen besteht. Beim *Entwicklungsstand* finden sich – zusätzlich zum Unterschied zwischen den Entwicklungsbereichen (Meßwiederholungsfaktor; $F = 20.69$, $p < .001$), der im wesentlichen darstellt, was durch die Auswahl der Bereiche angestrebt wurde – Unterschiede der Altersgruppen ($F = 7.88$, $p < .001$) sowie eine signifikante Wechselwirkung Geschlecht × Entwicklungsbereich ($F = 2.79$, $p < .05$). Im Bereich Politik ist es so, daß die Jungen ein stärkeres Engagement berichten als die Mädchen, während sich bei gegengeschlechtlicher Partnerschaft die Mädchen weiter entwickelt einschätzen.

Für die *Entwicklungsperspektive* ergibt sich nicht nur zusätzlich ein Haupteffekt der Nationalität ($F = 4.76$, $p < .05$), die außerdem in Wechselwirkung mit dem jeweiligen Entwicklungsbereich steht ($F = 2.29$, $p < .05$). Hinzu kommen noch Tripleinteraktionen zwischen Geschlecht, Entwicklungsbereich und Nationalität bzw. Altersgruppe ($F = 3.09$, $p < .01$; $F = 1.98$, $p < .05$).

Vermerkt sei, daß die Auswertung der *Differenz* beider Aspekte im wesentlichen Unterschiede zwischen den Bereichen ($F = 40.30$, $p < .001$) und zusätzlich deren Wechselwirkung mit der Nationalität ($F = 2.85$, $p < .05$) zeigte. Dies läßt sich in Abb. 2 daran erkennen, daß die Differenzen zwischen Stand und Perspektive der Entwicklung im Vergleich türkischer und deutscher Jugendlicher teils größer (Peer-Integration, Familie), teils kleiner (Autonomie, gegengeschlechtliche Partnerschaft) sind.

Was können wir festhalten? Berufsfindung und Partnerschaft sind offenbar jene Bereiche, die sich durch die größte Differenz zwischen Stand und Perspektive der Entwicklung auszeichnen. Dies fand sich auch in der deutschen Gesamtstichprobe (*Silbereisen & Noack*, im Druck c). In den Einschätzungen des Entwicklungsstands äußern sich generell mehr Gemeinsamkeiten über Alter, Geschlecht und Nationalität hinweg als bei den Wünschen für die Zukunft. Sie sind im Spiegel dieser Bedingungen weit differenzierter und drücken wohl Unterschiede in normativen Einflüssen des sozialen Umfeldes aus. Ob die Jugendlichen diese Perspektiven tatsächlich in ihrer Entwicklung umsetzen werden, können erst künftige längsschnittliche Auswertungen zeigen. Weiterhin bleibt festzuhalten, daß sich die Entwicklungsdiskrepanzen der jungen Türken bereichsspezifisch von denen der deutschen unterscheiden, ohne aber zu einem unterschiedlichen Gesamtdurchschnitt zu führen.

Nachdem nun etwas deutlicher ist, welche Entwicklungsthemen und damit auch welche potentiellen Schwierigkeiten für die Jugendlichen zentral sind, wenden wir uns der Akkulturation, einer weiteren Variable unseres Modells, zu. Die Ideen zur methodischen Umsetzung wurden in der Forschungsgruppe des Berliner Jugendlängsschnitts entwickelt.

3 Akkulturation und Problemverhalten

Wir hatten bereits darauf hingewiesen, daß sich Untersuchungen zur Prävalenz des Alkoholgebrauchs über die Lebensspanne überwiegend auf solche westlichen Industrieländer beziehen, in denen Alkohol ein fester Bestandteil der Lebensform ist (*Johnston & Harrison* 1984). Forscher wie *Jessor* (1986) oder *Labouvie* (1986) vertreten die Auffassung, daß Alkoholgebrauch unter solchen Umständen selbst als Entwicklungsaufgabe für Jugendliche zu verstehen sei, da sich hiermit Verhaltensspielräume und Vorrechte von Erwachsenen aneignen ließen, die beispielsweise im gesetzlich festgelegten Mindestalter für den Konsum zum Ausdruck kommen.

Studien zur Akkulturation Jugendlicher beim Übergang zwischen Kulturen stellen für solch eine Konzeption eine wichtige Bewährungsprobe dar; erst recht dann, wenn sich die Prävalenzen des Substanzgebrauchs zwischen Herkunfts- und Gastland beträchtlich unterscheiden. Dies ist mit Sicherheit der Fall, wenn deutsche und türkische Jugendliche in Berlin verglichen werden, denn im traditionellen türkischen Umfeld, verstärkt noch durch die ethnische Verdichtung in den Wohngebieten, bestehen religiös verankerte Vorbehalte gegen Alkoholgebrauch (*Bosworth, vam Donzel, Lews & Pellat* 1978, S. 994–997). Daten des Berliner Jugendlängsschnitts zeigten denn auch einen im Durchschnitt geringeren Konsum türkischer Jugendlicher, und zwar im Vergleich zu deutschen ebenso wie zu anderen ausländischen Jugendlichen (*Kastner* 1984).[6]

In einer früheren Untersuchung (*Bineytioglu* 1986; vgl. *Silbereisen & Noack*, im Druck b) einer Gruppe türkischer Jugendlicher haben wir geprüft, ob sich Unterschiede in der Gebrauchshäufigkeit von Alkohol eher durch die Orientierung an der deutschen Kultur erklären lassen, als es beim Nikotinkonsum der Fall ist. Für diese

---

[6] Die Erhebungen des Berliner Jugendlängsschnitts aus den Jahren 1982 und 1983 ergaben für die hier interessierende Gruppe der 14- bis 15jährigen deutschen Jugendlichen eine durchschnittliche Jahresintensität des Alkoholkonsums (Bier und Wein) von $M = 1.32$ und für die türkischen Jugendlichen von $M = .68$. Auf der fünfstufigen Antwortskala bedeutet der Wert 0 = ausprobiert, 1 = seltener, 2 = gelegentlich, 3 = häufiger, 4 = sehr häufiger Gebrauch. Die Jahresprävalenz beträgt 80,3% für die deutschen und 45,5% für die türkischen Jugendlichen.

Annahme spricht, daß in der Einstellung zum Rauchen keine grundsätzlichen Unterschiede zwischen den beiden Kulturen bestehen.

Die kulturelle Orientierung wurde durch einen Index erfaßt, in den die sozialräumliche Integration im Wohngebiet, die Kenntnis der deutschen Sprache und die Lockerung religiöser Bindungen an den Islam sowie die positive Einstellung Deutschen gegenüber eingingen. Dies sind Sachverhalte, die nach *Bochner* (1982) die Besonderheit des Kulturkontakts zwischen Migranten und Angehörigen des Gastlandes ausmachen. Im Verständnis von *Yinger* (1985) erfassen wir mit diesem Index voneinander abhebbare, wenn auch korrelierte Aspekte von Assimilation, wie er die Veränderungen beim Kontakt zwischen Kulturen nennt: Integration, Akkulturation und Identifikation.

Mit schrittweisen Regressionsanalysen konnte gezeigt werden, daß nach dem Alter, dem ohnehin gewichtigsten Prädiktor für Alkohol, die kulturelle Orientierung von vergleichbar großer Bedeutung ist ($R = .49$ auf $R = .70$). Beim Rauchen hingegen wird die durch das Alter allein erreichte Prädiktion bestenfalls gesteigert, wenn ein Maß für Selbstunsicherheit einbezogen wird ($R = .71$ auf $R = .75$). Wer also als türkischer Jugendlicher raucht, zeigt vor allem ein alterstypisches Verhalten. Wer indessen Bier trinkt, bringt seine Anpassung an die deutsche Lebensform zum Ausdruck.

Die in diese frühere Studie einbezogenen Variablen berücksichtigen die besondere Lebenslage Jugendlicher nicht. Sie war der Ausgangspunkt für die folgenden Analysen, bei denen Akkulturation in bezug auf die Teilhabe an der Jugendkultur bestimmt wurde. Hierunter verstehen wir eine altersspezifische Teilkultur innerhalb des Gesamtgefüges des kulturellen Kontextes (vgl. *Baacke* 1987). Während im allgemeinen kulturelle Inhalte an einen geographischen Ort gebunden sind, scheint Jugendkultur weitgehend international zu sein, soweit es sich um allgemeine Stilrichtungen handelt. Darüber hinaus lassen sich aber lokale jugendkulturelle Inhalte und Ausdrucksmittel ausmachen. Das besondere an Jugendkultur ist weiterhin der Umstand, daß es sich weitgehend um eine Geschmackskultur (*Lewis* 1981) handelt.

Wir wollen diesen Aspekt von Akkulturation durch das Ausmaß erfassen, in dem die Präferenzen türkischer und deutscher Jugendlicher hinsichtlich jugendkultureller Inhalte und Ausdrucksmittel übereinstimmen. Solche Übereinstimmungen können beispielsweise im Bereich der Musik, der Jugendzeitschriften, der Filme oder der bevorzugten Fernsehsendungen liegen. Bei dieser Festlegung ist uns klar, daß weitere Aspekte von Akkulturation im Sinne der Orientierung an Werten und Gebräuchen nicht berücksichtigt sind; andererseits werden wichtige Inhalte jugendlichen Lebensstils erfaßt.

Im Falle ausländischer Jugendlicher der zweiten Migrantengeneration bedeutet Partizipation an Jugendkultur gleichzeitig die Lösung von der vorwiegend durch die Eltern vermittelten Herkunftskultur. Bindung an die Eltern im Sinne einer hohen Wertschätzung des Urteils über das Verhalten ihrer Kinder könnte deshalb ein Gegengewicht gegen Akkulturation als Übernahme jugendkultureller Geschmackspräferenzen darstellen. Umgekehrt könnte Bindung an Gleichaltrige einen weiteren Risikofaktor darstellen. Für die Akkulturation im Sinne der Teilhabe an der Jugendkultur erwarten wir einen Zusammenhang mit der Entwicklung von Problemverhalten. Ein wichtiger, wenn auch nicht ausschließlicher Grund liegt darin, daß die Beziehungen zwischen Eltern und Kindern durch einen für die Migrationssituation typischen Konflikt zwischen den Generationen verschärft werden können (*Szapoznik & Kurtines* 1980). In solchen Konflikten drücken sich Spannungen zwischen den unterschiedlich weit akkulturierten Eltern und Kindern der ersten und zweiten Migrantengeneration aus: Einstellungs- und Normenkonflikte zwischen Eltern und ihren Kindern spiegeln zugleich Diskrepanzen im Werte- und Normensystem der beteiligten Kulturen wider, der Herkunftskultur der Arbeitsmigranten und derjenigen des Gastlandes.

Für die Gruppe der jugendlichen Migranten muß mit Geschlechtsunterschieden gerechnet werden. Da türkischen Mädchen nach den Normen ihrer Herkunftskultur weniger Bewegungsspielraum zugestanden wird, beschränken sich ihre Kontakte mit Gleichaltrigen in der Freizeit auf Kontakte mit Freundinnen, die weitgehend zu Hause stattfinden (*Sastimdur* 1985). Wer sich als Mädchen dennoch am Geschmack deutscher Jugendlicher orientiert, steht deshalb unter einem besonderen Risiko. Bei Jungen hingegen, die ohnehin mehr Freiheiten haben, wäre ein Zusammenhang zur Entwicklung von Problemverhalten eher dann zu erwarten, wenn sie bei der Umsetzung ihrer jugendkulturellen Orientierung in Schwierigkeiten geraten, etwa wegen der Diskriminierung durch die deutsche Umwelt.

3.1 Methode

Die *Teilhabe an der Jugendkultur* erfaßt Übereinstimmungen in der Bevorzugung jugendkultureller Inhalte. Der individuelle Wert für einen türkischen Jugendlichen ist die Summe aus insgesamt 13 möglichen Übereinstimmungen mit den Nennungen deutscher Jugendlicher hinsichtlich bevorzugter Musik, Gruppe, Interpret(in), Film, Filmschauspieler(in), Jugendschriftsteller(in), Radiosendung, Jugendzeitschrift und Vorbild einer bekannten Persönlichkeit. Den Bezugspunkt stellen die etwa 1400 am Berliner Jugendlängsschnitt teilnehmenden deutschen Jugendlichen dar. Als übereinstimmend wurden alle Angaben gewertet, die unter den jeweils 10 häufigsten Nennungen der deutschen Jugendlichen auftauchten. Die Konsistenz des Indexes beträgt Cronbachs *Alpha* = .73; der Median liegt bei 4.5.[7] Der Index korreliert erwartungsgemäß negativ mit Merkmalen wie der Dauer des Schulbesuchs in der Türkei und der Häufigkeit von Urlaubsreisen ins Herkunftsland; positiv mit der Dauer des Schulbesuchs in Regelklas-

---

[7]Bei der Bestimmung der Jugendkultur-Variable für die deutsche Stichprobe nehmen wir eine Ungenauigkeit in Kauf, da die insgesamt 53 Jugendlichen in der Gesamtstichprobe von etwa 1400 Jugendlichen enthalten sind, deren Antworten als Bezugsgröße dienen. Die Gründe für die Reduzierung des Stichprobenumfangs werden im folgenden Abschnitt genauer beschrieben. Für die ebenfalls auf 53 verminderte türkische Stichprobe gelten die für die größere Gruppe berichteten Befunde.

sen einer Berliner Schule und Aussagen über die Eltern wie „fördern meine deutschen Freundschaften".

Die *Peerbindung* wurde durch sechs Items erfaßt, in denen nach der Bedeutsamkeit von gleich- und gegengeschlechtlichen Gleichaltrigen für die Bewertung des eigenen Handelns gefragt wurde. Zu den Aussagen, „Wie kannst Du bloß so gemein sein!", „Das hast Du aber toll gemacht!" und „Du scherst Dich nie darum, was erlaubt ist!" wurden die Jugendlichen jeweils gefragt, wie wichtig (0–3) es für sie ist, wenn Freund oder Freundin ein solches Urteil abgeben. Die Konsistenz beträgt *Alpha* = .82. Die *Elternbindung* wurde analog erfaßt, indem zu den gleichen Aussagen gefragt wurde, wie wichtig es ist, wenn Vater oder Mutter eine solche Bewertung äußern. Die Konsistenz beträgt auch hier *Alpha* = .82.

Als Problemverhalten werden einerseits Nikotinkonsum (Zigarettenrauchen) und Alkoholgebrauch (Trinken von Bier oder Wein), andererseits die Transgressionsbereitschaft, also die Neigung zu normübertretendem Verhalten, erfaßt. Zur Ermittlung der Häufigkeit des *Substanzgebrauchs* im Jahr vor der Befragung wurde eine Skala verwendet, deren Nullpunkt „noch nie" (0) und deren höchste Ausprägung „sehr häufig im letzten Jahr" (6) bedeutet. Die Angaben zum Substanzgebrauch wurden zur Auswertung Quadratwurzel-transformiert, um eine stärkere Symmetrie der Verteilung zu erreichen.

Da Alkoholgebrauch bei einer Stichprobe erfaßt wird, deren kulturelle Orientierung diesem Verhalten entgegensteht, ist die Frage, ob die von den Jugendlichen erhaltenen Angaben glaubwürdig sind. Da wir dies an den vorliegenden Daten nicht entscheiden können, müssen Belege aus anderen Untersuchungen genügen. Wie jüngst *Mensch* und *Kandel* (1988) berichteten, neigen bei sozial negativ sanktionierten Substanzen vor allem gelegentliche Konsumenten zur Unterschätzung, während den Angaben regelmäßiger Konsumenten über ihre Gebrauchsmuster vertraut werden kann. So betrachtet können wir also eine Überschätzung des Anteils der Abstinenten nicht ausschließen. Andererseits sollte nicht vergessen werden, daß üblicherweise bei Nikotin und Alkohol kaum Verzerrungen auftreten, wie der Vergleich von Selbstangaben mit den Befunden physiologischer Messungen (vgl. *Semmer* et al. 1987 hinsichtlich Kohlenmonoxid in der Ausatemluft und Thiocyanat im Serum von Rauchern) bzw. die Konsistenz verschiedener Selbstangaben Jugendlicher zeigen (*O'Malley, Bachman & Johnston* 1983).

Die Skala zur *Transgressionsbereitschaft* wurde bereits in mehreren Untersuchungen an der deutschen Stichprobe des Berliner Jugendlängsschnitts verwendet. Sie besteht aus vier Items: „Ich kann mir vorstellen, daß ich mal was klauen würde", „Manchmal macht es mir Spaß, jemanden anzulügen", „Häufig finde ich die Regeln und Gesetze der Erwachsenen schlecht und ich habe auch keine Lust, mich immer daran zu halten", sowie „Manchmal habe ich richtig Lust, etwas Verbotenes zu tun." Erfaßt wurde die Zustimmung (0–3). Die Konsistenz beträgt allerdings nur *Alpha* = .60 für die deutsche und *Alpha* = .61 für die türkische Stichprobe. Dies scheint

Tab. 1 Multiple Regression auf Jahresintensität von Alkohol- und Nikotingebrauch[a] bzw. Transgressionsbereitschaft bei türkischen Jugendlichen (N = 77)

Prädiktoren	Alkohol		Nikotin		Transgression	
	r	beta	r	beta	r	beta
Alter	−.02	−.08	.03	.04	−.03	−.04
Geschlecht	.08	.06	−.06	−.08	−.18	−.23*
Akkulturation[b]	.14	.13	.01	.02	.16	.19+
Peerbindung	.23	.28*	.09	.15	.25	.34**
Elternbindung	−.04	−.13	−.11	−.20	−.12	−.30**
Gesamt R		.31		.20		.44
R^2		.10		.04		.19
p		−		−		.01

[a]Quadratwurzel-Transformation; Trinken von Bier oder Wein bei Alkohol, Rauchen von Zigaretten bei Nikotin; b Partizipation an jugendkultureller Orientierung deutscher Gleichaltrige; Erläuterungen im Text.
+ $p < .10$, * $p < .05$, ** $p < .01$

weniger eine Frage der Stichprobenzusammensetzung denn der Skala zu sein, da sich auch in der Gesamtgruppe des Berliner Jugendlängsschnitts eine niedrige Konsistenz für Transgressionsbereitschaft findet.

3.2 Ergebnisse

Mit den Prädiktoren Alter, Geschlecht, Teilhabe an der Jugendkultur, Peerbindung und Elternbindung wurden Regressionsanalysen gerechnet, und zwar getrennt für Alkohol- bzw. Nikotingebrauch und Transgressionsbereitschaft. Im folgenden werden zunächst Analysen für die Gesamtgruppe mitgeteilt.

Gesamtgruppe. Wie in Tab. 1 ersichtlich, sind die multiplen Korrelationen weder bei Alkohol- noch bei Nikotingebrauch signifikant; Vorhersagen für die Gesamtstichprobe der türkischen Jugendlichen sind also nicht möglich. Immerhin deutet sich aber bei der Peerbindung ein Zusammenhang zur Intensität des Trinkens an.

Die Bedeutungslosigkeit der Teilhabe an der Jugendkultur mag zunächst überraschen. Es besteht jedoch kein Widerspruch zu den früheren Befunden, weil Akkulturation in den beiden Untersuchungsansätzen unterschiedlich verstanden wird. In den früher genannten Index gingen Aspekte wie Beherrschung der deutschen Sprache, Religiosität, Integration in intraethnische Umgebung und Einstellung gegenüber Deutschen ein. Hier aber handelt es sich um die Ähnlichkeit der Geschmacksrichtungen türkischer Jugendlicher mit deutschen Altersgleichen, was beispielsweise den Lieblingsfilm anbelangt. Solche Orientierungen tragen also, anders als erwartet, nicht schon von sich aus das Risiko häufigeren Rauchens oder Trinkens in sich.

Die Ergebnisse für das Merkmal *Transgressionsbereitschaft* unterscheiden sich hiervon. Wie nach früheren Studien (vgl. *Patterson & Dishion*, im Druck zu erwarten war, stehen die Peerbindung in einer positiven (*beta* = .34, $p < .01$), die Elternbindung in einer negativen Beziehung (*beta* = –.30, $p = < .01$) zur Transgressionsbereitschaft. Da die beiden Merkmale selbst positiv korreliert sind ($r = .39$, $p < .01$), kann man nicht von einem Gegensatz in den Orientierungen selbst ausgehen. Weiterhin bestätigt sich auch für türkische Jugendliche die bekannt niedrigere Transgressionsbereitschaft von Mädchen (*beta* = –.23, $p < .05$), wobei allerdings daran erinnert werden sollte, daß es nicht um manifestes Verhalten geht. Die multiple Korrelation ist signifikant ($R = .44$, $p < .01$). Die Teilhabe an der Jugendkultur zeigt eine positive Beziehung zur Transgressionsbereitschaft, die allerdings die Signifikanzgrenze verpaßt.

Geschlechtsunterschiede. Entsprechend den Hypothesen wurden die Auswertungen ursprünglich nach Geschlechtern getrennt durchgeführt. Was den Substanzgebrauch anbelangt, sind keine wesentlichen Unterschiede zur Gesamtstichprobe zu vermerken. Anders steht es mit der Transgressionsbereitschaft. Hier scheint das Geschlecht als Moderatorvariable zu wirken. Die Teilhabe an der Jugendkultur weist bei Mädchen einen deutlichen Zusammenhang mit Transgressionsbereitschaft auf (*beta* = .37, $p < .01$), während die Ergebnisse für Peerbindung (*beta* = .34, $p < .03$) und Elternbindung (*beta* = –.43, $p < .01$) vergleichbar zur Gesamtstichprobe sind. Die multiple Korrelation beträgt $R = .44$ ($p < .01$). Bei Jungen hingegen zeigt nur die Peerbindung einen signifikanten Effekt auf die Transgressionsneigung (*beta* = .40, $p < .01$; $R = .37$, n.s.).

Nur bei den jungen Türkinnen wird also unsere Erwartung bestätigt: die gleichen Vorlieben wie deutsche Jugendliche entwickelt zu haben, korrespondiert mit einer Bereitschaft zur Übertretung solcher Normen, die in beiden Kulturen gleichermaßen verbindlich sein dürften. Wir sollten allerdings nicht vergessen, daß die Daten nicht sagen können, was Anlaß und was Folge ist. Die Akkulturation der Mädchen könnte ja auch die Folge einer erhöhten Transgressionsbereitschaft sein.

Da sich bei beiden Geschlechtern sowohl die Peerbindung wie die Elternbindung so verhalten, wie es erwartet wurde, liegt der kulturelle Unterschied in der Teilhabe an der Jugendkultur als Risikofaktor für weibliche Jugendliche. Gegen diese Einschätzung könnte eingewandt werden, daß es sich weniger um eine Besonderheit türkischer Jugendlicher handelt, denn um die Auswirkungen einer bestimmten Lebenslage: vergleichsweise geringe Bildung, ungünstige Berufsaussichten oder niedriger sozioökonomischer Status des Elternhauses. Unsere Daten erlauben eine Antwort, weil die parallele deutsche Stichprobe zusätzlich betrachtet wurde, wie dies bereits bei den Befunden zu Ziel und Stand der Entwicklung geschehen war. Auch für diese Jugendlichen läßt sich nämlich Teilhabe an der Jugendkultur bestimmen.

Bei den deutschen Jugendlichen ergab sich indessen keinerlei Effekt, auch nicht bei Peer- und Elternbindung. Wir haben deshalb auch auf eine Tabelle verzichtet. Der für die türkischen Jugendlichen so bezeichnende Geschlechtsunterschied war nicht einmal andeutungsweise gegeben. Das gilt, obwohl praktisch kein Unterschied in der

Teilhabe an der Jugendkultur (türkische Jugendliche M = 5.0, deutsche Jugendliche M = 4.5) besteht. Allerdings ist zu bedenken, daß es sich hierbei notwendigerweise – verglichen mit den entsprechenden Jahrgängen deutscher Jugendlicher – um eine einseitige Auswahl handelt.

4   Entwicklungsorientierungen und Problemverhalten

Die vorausgegangene Darstellung hat nur einzelne Ausschnitte unseres Modells zur Entwicklung des Problemverhaltens (vgl. Abb. 1) berücksichtigt. Was bislang fehlt, ist die gemeinsame Analyse des Wechselspiels zwischen Entwicklungsschwierigkeiten, Aufsicht seitens der Eltern, Selbstwert, Teilhabe an der Jugendkultur und Problemverhalten. Sie soll mittels Pfadanalyse erfolgen. Zuvor sind aber ein paar Anmerkungen zum Verständnis von Entwicklungsschwierigkeiten notwendig.

Wenn ein Jugendlicher zeitweise Diskrepanzen zwischen seinem Entwicklungsstand und der erhofften Zukunftsperspektive erlebt, etwa im Bereich gegengeschlechtlicher Partnerschaft, so muß dies noch keinen Kontrollverlust über die eigene Entwicklung anzeigen. Die Lage wäre anders einzuschätzen, wenn sich ein Mißverhältnis über eine längere Zeit hält. In solchen Fällen sprechen wir von Entwicklungsschwierigkeiten. *Silbereisen* und *Noack* (im Druck c) haben über mehrere Untersuchungen an der deutschen Stichprobe des Berliner Jugendlängsschnitts berichtet, in denen das Verhältnis zwischen Stand und Perspektive hinsichtlich seiner Auswirkungen auf das Selbstwertgefühl genauer betrachtet wurde. Für Entwicklungen im Bereich gegengeschlechtlicher Partnerschaft zeigte sich, daß jene an Selbstwert erheblich zulegten, die über ein Jahr ihre Wünsche erfüllen konnten. Wem dies nicht gelang, zeigte zwar auch einen etwas positiveren Selbstwert, wie dies für die mittlere Adoleszenz ohnehin üblich ist (*O'Malley & Bachman* 1983); das Ausmaß war aber überhaupt nicht mit Veränderungen jener Jugendlichen zu vergleichen, die eine Beziehung aufbauen konnten.

Interessant in unserem kulturvergleichenden Zusammenhang ist ein weiteres Ergebnis. Wer in diesem Sinne zu den Glücklichen zählte, berichtete auch einen Zuwachs im Alkoholkonsum. Dies macht Sinn, wenn man an die Orte gemeinsamer Freizeitbeschäftigung wie Diskotheken denkt und was dort an Aufforderungsgehalten bereitsteht (*Silbereisen & Noack*, im Druck a). Sicherlich hat dies einen anderen psychischen Hintergrund als das Trinken jener, die wiederholt ihre eigenen Entwicklungsansprüche nicht befriedigen konnten und schließlich resignierten.

Wir wollen solchen Fragen im folgenden im Vergleich der beiden Gruppen deutscher und türkischer Jugendlicher nachgehen. Wegen des geringen Umfangs der Stichproben war es allerdings nicht möglich, Entwicklungsschwierigkeiten wie in den früheren Untersuchungen zu bestimmen. Statt längere Zeit anhaltende Differenzen zwischen Soll und Ist in einem Bereich wie dem der Partnerschaft zu betrachten, soll die Summe der Differenzen in mehreren Entwicklungsbereichen zu einem Zeitpunkt erhoben werden. Da es sich hier durchaus um momentane Abweichungen handeln kann, die nicht von Dauer sein müssen, sollte auch besser der Begriff Schwierigkeiten vermieden werden. Die Diskrepanz kann so gedeutet werden, daß höhere Werte mehr Anforderungen bzw. Ansprüche, womöglich auch in mehreren Bereichen zugleich, signalisieren. Wir sprechen deshalb von „Entwicklungsdruck" (*Silbereisen* 1983).

Allerdings, dies sei vorweggenommen, deuten negative Korrelationen der Selbstwertskala mit der summierten Diskrepanz zwischen Entwicklungsperspektiven und Entwicklungsstand an, daß die erlebte Kluft in den einzelnen Entwicklungsaufgaben als Beeinträchtigung verarbeitet wird. Ein ähnlicher Zusammenhang fand sich in der früher erwähnten Arbeit von *Simmons* et al. (1987) zu negativen Auswirkungen einer zu großen Anzahl von gleichzeitig zu bewältigenden Übergängen.

Die Analysen beziehen zwar alle Merkmalsbereiche ein, die unser Modell zum Problemverhalten enthält. Die tatsächlich erfaßten Variablen schöpfen allerdings den Bedeutungshorizont der Konstrukte nicht aus. Außerdem stammen alle Angaben von den Jugendlichen selbst.

4.1   Methode

Der Index für *Entwicklungsdruck* faßt die Diskrepanzen zwischen Entwicklungsziel und Entwicklungsstand in fünf Bereichen zusammen (vgl. Anhang): Peerintegration, Autonomie, Politik, Beruf und Partnerschaft. Diesen Entwicklungsbereichen ist gemein, daß die erhaltenen Werte im Mittel positiv sind; d.h. die Zukunftsperspektiven übertreffen den erreichten Stand.

Hier, ebenso wie bei allen weiteren Variablen, wurde zunächst mit Varianzanalysen geprüft, ob sich zwischen den Nationalitäten Unterschiede in den Mittelwerten ergeben; das Geschlecht und dessen Interaktion mit der Nationalität wurde ebenfalls einbezogen. Sollten sich die Gruppen nicht im Mittelwert unterscheiden, können Abweichungen zwischen den Untersuchungsgruppen, die sich in den späteren Regressionsanalysen ergeben, leichter als Ausdruck kultureller Unterschiede interpretiert werden.

Die durchschnittliche Diskrepanz liegt etwa bei 2.5 (türkische Jugendliche: $M = 2.47$, $SD = 1.91$; deutsche Jugendliche: $M = 2.57$, $SD = 1.61$). Da der größtmögliche Wert 10 betragen kann, zeigen diese Werte an, daß Jugendliche im allgemeinen wenig Diskrepanz zwischen der Dringlichkeit und Wichtigkeit ihrer Ziele und dem eigenen Entwicklungsstand erleben. Die Varianzanalyse zeigte keine signifikanten Effekte.

Hinsichtlich der Qualität der familiären Interaktion wird lediglich ein Aspekt thematisiert, der – wenn auch indirekt – die *Aufsicht* erfaßt. Die Jugendlichen wurden gefragt „Wie oft bist Du in der Woche abends weg von zu Hause?". Die Antwortmöglichkeiten variierten zwischen „täglich" (4) über „mehrmals in der Woche" (3), „einmal in der Woche" (2) und „selten" (1). In der Varianzanalyse ergab sich ein signifikanter Geschlechtseffekt ($F = 7.53$, $p < .01$). Die männlichen Jugendlichen haben mehr Freiheiten ($M = 2.20$, $SD = .95$) als die weiblichen ($M = 1.68$, $SD = .87$).

Der *Selbstwert* wurde durch die Zustimmung (0–3) zu vier Items erfaßt: „Manchmal wünsche ich mir, ich wäre anders"; „Ich möchte vieles an mir ändern"; „Ich glaube, daß ich nicht viel wert bin" (negativ); „Ich bin mit mir zufrieden". Die Skala zeigt eingedenk ihrer Kürze eine befriedigende Konsistenz (für die türkische Stichprobe: *Alpha* = .66, für die deutsche Stichprobe: *Alpha* = .63). Auch hier ergab die Varianzanalyse einen signifikanten Geschlechtseffekt ($F = 4.35$, $p < .05$). Der Selbstwert männlicher Jugendlicher ist höher ($M = 8.42$, $SD = 1.87$) verglichen mit dem weiblicher Jugendlicher ($M = 7.57$, $SD = 2.16$).

Teilhabe an der Jugendkultur und *Transgressionsbereitschaft* wurden wie in der zuvor berichteten Untersuchung bestimmt. Die Varianzanalyse ergab nur einen signifikanten Effekt für Transgressionsneigung: männliche Jugendliche zeigen höhere Werte ($M = 4.48$, $SD = 2.62$) als weibliche ($M = 3.26$, $SD = 2.25$). Sollten sich Unterschiede zwischen türkischen und deutschen Jugendlichen in den Beziehungen zwischen den Variablen ergeben, so ist also auch hier nicht zu befürchten, daß sie sich auf unterschiedliche Ausprägung in den Gruppen zurückführen lassen.

Beim *Alkoholgebrauch* gilt es zu bedenken, daß sich die beiden Untersuchungsgruppen hinsichtlich der Jahresprävalenz auf der früher verwendeten Skala aus verständlichen Gründen stark unterscheiden. Sinnvoll ließen sich deshalb nur die Jugendlichen vergleichen, die im letzten Jahr Alkohol wenigstens probiert hatten. Dies hätte bei der türkischen Gruppe zu einer weiteren Reduzierung auf nur noch 24 Jugendliche geführt. Deshalb wurden zwei unterschiedliche Herangehensweisen gewählt: (a) Für beide Stichproben wurde die Bereitschaft zu künftigem Alkoholgebrauch erfaßt; die entsprechende Frage lautet: „Glaubst Du, daß Du im nächsten Jahr Bier oder Wein trinken wirst?". Die Antwortmöglichkeiten lauteten „keinesfalls" (0), „wahrscheinlich nicht" (1), „vielleicht" (2), „wahrscheinlich ja" (3), „sicher" (4). In der Varianzanalyse ergab sich ein signifikanter Unterschied zwischen den Gruppen ($F = 18.44$, $p < .001$). Die türkischen Jugendlichen lagen bedeutend niedriger als die deutsche Vergleichsgruppe ($M = 1.02$, $SD = 1.22$ bzw. $M = 1.57$, $SD = 1.26$). Geschlechtsunterschiede waren nicht signifikant. (b) Für die deutsche Stichprobe wurde zusätzlich zum Vergleich der derzeitige Alkoholgebrauch wie in den früheren Analysen erfaßt. Die Korrelation zwischen den beiden Maßen beträgt $r = .50$ ($p < .001$). Bei den türkischen Jugendlichen liegt die Korrelation noch höher $r = .74$ ($p < .001$), wobei dies aber vor allem auf die große Zahl abstinenter Jugendlicher zurückzuführen ist.

4.2 Ergebnisse

Die Bestimmung der Regressionskoeffizienten für unser Pfadmodell erfolgte über mehrstufige Regressionsanalysen (vgl. *Pedhazur* 1982; *Biddle & Marlin* 1987), getrennt nach Nationalität und Alkoholgebrauch bzw. Transgressionsbereitschaft.[8] Entwicklungsdruck, mangelnde Aufsicht, Alter und Geschlecht werden als exogene Merkmale aufgefaßt. Selbstwert und Teilhabe an Jugendkultur werden als endogene Merkmale eingeführt; ihnen kommt in unserem Modell die Funktion von Mediatoren zwischen den exogenen Variablen und den uns interessierenden Zielmerkmalen Alkoholkonsum bzw. Bereitschaft zu künftigem Alkoholkonsum und Transgressionsbereitschaft zu.

In Tab. 2 sind die Korrelationen der Variablen zusammengestellt, getrennt für die türkischen und die deutschen Jugendlichen. Wie ersichtlich, bestehen in beiden Gruppen zwischen den exogenen Variablen bedeutsame Korrelationen nur zwischen Alter und Aufsicht ($r = .33$, $p < .01$) bei den deutschen, sowie Geschlecht und Aufsicht bei den türkischen Jugendlichen ($r = -.39$, $p < .01$); die vergleichbaren Werte in der jeweils anderen Gruppe sind gleichgerichtet, fallen nur etwas niedriger aus. Ältere oder männliche Jugendliche verbringen mehr Zeit ohne elterliche Aufsicht, was nicht überraschen kann.

Wie ein weiterer Blick auf die Tabelle zeigt, bestehen zwischen dem derzeitigen Gebrauch und der Erwartung, künftig Alkohol zu trinken, einige Unterschiede im Profil der Beziehungen zu den anderen Variablen. Beide Aspekte zu berücksichtigen erscheint also sinnvoll.

Im folgenden werden die Befunde der Pfadanalysen berichtet, wobei Unterschiede und Gemeinsamkeiten zwischen den Gruppen in der Reihenfolge Selbstwert, Teilhabe an der Jugendkultur, Alkoholgebrauch bzw. Transgressionsbereitschaft besprochen werden. Die Ergebnisse sind in den Tab. 3 und 4 zusammengestellt.

Selbstwert. Die im Modell erklärte Varianz ist für beide Gruppen akzeptabel, wenn auch bei den türkischen Jugendlichen mit $R^2 = .18$ ($p < .10$) schon an der Signifikanzgrenze. Vergleicht man die Koeffizienten, so deutet sich ein leichter Unterschied an: Während bei den deutschen Jugendlichen vor allem Geschlechts- und Altersunterschiede im Selbstwert hervortreten (*beta* = $-.30$, $p < .10$), ist der Selbstwert türkischer Jugendlicher um so niedriger, je größer das Ausmaß an Entwicklungsdiskrepanzen (*beta* = $-.41$, $p < .01$). Die Gemeinsamkeiten der beiden Gruppen sollten aber nicht übersehen werden: Wer beispielsweise nach eigener Einschätzung viele Entwicklungsschritte erst noch vor

---

[8]Da das Pfadmodell nicht überidentifiziert ist (vgl. *Pedhazur* 1982), sind die Analysen nur deskriptiv; Tests zur Angemessenheit des Modells sind – im Gegensatz zur Signifikanzprüfung der Pfade – nicht möglich. Wir wollten dies auch nicht durch nachträgliche Korrekturen erreichen. Die abschließende Diskussion der Ergebnisse macht aber deutlich, welche Änderungen künftig vorgenommen werden müssen.

Der Betrag eines Pfadregressionskoeffizienten gibt das erwartete Ausmaß an Veränderung in der Zielvariablen an, wenn sich der Prädiktor um eine Skaleneinheit ändert, wobei die Einflüsse anderer Prädiktoren auspartialisiert sind. Da Gruppen verglichen werden, die sich in der Varianz der Variablen unterscheiden mögen, könnten statt der üblichen standardisierten Pfadkoeffizienten auch die unstandardisierten sogenannten Pfadregressionskoeffizienten angegeben werden. Im vorliegenden Fall ergaben sich aber keine Unterschiede, die Einfluß auf die Interpretation genommen hätten; deshalb werden nur die Pfadkoeffizienten mitgeteilt.

Tab. 2 Korrelation der Merkmale bei türkischen Jugendlichen und deutscher Parallel-Gruppe

Merkmale	(1)	(2)	(3)	(4)	(5)	(6)	(7)	(8)	(9)
(1) Aufsicht	–	.23	−.39**	.15	.01	.20	.19	.26+	.44***
(2) Alter	.33**	–	−.16	.01	.09	−.09	.37*	.57***	.20+
(3) Geschlecht[a]	−.17	−.10	–	.05	−.08	.08	−.08	−.12	−.20+
(4) Entwicklungsdruck	−.07	.05	.13	–	−.41**	.14	−.16	.13	−.05
(5) Selbstwert	.07	.28*	−.35**	−.26*	–	.07	.39*	−.01	−.03
(6) Akkulturation Jugendlicher[b]	−.06	−.40**	.11	.02	.00	–	.17	.32**	.27*
(7) Alkoholgebrauch derzeit	.05	.26*	−.21+	−.31*	−.01	−.16	–	.74***	.22
(8) Alkoholgebrauch künftig	.05	.07	−.17	.05	−.07	.10	.50***	–	.20+
(9) Transgression	.11	−.14	−.29*	.11	−.25*	.05	−.04	.07	–

Korrelationen für türkische Jugendliche ($N = 53$) oberhalb, für deutsche Parallel-Gruppe ($N = 53$) unterhalb der Diagonale. Korrelationen mit derzeitigem Alkoholgebrauch beziehen sich auf $N = 24$ türkische und $N = 42$ deutsche Jugendliche, die im letzten Jahr Alkohol wenigstens probiert haben.
[a]Dummy-codiert 0 = männlich, 1 = weiblich. [b]Partizipation an jugendkulturellen Orientierungen deutscher Peers; Erläuterungen im Text.
+ $p < .10$, * $p < .05$, ** $p < .01$, *** $p < .001$

sich hat, berichtet einen geringeren Selbstwert, unabhängig von der ethnischen Zugehörigkeit.

Nur der Selbstwert türkischer Jugendlicher steht mit einem von der Person selbst beeinflußbaren Merkmal in Zusammenhang, eben den Entwicklungsdiskrepanzen. In der deutschen Vergleichsgruppe hingegen sind es Merkmale, deren Veränderungen wie beim Geschlecht nicht der Kontrolle der Jugendlichen unterliegt. Wie ist dies zu erklären? Man könnte daran denken, daß sich hierin der Traditionalismus im Milieu der deutschen Gruppe ausdrückt. Unter solchen Umständen haben weibliche Jugendliche weniger Chancen sich zu verwirklichen und folglich einen geringeren Selbstwert als männliche Jugendliche. Für die jungen Türkinnen liegen die Verhältnisse anders. Innerhalb ihres eigenen sozialen Umfelds in Berlin genießen sie aufgrund ihrer Schulbildung und ihrer Mithilfe in der Familienversorgung Anerkennung; sozusagen stellvertretend für die berufstätigen Mütter (vgl. *Özbay* 1985). Dies könnte sich positiv auf

Tab. 3 Ergebnisse der Pfadanalyse für die türkischen Jugendlichen (N = 53)

| | Kriterien | | | | |
Prädiktoren	Selbst-wert beta	Akkultu-ration[a] beta	Alkoholgebrauch derzeit[c] beta	künftig beta	Trans-gression beta
mangelnde Aufsicht	.04	.27		.02	.37*
Alter	.08	−.15		.60***	.15
Geschlecht[b]	−.04	.17		−.06	−.06
Entwicklungsdruck	−.41**	.16		.04	−.20
Selbstwert		.16		−.08	−.15
Akkulturation				.37**	.26+
Gesamt R	.42	.33		.69	.54
R²	.17	.11		.48	.29
p	.10	−		.001	.04

[a]Partizipation an jugendkultureller Orientierung deutscher Peers; Erläuterungen im Text.
[b]Dummy-codiert 0 = männlich, 1 = weiblich. [c]Nicht berechnet.
+ $p < .10$, * $p < .05$, ** $p < .01$, *** $p < .001$

Tab. 4 Ergebnisse der Pfadanalyse für die deutschen Jugendlichen (N = 53)

| | Kriterien | | | | |
Prädiktoren	Selbst-wert beta	Akkultu-ration[a] beta	Alkoholgebrauch derzeit beta	künftig beta	Trans-gression beta
mangelnde Aufsicht	−.10	.26+	−.13	−.06	.11
Alter	.29	−.53**	.39+	.22	−.11
Geschlecht[b]	−.30+	.16	−.25	−.26	−.43**
Entwicklungsdruck	−.24+	.09	−.38*	.02	.09
Selbstwert		.21	−.29	−.21	−.36*
Akkulturation			.03	.22	.04
Gesamt R	.50	.49	.51	.31	.50
R²	.25	.24	.26	.10	.25
p	.05	.06	−	−	.05

[a]Partizipation an jugendkultureller Orientierung deutscher Peers; Erläuterungen im Text.
[b]Dummy-codiert 0 = männlich, 1 = weiblich.
+$p < .10$; * $p < .05$; ** $p < .01$, *** $p < .001$

ihren Selbstwert auswirken und im Ergebnis Geschlechts- und Altersunterschiede einebnen.

Teilhabe an der Jugendkultur. Sieht man einmal davon ab, daß sich die multiple Korrelation bei den türkischen Daten nicht gegen den Zufall absichern läßt ($p < .11$), so ist die Ähnlichkeit der Ergebnisse in den beiden Gruppen eindeutig. In beiden Fällen ist es so, daß tendenziell einem geringeren Maß von Aufsichtsmöglichkeiten eine stärkere Teilhabe entspricht. Besonders ausgeprägt ist unter den deutschen Jugendlichen ein negativer Zusammenhang zum Alter (*beta* = −.53, *p* < .01), der sich bei der türkischen Gruppe aber immerhin im gleichen Vorzeichen spiegelt. Die Älteren teilen also die in der deutschen Population üblichen jugendkulturellen Präferenzen weniger als die Jüngeren. Angesichts des schulischen und sozialen Hintergrunds der Untersuchungsgruppen – über 50% besuchen die Haupt- oder die Gesamtschule, stehen also bald vor wichtigen Lebensübergängen – dürfte dies daran liegen, daß sie sich bereits stärker an anderen Aktivitäten und Bezugsgruppen orientieren.

Alkoholgebrauch. Wie erwähnt, geht es um den Grad der Bereitschaft zu Konsum im folgenden Jahr, bzw. die Häufigkeit des tatsächlichen Trinkens unter solchen Jugendlichen, die im letzten Jahr Alkohol zumindest probiert hatten. Nach den Koeffizienten der deutschen Stichprobe beurteilt, liegen die Gemeinsamkeiten der beiden Merkmale vor allem in der positiven Beziehung zum Alter und der negativen zum Selbstwert. Dies ist in der türkischen Gruppe anders. Hier geht tatsächlicher Alkoholkonsum mit einer positiven Selbstbewertung einher, wie die Korrelation der beiden Merkmale zeigt, die dann allerdings nur 24 Jugendliche berücksichtigt, die überhaupt je getrunken haben (vgl. Tab. 2).

Hinzu kommen weitere Unterschiede, vor allem hinsichtlich der Rolle des Entwicklungsdrucks. Während der Entwicklungsdruck für den antizipierten Gebrauch irrelevant ist, gilt für den gegenwärtigen Konsum, daß um so mehr getrunken wird, je geringer die Diskrepanzen zwischen Ziel und Stand der Entwicklung sind. Dies trifft nicht nur für die deutschen Jugendlichen zu (*beta* = −.38, *p* < .05), sondern – wenn auch mit Einschränkung – für die türkischen.[9] Da geringere Diskrepanzen nicht durch niedrigere Zukunftsperspektiven zu erklären sind,[10] handelt es sich also beim Alkoholgebrauch um eine Begleiterscheinung gelungener Entwicklung. Umgekehrt steht es mit der Teilhabe an der Jugendkultur. Sie ist für den tatsächlichen Alkoholgebrauch, jedenfalls der deutschen Gruppe, irrelevant; unter den Türken wird der künftige Gebrauch um so höher eingeschätzt, je stärker sie sich akkulturiert haben (*beta* = .37, *p* < .01). Die im Modell aufgeklärte Varianz für Bereitschaft zu künftigem Alkoholkonsum ist bei den türkischen Jugendlichen weitaus größer (R^2 = .48, *p* < .001) als bei den deutschen (R^2 = .10, n.s.).

Transgressionsbereitschaft. Hier unterscheidet sich die aufgeklärte Varianz praktisch nicht: R^2 = .29 (*p* < .05) für die türkischen bzw. R^2 = .25 (*p* > .05) für die deutschen Jugendlichen. Zwischen den beiden Stichproben bestehen Unterschiede in den Regressionskoeffizienten, die aber nicht überbewertet werden sollen; die Vorzeichen sind überwiegend gleich. So ist die Transgressionsbereitschaft besonders bei den türkischen Jugendlichen um so größer, je häufiger sie außerhalb der elterlichen Aufsicht sind (*beta*

---

[9] Als Beleg sei auf die in Tab. 2 angegebene Korrelation zwischen Entwicklungsdruck und gegenwärtigem Alkoholgebrauch verwiesen (*r* = −.16, n.s.), die sich allerdings nur auf *N* = 24 türkische Jugendliche stützt.
[10] Entwicklungsstand und Entwicklungsperspektive sind positiv, um *r* = .30, korreliert.

= .37, p < .05) und tendenziell größer, je mehr sie an der Jugendkultur teilhaben (*beta* = .26, p < .10). In der deutschen Vergleichsgruppe wiederum ist die Transgressionsbereitschaft um so geringer, je positiver der Selbstwert ausfällt (*beta* = -.36, p < .05). Zudem sind Geschlechtsunterschiede unter den deutschen Jugendlichen stärker ausgeprägt; Mädchen neigen weniger zur Transgression. Obwohl nicht signifikant, aber wegen des Unterschieds im Vorzeichen doch erwähnenswert, ist der Befund, daß Entwicklungsdruck unter den türkischen Jugendlichen, anders als bei den deutschen, vor Transgression schützt. Hierbei ist allerdings zu bedenken, daß die Diskrepanz zwischen Stand und Perspektive der Entwicklung, wie in Abb. 2 ersichtlich (vgl. Abschn. 2.2), leichte Unterschiede zwischen den Nationalitäten zeigen. Obwohl der Entwicklungsdruck im Mittel etwa gleich ist, tragen bei den Türken Diskrepanzen hinsichtlich Autonomie und gegengeschlechtlicher Partnerschaft weniger bei als beispielsweise Diskrepanzen hinsichtlich der Integration in die (türkische) Gleichaltrigengruppe.

5   Diskussion

Im Mittelpunkt dieses Beitrags steht die vergleichende Analyse von Bedingungen des Problemverhaltens bei deutschen und türkischen Jugendlichen in Berlin.

Vorab soll ein mit dieser Fragestellung mittelbar zusammenhängendes Ergebnis zur Entwicklung alterstypischer Verhaltensbereiche in der Selbsteinschätzung der Jugendlichen genannt werden. Wie in Abschn. 2.2 ausgeführt, unterscheiden sich die beiden Untersuchungsgruppen in der Dringlichkeit ihrer Ziele für künftige Entwicklungen, beispielsweise hinsichtlich des Aufbaus von Freundschaften. Was hingegen den schon erreichten Entwicklungsstand betrifft, finden sich praktisch keine Unterschiede. In diesem Gegensatz zwischen kulturell differenzierten Wünschen und weitgehend gleicher Wirklichkeit drückt sich nach unserem Verständnis die normierende Kraft institutioneller Kontexte aus, die, wie etwa die Schule, von beiden Nationalitäten gemeinsam besucht werden. Erst die vorgesehenen längsschnittlichen Auswertungen werden klären können, ob die beiden Untersuchungsgruppen ihre abweichenden Entwicklungsziele künftig umsetzen können.

Mit den Befunden zum Problemverhalten kommen wir zum Kern der berichteten Studien. Das Augenmerk galt der Bedeutung von Akkulturation und Entwicklungsdruck. Ungeachtet aller Einschränkungen wegen des geringen Stichprobenumfangs können die Befunde helfen, zu genaueren theoretischen Aussagen über die Beziehungen der Variablen in unserem Rahmenmodell zu kommen. Nicht vergessen werden sollte allerdings, daß wir Selbstzuschreibungen erhoben haben, nicht etwa Einschätzungen durch Dritte oder objektive Daten.

5.1 Gemeinsamkeiten und Unterschiede

Was sind die wesentlichen Gemeinsamkeiten, was die wichtigsten Unterschiede zwischen türkischen Jugendlichen in Berlin und den zum Vergleich herangezogenen deutschen Jugendlichen im Hinblick auf die Entstehung von Problemverhalten?

Die *Gemeinsamkeiten* sind schnell genannt. Häufigere Abwesenheit von zu Hause und damit ein geringeres Maß an Aufsicht fördert die Teilhabe an der Jugendkultur und steht auch im positiven Zusammenhang zur Transgressionsbereitschaft. Mit dem Alter, also der damit implizit erfaßten Erweiterung der Handlungsoptionen und Nutzungsmöglichkeiten von situativen Angeboten, steigt der Alkoholgebrauch. Gleichsinnig nimmt die Ausrichtung an der Freizeitkultur der Gleichaltrigen zu. Je größer die Diskrepanzen zwischen den eigenen Wünschen und dem tatsächlichen Stand der Entwicklung sind, desto niedriger fällt der Selbstwert aus. Die Ausbildung von Transgressionsbereitschaft scheint insbesondere durch Probleme mit dem Selbstwert begünstigt.

Die Beeinträchtigung des Selbstwertes bei größerem Entwicklungsdruck zeigt, daß Jugendliche beider Untersuchungsgruppen Entwicklungsdiskrepanzen als belastend erleben. Dennoch sind eher positive denn negative Folgen hinsichtlich der beiden Zielvariablen festzustellen. Weder Alkoholgebrauch noch Transgressionsbereitschaft werden unmittelbar verstärkt, das Gegenteil ist der Fall. Wir können mit *Simmons* et al. (1987) annehmen, daß Entwicklungsdruck nur dann wirklich problematisch wird, wenn letztlich kein Bereich bleibt, in dem Wunsch und Wirklichkeit zur Deckung gebracht werden können. Dies dürfte angesichts des niedrigen Durchschnitts der Diskrepanzen im vorliegenden Fall ausgeschlossen sein.

Wenn wir im folgenden zu den *Unterschieden* kommen, empfiehlt es sich, zunächst die in Abschn. 3.2 berichteten Regressionsanalysen zur Bedeutung der Akkulturation zu betrachten. Die Orientierung an Gleichaltrigen – sei es die Peerbindung genannte Orientierung an den Meinungen von Freunden bzw. Freundinnen im persönlichen Umkreis, sei es die Ähnlichkeit der kulturellen Interessen, die wir als Teilhabe an der Jugendkultur bezeichnen – erwies sich als Risikofaktor, der bei türkischen Jugendlichen, nicht aber bei der deutschen Vergleichsgruppe, Transgressionsbereitschaft zu fördern scheint. Diese Einschätzung gilt besonders für die jungen Türkinnen.[11]

Hinsichtlich der Transgressionsbereitschaft werden demnach unsere Erwartungen unterstützt. Die deutlicheren Effekte bei den Türkinnen legen die Interpretation nahe, daß die Selbstzuschreibung erhöhter Transgressionsbereitschaft Ausdruck des Wissens ist, geschlechts- und alterstypische Normen der eigenen ethnischen Gruppe zu verletzen. Transgressionsbereitschaft wird also als Folge der Begegnung mit Normen aus zwei sozio-kulturellen Kontexten verstanden. Interessant wäre zu wissen, ob die ethni-

---

[11]*Nauck* (pers. Mitteilung) sieht im Zusammenhang zwischen Gleichaltrigenorientierung und Transgressionsbereitschaft einen Ausdruck des Familismus der türkischen Kultur, der eine stärkere Orientierung an Bezugsgruppen einschließt. Auffallend ist in der Tat, daß dieser Zusammenhang in der deutschen Vergleichsgruppe nicht vorliegt.

sche Zusammensetzung der Freundesgruppen türkischer Jugendlicher je nach Akkulturation auch tatsächlich verschieden ausfällt.[12]

Weitere Unterschiede ergaben sich in den in Abschn. 4.2 berichteten Pfadanalysen zum Rahmenmodell. Kommen wir zunächst zum Selbstwert. Für Türken beiderlei Geschlechts ist der Selbstwert vor allem von der Erfüllung ihrer Entwicklungsziele abhängig. Er ist um so höher, je geringer die Diskrepanzen zwischen Wunsch und Wirklichkeit in den ausgewählten normativen Entwicklungsbereichen sind. Bei den deutschen Jugendlichen hingegen ist der Selbstwert von Alter und Geschlecht abhängig, und zwar entsprechend gängigen Erwartungen: weibliche Jugendliche und jüngere Jahrgänge schätzen ihren Selbstwert niedriger ein.

Obwohl wir in Betracht ziehen müssen, daß nicht das Entwicklungsmuster des Selbstwerts unterschiedlich ist, sondern vielmehr das Merkmal kulturspezifisch aufgefaßt wird, haben wir doch den Eindruck, hier auf eine ethnische Besonderheit gestoßen zu sein.[13]

Wie steht es mit den Problemverhaltensweisen? Was die Absichten zu Alkoholgebrauch in der Zukunft anbelangt, so liegen die Unterschiede in der größeren Bedeutung von Alter und Teilhabe an Jugendkultur unter den jungen Türken. Man könnte sagen, daß sich hierin die Autonomie von normativen Orientierungen des türkischen Umfelds als Voraussetzungen einer positiven Einstellung zu Alkohol ausdrückt.

Der tatsächliche Konsum von Alkohol hat in beiden Gruppen etwas mit gelungener Entwicklung zu tun. Je mehr Anspruch und Wirklichkeit übereinstimmen, desto höher ist der Gebrauch. Vor dem Hintergrund unserer früheren Untersuchungen (*Silbereisen & Noack*, im Druck a, c; *Noack, Silbereisen & von Eye* 1988), ist an die vermittelnde Bedeutung sozialer Aktivitäten und entsprechender Freizeitorte zu denken, um diesen Zusammenhang zu verstehen. Dennoch gibt es einen wichtigen Unterschied zwischen deutschen und türkischen Jugendlichen, wenn man zugleich die Beziehungen zum Selbstwert beachtet. Während junge Deutsche tendenziell um so mehr trinken, je weniger vorteilhaft sie sich bewerten, gilt für die türkische Gruppe die umgekehrte Beziehung. Unter türkischen Jugendlichen, wenn sie überhaupt trinken, geht Alkoholkonsum mit positiver Selbstbewertung einher.

Auch bei der Transgressionsneigung zeigen sich in der Pfadanalyse Unterschiede zwischen den Stichproben. In der deutschen Gruppe fällt die niedrigere Transgressionsbereitschaft der Mädchen und die ungünstige Prognose niedrigen Selbstwertes

---

[12]Unsere vorläufigen Ergebnisse in diesem Bereich deuten auf gemischt ethnische Freundschaften hin, was die gerade formulierte Hypothese über die Bedeutung der bikulturellen Situation der Jugendlichen plausibel erscheinen läßt. Nach *Esser* (vgl. Bundesminister für Bildung und Wissenschaft 1988) hat jeder zweite junge Türke in der Bundesrepublik freundschaftliche Kontakte zu Deutschen.

[13]Eine Überprüfung der interkulturellen Vergleichbarkeit der Skalen im Hinblick auf mögliche Itembias-Effekte und Vergleichbarkeit der Konstruktoperationalisierungen ergab (vgl. *Poortinga & van de Vijver* 1987), daß lediglich für die Selbstwertskala die Äquivalenz nicht eindeutig gegeben war. Näher auf die Unterschiede in den psychometrischen Eigenschaften der Skalen für die beiden nationalen Gruppen einzugehen, ist hier nicht möglich.

auf; bei den türkischen Jugendlichen beeindrucken Freizügigkeit und Orientierung an der Jugendkultur als wichtigste Prädiktoren der Transgressionsbereitschaft.

5.2 Ausblick

Alle Ergebnisse zusammengefaßt – worin liegt der wichtigste Unterschied?

Für die türkischen Jugendlichen haben vor dem Hintergrund ihrer Sozialisation Alkoholgebrauch und Transgressionsbereitschaft das Moment der Normüberschreitung gemeinsam. Risikofaktoren hierfür sind einerseits größere Freiheit, sich elterlicher Aufsicht zu entziehen, andererseits stärkere Ausrichtung an den kulturellen Orientierungen deutscher Jugendlicher. Für altersgleiche deutsche Jugendliche hingegen, die nach vergleichbarer Bildung und sozio-ökonomischem Status der Familie ausgesucht wurden und deren Wohnumwelt wohl auch ähnlich ist, stellen Probleme mit dem Selbstwert den wichtigsten Risikofaktor dar. Wenn man mit *Kaplan* (1980) unterstellt, daß Problemverhalten dazu dienen kann, Selbstwertverluste auszugleichen, kann die Entwicklung dieser Jugendlichen gefährdet sein.

Bei der Bewertung aller Befunde ist wichtig zu beachten, welche Bedeutung der parallelisierten Gruppe deutscher Jugendlicher in der Untersuchungsstrategie zukommt. Hier wurden keine Vergleiche mit einer Zufallsstichprobe deutscher Altersgleicher angestellt, sondern mit einer Gruppe, die so aus einer weit größeren Stichprobe ausgewählt wurde, daß ihre Lebenslage in einigen Aspekten jener der türkischen Jugendlichen entspricht. Wir können dadurch sicherstellen, daß Unterschiede in den Entwicklungsprozessen der untersuchten Verhaltensbereiche nicht einfach durch Unterschiede in der Bildung oder der sozialen Lage vorgetäuscht werden. Obwohl klar ist, daß weitere systematische Vergleiche dringlich bleiben, um Alternativerklärungen ausschließen zu können, erfüllen wir doch schon so eine weithin unbeachtete Forderung kulturvergleichender Methodologie: von kulturell begründeten Unterschieden kann nur gesprochen werden, wenn sie sich auch bei Kontrolle solcher Randbedingungen halten lassen, die für den in Frage stehenden Handlungsbereich wesentlich sind (*Poortinga & Malpass* 1986; *Nauck*, im Druck).

Die Ergebnisse verdeutlichen, daß sich kulturelle Orientierungen nicht nur in Unterschieden der Häufigkeit oder Intensität von Problemverhalten niederschlagen kann, sondern auch in kulturspezifischen Mustern von förderlichen und schützenden Bedingungen. Junge Türken, selbst wenn sie ähnlich häufig Alkohol trinken wie ihre deutschen Altersgenossen, weisen eine geringere Problemlastigkeit auf: ihr Alkoholkonsum steht mit dem Selbstwert in einer positiven Beziehung. Inwieweit sich diese Besonderheit über die weitere Jugendzeit hält, ungeachtet der potentiellen Konflikte mit den Wortorientierungen des türkischen Umfelds, bedarf weiterer längsschnittlicher Analysen im kulturvergleichenden Format.

Um mehr Sicherheit zu erlangen, wenn die Richtung von Effekten interpretiert wird, bedarf es einer zeitlichen Strukturierung der aufeinander bezogenen Variablen durch zeitversetzte Messungen, wie sie im Längsschnitt anfallen. Erst dann ist auch ein entscheidungskräftiger Test von Mediationseffekten möglich. Nicht minder wichtig, wenn auch wegen des geringen Stichprobenumfangs schwierig, wäre eine Differenzierung der türkischen Gruppe nach dem Grad ihrer Akkulturiertheit, um die hierauf bezogenen Hypothesen direkt testen zu können.

Inwiefern müssen wir das Modell, dessen prinzipielle Gültigkeit bei allen Interpretationen unterstellt wurde, für künftige Forschungen korrigieren? Hierzu sind einige Hinweise aus den vorliegenden Ergebnissen zu entnehmen. Wie aus den unterschiedlich starken Alterseffekten im Vergleich von Alkoholgebrauch und Transgressionsbereitschaft schon hervorgeht, erfassen die im Modell abgebildeten Prozesse die Transgressionsbereitschaft besser. Schaut man weiterhin nur auf solche Abweichungen vom Modell, die bei beiden Stichproben aufgetreten sind, so ergibt sich, daß elterliche Aufsicht nicht, wie postuliert, mit dem Selbstwert in Beziehung steht, und daß der Selbstwert seinerseits keinen Effekt auf die Teilhabe an der Jugendkultur hat. Die Stellung von Selbstwert und Teilhabe an der Jugendkultur zueinander sollte also neu überdacht werden. Andererseits soll daran erinnert werden, daß sich gerade in der Rolle dieser beiden Variablen der wichtigste kulturelle Unterschied in der Entwicklung von Problemverhalten ausdrückt.

Anhang

Antwortmöglichkeiten für Stand und Perspektive der Entwicklung in sechs Entwicklungsbereichen

Peer-Integration

Zukunft:
Wünschst Du Dir eine Gruppe von Freunden (und vielleicht auch Freundinnen) zu haben, denen Deine Freundschaft wichtig ist?
   Das ist mir nicht wichtig (1)
   Das möchte ich schon gerne, aber wichtiger ist mir, daß ich mit mir selbst zufrieden bin (2)
   Ich möchte das sehr gerne (3)

Gegenwart:
Hast Du zur Zeit solche Freunde(innen)?
   Zur Zeit habe ich keine solchen Freunde(innen). Die meisten Jungen/Mädchen in meiner Umgebung kommen dafür nicht in Frage (1)
   Ich habe einige Freunde. Auf die meisten kann ich mich verlassen (2)
   Ich habe schon seit längerer Zeit solche Freunde. Ich kann mich völlig auf sie verlassen, und sie auf mich (3)

Autonomie

Zukunft:
Möchtest Du, daß Du bald stärker auf Deinen eigenen Beinen stehst?
  Ich möchte auch für die nächste Zeit, daß meine Eltern mir viele Sorgen und Entscheidungen abnehmen (1)
  Ich wäre schon gern etwas selbständiger, aber das muß sich langsam entwickeln (2)
  Ich möchte über meine Dinge selbst entscheiden und auch Probleme ohne die Eltern bewältigen (3)

Gegenwart:
Wie stark stehst Du zur Zeit auf eigenen Beinen?
  Meine Eltern schützen mich noch vor vielen Schwierigkeiten, und ich entscheide mich meistens so, wie sie es sagen (1)
  Ich merke, daß ich immer selbständiger werde und viele Dinge, die früher meine Eltern gemacht haben, nun in meine eigenen Hände nehme (2)
  Ich kümmere mich selbst um praktisch alles, was mich angeht (3)

Familie

Zukunft:
Möchtest du bald die Fähigkeit haben, ein Kind erziehen zu können?
  Das hat alles noch Zeit (1)
  Ich finde das schon wichtig, aber das kann ruhig langsam vor sich gehen (2)
  Ich würde mich gern bemühen, bald dazu in der Lage zu sein (3)

Gegenwart:
Hast Du schon die notwendigen Fähigkeiten, selbst einmal ein Kind erziehen zu können?
  Das könnte ich auf keinen Fall (1)
  Ich beschäftige mich schon damit, muß aber noch einiges hinzulernen, bis ich einmal soweit bin (2)
  Ich glaube, daß ich im Prinzip das kann, was man braucht, um ein Kind zu erziehen (3)

Politik

Zukunft:
Möchtest Du genau Bescheid wissen, wie unser Staat regiert wird?
  Mich interessiert Politik nicht (1)
  Ich würde gern mehr darüber wissen, aber im Moment ist das für mich noch nicht

wichtig (2)

Ich möchte genau die Ursachen verstehen, die hinter dem politischen Geschehen stehen (3)

Gegenwart

Weißt Du gut Bescheid darüber, wie unser Staat regiert wird?

Über Politik weiß ich praktisch nichts (1)

Langsam weiß ich mehr darüber, wie unser Staat regiert wird. Dadurch werden politische Geschehnisse für mich immer klarer (2)

Ich bin über unseren Staat und die Politik voll im Bilde (3)

Beruf

Zukunft

Möchtest Du bald auf Deinen späteren Beruf vorbereitet sein?

Das ist mir noch lange nicht wichtig (1)

Das ist mir wichtig, hat aber noch Zeit (2)

Ich will sehr bald gut vorbereitet sein (3)

Gegenwart

Bist Du schon gut auf Deinen späteren Beruf vorbereitet?

Noch gar nicht (1)

Ich fange gerade an, mich damit zu beschäftigen (2)

ich bin schon sehr gut vorbereitet (3)

Partnerschaft

Zukunft

Wünschst Du Dir in der nächsten Zeit eine(n) Freund(in) zu haben, in den (die) du verliebt bist?

Jungen (Mädchen) sind mir nicht wichtig (1)

Ich möchte schon gerne eine(n) Freund(in) haben, aber das hat noch etwas Zeit (2)

Ich wünsche mir sehr eine(n) Freund(in), in den (die) ich verliebt bin (3)

Gegenwart

Hast Du zur Zeit eine(n) Freund(in), in den (die) Du verliebt bist?

Zur Zeit noch nicht (1)

Ich bin gerade verliebt, bestimmt wird er (sie) mein(e) Freund(in), denn wir haben uns bereits mehrmals getroffen (2)

Ich habe schon seit längerer Zeit eine(n) Freund(in). Wir sind ineinander verliebt (3)

Literatur

Baacke, D. (1987): Jugend und Jugendkulturen. München: Juventa

Baltes, P. B. (1987): Theoretical propositions of life-span developmental psychology: On the dynamic between growth and decline. Developm. Psychol. 23, 611–626

Baumrind, D. (1987): A developmental perspective on adolescent risk taking in contemporary America. In: C. E. Irwin (Ed.), Adolescent social behavior and health (93–125). San Francisco: Jossey-Bass

Baumrind, D., Moselle, K. A. (1985): A developmental perspective on adolescent drug abuse. Adv. Alcohol Subst. Abuse, 4, 41–67

Beck, U. (1983): Jenseits von Stand und Klasse? Soziale Ungleichheiten, gesellschaftliche Individualisierungsprozesse und die Entstehung neuer sozialer Formationen und Identitäten. Soziale Welt, Sonderband 2, 35–74

Bentler, P. M. (1987): Drug use and personality in adolescence and young adulthood. Structural models with non-normal variables. Child Developm. 58, 65–79

Biddle, B. J., Marlin, M. M. (1987): Causality, confirmation, credulity, and structural equation modeling. Child Developm. 58, 4–17

Bineytiogly, M. (1986): Der Gebrauch von Zigaretten und leichten Alkoholika türkischer Jugendlicher in Berlin (West). Unveröff. Dipl. Arbeit, Institut für Psychologie der Technischen Universität Berlin

Bochner, S. (1982): Cultures in contact. Oxford: Pergamon Press

Bosworth, C. E., vam Donzel, E., Lews, B., Pellat, C. (Eds.) (1978): The encyclopedia of islam, Vol. IV (994–997). Leiden: E. J. Brill

Boehnke, K., Silbereisen, R. K., Eisenberg, N., Reykowski, J., Palmonari, A.: The development of prosocial motivation: A cross-national study. J. Cross-Cultural Psychol. (im Druck)

Brandtstädter, J. (1984): Personal and social control over development: Some implications of an action perspective in life-span developmental psychology. In: P. B. Baltes, O. G. Brim jr. (Eds.), Life-span development and behavior. Vol. 6 (1–32). New York: Academic Press

Bronfenbrenner, U. (1986): Recent advances in research on the ecology of human development. In: R. K. Silbereisen, K. Eyferth & G. Rudinger (Eds.), Development as action in context:

Problem behavior and normal youth development (287–309). Berlin: Springer

Bundesminister für Bildung und Wissenschaft (1988). Ausländer leben gern in der Bundesrepublik. Informationen – Bildung – Wissenschaft, 6, 90

Coleman, J. C. (1980): The nature of adolescence. London: Methuen

Dörner, D. (Hrsg.) (1983): Lohhausen: Vom Umgang mit Unbestimmtheit und Komplexität. Bern: Huber

Dreher, E., Dreher, M. (1984): Wahrnehmung und Bewältigung von Entwicklungsaufgaben im Jugendalter: Fragen, Ergebnisse und Hypothesen zum Konzept einer Entwicklungs- und Pädagogischen Psychologie des Jugendalters. In: R. Oerter (Hrsg.), Lebensbewältigung im Jugendalter (30–61). Weinheim: Edition Psychologie

Elliott, D. S., Huizinga, D., Ageton, S. (1985): Explaining delinquency and drug use. Beverly Hills: Sage

Harter, S. (1986): The determinants and mediational role of global self-worth in children. In: N. Eisenberg (Ed.), Contemporary topics in developmental psychology (219–242). New York: Wiley

Havighurst, R. J. (1952): Developmental task and education, 2. Aufl. New York: Plenum Press

Jessor, R. (1986): Adolescent developmental drinking: Psychosocial aspects and developmental outcomes. In: R. K. Silbereisen, K. Eyferth, G. Rudinger (Eds.), Development as action in context (241–264). Berlin: Springer

Johnston, L. D., Harrison, L. D. (1984): An international perspective on alcohol and drug use in adolescence. Paper presented at the Swedish Society of Medical Sciences, 3rd International Berzelius Symposium on „Alcohol and the Developing Brain", Stockholm, September 12–13

Kandel, D. B. (1980): Drug and drinking behavior among youth. Ann. Rev. Soc. 6, 235–285

Kandel, D. B. (1986): Processes of peer influences in adolescence. In: R. K. Silbereisen, K. Eyferth, G. Rudinger (Eds.), Development as action in context (203–227). Berlin: Springer

Kandel, D. B., Mossel, P., Kaestner, R. (1987): Drug use, the transition from school to work, and occupational achievement in the United States. Europ. J. Psychol. Education 2, 337–363 (Special Issue on Adolescent Substance Use and

Human Development, *R. K. Silbereisen, N. Galambos* (Eds.)

Kaplan, H. B. (1980): Deviant behavior in defense of self. New York: Academic Press

Kastner, P. (1984): Die Revision des Fragebogens zum Drogengebrauch im Berliner Jugendlängsschnitt, die Einführung eines diskriminationsvaliden Fragebogens zum Sportverhalten und epidemiologische Daten zum Drogengebrauch Jugendlicher 1982 und 1983. Berichte aus der Arbeitsgruppe Tudrop Jugendforschung, No. 53/84. Berlin: Technische Universität Berlin

Kohn, M. L. (1987): Cross-national research as an analytic strategy. Amer. Soc. Rev. 52, 713–731

Labouvie, E. W. (1986): The coping function of adolescent alcohol and drug use. In: *R. K. Silbereisen, K. Eyferth, G. Rudinger* (Eds.), Development as action in context: Problem behavior and normal youth development (229–240). Berlin: Springer

Lerner, R. M., Busch-Rossnagel, N. A. (Hrsg.) (1981): Individuals as producers of their own development: A life-span perspective. New York: Academic Press

Lewis, G. H. (1981): Taste cultures and their composition. Towards a new theoretical perspective. In: *E. Katz, T. Szecskö* (Eds.), Mass media and social change (201–217). Beverly Hills: Sage

Lipsitt, L. P. (1987): Self-regulation and risk-taking behavior. Paper held at a workshop sponsored by the National Institute of Mental Health, June 7–9, 1987, Rockville, MD, USA

Luckmann, Th. (1980): Lebenswelt und Gesellschaft. Paderborn: Schöningh

McCord, J. (1979): Some child-rearing antecedents of criminal behavior in adult men. J. Personal. Social Psychol. 37, 1477–1486

Marini, M. (1984): Age and sequencing norms in the transition to adulthood. Social Forces, 61, 229–244

Mensch, B. S., Kandel, D. B. (1988): Underreporting of substance use in a national longitudinal youth cohort: Individual and interviewer effects. Publ. Opin. Quart. 52, 100–124

Nauck, B. (1988): Zwanzig Jahre Migrantenfamilien in der Bundesrepublik. In *R. Nave-Herz* (Hrsg.), Wandel und Kontinuität der Familie in der Bundesrepublik Deutschland (279–297). Stuttgart: Enke

Nauck, B. (im Druck): Die normative Struktur intergenerativer Beziehungen im interkulturellen Vergleich: Erziehungseinstellungen in deutschen, türkischen und Migrantenfamilien. In: *H. Bertram* et al. (Hrsg.), Jugendliche und ihre Eltern. Weinheim: DJI/Juventa

Noack, P., Silbereisen, R. K., von Eye, A. (1988): Promoting one's own development: Personal goals and leisure contexts in adolescence. Paper held at the Second Biennial Meetings of the Society for Research on Adolescence, March 25–27, 1988, Alexandria, VA.

Oerter, R. (1984): Die Anpassung von Jugendlichen an die Struktur von Arbeit und Beruf. Unterrichtswissenschaft 12, 127–147

Oerter, R. (1986): Developmental tasks through the life-span: A new approach to an old concept. In: *D. L. Featherman, R. M. Lerner* (Eds.), Life-span development and behavior, Vol. 7 (233–271). New York: Academic Press

Özbay, F. (1985): Die Auswirkungen der Bildung auf die türkische Frau auf dem Lande und in der Stadt. In: *N. Abadan-Unat* (Hrsg.), Die Frau in der türkischen Gesellschaft (118–145), Frankfurt

O'Malley, P. M., Bachman, J. G. (1983): Self-esteem: Change and stability between ages 13 and 23. Developm. Psychol. 19, 257–268

O'Malley, P. M., Bachman, J. G., Johnston, L. D. (1983): Reliability and consistency in self-reports of drug-use. Internat. J. Addict. 18, 805–824

Patterson, G. R., Dishion, T. J. (im Druck): Contributions of families and peers to delinquency. Criminology

Pedhazur, E. J. (1982): Multiple regression in behavioral research, 2. Aufl. New York: Holt, Rinehart & Winston

Petersen, A. J. (1988): Adolescent development. Ann. Rev. Psychol. 39, 583–607

Poortinga, Y. H., Malpass, H. (1986): Making inferences from cross-cultural data. In: *W. J. Lonner, J. W. Berry* (Eds.), Field methods in cross-cultural research (47–83). Newbury Park: Sage

Poortinga, Y. H., van de Vijver, F. J. R. (1987): Explaining cross-cultural differences. Bias analysis and beyond. J. Cross-Cultural Psychol. 18, 259–282

Sastimdur, G. (1985): Ethnische Orientierungen jugendlicher türkischer Migranten der zweiten Generation. Unveröff. Dipl.Arbeit, Institut für Psychologie der Technischen Universität Berlin

Schönpflug, U., Silbereisen, R. K., Schulz, J. (im Druck): Parents' perceptions of decision-making influence in Turkish migrant workers' and German workers' families: The impact of social support. J. Cross-Cultural Psychol.

Schrader, A., Nikles, B., Griese, H. M. (1979): Die zweite Generation. Sozialisation und Akkulturation ausländischer Kinder in der Bundesrepublik, 2. Aufl. Königstein: Athenäum

Semmer, N., Dwyer, J. H., Lippert, P. Fuchs, R., Cleary, P. D., Schindler, A. (im Druck): Adolescent smoking from a functional perspective: The Berlin-Bremen Study. Europ. J. Psychol. Education 2, 387–402 (Special Issue on Adolescent Substance Use and Human Development, R. K. Silbereisen, N. Galambos, Eds.)

Silbereisen, R. K. (1983): Where development comes in . . . Invited comment held on workshop on Health Behavior in Childhood and Adolescence. Federal Health Office, April 5–8, Berlin

Silbereisen, R. K., Eyferth, K. (1986): Development as action in context. In: R. K. Silbereisen, K. Eyferth, G. Rudinger (Eds.), Development as action in context: Problem behavior and normal youth development (87–108). Berlin: Springer

Silbereisen, R. K., Kastner, P. (1987): Jugend und Problemverhalten: Entwicklungspsychologische Perspektiven. In: R. Oerter, L. Montada (Hrsg.), Entwicklungspsychologie (882–919). München: Psychologie Verlags Union

Silbereisen, R. K., Noack, P. (im Druck a): On the constructive role of problem behavior in adolescence. In: N. Bolger, A. Caspi, G. Downey, M. Moorehouse (Eds.), Person and context: Developmental processes. Cambridge, Mass.: Cambridge University Press

Silbereisen, R. K., Noack, P. (im Druck b): Zur adaptiven Funktion von Problemverhalten im Jugendalter: Selbstwert, Freizeitverhalten und Substanzgebrauch. In: H. D. Rösler, B. Meyer-Probst, H. Teichmann (Hrsg.), Risikobewältigung in der lebenslangen psychischen Entwicklung. Verlaufsstudien im Kindes-, Jugend- und Erwachsenenalter. Rostock: VEB Verlag für Medizin und Biologie

Silbereisen, R. K., Noack, P. (im Druck c): Adolescents' orientations for development. In: S. Jackson, H. Bosma (Eds.), Coping and Self-Concept in Adolescence. Berlin: Springer

Simmons, R. G., Burgeson, R., Carlton-Ford, S., Blyth, D. A. (1987): The impact of cumulative change in early adolescence. Child Developm. 58, 1220–1234

Snyder, J., Patterson, G. R. (1987): Family interaction and delinquent behavior. In: H. C. Quay (Ed.), Handbook of juvenile delinquency (216–243), Somerset: Wiley

Snyder, J., Dishion, T. J., Patterson, G. R. (1986): Determinants and consequences of associating with deviant peers during preadolescence and adolescence. J. Early Adolesc. 6, 29–43

Szapocznik, J., Kurtines, W. (1980): Acculturation, biculturalism, and adjustment among Cuban Americans. In: A. M. Padilla (Ed.), Acculturation. Theory, model, and some findings (139–159). Boulder: Westview Press

Trommsdorff, G. (1986): Future time orientation and its relevance for development as action. In: R. K. Silbereisen, K. Eyferth, G. Rudinger (Eds.), Development as action in context. Problem behavior and normal youth development (121–136). Berlin: Springer

Yamaguchi, K., Kandel, D. B. (1985): On the resolution of role incompatibility: A life event history analysis of family roles and marijuana use. Amer. J. Soc. 90, 1284–1325

Yinger, J. M. (1985): Ethnicity. Ann. Rev. Sociol. 11, 151–180

Sozialisation am Arbeitsplatz aus kulturvergleichender Sicht

Geert Hofstede

Übersicht

1   Der Arbeitsplatz als Sozialisationszentrum

In Industriegesellschaften bilden Familie, Schule, Arbeitsplatz und Wohnort die wichtigsten Sozialisationsinstanzen. Wenn Menschen am geordneten Arbeitsprozeß teilzunehmen beginnen, sind sie bereits durch die familiäre Umgebung und in der Regel durch mindestens eine oder zwei Schulen vorsozialisiert. Die familiale und schulische Vorsozialisation beeinflussen die Selektions- und Selbstselektionsprozesse, die der Plazierung an einem ersten Arbeitsplatz vorausgehen, und sie wirken sich auch weiter auf die nachfolgende berufliche Laufbahn aus. Bei der gegenwärtigen großen Jugendarbeitslosigkeit in verschiedenen Industriestaaten wächst eine Generation zum Teil ohne Sozialisation am Arbeitsplatz heran. Dies scheint keine beneidenswerte Situation zu sein, weder für die betroffenen Individuen, noch für die gesamte Gesellschaft. Welche Probleme die Sozialisation am Arbeitsplatz für den einzelnen auch aufwerfen mag – sie sind im großen und ganzen einer völlig fehlenden Arbeitssozialisation vorzuziehen.

Die kulturvergleichende Sicht des Prozesses und der Ergebnisse der Sozialisation am Arbeitsplatz erlaubt uns die Beantwortung folgender Fragen:

1. Was sind die allgemeinen Merkmale der Sozialisation am Arbeitsplatz in industrialisierten (oder teilindustrialisierten) Staaten?

2. In welchem Ausmaß werden Menschen an verschiedenen Arbeitsplätzen innerhalb der gleichen Gesellschaft verschieden sozialisiert?

3. In welchem Ausmaß bedingen verschiedene Gesellschaften unterschiedliche Sozialisation am Arbeitsplatz?

Auf der Grundlage eigener Forschungsergebnisse sollen einige Antworten auf alle drei Fragen gegeben werden.

2   Allgemeine Aspekte der Sozialisation am Arbeitsplatz

Sozialisation am Arbeitsplatz soll als die Anpassung einer Person an eine Arbeitsplatzkultur verstanden werden. Den Begriff „Kultur" verwenden wir hier im Sinne von „the collective programming of the mind which distinguishes the members of one category of people from another" (*Hofstede* 1980, S. 25). „Mitglieder einer Kategorie von Personen" können eine Nation (nationale Kultur) sein, eine Berufsgruppe (Berufskultur), eine Arbeitsorganisation oder ein Teil derselben (Organisationskultur) oder eben eine Familie. Der Sozialisationsprozeß besteht in der Interaktion zwischen einer Person und der sie umgebenden Kultur, an der diese Person teilzuhaben beginnt. Dieser Prozeß endet im Grunde niemals, aber am deutlichsten wird er zu Beginn zum Ausdruck kommen: in den ersten Stunden, Wochen oder Jahren, je nach Art des Sozialisationsprozesses.

Der Eintritt eines Auswanderers in eine fremde nationale Kultur führt gewöhnlich zu einem Kulturschock (z.B. *Brislin & Pedersen* 1976, S. 13; vgl. *Thomas* in diesem Band). Ähnlich führt der Eintritt in eine neue Arbeitsumgebung gewöhnlich zu Anpassungsproblemen bei dem Neueingestellten: Sozialisation am Arbeitsplatz wird vom Organisationskulturschock begleitet. Testwerte über die Arbeitszufriedenheit von neuen Mitarbeitern über Zeit weisen meist eine U-Kurve: Neue Mitarbeiter treten ihren neuen Arbeitsplatz mit einer gewissen Euphorie an; nach einer Periode verstärkter Anpassung werden sie zunehmend weniger zufrieden; wenn diese Lernperiode überwunden ist (und die erfolglos Lernenden aufgegeben haben), steigt ihre Arbeitszufriedenheit und wächst mit längerer Beschäftigung (*Herzberg* et al. 1957 mit Daten aus den USA; *Hunt & Saul* 1975 mit australischen Daten). Anhand von Archivdaten einer Umfrage von 1971 unter Laborangestellten bei IBM in sechs europäischen Staaten (unveröffentlicht), haben wir die in Tab. 1 dargestellte Beziehung zwischen Gesamtarbeitszufriedenheit und Dauer des Arbeitsverhältnisses (Beschäftigungsdauer bei der Firma) nachgewiesen, die das „Kulturschock"-Phänomen veranschaulicht: die geringste Zufriedenheit findet man bei denen, die zwischen 1 und 3 Jahren bei der Firma tätig waren.

Da die Dauer der Euphorie und der Schockperiode mit Merkmalen sowohl des Arbeitsplatzes als auch der Person variieren, schwächt ein Gesamtbild wie in Tab. 1 die individuelle Variabilität ab.

Sozialisation am Arbeitsplatz findet unabhängig von der Qualität des Arbeitsplatzes statt, wie diese durch subjektives Wohlbefinden, persönliche Entwicklung und Zufriedenheit bestimmt wird. Menschen werden in sehr unattraktiven Berufen und ungesunden Organisationskulturen, aber auch in sehr attraktiven Berufen und Kulturen sozialisiert. Die mit der Organisation beauftragten Personen tragen Verantwortung für

Tabelle 1 Die Antworten von 2400 IBM-Mitarbeitern in Entwicklungslabors in Deutschland, England, Frankreich, Japan, den Niederlanden, Österreich und Schweden auf die Frage „Wie würden Sie, alles miteinbezogen, gegenwärtig ihre insgesamte Zufriedenheit bei IBM einstufen?" (Quelle: unveröffentlichte Archivdaten, 1971)

Beschäftigungsdauer	Mittlere Zufriedenheit
weniger als 1 Jahr	2,97
1–3 Jahre	3,16
3–7 Jahre	3,06
7–15 Jahre	3,08
mehr als 15 Jahre	2,64

1 = völlig zufrieden, 7 = völlig unzufrieden

die Gestaltung des Sozialisationsprozesses, selbst wenn sie sich dessen nicht bewußt sind. In der vorliegenden kulturvergleichenden Untersuchung lassen wir diesen deontologischen Aspekt beiseite, ohne damit jedoch seine Wichtigkeit zu leugnen (s. z.B. *Fischer* 1979).

3   In die Sozialisation hineingetragene Kulturelemente

Wie wir gesehen haben, impliziert die Sozialisation am Arbeitsplatz, Regeln der Organisationskultur zu lernen. Einige Elemente der Kultur sind eher oberflächlich und deshalb einfacher zu erlernen als andere. In der Literatur wird auf eine große Anzahl von kulturellen Elementen Bezug genommen, aber wir glauben, daß man sie unter vier Kategorien subsumieren kann (von oberflächlich bis grundlegend): Symbole, Helden, Rituale und Werte.

Symbole sind Worte, Objekte und Gesten, die ihre Bedeutung aus der Konvention herleiten. Auf der Ebene der nationalen Kulturen beinhalten die Symbole das ganze Gebiet der Sprache. Auf der Ebene der Organisationskultur beinhalten die Symbole Abkürzungen, Umgangssprache, die Art, wie man jemand anspricht (Du oder Sie), Zeichen, Kleidungskonventionen und Statussymbole, die alle nur von den Mitgliedern (Insidern) erkannt und anerkannt werden.

Helden sind reale oder vorgestellte, bereits verstorbene oder lebende Persönlichkeiten, die als Modelle für das Verhalten innerhalb einer Kultur dienen. Selektionsprozesse beruhen oft auf Heldenvorstellungen wie „der ideale Arbeitnehmer" oder „der ideale Manager". Organisationsgründer werden manchmal im Nachhinein zu mythischen Helden, denen unglaubliche Taten zugeschrieben werden.

Rituale sind kollektive Aktivitäten, die sachlich überflüssig, aber in einer bestimmten Kultur sozial wesentlich sind. In Organisationen beinhalten sie nicht nur Feiern, sondern auch viele formelle Aktivitäten, die auf offensichtlich rationalen Gründen beruhen: Tagungen und Treffen, das Schreiben von Memoranden, die Planung von

Systemen sowie die informellen Wege, auf denen formelle Handlungen ausgeführt werden: Wer kann es sich leisten, bei welchem Treffen zu spät zu kommen, wer spricht mit wem, etc.

Werte repräsentieren die grundlegende Ebene einer Kultur. Sie sind generalisierte, oft unbewußte und nicht diskutierbare Meinungen und Gefühle darüber, was gut und was böse ist, schön oder häßlich, rational oder irrational, normal oder abnormal, natürlich oder paradox, anständig oder unanständig. Diese Meinungen und Gefühle werden von der Mehrheit der Mitglieder der Kultur oder zumindest von den Inhabern von Schlüsselpositionen geteilt.

4   Unterschiede der Organisationskultur bei der Sozialisation am Arbeitsplatz

Unsere Forschungsdaten zu Unterschieden in der Organisationskultur wurden 1985 und 1986 in zwanzig Arbeitsorganisationen bzw. Teilorganisationen in Dänemark und den Niederlanden erhoben (*Sanders & Neuijen* 1987; *Hofstede & Ohayv* 1987; *Hofstede* et al. 1988). Die untersuchten Einheiten variierten von einer Spielzeugfirma bis zu zwei städtischen Polizeikörperschaften. Tiefen-Interviews wurden mit einer Anzahl von neun Informanten verschiedener Ebenen und Kategorien pro Einheit, aber jeweils einschließlich des Topmanagers, durchgeführt. Anschließend wurde eine Papier-und-Bleistift-Umfrage mit einer aselekten Stichprobe von zwanzig Managern, zwanzig Professionellen (Nicht-Manager mit einem Beruf, für den normalerweise eine höhere Bildung erforderlich ist) und zwanzig Nichtprofessionellen durchgeführt. Die 135 Fragen der Umfrage waren teilweise aus früheren kulturvergleichenden Untersuchungen entnommen (Näheres s.u.), aber die meisten Fragen wurden auf der Grundlage der Tiefen-Interviews innerhalb der Untersuchungseinheiten entwickelt.

Einige der Fragen bezogen sich auf Werte, wie sie im obigen Abschnitt definiert wurden; die meisten Fragen bezogen sich darauf, wie die Menschen ihre Arbeitsumgebung, also ihre Symbole, Helden und Rituale (wie oben definiert) wahrnehmen. Wir wählten den Begriff „Praktiken" für die Kombination von Symbolen, Helden und Ritualen, die die Arbeitsumgebung charakterisieren; Praktiken sind kollektive, organisationsspezifische Gewohnheiten, *wie sie von den handelnden Individuen wahrgenommen werden*.

Analysen des Datenmaterials zeigten bei den Fragen zu den „Praktiken" große Unterschiede zwischen den Einheiten. Dies überrascht nicht, denn die Fragen waren in bezug auf Bereiche formuliert worden, bei denen die Interviewer bereits feststellen konnten, daß die Einheiten Unterschiede aufwiesen. Die Frage nach den Werten, den tieferen Gefühlen für gut und böse usw., die wir im obigen Abschnitt diskutiert haben, führte zu Antworten, die sich in erster Linie entsprechend demographischen Merkmalen der Befragten unterschieden: nach ihrer Nationalität (dänisch oder holländisch), nach ihrem Bildungsstand, Geschlecht oder Alter.

Nachdem wir diese demographischen Merkmale kontrolliert hatten, waren die verbleibenden Unterschiede zwischen den verschiedenen organisatorischen Einheiten in bezug auf die Werte relativ gering. Wir schlossen daraus, daß verschiedene Organisationen auf der Basis von relativ ähnlichen Wertvorstellungen der Arbeitnehmer sehr verschiedene Praktiken einsetzen können.

Sozialisation am Arbeitsplatz ist nach dieser Untersuchung hauptsächlich eine Frage der Praktiken, die ein Anfänger lernen muß. Die Werte der Arbeitnehmer sind bereits in der Familie und der Schule entwickelt worden; sie spielen beim Selektions- und Selbstselektionsprozeß des Berufs eine Rolle.

Die Sozialisation am Arbeitsplatz hingegen kann nur in begrenztem Ausmaß die Werte der Menschen verändern. In der neueren gängigen Literatur über Management in Organisationen werden Organisationskulturen oft als eine Angelegenheit von Werten dargestellt (z.B. *Peters & Waterman* 1982). Verwirrung entsteht, weil diese Literatur nicht zwischen den Werten der Gründer und der führenden *Elite* und denen der Mehrzahl der *Arbeitnehmer* unterscheidet. Gründer und Eliten gestalten Organisationen gemäß ihren Werten; eine Organisation kann zum „verlängerten Schatten" ihres Gründers werden (*Belden & Belden* 1962). Gründer und Eliten schaffen die Symbole, die Helden und die Rituale, die die täglichen Praktiken der Organisationsmitglieder konstituieren. Mitglieder müssen nur in begrenztem Ausmaß ihre persönlichen Werte an die Bedürfnisse der Organisation anpassen. Eine Arbeitsorganisation ist in der Regel keine totale Institution (*Goffman* 1961). Nach unserem Datenmaterial findet Sozialisation am Arbeitsplatz im Vergleich zur vorangegangenen Sozialisation in Familie und Schule auf einem relativ oberflächlichen Niveau geistiger Anpassung statt.

5   Dimensionen von Organisationskulturen

Organisationskulturen sind normalerweise ganz spezifisch: jede Organisation oder sogar jeder Teil einer Organisation zeigt teilweise verschiedene Symbole, Helden und Rituale. Trotzdem konnten wir in unserer Untersuchung von 20 Einheiten (Organisationen oder Teile davon) in Dänemark und den Niederlanden sechs Hauptdimensionen von Unterschieden zwischen den untersuchten Kulturen feststellen. Mit dieser beschränkten Stichprobe von untersuchten Einheiten (in bezug auf Organisationstypen, Länder und Zeitpunkte) können wir offensichtlich nicht behaupten, daß dieselben sechs Dimensionen universell zu finden sind. Dennoch glauben wir, daß diese Dimensionen einen nützlichen Einblick in die Mannigfaltigkeit der Sozialisationsakzente, denen Menschen in Organisationen ausgesetzt sind, geben. Außerdem decken sich die gefundenen Dimensionen teilweise mit den veröffentlichten Ergebnissen anderer Untersuchungen (aus den USA von *Litwin* und *Stringer* 1968 und aus der Schweiz von *Pümpin* 1984).

Die sechs Dimensionen wurden mittels einer Faktorenanalyse der durchschnittlichen Testwerte der Antworten auf 61 Fragen zu „Praktiken" für 20 organisatorische Einheiten gefunden. Wir bezeichneten sie folgendermaßen:

1. Prozeßorientiert versus ergebnisorientiert
2. Arbeitnehmerorientiert versus arbeitsorientiert
3. Organisationsbezogen versus berufsbezogen
4. Offenes System versus geschlossenes System
5. Starke Kontrolle versus schwache Kontrolle
6. Pragmatisch versus normativ gegenüber den Klienten.

Die erste Dimension stellt Einheiten, die wir „prozeßorientiert" genannt haben, solchen gegenüber, die wir als „ergebnisorientiert" bezeichnen. In „*prozeßorientierten*" Einheiten nimmt man seine Kollegen wahr als eher mit Mitteln als mit Zielen beschäftigt, Risiken vermeidend, Anstrengungen möglichst vermeidend, und man erlebt jeden Tag als ziemlich ähnlich wie den vorangegangenen. Dies kennzeichnet insbesondere Produktionsabteilungen und große Büroeinheiten. In den „*ergebnisorientierten*" Einheiten (am entgegengesetzten Pol dieser Dimension) nimmt man seine Kollegen eher so wahr, daß sie mit Zielen (vs. mit Mitteln) beschäftigt sind, in ungewohnten Situationen bequem zurecht kommen, immer maximale Anstrengung aufbieten und man glaubt, daß jeder Tag neue Herausforderungen mit sich bringt. Auf der „ergebnisorientierten" Seite finden wir a) Organisationen, die direkten Kontakt mit Kunden haben, sowie b) Forschungs- und Entwicklungseinheiten. Dennoch haben nicht alle Produktions- und Büroorganisationen gleich niedrige und nicht alle Dienstleistungs- und Forschungsorganisationen gleich hohe Testergebnisse. Außer der Art der Arbeit spielen auch die Geschichte und die Leitung der Einheit eine deutliche Rolle.

Die *erste* Dimension „prozeßorientiert" – „ergebnisorientiert" scheint auch mit der *Stärke* der Kultur zusammenzuhängen. Die Managementliteratur bezeichnet Kulturen oft als „stark" oder „schwach", zeigt aber selten, wie diese Stärke gemessen werden kann. Wir haben eine „starke" Kultur interpretiert als eine Kultur mit starkem und unzweideutigem Sozialisationsdruck und haben angenommen, daß die Stärke der Kultur mittels der *Homogenität* der Auffassung der Arbeitnehmer von ihrer Arbeitssituation gemessen werden kann.

Eine Einheit, in der alle Befragten ihre Praktiken etwa gleich beschrieben haben, ist für uns eine Einheit starker Kultur; eine Einheit, in der verschiedene Leute sehr verschiedene Antworten auf dieselben Fragen geben, ist eine schwache Kultur (schwach = heterogen). Auf diese Weise konnten wir allen unseren zwanzig Einheiten einen „Kulturstärke"-Wert zuordnen. Dieser Wert korreliert mit der Position der Einheit auf der ersten Dimension: „prozeßorientierte" Einheiten neigen zu schwachen, heterogenen Kulturen; „ergebnisorientierte" Einheiten neigen zu starken, homogenen Kulturen.

Die *zweite* Dimension stellt „arbeitnehmerorientierte" „arbeitsorientierten" Einheiten gegenüber. In den „arbeitnehmerorientierten" Einheiten finden die Mitglieder, daß ihre persönlichen Probleme bei der Arbeit berücksichtigt werden, und die Organisation übernimmt eine wichtige Verantwortung für das Wohlbefinden der Arbeitnehmer und ihrer Familien. Außerdem treffen diese Einheiten Entscheidungen häufiger in

Gruppen oder Kommitees. In den „arbeitsorientierten" Einheiten erleben die Mitglieder einen starken Druck, ihre Arbeit zu tun; die Organisation ist nur an ihrer Arbeit interessiert. Außerdem werden Entscheidungen in diesen Einheiten eher von einzelnen getroffen. Die Position einer Einheit auf dieser Dimension scheint hauptsächlich eine Frage des Stils und der Tradition zu sein, die oft auf der Philosophie des Gründers oder der Gründer der Organisation beruht. Einheiten, deren Reorganisation vor noch nicht zu langer Zeit Massenentlassungen mit sich brachte, haben sich aber in Richtung auf den „arbeitsorientierten" Pol zubewegt.

Die *dritte* Dimension stellt „organisationsgbezogene" Einheiten „berufsbezogenen" Einheiten gegenüber. In den „organisationsbezogenen" Einheiten ist die Identität des Arbeitnehmers in erster Linie durch dessen Zugehörigkeit zur Organisation bestimmt. In der „berufsbezogenen" Organisation ist der Beruf des Arbeitnehmers die hauptsächliche Quelle seiner Identität. Auf die Frage nach seiner Arbeit antwortet der Arbeitnehmer der „organisationsbezogenen" Einheit: „Ich arbeite für X"; der Arbeitnehmer der „berufsbezogenen" Einheit antwortet dagegen: „Ich bin ein Computeringenieur" oder ähnlich. Arbeitnehmer „organisationsbezogener" Einheiten glauben eher, daß der Arbeitgeber es vorzieht, Leute der richtigen Familie, sozialen Schicht und Bildung anzustellen, daß die Normen der Organisation auch ihr privates Verhalten regulieren, und daß von ihnen nicht erwartet wird, daß sie weit vorausdenken. Arbeitnehmer „berufsbezogener" Einheiten glauben hingegen, daß sie nur aufgrund ihrer beruflichen Kompetenz eingestellt worden sind, daß ihr privates Leben ihre eigene Sache ist, und daß von ihnen erwartet wird, um Jahre vorauszudenken. Es besteht eine offensichtliche Beziehung zwischen dem mittleren Bildungsniveau der Arbeitnehmer einer Einheit und ihrer Berufsbezogenheit: „organisationsbezogene" Einheiten neigen dazu, Arbeitnehmer mit einer geringeren formalen Bildung zu beschäftigen. In der Soziologie ist diese Dimension schon lange bekannt als „lokal" versus „kosmopolitisch". Der Unterschied zwischen einem internen und einem externen Bezugsrahmen wurde zuerst von *Ferdinand Tönnies* (1887) vorgeschlagen.

Die *vierte* Dimension stellt Einheiten mit „offenem System" solchen mit „geschlossenem System" gegenüber. In Einheiten mit „offenem System" glaubt man, daß die Organisation gegenüber neuen Mitgliedern und Außenseitern offen ist, daß fast jeder in die Organisation passen würde und daß neue Arbeitnehmer nur wenige Tage brauchen, um sich zuhause zu fühlen. In Einheiten mit „geschlossenem System" sehen die Mitglieder ihre Organisation und ihre Kollegen als verschlossen und geheimtuerisch, sogar den eigenen Leuten gegenüber; nur ganz spezielle Leute passen in die Organisation, und neue Arbeitnehmer brauchen mehr als ein Jahr, bis sie sich zuhause fühlen. Diese Dimension ist von den sechs die einzige, die in unserer Untersuchung die meisten dänischen allen holländischen Organisationen entgegenstellt. Offenheit von Organisationen scheint viel mehr ein gesellschaftliches Charakteristikum von Dänemark zu sein als der Niederlande. *Eine* dänische Organisation schneidet jedoch als sehr „geschlossen" ab. Das zeigt, daß Organisationsmerkmale manchmal nationale Tendenzen überlagern können.

Die *fünfte* und *sechste* Dimension beziehen sich darauf, wie sich das Funktionieren der Organisation vorhersagen läßt: die fünfte Dimension – „starke versus schwache Kontrolle" – zeigt an, in welchem Ausmaß das *interne* Funktionssystem strukturiert ist. Die sechste Dimension – „pragmatisch versus normativ" – zeigt an, in welchem Ausmaß das *externe* Funktionieren strukturiert ist. Einheiten mit „starker Kontrolle" (fünfte Dimension) berichten, daß man kostenbewußt ist, daß Termine pünktlich eingehalten werden, und daß jeder mit Ernst über die Organisation und seinen Beruf spricht. Einheiten mit „schwacher Kontrolle" berichten, daß niemand an die Kosten denkt, daß Termine nur ungefähr eingehalten werden, und daß über die Organisation und den Beruf viele Witze gemacht werden. An dem „starken" Pol finden wir Einheiten mit präzisionserfordernder oder riskanter Produktion – wie Geldtransaktionen oder Pharmazeutika. An dem „schwachen" Pol finden wir innovative oder unprogrammierbare Aktivitäten. Überraschenderweise sind auch die Polizeieinheiten nur schwach kontrolliert, wohl weil die tägliche Arbeit eines Polizisten nur sehr teilweise geplant werden kann.

„Pragmatische" Einheiten (sechste Dimension) berichten, daß ein Hauptnachdruck darauf liegt, den Bedürfnissen des Kunden oder Klienten zu entsprechen, wobei die Ergebnisse wichtiger sind als die korrekten Verfahren. Sie zeigen auch eine flexible Einstellung in bezug auf die Geschäftsethik. Auf der anderen Seite berichteten „normative" Einheiten, daß ein Hauptnachdruck auf korrekt vollzogenen organisatorischen Verfahren liegt, die als wichtiger angesehen werden als die Ergebnisse. Sie zeigen auch einen hohen Standard in bezug auf die Geschäftsethik und Ehrlichkeit, begleitet von der Überzeugung, daß ihre Organisation eine nützliche Aufgabe für das Wohlergehen der Gesellschaft erfüllt. Dazu äußern die „pragmatischen" Einheiten deutlich bescheidenere Meinungen. („Unsere Organisation trägt wenig zum Wohlergehen der Gesellschaft bei".) Offensichtlich beschäftigt sich diese sechste Dimension mit dem modischen Thema der Kundenorientierung. Wir fanden, daß Einheiten, die unter Konkurrenz arbeiten, näher an dem „pragmatischen" Pol liegen, während monopolistische Einheiten, und besonders solche, die auf vom Gesetz definierten Gebieten arbeiten, eher am normativen Pol liegen. Eine der untersuchten Polizeiabteilungen weist einen extrem „normativen" Wert auf; eine andere, mit bürgerfreundlichen Nachbarschaftsteams organisierte Einheit, weist einen deutlich „pragmatischeren" Wert auf, tatsächlich pragmatischer als einige Einheiten von Geschäftsfirmen.

Diese sechs Dimensionen geben einen Eindruck von den Sozialisationstypen, denen Menschen an verschiedenen Arbeitsplätzen ausgesetzt sein können. Sie mögen auch weitreichende Konsequenzen für das Wohlergehen und die persönliche Entwicklung dieser Personen haben; aber diesen Aspekt werden wir, wie oben bemerkt, hier beiseite lassen.

6   Unterschiede der Nationalen Kultur bei der Sozialisation am Arbeitsplatz

Die folgenden Projekte unseres Forschungsprogramms der vergangenen zwanzig Jahre liefern Daten, die zur Beschreibung nationaler Unterschiede bei der Sozialisation am Arbeitsplatz relevant sind:

1. Ein Vergleich von arbeitsbezogenen Werten unter vergleichbaren Arbeitnehmergruppen in Tochtergesellschaften der multinationalen IBM in 40 Ländern (*Hofstede* 1980). Da die Stichproben so ähnlich waren, konnte der Einfluß der Nationalität klar herausgearbeitet werden. Später wurde die Datenbasis auf 64 Länder ausgedehnt, davon 50 einzelne Länder und drei Mehrländerregionen (*Hofstede* 1983). Die Unterschiede zwischen den untersuchten Ländern konnten auf vier Faktoren zurückgeführt werden, die wir weiter unten beschreiben werden.

2. Eine Studie über Wertunterschiede bei Studenten verschiedener Länder. Dabei wurden Daten mit einer modifizierten Version der „Rokeach Value Survey" (*Rokeach* 1968, 1973) von Studenten aus neun Staaten in der Asien-Pazifik-Region reanalysiert (*Ng* et al. 1982). Die Reanalyse führte zu fünf Faktoren, von denen vier signifikant mit den schon früher in den IBM-Daten gefundenen Faktoren korrelierten; den fünften konnten wir jedoch nicht interpretieren (*Hofstede & Bond* 1984).

3. Eine weitere Studie über Wertunterschiede bei Studenten verschiedener Länder. Darin wurde ein neuer, von chinesischen Wissenschaftlern in chinesischer Sprache entwickelter Werte-Fragebogen verwendet, der in übersetzter Form von Studenten in 22 Ländern aller Kontinente beantwortet wurde. Die Datenanalyse wies vier Faktoren auf, von denen drei signifikant mit den Faktoren der IBM-Daten korrelieren; der vierte war neu und interpretierbar (The Chinese Culture Connection 1987; *Hofstede & Bond* 1988). Diese zwei Studien liefern sowohl unabhängige und aufschlußreiche Validierungen der Ergebnisse der Untersuchung bei den IBM-Tochtergesellschaften als auch neue Einsichten, die wir weiter unten erklären werden.

Die oben beschriebenen Studien waren auf die Erfassung von *Werten* (values) beschränkt; Unterschiede in den wie oben definierten Praktiken zwischen den Ländern wurden nicht oder kaum erfaßt. Im Fall der IBM-Studien waren die Praktiken teilweise einheitlich über die verschiedenen Länder. Die Umfragen zeigten, daß Arbeitnehmer unter der Oberfläche ähnlicher Symbole, Helden und Rituale sehr verschiedene Wertvorstellungen hatten, die nur auf ihre frühere Sozialisation in der Familie und der Schule zurückzuführen waren. Unterschiede zwischen Ländern in bezug auf die Sozialisation am *Arbeitsplatz* sind deshalb nicht autonom: Sie entsprechen Unterschieden zwischen Sozialisationsmerkmalen in der *Schule* (s. die Validierung der IBM-Resultate bezüglich Studenten-Stichproben, die oben zitiert wurde) und in der *Familie*.

Die Art der Sozialisation in der Familie, in der Schule und in der Arbeitsorganisation ist graphisch dargestellt in Tab. 2:

Die Nationalität (ebenso wie das Geschlecht) ist ein unfreiwillig erworbenes Merkmal der Person: wir werden in eine Familie und in eine Nation hineingeboren.

Tabelle 2 Sozialisation und nationale, berufliche und organisatorische Kultur

Kulturebene   *Sozialisationskontext*

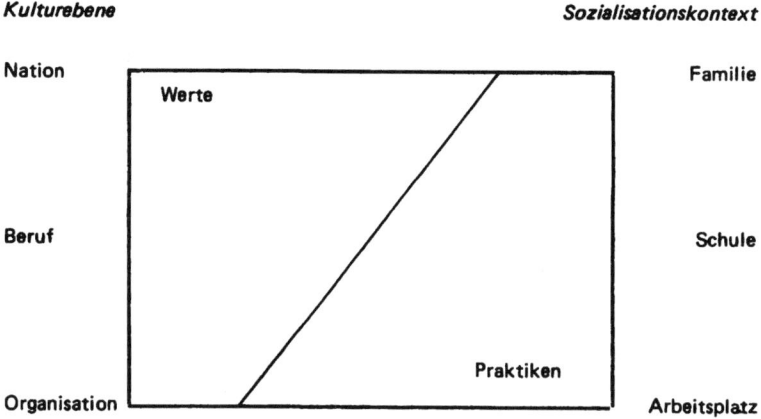

Hier erwerben wir die meisten unserer grundlegenden Werte. Die Berufswahl ist teilweise freiwillig (abhängig von der Gesellschaft und der Familie); sie führt zur Wahl
der Schule, und in der Schule werden wir weiter für die Werte und Praktiken des gewählten Berufs sozialisiert. Wenn wir in die Berufswelt eintreten, sind wir gewöhnlich
junge oder nicht mehr ganz junge Erwachsene, deren Wertvorstellungen relativ festgelegt sind; aber für die spezifischen Praktiken unserer neuen Arbeitsumwelt sollen wir
noch sozialisiert werden.

7   Dimensionen der Nationalen Kultur für die Sozialisation am Arbeitsplatz

Folgende drei Dimensionen von Unterschieden in nationaler Kultur sind den Ergebnissen der IBM-Studien und der chinesischen Werte-Umfrage gemeinsam:
1. Die *Machtdistanz* (power distance) ist das Ausmaß, in dem die weniger mächtigen
Mitglieder von Organisationen und Institutionen (wie der Familie) Macht akzeptieren
und erwarten, daß Macht ungleich verteilt ist. Machtdistanz deutet auf die Ungleichheit
(mehr oder weniger), die von unten, nicht die von oben definiert ist. Dies legt nahe, daß
der Grad von Ungleichheit in einer Gesellschaft von den Geführten ebenso eingehalten
wird wie von den Führern. Macht und Ungleichheit sind selbstverständlich ganz funda-
mentale Tatsachen jeder Gesellschaft. Jeder mit etwas internationaler Erfahrung wird
sich dessen bewußt sein, daß „alle Gesellschaften ungleich sind, aber einige ungleicher
sind als andere".
   Tab. 3 stellt einige von uns empirisch festgestellte Unterschiede in bezug auf Sozialisationsschwerpunkte in der Familie, der Schule und der Arbeitssituation in Kulturen mit geringer gegenüber starker Machtdistanz dar. Die Angaben beziehen sich auf
Extremwerte; tatsächliche Situationen können überall zwischen den Extremen liegen.

Tabelle 3 Sozialisationsschwerpunkte gemäß der Machtdistanz

Kulturen geringer Machtdistanz	Kulturen großer Machtdistanz
In der Familie: Kinder werden ermutigt, ihren eigenen Willen zu haben	Kinder werden zum Gehorsam den Eltern gegenüber erzogen
die Eltern werden als Gleichberechtigte behandelt	die Eltern werden als Übergeordnete behandelt
In der Schule: Schülerzentrierte Erziehung (Initiative)	Lehrerzentrierte Erziehung (Ordnung)
das Gelernte repräsentiert unpersönliche „Wahrheit"	das Gelernte repräsentiert die persönliche „Weisheit" des Lehrers (Guru)
Am Arbeitsplatz: Hierarchie bedeutet Verschiedenheit der Rollen, die aus praktischen Gründen verteilt werden sollen	Hierarchie bedeutet existentielle Ungleichheit
Untergeordnete erwarten, daß mit ihnen Rücksprache gehalten wird	Untergeordnete erwarten, daß man ihnen sagt, was sie tun sollen
der ideale Chef ist ein fähiger Demokrat	der ideale Chef ist ein wohlwollender Autokrat (guter Vater)

2. *Individualismus* auf der einen Seite gegenüber seinem Gegenteil, dem *Kollektivismus*, beschreibt das Ausmaß der Integration von Individuen in Gruppen. Auf der individualistischen Seite finden wir Gesellschaften, in denen die Bindungen zwischen Individuen lose sind: jeder kümmert sich eher um sich selbst und die eigene Familie. Auf der kollektivistischen Seite finden wir Gesellschaften, in denen die Menschen von Geburt an in starke, zusammenhängende Gruppen integriert sind, oft in Großfamilien (mit Onkeln, Tanten und Großeltern), die ihnen Unterstützung geben im Austausch gegen uneingeschränkte Loyalität. Der Begriff Kollektivismus hat in diesem Sinn keine politische Bedeutung: er bezieht sich auf die Gruppe, nicht auf den Staat (vgl. dazu *Trommsdorff* in diesem Band). Wiederum betrifft das von dieser Dimension beschriebene Phänomen ein ganz fundamentales Problem, das allen Gesellschaften der Welt gemeinsam ist.

Tab. 4 stellt einige empirisch gefundene Unterschiede von Sozialisationsakzenten in kollektivistischen gegenüber individualistischen Kulturen dar. Die meisten realen Kulturen werden irgendwo zwischen den Extremen liegen.

3. *Maskulinität* versus ihrem Gegenteil, der *Feminität*. Die Rollenverteilung zwischen den Geschlechtern ist ein weiteres fundamentales Problem in jeder Gesellschaft, für das verschiedene Lösungen gefunden werden können. Die Analyse der IBM-Daten zeigte,

Tabelle 4 Unterschiedliche Sozialisationsakzente in kollektivistischen und individualistischen Kulturen

Kollektivistische Kulturen	Individualistische Kulturen
In der Familie: Erziehung zum Wir-Gefühl	Erziehung zum Ich-Bewußtsein
Meinungen werden von der Gruppe festgelegt	es wird eine eigene Meinung erwartet
Verpflichtungen gegenüber der Familie oder Gruppe: – Harmonie – Respekt – Scham	Verpflichtungen gegenüber sich selbst: – Eigennutz – Selbstverwirklichung – Schuld
In der Schule: Lernen ist nur etwas für Kinder	andauernde Erziehung
Lernen, wie man etwas macht	Lernen, wie man lernt
Am Arbeitsplatz: Wertmaßstäbe unterscheiden sich für die Gruppe und für Außenstehende: Partikularismus	dieselben Wertmaßstäbe gelten für alle: Universalismus
Beziehung geht vor Aufgabe	Aufgabe geht vor Beziehung
moralisches Modell für die Beziehung zwischen Arbeitgeber und Arbeitnehmer	kalkulatives Modell für die Beziehung zwischen Arbeitgeber und Arbeitnehmer

1. daß bei Frauen weniger Unterschiede zwischen den Ländern bestehen als bei Männern; 2. wenn wir uns auf Werte von Männern beschränken (die von einem Land zum anderen mehr variieren), finden wir, daß sie eine Dimension beinhalten, die auf der einen Seite Durchsetzung und Wettbewerb beinhaltet (was sich von den Werten von Frauen maximal unterscheidet) und auf dem anderen Pol Bescheidenheit und Fürsorglichkeit – Werte, die denen von Frauen ähnlich sind. Wir haben den Durchsetzungspol „maskulin" genannt und den Bescheidenheits-, Fürsorglichkeits-Pol „feminin". Die Frauen in den „femininen" Ländern haben dieselben bescheidenen, fürsorglichen Werte wie die Männer; in den „maskulinen" Ländern sind sie etwas selbstbehauptend und konkurrierend, aber nicht so sehr wie die Männer, d.h. diese Länder weisen stärkere Unterschiede zwischen Werten von Männern und Frauen auf.

Tab. 5 führt in Analogie zu den Tab. 3 und 4 einige der verschiedenen, empirisch festgestellten Sozialisationsschwerpunkte in der Familie, der Schule und am Arbeitsplatz bei „femininen" gegenüber „maskulinen" Kulturen auf.

Die bisher beschriebenen drei Dimensionen beziehen sich alle auf erwartetes Sozialverhalten: gegenüber ranghöheren oder rangniedrigeren Personen (Machtdistanz),

Tabelle 5 Verschiedene Sozialisationsakzente bei „femininen" und „maskulinen" Kulturen

Feminine Kulturen	Maskuline Kulturen
In der Familie: Betonung liegt auf der Beziehung	Betonung liegt auf der Leistung
Solidarität	Konkurrenz
Konfliktlösung durch Kompromisse und Verhandlungen	Konfliktlösung, indem man die Konflikte austrägt
In der Schule: der durchschnittliche Schüler legt die Norm fest	die besten Schüler legen die Norm fest
das System belohnt die soziale Anpassung des Schülers	das System belohnt die Leistung des Schülers
das Versagen eines Schülers ist ein relativ geringer Unfall	das Versagen eines Schülers ist ein Verhängnis und kann zu Selbstmord führen
Am Arbeitsplatz: Selbstbehauptung wird belächelt	Selbstbehauptung wird geschätzt
sich selbst unterbieten	sich selbst überbieten
Betonung der Lebensqualität	Betonung der Karriere
Intuition	Entschlossenheit

gegenüber der Gruppe (Individualismus/Kollektivismus) und entsprechend dem eigenen Geschlecht (Maskulinität/Feminität). Es ist offensichtlich, daß die Werte, die mit diesen kulturellen Merkmalen korrespondieren, in der Familie entstehen: „Machtdistanz" entsteht durch den Grad, in dem Kinder ermutigt werden, ihren eigenen Willen zu haben, „Individualismus/Kollektivismus" durch den Zusammenhalt der Familie in bezug auf andere Personen und „Maskulinität/Feminität" durch die Rollenmodelle, die die Eltern und älteren Geschwister dem jüngeren Kind geben. Diese drei Dimensionen befassen sich mit fundamentalen Entwicklungsaufgaben jeder menschlichen Gesellschaft, für die aber verschiedene Gesellschaften z.B. in ihren Sozialisationsmerkmalen verschiedene Lösungen gefunden haben, was durch die Verteilung auf den Dimensionen empirisch belegt werden kann.

Die tatsächlichen Ergebnisse unserer Untersuchung sind in den drei ersten Spalten von Tab. 6 aufgeführt. Die Zahlen für „Machtdistanz", „Individualismus" und „Maskulinität" basieren auf den IBM-Daten und sind *relativ*. Wir haben unsere Skalen so gewählt, daß die Distanz zwischen dem am niedrigsten und dem am höchsten liegen-

Tabelle 6 Testwerte von 5 Dimensionen in 50 Ländern und 3 Regionen
1 = am höchsten, 53 = am niedrigsten (bei CFD: 20)

Land	Machtdistanz Index (PDI)	Rang	Individualismus Index (IDV)	Rang	Maskulinität Index (MAS)	Rang	Unsicherheitsvermeidung Index (UAI)	Rang	Konfuzianischer Dynam. Index (CFD)	Rang
Argentina	49	35–36	46	22–23	56	20–21	86	10–15		
Australia	36	41	90	2	61	16	51	37	31	11–12
Austria	11	53	55	18	79	2	70	24–25		
Belgium	65	20	75	8	54	22	94	5–6		
Brazil	69	14	38	26–27	49	27	76	21–22	65	5
Canada	39	39	80	4–5	52	24	48	41–42	23	17
Chile	63	24–25	23	38	28	46	86	10–15		
Colombia	67	17	13	49	64	11–12	80	20		
Costa Rica	35	42–44	15	46	21	48–49	86	10–15		
Denmark	18	51	74	9	16	50	23	51		
Equador	78	8–9	8	52	63	13–14	67	28		
Finland	33	46	63	17	26	47	59	31–32		
France	68	15–16	71	10–11	43	35–36	86	10–15		
Germany (F.R.)	35	42–44	67	15	66	9–10	65	29	31	11–12
Great Britain	35	42–44	89	3	66	9–10	35	47–48	25	15–16
Greece	60	27–28	35	30	57	18–19	112	1		
Guatemala	95	2–3	6	53	37	43	101	3		
Hong Kong	68	15–16	25	37	57	18–19	29	49–50	96	1
Indonesia	78	8–9	14	47–48	46	30–31	48	41–42		
India	77	10–11	48	21	56	20–21	40	45	61	6
Iran	58	19–20	41	24	43	35–36	59	31–32		
Ireland	28	49	70	12	68	7–8	35	47–48		
Israel	13	52	54	19	47	29	81	19		
Italy	50	34	76	7	70	4–5	75	23		
Jamaica	45	37	39	25	68	7–8	13	52		
Japan	54	33	46	22–23	95	1	92	7	80	3
Korea (S)	60	27–28	18	43	39	41	85	16–17	75	4
Malaysia	104	1	26	36	50	25–26	36	46		
Mexico	81	5–6	30	32	69	6	82	18		
Netherlands	38	40	80	4–5	14	51	53	35	44	9
Norway	31	47–48	69	13	8	52	50	38		
New Zealand	22	50	79	6	58	17	49	39–40	30	13
Pakistan	55	32	14	47–48	50	25–26	70	24–25	0	20
Panama	95	2–3	11	51	44	34	86	10–15		
Peru	64	21–23	16	45	42	37–38	87	9		
Philippines	94	4	32	31	64	11–12	44	44	19	18
Portugal	63	24–25	27	33–35	31	45	104	2		
South Africa	49	36–37	65	16	63	13–14	49	39–40		
Salvador	66	18–19	19	42	40	40	94	5–6		
Singapore	74	13	20	39–41	48	28	8	53	48	8
Spain	57	31	51	20	42	37–38	86	10–15		
Sweden	31	47–48	71	10–11	5	52	29	49–50	33	10
Switzerland	34	45	68	14	70	4–5	58	33		
Taiwan	58	29–30	17	44	45	32–33	69	26	87	2
Thailand	64	21–23	20	39–41	34	44	64	30	56	7
Turkey	66	18–19	37	28	45	31–33	85	16–17		
Uruguay	61	26	36	29	38	42	100	4		
U.S.A.	40	38	91	1	62	15	46	43	29	14
Venezuela	81	5–6	12	50	73	3	76	21–22		
Yugoslavia	76	12	27	33–35	21	48–49	88	8		
Regions:										
East Africa	64	21–23	27	33–35	41	39	52	36	25	15–16
West Africa	77	10–11	20	39–41	46	30–31	54	34	16	19
Arab Ctrs.	80	7	38	26–27	53	23	68	27		

Tabelle 7 Sozialisationsakzente gemäß der Unsicherheitsvermeidung

Kulturen geringer Unsicherheits-vermeidung	Kulturen starker Unsicherheits-vermeidung
In der Familie: was verschieden ist, ist interessant	was verschieden ist, ist gefährlich
Ungezwungenheit, Bequemlichkeit, geringer Streß	größere Sorge und größerer Streß
Aggression und Emotionen werden nicht gezeigt	Aggression und Emotionen zu zeigen, wird akzeptiert
In der Schule: die Schüler kommen gut zurecht mit – unstrukturierten Lernsituationen – vagen Themen – offenen Anweisungen – ohne Stundenpläne	die Schüler kommen gut zurecht mit – strukturierten Lernsituationen – exakt definierten Themen – detaillierten Anweisungen – strengen Stundenplänen
Lehrer dürfen sagen „Ich weiß es nicht"	Lehrer sollen für jede Frage eine Antwort haben
Am Arbeitsplatz: Regeln – geschrieben oder ungeschrieben – sind nicht willkommen	emotionales Bedürfnis nach Regeln – geschrieben oder ungeschrieben
geringe Formalisierung und Standardisierung	stärkere Formalisierung und Standardisierung

den Land etwa 100 Punkte beträgt. Die anderen Spalten von Tab. 6 werden später diskutiert werden.

8   Die Sozialisation des Forschers: Westliches Denken versus östliches Denken

Wie bereits erwähnt, hat unsere Untersuchung eine vierte Dimension nationaler Kulturdifferenzen hervorgebracht; diese Dimension unterscheidet die „westlichen" IBM- und Rokeach Value Survey-Studien von der „östlichen" Chinesischen Werte-Umfrage. Diese Dimension bezieht sich nicht direkt auf soziale Beziehungen, sondern auf grundlegende Fragen der menschlichen Existenz.

Die vierte Dimension, die in den IBM- und Rokeach-Studien gefunden wurde, befaßt sich mit der Toleranz einer Gesellschaft gegenüber Unsicherheit und Ambiguität – wir glauben, daß sie sich letztlich auf die Wahrheitssuche des Menschen bezieht. Wir haben sie „Unsicherheitsvermeidung" genannt: Sie zeigt auf, in welchem Ausmaß eine Kultur ihre Mitglieder lehrt, sich in unstrukturierten Situationen entweder unwohl oder wohlzufühlen. Unstrukturierte Situationen sind neu, unbekannt, überraschend, ungewöhnlich. „Unsicherheit vermeidende" Kulturen versuchen, die Auftretenswahrscheinlichkeit solcher Situationen zu minimieren, und zwar durch strenge Gesetze, Regeln, Sicherheits- und Schutzmaßnahmen und auf der philosophischen und religiösen Ebene durch einen Glauben an eine absolute Wahrheit; „es kann nur eine Wahrheit geben und wir haben sie". Menschen in „Unsicherheit-vermeidenden" Ländern sind auch emotionaler, energischer und durch innere Überzeugungen motiviert. Der entgegengesetzte Typ, Unsicherheit akzeptierende Kulturen, sind toleranter gegenüber Meinungen, die sich von den gewohnten Meinungen unterscheiden. Sie versuchen, mit möglichst wenig Regeln auszukommen. Auf der philosophischen und religiösen Ebene sind sie relativistisch und erlauben vielen Strömungen, nebeneinander zu bestehen. Die Menschen in diesen Kulturen sind phlegmatischer und kontemplativer und ihre Umgebung erwartet nicht von ihnen, daß sie ihre Gefühle äußern.

Tab. 7 führt einige der verschiedenen Sozialisationsschwerpunkte in der Familie, der Schule und am Arbeitsplatz an, die gemäß unseren Forschungsergebnissen entweder auf schwache oder auf starke „Unsicherheitsvermeidung" bezogen sind. Die Spalte „Unsicherheitsvermeidung" in Tab. 6 führt die Ergebnisse für die Länder auf, für die in IBM-Tochtergesellschaften Daten erhoben wurden.

Bei der Analyse der Daten der Chinesischen Werteumfrage von Studenten in 22 Ländern fand sich keine Dimension, die mit der Vermeidung von Unsicherheit verwandt war. Anscheinend ist für die Chinesen, die die Fragen für die Untersuchung zusammengestellt haben, die Suche nach Wahrheit kein wesentlicher Punkt. Einer der fundamentalen Unterschiede zwischen östlichem Denken (z.B. im Konfuzianismus, Buddhismus und Hinduismus) und westlichem Denken (das in der Jüdisch-Christlich-Islamischen Tradition dominiert) ist, daß im Osten eine Qualität ihr Gegenteil nicht ausschließt, was aber ein wesentliches Element westlicher Logik ist (z.B. *Kapp* 1983). Somit ist im Osten die Suche nach Wahrheit irrelevant, weil kein Bedürfnis nach einer einzigen und absoluten Wahrheit besteht.

Die vierte Dimension der Chinesischen Werteumfragedaten ist, was wir den „Konfuzianischen Dynamismus" genannt haben. Man kann sagen, daß er mit Tugend unabhängig von Wahrheit zu tun hat. Sparsamkeit und Ausdauer vertreten den positiven Pol im „Konfuzianischen *Dynamismus*"; Tradition und „niemals das Gesicht verlieren" vertreten den entgegengesetzten Pol. Keiner von ihnen tauchte in der Werteumfrage von *Milton Rokeach* auf, der als Amerikaner versuchte, eine universelle Liste menschlicher Werte zusammenzustellen. Sie kamen in seinem Westlichen Denken einfach nicht vor. Beide, die positiven und die negativen Werte dieser Dimension sind in den Lehren von Konfuzius (z.B. *King & Bond* 1985) direkt vorhanden. Während die positiven Werte Sparsamkeit und Ausdauer eher zukunftsorientiert sind, beziehen sich Tradition und „Gesicht wahren" eher auf die Vergangenheit und die Gegenwart. Deshalb haben wir diese Dimension den „Konfuzianischen *Dynamismus*" genannt.

Für diese Dimension verfügen wir noch nicht über das empirische Untersuchungsmaterial, um eine Liste von Sozialisationsschwerpunkten herzustellen, ähnlich den Tab. 3, 4, 5 und 7. Es ist aber klar, daß sich die Sozialisation in der Familie, in der Schule und am Arbeitsplatz bei Kulturen am positiven Pol eher auf „Tüchtigkeit" richtet: Sparsamkeit und Fleiß, während am negativen Pol eher das Erfüllen sozialer Erwartungen gelernt wird: „keeping up with the Joneses".

Welche Art von vierter Dimension wir finden, „Unsicherheitsvermeidung" oder „Konfuzianischen Dynamismus", hängt von den eingesetzten Forschungsinstrumenten ab und letztlich vom kulturellen Hintergrund des Denkens derer, die die Fragen formuliert haben.

Kulturelle Differenzen betreffen nicht nur die Sozialisation von gewöhnlichen Leuten, sondern auch die der Forscher und Wissenschaftler, die das Verhalten anderer studieren und erklären. Westliche Instrumente (die IBM- und Rokeach-Fragebogen) identifizieren eine Dimension, die sich auf Wahrheit bezieht, auf der selbst östliche Kulturen eingestuft werden können (von hoch in Japan bis tief in Singapur und Hong Kong). Ein Instrument mit einer ausdrücklich östlichen Orientierung, die Chinesische Werteumfrage, entdeckt eine andere Dimension, die sich auf Tugend bezieht, auf der wieder alle Länder eingestuft werden können, selbst westliche.

Die Spalte „Konfuzianischer Dynamismus" in Tab. 6 führt die Ergebnisse nach Ländern auf, die dieses Mal auf den von *Bond* erhobenen Studentendaten basieren; diese Daten wurden in gleicher Weise wie die IBM-Tochtergesellschaftsdaten in den anderen Spalten von Tab. 6 auf eine Skala von 0 bis 100 umgerechnet. Auf der Tabelle erkennen wir, daß hohe Werte beim „Konfuzianischen Dynamismus" bei allen östlichen Ländern gefunden werden: insbesondere für Hong Kong, Taiwan, Japan und Südkorea. Da diese auch diejenigen Länder der Erde sind, die das schnellste ökonomische Wachstum in den vergangenen 25 Jahren aufweisen, bedeutet dies, daß die „Tugend"-Werte mit diesem ökonomischen Wachstum korrelieren (s. *Hofstede & Bond* 1988). Keine der IBM-Dimensionen korrelierte hingegen mit dem ökonomischen Wachstum. Es ist bemerkenswert, daß die Werte, die mit dem unvergleichlichen ökonomischen Erfolg einer Reihe von ostasiatischen Ländern in den vergangenen 25 Jahren einhergehen, nur mit einem Fragebogen identifiziert werden können, der von Ostasiaten entwickelt wurde.

Insgesamt zeigt unser Befund, daß nicht nur Werte und Praktiken, sondern sogar Theorien Produkte kulturell determinierter Sozialisation sind. Das sollte uns bescheiden machen, wenn wir versuchen, z.B. westliche Bildungssysteme auf Länder der Dritten Welt zu übertragen (vgl. *Heidt* und *Weiland* in diesem Band). Nicht nur unsere Werkzeuge, sondern sogar unsere Denkkategorien könnten der anderen Umgebung unangemessen sein.

Literatur

Belden, T. G., Belden, M. R. (1962): The lengthening shadow: the life of Thomas J. Watson. Boston: Little, Brown

Brislin, R. W., Pedersen, P. (1976): Cross-cultural orientation programs. New York: Gardner Press

Fischer, J. (1979): Sozialisation in Arbeitsorganisationen. Inaugural-Dissertation Julius-Maximilians-Universität, Würzburg

Goffman, E. (1961): Asylums: Essays on the social situation of mental patients and other inmates. Garden City; Doubleday Anchor Books

Herzberg, F., Mausner, B., Peterson, R., Capwell, D. (1957): Job Attitudes: Review of Research and Opinion. Pittsburgh: Psychological Service of Pittsburgh

Hofstede, G. (1980): Culture's Consequences: International differences in work-related values. Beverly Hills: Sage Publications

Hofstede, G. (1983): Dimensions of national culture in fifty countries and three regions. In: J. B. Deregowski, S. Dziurawiec, R. C. Annis (Eds.), Expiscations in cross-cultural psychology (335–355). Lisse NL: Swets and Zeitlinger

Hofstede, G. (1986): Cultural differences in teaching and learning. Internat. J. Intercult. Relat. 10, 301–320

Hofstede, G., Bond, M. H. (1984): Hofstede's culture dimensions: An independent validation using Rokeach's Value Survey. J. Cross-Cultural Psychol. 15, 4, 417–433

Hofstede, G., Bond, M. H. (1988): The Confucius connection: from cultural roots to economic growth. In Organizational Dynamics, 16, 4

Hofstede, G., Neuijen, B., Ohayv, D. D., Sanders, G. (1988): Organization Culture – Beyond the Fad. Working Paper, Department of Economics and Business Administration, University of Limburg at Maastricht

Hofstede, G., Ohayv, D. D. (1987): Diagnosing organizational cultures. In Harvard Borsen, 1987, 13. English version: Working Paper 87-1,

Arnhem NL: Institute for Research on Intercultural Cooperation

Hunt, J. W., Saul, P. N. (1975): The relationship of age, tenure and job satisfaction in males and females. Acad. Managem. J. 18, 4, 690–702

Kapp, R. A. (Ed.) (1983): Communicating with China. Chicago: Intercultural Press

King, A. Y. C., Bond, M. H. (1985): The Confucian paradigm of men: A sociological view. In: W. Tseng, D. Wu (Eds.), Chinese culture and mental health: An overview (29–45). New York: Academic Press

Litwin, G. H., Stringer, R. A. (1968): Motivation and Organizational Climate, Boston: Harvard Business School

Ng, S. H., Hossain, A. B. M. A., Ball, P., Bond, M. H., Hayashi, K., Lim, S. P., O'Driscoll, M. P., Sinha, D., Yang, K. S. (1982): Human Values in nine countries. In: R. Rath, H. S. Asthana, D. Sinha, J. B. P. Sinha (Eds.), Diversity and Unity in Cross-Cultural Psychology (196–205). Lisse NL: Swets and Zeitlinger

Peters, T. J., Waterman, R. H. (1982): In Search of Excellence: Lessons from America's Best-Run Companies. New York: Harper & Row

Pümpin, C. (1984): Unternehmenskultur, Unternehmensstrategie und Unternehmenserfolg. In: GDI Impuls, Gottlieb Duttweiler Institut, 2, 19–30

Rokeach, M. (1968): Beliefs, Attitudes and Values, San Francisco: Jossey-Bass

Rokeach, M. (1973): The nature of human values, New York: Free Press

Sanders, G., Neuijen, B. (1987): Bedrijfscultuur: diagnose en beinvloeding, Assen NL: Van Gorcum

The Chinese Culture Connection: Chinese Values and the search for culture-free dimensions of culture. J. Cross-Cultural Psychol. 1987, 18, 2, 143–164

Tönnies, F. (1963/1887): Gemeinschaft und Gesellschaft: Grundbegriffe der reinen Soziologie. Darmstadt: Wissenschaftliche Buchgesellschaft

Sozialisationsprobleme im Akkulturationsprozeß

Alexander Thomas

Übersicht

1   Fragestellungen der Akkulturationsforschung

Mit Zunahme der internationalen politischen und wirtschaftlichen Verflechtungen und der Entwicklung der Nachrichten- und Verkehrstechnologie ist eine Wanderbewegung in Gang gekommen, die in ihrem Ausmaß in der Menschheitsgeschichte bisher einmalig ist. Millionen von Menschen verlassen ihre angestammte Heimat zeitweise oder für immer, um in einem fremden Land unter ihnen fremden kulturellen Bedingungen Arbeit zu finden und ihr Überleben zu sichern.

Für immer mehr Menschen wird, durch Umstände erzwungen oder durch freiwillige Entscheidung, das Eingewöhnen und Leben in einem anderen Land, in einer anderen Kultur, zur Selbstverständlichkeit. Damit ist heute für viele Menschen das Problem der Akkulturation als das allmähliche Hineinwachsen und Anpassen in eine fremde Kultur ein zentrales Lebensthema.

Wenn man Sozialisation unter dem Aspekt der Enkulturation und Akkulturation betrachtet, dann geht man von der Vorstellung aus: „. . . daß im Verlauf des Sozialisationsprozesses bestimmte Regeln und Symbole, Denk- und Verhaltensmuster vermittelt werden, die für eine Kultur kennzeichnend sind, und daß das Ergebnis der Sozialisationsprozesse eine „modale" Persönlichkeit ist, die sich in ihren Merkmalen von der Persönlichkeit in anderen Kulturen deutlich unterscheidet". (*Hurrelmann & Ulich* 1980, S. 207). Von Akkulturation spricht man in diesem Zusammenhang, wenn eine Persönlichkeit, die bereits einen Sozialisationsprozeß durchlaufen hat, sich an eine neue Kultur anpassen muß. Akkulturationsleistungen müssen von sehr verschiedenen Personen unter sehr verschiedenen lebensthematischen Zielsetzungen und unter sehr unterschiedlichen politischen, ökonomischen und sozialen Kontextbedingungen erbracht werden. So müssen sich beispielsweise Touristen, die nur für eine kurze Zeit ein fremdes Land bereisen, in gewissem Umfang an die kulturellen Besonderheiten anpassen, doch ist diese Akkulturationsleistung nur schwer mit der von Immigranten vergleichbar, die beabsichtigen, auf Dauer in einem fremden Land zu leben und sich dort so weit anzupassen, daß sie als Einwohner des Gastlandes behandelt werden.

Der Akkulturationsverlauf und die dabei auftretenden Akkulturationsbelastungen hängen zudem von der bisherigen Sozialisationsgeschichte, der Motivstruktur und den sozialen Erfahrungen der Person ab. Insgesamt vollzieht sich die Akkulturation in einem komplexen Bedingungsgefüge bestehend aus internen Einflußfaktoren (wie z.B. Ziele, Motive, Werte, Fähigkeiten, Fertigkeiten, Vorliegen, Gewohnheiten und Erfahrungen des Handelnden) und externen Einflußfaktoren (wie z.B. Handlungs- und Leistungszwänge, Einstellung der sozialen Umwelt im Heimat- und Gastland, Handlungsmöglichkeiten und Handlungsbarrieren, die für einen Fremden im Gastland wirksam werden, Rollenzuschreibung).

Eine gelungene Akkulturation ist dann gegeben, wenn der Handelnde im Gastland im Rahmen des dort vorhandenen kulturspezifischen Orientierungssystems seine gesetzten Ziele in einer Weise erreicht, daß die Gesamtbilanz von Aufwand und Erfolg für ihn befriedigend ausfällt. Erreicht wird dies durch Anpassungsleistungen des Handelnden an die Gastkultur, durch die Bereitschaft der Gastlandbewohner, den Zielen und Bedürfnissen des Handelnden entgegenzukommen und durch Veränderungen, die der Handelnde im Orientierungssystem der Gastlandbewohner bewirkt. Nicht einseitige Anpassung, z.B. des Fremden an die Gastkultur, sondern wechselseitig sich bedingende Veränderungen und Angleichungsprozesse sind für die Entwicklung einer befriedigenden Akkulturation erforderlich.

Wenn es inzwischen auch eine Fülle sozialwissenschaftlicher Untersuchungen über Akkulturationsprobleme bei Immigranten, Gastarbeitern der ersten und zweiten Generation, bei Auslandsstudenten und ausländischen Praktikanten, bei im Ausland tätigen Fach- und Führungskräften aus multinational tätigen Organisationen gibt, so fehlt es doch an integrativen Modellen und Theorien (*Thomas* 1986). Theorien des interkulturellen Personenaustausches oder eine Theorie der Akkulturation, die zuverlässige Vorhersagen erlaubt, bei welchen Personen unter welchen Bedingungen welche psychischen und sozialen Prozessen den Akkulturationsvorgang fördern respektive erschweren, und welche nachhaltigen Folgen für die Persönlichkeit zu erwarten sind, wurden bisher nicht entwickelt. Migrations- und Akkulturationsforschung wurde und wird auch nicht primär aus wissenschaftlichen, sondern aus sehr pragmatischen Gründen betrieben und finanziert. Nicht um herauszufinden, wie Menschen unter fremdkulturellen Lebensbedingungen extreme Lebenssituationen bewältigen, werden Akkulturationsprozesse erforscht, sondern um beim Auftreten sozialer Konflikte

(Masseneinwanderung, Diskriminierung und Gewalt gegenüber Gastarbeitern, Rassenunruhen, durch rassische und ethnische Vorurteile gestützte Aggressionen, Ghettobildung u.ä.) auf der Basis wissenschaftlich verläßlicher Ursache-Wirkungsanalysen effektive Interventionsmaßnahmen vornehmen zu können, die wenig später einer Evaluation unterzogen werden. Resultate dieser Studien sind meist deshalb schwer vergleichbar, weil sie von völlig unterschiedlichen, selten explizit dargelegten, theoretischen Annahmen über menschliches Anpassungsverhalten, Individuum-Umwelt-Interaktionen, verhaltenswirksamen kulturellen Einflußfaktoren usw. ausgehen, sich auf aktuelle Konfliktfelder konzentrieren und die aus solchen Untersuchungen verallgemeinerbaren Erkenntnisbezüge nicht mitreflektieren.

Die üblichen Verfahren der Datenerhebung sind Fragebögen, seltener Interviews, die vor und nach dem Auslandsaufenthalt bei im Ausland tätigen Personen eingesetzt werden. Die untersuchte Stichprobe ist in der Regel weder repräsentativ noch nach festgelegten Kriterien ausgesucht, sondern richtet sich nach der Bereitschaft zur Mitarbeit. Wenig entwickelt und selten eingesetzt werden Methoden der Erfassung von Verhaltensabläufen und sozialen Interaktionsprozessen (Teilnehmende Beobachtung, Tagesablauf-, Wochen- und Monatsprotokolle, Tagebuchaufzeichnungen, Erfahrungsberichte über kritische Ereignisse) über den Gesamtzeitraum des Auslandsaufenthaltes hinweg. Im Längsschnitt durchgeführte Studien über Verlauf und Wirkungen von Akkulturationsprozessen und Extremgruppenvergleiche liegen bisher nicht vor.

Die inzwischen vorliegenden, schon zum Teil klassischen Studien zum Akkulturationsverlauf (*Thurnwald* 1932, *Herskovitz* 1938, *Hallowell* 1955, *Spicer* 1972 u.a.) lassen zunächst einmal, wenn auch nur summativ, die im folgenden aufgeführten zentralen Problemfelder und handlungsrelevanten Einflußfaktoren erkennen: Die Existenz einer psychologischen Kluft zwischen der bewußten Annahme neuer Verhaltensweisen und dem unbewußten Widerstand dagegen; die Ambivalenz und Feindseligkeit hinsichtlich der Selbstwahrnehmung in einer Akkulturationssituation; die Orientierungsfunktion von Referenzgruppen innerhalb und außerhalb der eigenen ethnischen Zugehörigkeitsgruppe; Formen des Rückzugs, die sich bei einer Revitalisierung der ursprünglichen Kultur ergeben können; die Bedeutung der Diskrepanz zwischen gewohnter Heimatkultur und neuer Gastkultur; der Bedeutung des Ausbildungsstandes und des Sozialstatus der im Akkulturationsprozeß befindlichen Personen im Vergleich zu den Referenzgruppen im Gastland; der Grad an Akzeptanz bzw. Diskriminierung der Fremdgruppe durch die Bewohner des Gastlandes und der für bestimmte soziale Gruppen und Persönlichkeitstypen unterschiedliche Akkulturationsverlauf (vgl. *Hurrelmann & Ulich* 1980, S. 208).

2   Zentrale Sozialisationsprobleme im Akkulturationsprozeß

Das von *Berry* und *Annis* (1974) entwickelten Umwelt-Kultur-Verhaltensmodell liefert einen Rahmen, in dem sich zentrale Aspekte der beim Akkulturationsprozeß auftretenden Sozialisationsprobleme einordnen lassen. Verhalten wird aufgefaßt als eine Funktion der kulturellen Kontextbedingungen, die den vorherrschenden Umweltbedingungen angepaßt sind. Bezogen auf den Akkulturationsprozeß sind zu unterscheiden der Akkulturationsdruck, die Distanz zwischen der gewohnten Kultur im Herkunftsland und der Kultur des Gastlandes und der Differenz zwischen den bereits im Sozialisationsprozeß erworbenen eigenkulturellen Verhaltens- und Denkgewohnheiten und den erforderlichen fremdkulturellen Anpassungsleistungen. Eine wirksame Befriedigung der Lebensbedürfnisse und das Erreichen gesetzter Ziele unter diesen Handlungsbedingungen erzeugt psychische Reaktionen, die alle Anzeichen von Streßreaktionen erkennen lassen: Psychosomatische Erkrankungen, Reizbarkeit, Konzentrationsschwäche, Schlaflosigkeit, Hyperaktivität, depressive Reaktionen u.ä.. Die Mehrdeutigkeit sozialer Situationen, die Unsicherheit in der Interpretation des Verhaltens anderer Personen und die Unvorhersehbarkeit sozial-relevanter Ereignisse und Folgen eigenen und fremden Verhaltens sind die zentralen Ursachen für das Versagen in der kulturfremden Situation (*Barna* 1983).

Nach dem Umwelt-Kultur-Verhaltensmodell von *Berry & Annis* und gestützt durch empirische Befunde (z.B. *v. Klitzing* 1983, *Samuda & Woods* 1983, *Triandis & Brislin* 1980, s. auch *Stiksrud & Kuliga* 1985) sind enge Interdependenzen zwischen Akkulturationsdruck, sozialen Umweltfaktoren und Akkulturationsstreß feststellbar.

1. Nach *v. Klitzing* (1983) bestehen solche wechselseitigen Zusammenhänge zwischen folgenden Faktoren (S. 29):

Migration	
Psychische Situation	**Soziale Umwelt**
Mißtrauen – paranoide Reaktionen	Auflösung stabilisierender Famlienbande
Angst	Wandel der Familienstruktur
Depression	soziale Isolation – Abbruch sozialer Beziehungen
Aggressivität	geringer Zugang zu ökonomischen Erfolgszielen, soziale Randständigkeit, Frustrationen
Dogmatismus Psychosen, Erwachsenenneurosen, kindliche Verhaltensstörungen	Aufstiegs- und Abstiegsmobilität erhöhte Scheidungsraten, Ehezerrüttung

Die psychischen Reaktionen des einzelnen Migranten sind abhängig von seiner individuellen Fähigkeit, mit belastenden Lebenssituationen (kritischen Lebensereignissen) fertig zu werden, von seiner individuellen Interpretation der mit der Migration gegeben neuen sozialen Situation (z.B.als bedrohlich und unkontrollierbar oder als zu bewältigende Anforderung), seiner Bereitschaft, sich auf die kulturellen Veränderungen einzustellen und der Unterstützung bzw. den Widerständen, die ihm aus der sozialen Umwelt zu seiner Lebensbewältigung entgegengebracht werden.

2. Der Akkulturationsstreß ist stärker in Gemeinschaften, in denen die Diskrepanzen zwischen Herkunfts- und Gastkultur sehr groß sind und in denen der Anpassungsdruck besonders stark ausgeprägt ist. Pluralistisch orientierte Gesellschaften mit einer hohen Toleranzschwelle für andersartige Lebensformen, Wert- und Normvorstellungen, üben geringeren Akkulturationsdruck aus als traditionsorientierte Gesellschaften, in denen ein relativ einheitliches Kulturmuster dominiert, das keine Abweichungen zuläßt (*Murphy* 1977).

3. Auf der individuellen Handlungsebene wird der Akkulturationsstreß von solchen Personen besonders stark und nachhaltig erlebt, die eine nur wenig ausdifferenzierte Persönlichkeitsstruktur entwickelt haben, die ein hohes Maß an psychischer Abhängigkeit von Veränderungen in ihrer sozialen Umwelt aufweisen und somit dem Akkulturationsdruck widerstandslos folgen. Ein hohes Maß an psychologischer Differenziertheit und Feldunabhängigkeit erleichtert die Anpassung an neue Verhaltens- und Wertmuster und schützt das Individuum somit vor intensivem Akkulturationsstreß.

Im Zusammenhang mit der individuellen Fähigkeit zur Bewältigung der Akkulturationsprobleme sind die in der Heimatkultur und der Gastkultur üblichen Sozialisationspraktiken als interdependente Einflußfaktoren zu betrachten. Auf Variabilität, Flexibilität, Selbständigkeit, Eigeninitiative, Offenheit und Toleranz hin orientierte Sozialisationspraktiken erleichtern die Entwicklung von Akkulturationsfähigkeiten.

3   Sozialisationsprobleme im Akkulturationsprozeß von Gastarbeiterfamilien

Geht man von einer lebenslang stattfindenden Sozialisation aus, so finden bei der Übersiedlung einer Familie in eine fremde Kultur bei allen Familienmitgliedern – und nicht nur bei Kindern – Sozialisationsprozesse statt. In mehr oder weniger starkem Maße sind alle Personen gezwungen, neue sozialrelevante Verhaltens- und Denkweisen zu erlernen, die ihnen ein Einleben und auf Dauer befriedigendes Leben in der fremden Kultur ermöglichen. Der auf die Familienmitglieder ausgeübte Akkulturationsdruck hängt ab von der Art des Migrationsmotivs (z.B. feste Rückkehrabsicht nach relativ kurzfristigem Arbeitsaufenthalt oder langfristig geplante Übersiedlung mit Verbleib im Gastland), der Rolle und Funktion des Familienmitgliedes in der Gastkultur und den bisherigen Sozialisations- und Akkulturationserfahrungen.

Inzwischen gibt es eine Fülle von theoretischen und empirischen Arbeiten über Akkulturationsprobleme von Gastarbeitern und ihren Familien, wobei in jüngster Zeit gerade die Akkulturationsprozesse der zweiten Gastarbeitergeneration im Mittelpunkt des Forschungsinteresses stehen. Wenn schon der ersten Gastarbeitergeneration, die in den 60er Jahren aus arbeitsmarktpolitischen Gründen ins Land geholt wurde, keine befriedigende sozio-kulturelle Integration gelang, so richten sich die Integrationserwartungen nun auf die zweite Generation, auf die nachreisenden Kinder und Jugendlichen bzw. die bereits in Deutschland geborenen Kinder. Die Ergebnisse empirischer Studien zur Gastarbeiterintegration und die zusammenfassenden Berichte in Überblicksartikeln (z.B. *Schrader* et al. 1976, *Cremer* 1977, *Akpinar* et al. 1978, *Damanakis* 1978, *Griese* 1978, *Wagner & Schmidke* 1983, *v. Klitzing* 1983, *Korte* 1983, *Rosch* 1985, *Stiksrud & Kuliga* 1985, *König* et al. 1986) lassen folgende Zusammenhänge zwischen familiärer und außerfamiliärer Sozialisation und Akkulturation erkennen.

Die aus rein wirtschaftlichen Gründen bedingte Ausreise ausländischer Arbeiter aus ihrer angestammten Heimat und die Ansiedlung in Deutschland bedeuten zunächst eine Trennung von der Familie und einen Verlust der engen sozialen Einbindung in den Familien- und Dorfverband. Die Familienzusammenführung vollzieht sich nur zögernd, wobei meist wiederum aus rein wirtschaftlichen Gründen zunächst nur die Ehefrau nachreist, die Kinder bei Familienangehörigen zurückbleiben und erst im Alter von 6–7 Jahren nachgeholt werden. Die ungewisse Aufenthaltsdauer, bedingt durch die individuellen ökonomischen Interessen und den unsicheren Rechtsstatus der Gastarbeiter verhindert eine angemessene eigene und auf die Kinder bezogene Lebensplanung. Die meisten Gastarbeiter und ihre Familien bleiben länger in Deutschland als ursprünglich beabsichtigt und haben keine klare und realitätsbezogene Zukunftsplanung. Mit der arbeitsbedingten Migration kommt es innerhalb der Familien zu massiven und für die betroffenen Personen meist unerwarteten Einbrüchen in die bisher gewohnte Familienstruktur (z.B. Wechsel von ländlichen Großfamilien im Heimatland zur Form der städtischen Kleinfamilie im Gastland). Zudem bringen die Eltern Verhaltensweisen, Interaktionsmuster, Wertvorstellungen und Erziehungsgewohnheiten mit, die im Widerspruch zu dem stehen, was in der Gastkultur sozial akzeptiert ist.

So kann *Malhotra* (1985) nachweisen, daß Gastarbeiterkinder verschiedener Nationalität zwar unterschiedliche schulische und soziale Anpassungsprobleme zu bewältigen haben, daß alle diese Probleme aber letztlich vom familiären und sozialen Lebensumfeld determiniert sind. Für verschiedene ethnische Gruppen schlägt er deshalb auch spezifische Ausbildungs- und Akkulturationsprogramme vor. Auf folgende Unterschiede in den Erziehungsinhalten türkischer und deutscher Eltern weist z.B. *Karpf* (1981) hin:

Türkei	Bundesrepublik Deutschland
Familienbindung	Familienlösung
Abhängigkeit	Selbständigkeit
Fremdbestimmung	Selbstbestimmung
ausgeprägte Geschlechts- rollendifferenz	Abbau des Geschlechts- rollenverhaltens
Unterdrückung vor- ehelicher Sexualität	voreheliche Sexualität
Autoritätshierarchie	Abbau der Autoritätsstruktur

Während die Eltern in dem Maße Akkulturationsleistungen erbringen, wie es die berufliche Tätigkeit erfordert, verlangen sie von ihren Kindern Gehorsam und Anerkennung gegenüber den traditionellen Werten und Verhaltensnormen, um die Entwicklung einer eigenkulturellen Identität ihrer Kinder zu sichern, die geplante Reintegration in die Heimatkultur zu erleichtern, und die innerfamiliären Konflikte zu reduzieren. Der Wunsch nach Erhalt der eigenkulturellen Identität und der Festigung traditioneller Wert- und Normvorstellungen und Verhaltensweisen (z.B. geschlechtsrollen-spezifisches Verhalten, Akzeptanz der hierarchischen intrafamiliären Beziehungen) geraten bei den Eltern in Konflikt mit ihren auf die Kinder bezogenen Bildungs- und Aufstiegswünschen.

Obwohl Gastarbeiterkinder bis zum Zeitpunkt ihrer Einreise in die Bundesrepublik Deutschland im schulpflichtigen Alter schon einen Teil ihres Enkulturationsprozesses durchlaufen haben, ist noch keine kulturelle Verhaltenssicherheit erreicht. Der Sozialisationsprozeß wird unterbrochen und in einem kulturell andersartigen und zudem noch äußerst konfliktreichen sozialen Beziehungsgefüge weitergeführt. Im Erfahrungsfeld Familie erlebt das Kind eine Zentrierung auf die Kernfamilie, eine durch beengte Wohnverhältnisse, Ghettosituation, durch beruflichen und sozialen Abstieg, durch Diskriminierung, Akkulturationsdruck und durch divergierende kulturelle Wert- und Normvorstellungen (z.B. Zwiespalt zwischen Festhalten an den eigenkulturellen Werten und erzwungene oder freiwillige Anpassung an die Gastkultur) geprägte, konfliktgeladene familiäre Atmosphäre. Mit dem Eintritt in die Schule, ob in internationale Vorbereitungsklassen, in deutsche Regelklassen oder in muttersprachliche Klassen, mit der Zunahme sozialer Kontakte zu peer-groups, deutschen wie national-homogenen Gruppen, der Konfrontation mit fremdkulturellen Wertmustern und Verhaltenserwartungen und der allgemeinen Erfahrung ethnischer und sozialer Isolation im Gastland entstehen für die weitere Sozialisation bestimmte zentrale Spannungsfelder. Spannungen entwickeln sich zwischen der bisher im Heimatland stattgefundenen Enkulturation, den weiteren Sozialisationsbemühungen der Eltern in der „Gastarbeiterfamilien-Situation" (charakterisiert durch eine familiäre Lebenssituation, die sich sowohl von Familien im Heimatland als auch von denen im Gastland unterscheidet) und den Sozialisationszwängen der neuen, meist fremdkulturellen sozialen Umwelt.

Lebensbereiche ausländischer Schüler: Einflüsse, Spannungen, Widersprüche
Bereiche mit Dominanz der Herkunftskultur

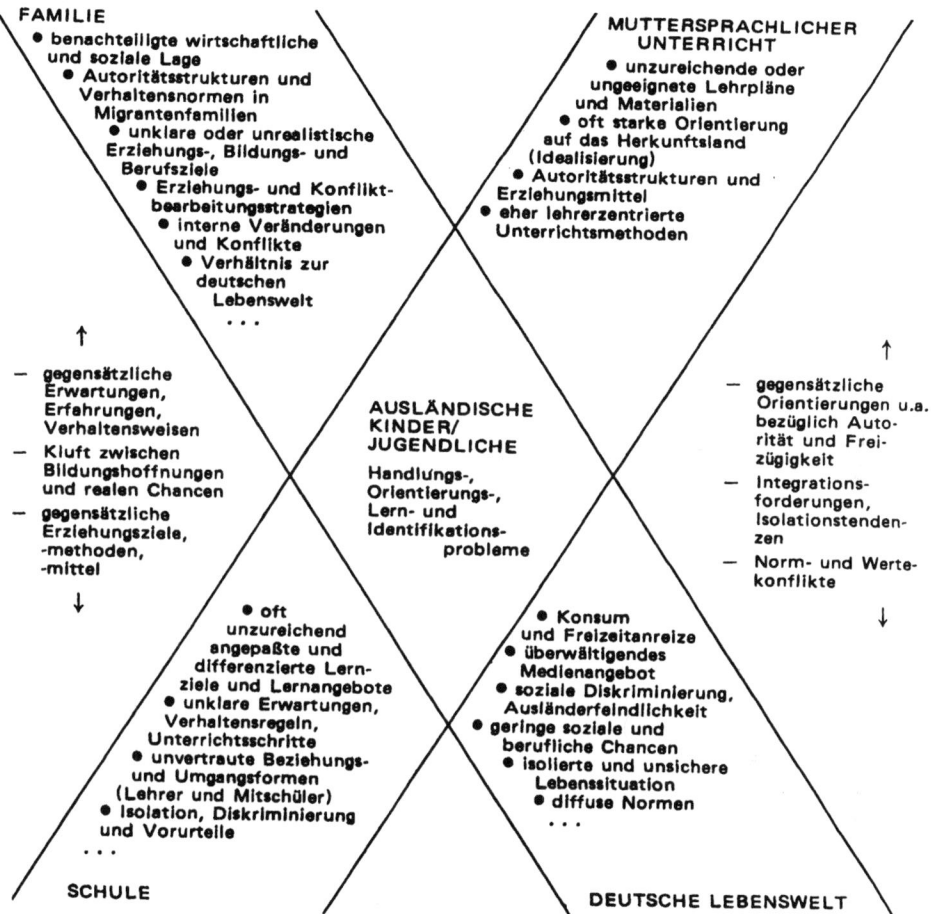

FAMILIE
- benachteiligte wirtschaftliche und soziale Lage
- Autoritätsstrukturen und Verhaltensnormen in Migrantenfamilien
- unklare oder unrealistische Erziehungs-, Bildungs- und Berufsziele
- Erziehungs- und Konfliktbearbeitungsstrategien
- interne Veränderungen und Konflikte
- Verhältnis zur deutschen Lebenswelt
...

MUTTERSPRACHLICHER UNTERRICHT
- unzureichende oder ungeeignete Lehrpläne und Materialien
- oft starke Orientierung auf das Herkunftsland (Idealisierung)
- Autoritätsstrukturen und Erziehungsmittel
- eher lehrerzentrierte Unterrichtsmethoden

↑

— gegensätzliche Erwartungen, Erfahrungen, Verhaltensweisen
— Kluft zwischen Bildungshoffnungen und realen Chancen
— gegensätzliche Erziehungsziele, -methoden, -mittel

↓

AUSLÄNDISCHE KINDER/ JUGENDLICHE

Handlungs-, Orientierungs-, Lern- und Identifikationsprobleme

↑

— gegensätzliche Orientierungen u.a. bezüglich Autorität und Freizügigkeit
— Integrationsforderungen, Isolationstendenzen
— Norm- und Wertekonflikte

↓

- oft unzureichend angepaßte und differenzierte Lernziele und Lernangebote
- unklare Erwartungen, Verhaltensregeln, Unterrichtsschritte
- unvertraute Beziehungs- und Umgangsformen (Lehrer und Mitschüler)
- Isolation, Diskriminierung und Vorurteile
...

SCHULE

- Konsum und Freizeitanreize
- überwältigendes Medienangebot
- soziale Diskriminierung, Ausländerfeindlichkeit
- geringe soziale und berufliche Chancen
- isolierte und unsichere Lebenssituation
- diffuse Normen
...

DEUTSCHE LEBENSWELT

Bereiche mit Dominanz der Aufnahmekultur

(*E. Wagner, H. P. Schmidke: Ausländische Schüler – Konflikte, Störungen und soziales Lernen.* Beltz, Weinheim 1983).

So sehen z.B. *Schrader* et al. (1976) im Auseinanderklaffen zwischen Heimat-und Fremdkultur eine Parallele zur Diskrepanz zwischen primären (Familie) und sekundären (Gesellschaft) Gruppen. Für ausländische Kinder wird der Widerspruch zwischen familiärer und schulisch-gesellschaftlicher Sozialisation durch den Widerspruch zwischen heimatlich-kultureller Orientierung und subkultureller bzw. fremdkultureller Orientierung potenziert. Die Konfrontation mit der Fremdkultur in der Schule und in den peer-groups führt zur raschen Distanzierung von der Heimatkultur und so von der elterlichen Familie. Besonders peer-group-Beziehungen sind für ausländische Kinder zur Befriedigung ihrer sozialen Bedürfnisse und zur sozialen Orientierung von besonderer Bedeutung, wie die Studie von *Silbereisen* et al. in diesem Band eindrucksvoll belegt. Die Forderungen der Eltern und der Gastkultur nach einer fortschreitenden Akkulturation, verbunden mit notwendig werdender Neuorientierung an Werten, Normen und Verhaltenserwartungen in der Fremdkultur, zwingt die Kinder in ein doppeltes Orientierungs- und Verhaltensdilemma, zu dessen Lösung ihnen weder aus der Gastkultur noch aus der eigenen Familie Hilfen und Unterstützung angeboten werden.

Wagner und *Schmidke* (1983) integrieren die vielfältigen Befunde zu den Handlungs-, Orientierungs-, Lern- und Identifikationsproblemen ausländischer Kinder und Jugendlicher in folgendes Beziehungsnetz, bestehend aus den Erfahrungfeldern Familie, muttersprachlicher Unterricht, Schule und deutsche Lebensumwelt.

Als bedeutsame Spannungen und Widersprüche zwischen Schule und Familie identifizieren *Wagner* und *Schmidke* (1983), S. 35–36):

Schule	Familie/Muttersprachlicher Unterricht
gegensätzliche Motivation hinsichtlich Lernen und Disziplin	
Lernhaltung und Bereitschaft zur Disziplin aus Interesse, Sachorientierung, flexiblem Regelbewußtsein, eigener Planung, Aufstiegs- und Leistungsmotivation	Lernen und Disziplin vorwiegend aufgrund Unterordnung unter Autorität, strenger Kontrolle, geringe Förderung von Eigeninitiative
gegensätzliche Vorstellungen bezüglich „Lernen und „Arbeiten"	
Mischung aus offenen, spielerischen, selbstbestimmten und eher geschlossenen lehrerorientierten Lernformen, „breiter" Arbeitsbegriff, stärkere Beachtung von Kreativität	Vorherrschen von lehrerorientiertem Buchunterricht und frontaler Methoden, Geringschätzung von spielerischem Lernen, „enger" Arbeitsbegriff, starke Betonung von Auswendiglernen und Hausaufgaben
unterschiedliche Kontrollmaßnahmen	
bevorzugt Erklärung und Ermahnung, eher Liebesentzug, Hoffnung auf Einsicht auf der Grundlage einer „partnerschaftlichen" Lehrer-Schüler-Beziehung	eher Strafen und Schläge, Durchsetzen der Achtung vor Autoriät
teilweise gegensätzliche Vorstellungen hinsichtlich der Geschlechtsrolle	
relativ gleichwertige Geschlechtsrollen, überwiegend unkompliziertes Geschlechtsverhältnis, Lehrerinnen prinzipiell gleichrangig,	deutlich unterschiedliche Rollen für Mädchen und Jungen, soziale Trennung der Geschlechter üblich, Lehrerinnen häufig weniger akzeptiert,

Sexualerziehung im Prinzip überwiegend akzeptiert	teilweise starke Ablehnung von Sexualerziehung in der Schule

objektive Kluft zwischen realem Schulerfolg und Bildungserwartungen

überwiegend geringe Bildungschancen	überwiegend hohe Erwartungen

Zwischen ausländischen Familien und deutscher Lebensumwelt ergeben sich für die Schüler folgende Spannungen und Konflikte:

Familie	Deutsche Lebenswelt
widersprüchliche Konsumorientierungen	
auf Rückkehr bezogener Sparwille der Eltern, teilweise aber auch übergroßer Prestige-Konsum, u.a. für Kinder und Jugendliche, um „Integration" zu demonstrieren bzw. zur Kompensation	verlockendes Konsumangebot, Status und Prestigezuordnung unter Konsumgesichtspunkten (z.B. Kleidung, Mofas, Disco)
Interessengegensätze bezüglich Jugendgruppen und Freizeiteinrichtungen	
Angst und Sorge vor Verwahrlosung und „Germanisierung" der Kinder (z.B. in Jugendtreffpunkten)	hoher Stellenwert der Gleichaltrigen-Gruppen (s.o.)
unterschiedliche Chancen für Jungen und Mädchen	
besonders starke Kontrolle der Mädchen (Orientierung bei Jungen eher nach außen, bei Mädchen nach innen)	etwa gleich große Freizügigkeit deutscher Mädchen und Jungen

Zusammenfassend kommen die Autoren zu folgender Schlußfolgerung: „Die mehr oder minder in sich, aber auch untereinander widersprüchlichen Lebensfelder der deutschen Schule, der Familie, des muttersprachlichen Unterrichts und der deutschen Lebenswelt bestimmen die Lebenssituation der ausländischen Kinder und Jugendlichen in besonderer Weise. In diesem Spannungsfeld bilden sich Erwartungen, Ziele und Fähigkeiten, auf denen schulisches Handeln mit beruht. In diesem Spannungsfeld gelingt oder mißlingt die Ausbildung persönlicher Sicherheit sowie die Entwicklung psychischer Stabilität. Hier werden Beziehungen zu anderen wesentlich geprägt. Darin liegt der Grund, weshalb dieses Spannungsfeld insgesamt im Blick behalten werden muß, wenn Konflikte und Störungen mit einer längeren und umgreifenden pädagogischen Perspektive aufgenommen werden sollen" (S. 36).

Diese Thematik wird in diesem Band im Beitrag von *Heidt* unter dem Aspekt der durch die Übertragung westlicher Bildungssysteme auf Entwicklungsländergesellschaften verursachten Wert- und Normkonflikte und kulturellen Identitätsprobleme angesprochen. Auf die Unterschiede zwischen traditionellen und modernen Gesell-schaften bezüglich der Struktur und der Wirkung formaler Bildung geht auch *Weiland* in diesem Band ein.

Empirische Studien an Gastarbeiterfamilien verschiedener Nationalität belegen, daß jeder Fortschritt auf dem Wege der Akkulturation in die deutsche Gastkultur bei Kindern und Jugendlichen zu einer Distanzierung von den Eltern und der Heimatkul-tur führt. Mit den traditionellen Wertvorstellungen und Verhaltensmustern der Eltern können sie sich nicht mehr identifizieren, da diese von der sozialen Umwelt (Schule, peer-groups, Bezugsgruppen am Arbeitsplatz) nicht gestützt werden. Eine völlige Inte-gration in die Gastkultur ist aber aufgrund der vorhandenen familiären, ethnischen und religiösen Bindungen und der Stigmatisierung als abgelehnte ethnische Minderheit nicht möglich. Für eine Rückkehr in die Heimatkultur fehlt nach langem Aufenthalt im Gastland der ökonomische Anreiz, und die Reintegration gelingt, wie sozial-wis-senschaftliche Studien zeigen, ebenso unvollständig wie die Akkulturation. Wissen-schaftlich verläßliche Erkenntnisse, die eine befriedigende Erklärung der komplexen Determinanten dieses Identitätsdilemmas erlauben und auf geeignete Lösungswege verweisen könnten, sind noch nicht in Sicht.

Auch die sozialen und gesellschaftlichen Realitäten sind wohl noch weit davon entfernt, Lösungswege zuzulassen und zu unterstützen, die von pädagogisch ambitio-nierten Forschern vorgeschlagen werden: Einerseits die Integration ausländischer Kinder in die außerschulischen und schulischen Bildungsprozesse und -einrichtungen, andererseits den Einbezug ihrer sozialen und kulturellen Eigenständigkeit. Wün-schenswert ist: „Eine darauf aufbauende pädagogische Konzeption, die sich als inter-nationale Erziehung nicht nur an ausländische, sondern gleichermaßen an deutsche Kinder richtet, für ein Leben in multinationalen Gesellschaften zu qualifizieren ver-sucht und damit interkulturelle Lernsituationen einbezieht" (zit. nach *v. Klitzing* 1983, S. 85).

4   Akkulturationsprobleme bei Auslandsstudenten

Im Vergleich zu allen anderen Forschungsfeldern des interkulturellen Personenaustau-sches sind die Akkulturationsprobleme von Auslandsstudenten in die Kultur ihres Gast-landes bereits ausführlich untersucht worden. Besonders aus den USA liegen umfang-reiche Fragebogen-, Interview- und testpsychologische Studien vor, z.B. über die kultu-rellen Anpassungs- und Studienprobleme von ausländischen Studenten in den USA, be-sonders aus Entwicklungsländern, und von amerikanischen Studenten während eines Studiums im Ausland, z.B. in Europa oder Asien (*Spaulding & Flack* 1976, *Lulat* 1984, American Council on Education 1982). Mit der Intensivierung der internationalen Be-ziehungen, der politischen, wirtschaftlichen und wissenschaftlichen Verflechtungen und der Expansion wissenschaftlicher Forschung, ist weltweit ein Sog hin zu den wissenschaftlichen Metropolen in den entwickelten Industrieländern entstanden, in deren Laboratorien die Forschungen betrieben, die Resultate gesammelt und verwertet werden. Der Nachweis eines im Ausland, und besonders in diesen wissenschaftlichen Metropolen, gewonnenen akademischen Grades ist in vielen Ländern eine Grundvoraussetzung für den beruflichen Aufstieg. Die internationale wissenschaftliche Verflechtung fördert zudem den akademischen Austausch und macht ihn unentbehrlich. Hinzu kommt die Erwartung, daß durch das Auslandsstudium in der führenden intellektuellen Schicht einer Nation ethnozentristisches Denken und Vorurteile gegen andere Völker und Kulturen abgebaut werden können und daß eine globale, internationale Einstellung aufgebaut werden kann. Von der Intensivierung des Auslandsstudiums wird also ein Beitrag zur Völkerverständigung und zur Friedenssicherung erwartet. Die bisherigen Forschungen zeigen, daß Sozialisationsprobleme im Prozeß der Akkulturation während des Auslandsstudiums in zweifacher Weise auftreten. Einmal befindet sich der ausländische Student, wie der Student des Gastlandes, in einer bedeutsamen Umbruchphase seines Lebens, die für viele Studenten die Kennzeichen eines „kritischen Lebensereignisses" aufweist. Studenten verlassen ihre bisherigen, vertrauten Lebensbereiche (Familie und Schule) und wechseln in eine neue, ihnen noch unbekannte Umwelt bzw. Sozialisationsinstanz, Universität, über. Verbunden damit ist zugleich ein Rollenwechsel vom Kind, Jugendlichen/Schüler zum Erwachsenen/Student. Aus sozialwissenschaftlichen Studien resp. der Sozialisationsforschung (*Huber* 1980) sind die damit verbundenen Lebens- und Studienprobleme hinlänglich bekannt. Für den Auslandsstudenten kommen noch der Kulturwechsel und die damit verbundenen Akkulturationsprobleme hinzu. Die Qualität der in dieser doppelten Belastungssituation zu erbringenden Anpassungsleistungen zeigt sich in den zentralen Problemfeldern des Auslandsstudiums, wie sie in allen einschlägigen Untersuchungen festgestellt wurden und auf die im folgenden näher eingegangen wird.

Als generelle Bedingungsfaktoren der individuellen Modifikation der Anpassungsleistung sind anzusehen:

1. Das angestrebte und erreichte Studienziel.
2. Die geplante und tatsächliche Dauer des Studienaufenthaltes.
Ein einjähriger oder noch kürzerer Studienaufenthalt mit dem Ziel, das bereits an der Heimatuniversität begonnene Studium durch Auslandserfahrungen zu bereichern oder die eigenen Fremdsprachenkenntnisse zu verbessern, erfordert sehr viel geringere Anpassungsleistungen als ein sich im Durchschnitt über neun Jahre erstreckendes volles Auslandsstudium mit akademischem Abschluß (*Schnitzer* u.a. 1986).
3. Der Grad kultureller Differenz zwischen Gast- und Heimatkultur.
Hohe Akkkulturationsleistungen hat der Auslandsstudent dann zu erbringen, wenn zwischen Gast- und Heimatkultur nur wenige gemeinsame Elemente in den Bereichen Wert- und Normsystem, soziale Beziehungen und Strukturen und alltägliche Verhaltensgewohnheiten bestehen und wenn im schulischen und universitären Ausbildungssystem große Differenzen vorliegen.

4. Die individuelle Fähigkeit und Bereitschaft zur kulturelllen Anpassung.

Gute sprachliche Ausdrucksfähigkeit, Kommunikationsbereitschaft und -fähigkeit, Flexibilität im Denken und Handeln, Toleranz, geringe Neigung zur Vorurteilsbildung und zum ethnozentristischen Denken, Zielstrebigkeit, gute intellektuelle Fähigkeiten, psychische und physische Belastbarkeit u.ä. sind wichtige Eigenschaften, die helfen, den Akkulturationsstreß zu bewältigen.

5. Die Qualität der Vorinformation und realistische Einstellungen gegenüber den Lebens- und Studienverhältnissen im Gastland.

Je weniger der Auslandsstudent informiert ist, bzw. je weniger sich die Informationen zur Orientierung im Gastland eignen und je realitätsferner die Erwartungen an das Gastland und seine Bewohner sind, um so höher ist der Akkulturationsstreß und um so länger dauert die Eingewöhnungsphase.

Während des Studienaufenthalts zeigen sich typische Schwankungen in der Stimmungslage, dem erlebten Grad des Anpassungsdrucks und der Zufriedenheit mit der eigenen Akkulturationsleistung. Schon *Lysgaard* (1955) fand Hinweise darauf, daß die Anpassung in Relation zur Aufenthaltsdauer einen u-kurvenförmigen Verlauf nimmt:

„Zu Beginn des Auslandsaufenthaltes ist eine große Begeisterung für das neue Land, die neuen Eindrücke und die Vielfalt der fremdkulturellen Erlebnisse zu verspüren, die unterstützt wird durch die subjektive Erfahrung, sich entgegen aller Bedenken, doch schnell zurechtgefunden zu haben. Der einsetzende Alltag mit seinen Beschwernissen, zunehmenden Orientierungs-, Verständigungs- und Zielerreichungsproblemen, mit Gefühlen des Alleinseins, des Abgeschnittenseins von der vertrauten sozialen Umwelt und einer zunehmend kritisch-reflektierenden Haltung gegenüber dem Gastland und seinen Bewohnern führt zu einer Anpassungskrise. Depressive Verstimmungen, negative Einstellungen gegenüber dem Gastland und Zweifel an der Fähigkeit zu kulturadäquatem Verhalten sind die Folge. Diese Phase wird abgelöst von einem neuen Anpassungsschub, in dessen Verlauf die Gastkultur auf einem höheren, kritisch reflektiertem Verarbeitungsniveau wieder positiver bewertet, eher akzeptiert und differenzierter verstanden wird. Die Dauer solcher Phasen und die Intensität, mit der sie erlebt werden, hängen von individuellen und situativen Faktoren ab, die noch weitgehend unbekannt sind. Es gibt Anzeichen dafür, daß die Wiedereingliederungsprozesse in die Heimatkultur einem ähnlichen Phasenverlauf unterliegen, so daß sich für den Prozeß der fremdkulturellen Anpassung und eigenkulturellen Reintegration insgesamt ein w-förmiger Verlauf zeigt" (*Thomas* 1985, S. 411; s. auch *Berry* 1985).

Über die besonderen Studienprobleme und Akkulturationsprobleme ausländischer Studenten liegen inzwischen umfangreiche Studien vor aus der Bundesrepublik Deutschland (*Schade* 1968, Otto-Benecke-Stiftung 1982, *Breustedt* 1985, *Gerstein* 1974, *Geuer* et al. 1983), aus den europäischen Ländern (*Eide* 1970, *Klineberg 1972*, European Institute of Education and Social Policy 1985) und den USA (s.o.). Aus Ihnen ergibt sich ein recht einheitliches Bild der zentralen Anpassungsschwierigkeiten bei ausländischen Studenten und den daraus resultierenden psychologischen Folgen, bezogen auf die Bereiche: kulturelle Anpassung, Studium im Gastland, Berufserfolg und Reintegration.

4.1 Kulturelle Anpassung

Kulturelle Anpassungsprobleme potenzieren allgemeine Studienanfangsprobleme, wie sie auch von deutschen Studenten erlebt werden. Aus der Konfrontation mit fremden Normen, Werten und Erwartungen entstehen Orientierungslosigkeit, Unsicherheit, Ängste und Enttäuschungen. Als größtes Problem der ausländischen Studenten wird regelmäßig die Isolation und Kontaktarmut zur Bevölkerung des Gastlandes angegeben. Die Tendenz zum Rückzug in die landsmannschaftliche Gruppe bringt zwar zunächst eine gewisse Entlastung, auf Dauer werden damit aber die Isolationstendenzen verstärkt. Aus dieser schwierigen Situation suchen diejenigen Ausländer nach Integrationsmöglichkeiten, die eine offene, aufnahmebereite Gesellschaft voraussetzen, die es ihnen auch ermöglicht, ihre eigene kulturelle Identität in Teilbereichen beizubehalten. Eine derartige, identitätsfördernde kulturelle Selbstdarstellung im fremden Kultursystem bleibt bei ausländischen Studenten allerdings die Ausnahme. Neben der sozialen Isolation sind es vor allen Dingen mangelhafte und fehlende Vorinformationen über die kulturellen Besonderheiten des Gastlandes, die ungenügende Beherrschung der Fremdsprache, die damit verbundenen Unzulänglichkeiten zur interpersonalen Kommunikation und die Schwierigkeiten bei der Finanzierung des Lebensunterhalts, die den Akkulturationsprozeß erschweren. Mit zunehmender Aufenthaltsdauer gelingt den meisten Studenten eine stärkere Anpassung an die sozialen und kulturellen Bedingungen im Gastland, womit zugleich die Tendenz zur Entfremdung von der Heimatkultur zunimmt. Eine starke Identifizierung mit den Werten, Normen, Einstellungen und Verhaltensweisen in der Gastkultur, was sicherlich als ein Kennzeichen für gelungene, kulturelle Anpassung betrachtet werden kann, führt zur Entfremdung von der Heimatkultur und damit zu kulturellen Identitätskonflikten.

4.2 Studium im Gastland

Das Grundstudium ist der problematischste Studienabschnitt, da hier die sprachlichen und fachspezifischen Defizite besonders deutlich empfunden werden. Die Eingewöhnung in das deutsche Hochschulsystem, in dem vom Studenten eine individualisierte, selbständige und problemlösende Lernhaltung verlangt wird, bereitet vielen Studenten, die tradierte, mehr auf rezeptives Memorieren und Deklarieren hin orientierte Lernsysteme gewohnt sind, ernsthafte Schwierigkeiten. Daraus resultierendes Fehlverhalten wird vom betroffenen ausländischen Studenten selbst und von seiner sozialen Umwelt vorschnell als individuelles Versagen und Unfähigkeit interpretiert, obwohl es das Resultat konträrer kultureller Anforderungen darstellt. Probleme der Studienfinanzierung, aufenthaltsrechtliche Bestimmungen, Wohnprobleme und Verständigungsprobleme (*Breustedt* 1986), verbunden mit den bereits genannten Lern- und Leistungsproblemen sind die wichtigsten Ursachenfaktoren für ausländerspezifische Studienprobleme, wie überlange Studienzeiten, erhöhter Fachwechsel und Wiederholung von Prüfungen. Auch in den von *Breitenbach* et al. (1983) in einer großangelegten Studie gesammelten Daten über psychische Probleme ausländischer Studenten spiegeln sich die kultur- und anpassungsbedingten Probleme wider: Arbeits- und Leistungsprobleme, Kontaktprobleme, Depressionen, Partnerprobleme und psychosomatische Störungen.

4.3   Berufserfolg und Reintegration

Ob das Auslandsstudium erfolgreich war, zeigt sich für den Betroffenen vornehmlich darin, ob es ihm gelingt, eine ausbildungsadäquate Anstellung zu finden, im Heimatland oder im Gastland. Als Ursache für fehlende Rückkehrbereitschaft werden an erster Stelle die politische Situation im Heimatland, an zweiter Stelle die Bindung an einen deutschen Partner und an dritter Stelle erst die Entfremdung von der Heimatkultur angegeben. Nicht diejenigen Studenten aus Entwicklungsländern, die sich in der Bundesrepublik Deutschland als unerwünscht fühlten, äußern am häufigsten die Absicht, ins Heimatland zurückzukehren, sondern diejenigen, die sich als willkommene Gäste aufgenommen sahen. Erlebte Offenheit und Toleranz der Gesellschaft lassen offenbar Freiraum für die kulturelle Identität, zwingen weniger stark zur Anpassung und erleichtern somit die Reintegration. Berufserfolg und Reintegration werden erleichtert, wenn es dem ausländischen Studenten gelingt, während der Studienzeit das für sein zukünftiges Leben im Heimatland wichtige soziale Stützsystem zu erhalten. Die Bindungen an die Familie, Freunde, Bekannte usw., das Vertrautsein mit der politischen, wirtschaftlichen und wissenschaftlichen Entwicklung im Heimatland und die Fähigkeit, die im Gastland erworbenen Fachkenntnisse auf die Anforderungen und Bedürfnisse des Heimatlandes zu übertragen, sind wichtige Vorbedingungen für ein Gelingen der Reintegration.

Akkulturation in die Gastkultur, soweit dies für den Studienerfolg und die Lebensbewältigung im Gastland erforderlich ist, bei gleichzeitigem Erhalt der kulturellen Identität, verbunden mit der Fähigkeit zur Integration kulturdivergenter Erfahrungen in ein Erkenntnis- und Lebenssystem, das die Begrenztheit kulturspezifischer Wahrnehmungs-, Denk- und Handlungsgewohnheiten überwindet, ist das im Auslandsstudium anzustrebende Sozialisationsziel. Nur so besteht berechtigte Hoffnung, daß Auslandsstudienaufenthalte zum Abbau von Vorurteilen und zur Völkerverständigung beitragen können.

5 Akkulturationsprobleme bei Mitarbeitern internationaler Organisationen

Die wissenschaftliche und vorwissenschaftliche Beschäftigung mit der Akkulturationsthematik in bezug auf Mitarbeiter international tätiger Organisationen, von den mit auswärtigen Angelegenheiten befaßten Abteilungen der politischen Administration (z.B. diplomatischer Dienst) über Entwicklungshilfeorganisationen bis hin zu Managern in internationalen Konzernen, konzentriert sich auf die Frage nach den Bedingungen für eine erfolgreiche Auslandstätigkeit und deren Verbesserung, z.B. durch Schulung des Personals (*Thomas* 1988). Insbesondere wird versucht, Persönlichkeitseigenschaften zu identifizieren, die eine erfolgreiche Auslandstätigkeit garantieren, die sich leicht testen lassen und die als Selektionskriterien bei der Personalauswahl und -schulung angewandt werden können.

Kealey und *Ruben* (1983), die eine vergleichende Darstellung der bisher gewonnenen Untersuchungsbefunde geben, kommen zu dem Schluß: „Obwohl erfolgreiches, interkulturelles Handeln das Resultat dieser Komponente ist, nämlich der psychologischen Anpassung, der fachlichen Qualifikation und der interkulturellen Interaktion, konzentrieren sich viele Forscher und Praktiker nur auf den Faktor Anpassung und versuchen Kriterien zu finden für die Messung der 'Anpassungsfähigkeit' oder der Fähigkeit, sich problemlos und schnell in einer neuen Umwelt zurechtzufinden. Die wissenschaftlichen Befunde hinsichtlich der Vorhersage relevanter Faktoren für die interkulturelle Anpassungsfähigkeit sind widersprüchlich. (Während einige Forscher meinen), daß ein geringer Grad an Ethnozentrismus, hohe kognitive Flexibilität und ähnliche Merkmale die Anpassung erleichtern, (meinen andere) daß diese eher Voraussetzungen für die Bewältigung des Kulturschocks darstellen und zugleich allgemeine Voraussetzungen für jegliches effektives Handeln in einer Kultur sind" (S. 164). Obwohl situative Einflußfaktoren zweifellos von ausschlaggebender Bedeutung sind für ein erfolgreiches interkulturelles Handeln, so ist damit nicht gesagt, daß die Persönlichkeitsfaktoren an Bedeutung verlieren" (*Hawes* und *Kealey* (1981) schlußfolgern, daß, „welche externen Faktoren auch immer den Erfolg behindern (und von diesen Faktoren gibt es zu jeder Zeit sehr viele), so kann der Handelnde doch immer etwas zum Handlungserfolg selber beitragen, vornehmlich kann er Energien und Fertigkeiten entwickeln, mit der Bevölkerung des Gastlandes in Kontakt zu kommen, und er kann soziale Fähigkeiten wie Offenheit, Beweglichkeit, Anerkennung der Gastkultur und Einfühlungsvermögen zur Wirkung bringen. Zwar ist mit diesen Eigenschaften und den entsprechenden Verhaltensweisen noch keine Erfolgsgarantie gegeben, aber sie stellen eine notwendige, wenn auch noch nicht hinreichende Bedingung dar. Die spezifische Umwelt (Lebensbedingungen, berufliche Einbindung usw.), in die der Handelnde eintritt, sollte möglichst genau bekannt sein, damit auf dieser Basis die erfolgswirksamen Bedingungen interkulturellen Handelns erfaßt und gewürdigt werden können" (zit. *Kealey & Ruben* 1983, s. 170).

Für alle Gruppen von Mitarbeitern in international tätigen Organisationen gelten als wichtige Kriterien für eine erfolgreiche Auslandstätigkeit: Einfühlungsvermögen (empathy), Hochachtung vor der Fremdkultur (respect), Interesse an der Kultur des Gastlandes, Beweglichkeit (flexibility),Toleranz und technische Fertigkeiten. Die folgenden Kriterien gelten darüber hinaus für viele, wenn auch nicht für alle Gruppen: Initiative, Aufgeschlossenheit, Geselligkeit und positives Selbstbild. Besonders für im Ausland tätige Wirtschaftsfachleute gelten noch folgende Merkmale als erfolgsrelevant: Gespür für politische Zusammenhänge, Organisationstalent, hohe Arbeitsmotivation, Berufserfahrung, berufliche Bewährung, Führungsqualitäten, Fremdsprachenkenntnisse, emotionale Stabiliätt, Auslandserfahrung, Interesse an der Auslandstätigkeit (*Kealey & Ruben* 1983, S. 166).

Die Schwächen solcher Eigenschaftslisten bestehen darin, daß sie zu allgemein sind, um das spezifische Anforderungsprofil eines Auslandsmitarbeiters charakterisieren zu können, das sich aus der Erfüllung der Arbeitsaufgabe unter den gegebenen fremdkulturellen Handlungsbedingungen ergibt, und daß die genannten Eigenschaften eher ein ideal-typisches denn ein real-typisches Persönlichkeitsbild zeichnen. Wer alle die genannten Eigenschaften besitzt, ist unter allen Umständen ein erfolgreicher Mitarbeiter.

Die Kritiker solcher Eigenschaftslisten haben inzwischen Listen zentraler Situationsfaktoren zusammengestellt, die ihrer Ansicht nach die Arbeitseffektivität des Auslandsmitarbeiters genauer vorherzusagen erlauben (z.B. Arbeits- und Lebensbedingungen, formeller Status, Machtstrukturen, soziale Kontaktmöglichkeiten und Barrieren, Einstellungen gegenüber Fremden, soziale Werte und Normen). Wenn man aus diesen Forschungen den sicherliche richtigen Schluß zieht, daß für eine erfolgreiche Auslandstätigkeit sowohl Persönlichkeitsfaktoren als auch situative Bedingungen verantwortlich sind, so fehlt bisher noch ein integrierendes Akkulturationsmodell, in dem sowohl persönlichkeits- und eigenschaftsorientierte als auch situationsorientierte Einflußfaktoren eingebunden sind. Der Auslandsmitarbeiter in einem multinationalen Konzern, der für einige Zeit in einer Auslandsfiliale arbeitet, die auf dem im Heimatland erreichten technischen Stand produziert und nach dem Modell des Mutterhauses organisiert ist, der zudem noch in einer Werkswohnung oder im Ausländerviertel lebt, wird keinen Akkulturationsstreß verspüren und nur geringem Anpassungsdruck ausgesetzt sein. Sein Arbeits- und Lebensumfeld im Ausland unterscheidet sich nur unbedeutend von dem im Heimatland gewohnten. Die Auslandstätigkeit wird kaum nachhaltige Auswirkungen auf seine Gesamtpersönlichkeit haben. Demgegenüber unterscheidet sich die Arbeits- und Lebenssituation eines Auslandsmitarbeiters, der in einem grundbedürfnisorientierten Entwicklungshilfeprojekt mitarbeitet, radikal. Er wird sich auf zielgruppenangepaßte Arbeitstechniken, Arbeitsorganisation und Arbeitsresultate einstellen müssen. Er wird sich mit den traditionellen Lebensverhältnissen der einheimischen Bevölkerung bis ins Detail vertraut machen müssen, um die angestrebten Veränderungen der Lebensverhältnisse bewirken zu können, um die Aktivitäten der einheimischen Bevölkerung auf das Arbeitsziel hin zentrieren und die Arbeitsresultate in das kulturelle Handlungs- und Wertgefüge einbinden zu können. Er arbeitet und lebt mitten und zwischen den Einheimischen. Die so gewonnenen fremdkulturellen Erfahrungen und in ihm provozierten Reflexionen der eigenkulturellen Werte und Traditionen im Spiegelbild der Gastkultur führen zu so bedeutsamen Persönlichkeitsveränderungen, daß vielen eine Reintegration in die Heimatkultur nur noch schwer oder überhaupt nicht mehr möglich ist (*Schade* 1968, *Thomas* 1987).

Bisher ist es, trotz vieler Diskussionen, Vorschläge und Modellversuche nicht gelungen, das von Auslandsrückkehrern mitgebrachte fremdkulturelle Erfahrungspotential lernwirksam in den schulischen und außerschulischen Bildungsbereich einzubeziehen. Lediglich bei interkulturellen Vorbereitungsprogrammen für Auslandsmitarbeiter und in der Erwachsenenbildung (z.B. Volkshochschulen) werden gelegentlich Auslandserfahrungen weitergegeben. Viele zurückgekehrte Auslandsmitarbeiter, ob in der Industrie, in der Entwicklungs- und Bildungshilfe, in der Wissenschaft und Forschung oder im Verbandswesen klagen darüber, daß sich nach ihrer Rückkehr niemand für ihre fremdkulturellen und reflektierten eigenkulturellen Erfahrungen interessiert und daß die Auslandstätigkeit ihrem beruflichen Fortkommen keineswegs förderlich, oft sogar hinderlich ist.

Vieles spricht dafür, daß eine Auslandstätigkeit bei den Mitareitern internationaler Organisationen entweder nur unbedeutende Akkulturationsprobleme und geringe Sozialisationswirkungen erzeugt oder zu sehr einschneidenden Veränderungen im Wahrnehmen, Denken, Werten, in den Einstellungen und im Handeln führt. Da keine Modelle vorliegen, die zuverlässige Prognosen über die zu erwartenden Wirkungen erlauben, und da bisher nur sehr lückenhafte Kenntnisse über die langfristigen Wirkungen von Auslandstätigkeiten vorliegen, können die eintretenden Sozialisationseffekte von den Betroffenen nicht antizipiert werden. Auch durch das Fremdsprachentraining und landeskundlich orientierte Vorbereitungskurse werden die Auslandsmitarbeiter entweder überhaupt nicht oder nur unzureichend auf mögliche Veränderungen in ihrer eigenen Persönlichkeitsentwicklung und der mit ihren ausreisenden Familienangehörigen vorbereitet. Akkulturationsstreß, Orientierungslosigkeit, Unsicherheit, Enttäuschung und Leistungsversagen, aber auch Integrationsprobleme ließen sich erheblich reduzieren, wenn die Auslandsmitarbeiter sich auf solche Veränderungen einstellen könnten, und wenn sie gelernt hätten, die entstehenden Belastungen zu verarbeiten. Die wichtigsten Ursachen für diese Entwicklungen sind Selbstkonzeptveränderungen, Selbstwertverlust, kultureller Identitätsverlust, Leistungsversagen, Veränderungen in den impliziten Welt- und Menschenbildern und dem internalisierten Werte- und Normensystem. Diese Überlegungen werden unter dem Aspekt der beruflichen Sozialisation in multi-nationalen Organisationen von *Hofstede* in diesem Band weitergeführt.

6   Zusammenfassung und Ausblick

Die mit der Akkulturation verbundenen Sozialisationsprobleme sind innerhalb der einzelnen interkulturellen Handlungsbereiche recht verschieden. Als determinierende Faktoren auf Seiten des Ausreisenden sind von Bedeutung: Die Gründe für das Verlassen der Heimatkultur, der Grad an Freiwilligkeit, die Handlungsziel- und Handlungsverlaufserwartungen, der Grad an Vorinformation und an Auslandserfahrung, der Entwicklungsstand eigenkultureller Sozialisation, die Fähigkeit und Bereitschaft zur Kommunikation und Interaktion, Flexibilität und Umstellungsfähigkeit.

Die sozialen, gesellschaftlichen und politischen Strukturen im Gastland können den Akkulturationsprozeß erleichtern oder erschweren. Als Einflußgrößen sind zu nennen, die Einstellung der Bewohner des Gastlandes gegenüber Fremden, die Toleranz gegenüber fremdkulturellen Lebens-, Arbeits- und Verhaltensgewohnheiten, die Bereitstellung von Akkulturationshilfen, die soziale Integrationsbereitschaft der Gastgesellschaft, die soziale Durchlässigkeit und Dynamik in der Gastkultur und die kommunikative und interaktive Offenheit der Gastlandbewohner.

Wie der einzelne die Anforderungen meistert, die sich aus seinen Zielsetzungen und den gegebenen Realisierungsbedingungen im Gastland entwickeln, welche Akkulturationsleistungen er erbringt und welche Handlungsfähigkeit er entwickelt, hängt von vielen, noch weitgehend unbekannten interdependenten, personalen und situationalen Einflußfaktoren ab.

Eine kulturvorbereitende Orientierung und ein interkulturelles Handlungstraining vor und während der Auslandstätigkeit erleichtert die Akkulturation und die Reintegration. Die Trainingsinhalte und -methoden dürfen allerdings nicht dem Zufall überlassen werden, sondern sind an den zu erwartenden bzw. tatsächlich erfahrenen Akkulturationsproblemen zu orientieren. Theoretische Konzepte und geeignete Methoden sind in jüngster Zeit entwickelt worden (*Landis & Brislin* 1983, *Brislin* 1986, *Thomas* 1986).

Bei allen Bemühungen um eine Erleichterung der Akkulturation läßt sich ein grundlegender Konflikt nicht vermeiden: Je besser die Akkulturation in die Gastkultur gelingt, um so stärker wird die Entfremdung von der Heimatkultur, besonders dann, wenn beide Kulturen stark divergieren. Diese Feststellung steht nicht im Widerspruch zu Untersuchungen die zeigen, daß dieser Zusammenhang dann durchbrochen werden kann, wenn die Gastkultur so viel Offenheit und Toleranz dem Fremden entgegenbringt, daß er einen Freiraum für die Entwicklung und Stabilisierung eigenkultureller Identität hat, wodurch die Reintegration erleichtert wird. Bei diesen Untersuchungen ist kritisch zu fragen, in welches soziale und gesellschaftliche Beziehungsnetz der Rückkehrer reintegriert. Bedingt durch die im Ausland erworbenen Qualifikationen (bei ausländischen Studenten, Gastarbeitern) und die damit verbundenen beruflichen Aufstiegschancen gelingt vielen der Zugang zu einer sozialen Schicht im Heimatland, die bereits den Lebensstil des Gastlandes weitgehend adaptiert hat. Ein Akkulturations-Reintegrationskonflikt kann unter diesen Umständen nicht entstehen.

Geht man von der Gültigkeit des von *Adler* (1977) entwickelten Konzepts der „Multi-kulturellen Persönlichkeit" aus, die in der Lage ist, ohne klare Abgrenzung zwischen sich, anderen Menschen und Kulturen zu leben, deren Wertesystem, Einstellungen und Überzeugungen in ständiger Veränderung und Anpassung begriffen sind, und die immer wieder neue situations- und kulturangepaßte Bewertungssysteme hervorbringt, dann kann ein solcher Akkulturations-Reintegrationskonflikt ebenfalls nicht auftreten. Auch das sehr ähnlich konzipierte Modell des „Kulturvermittlers" (mediating person) von *Bochner* (1977) mit dem „Synthesetyp" als einer spezifischen Form kultureller Identität (*Bochner* 1982) geht von der Möglichkeit aus, daß häufiger Kulturwechsel eine spezifische Persönlichkeit entstehen läßt. Diese verhält sich so, als gäbe es eine einheitliche menschliche Gesellschaft, sie geht von der kulturellen Relativität der Werte aus, sie besitzt kognitive Flexibilität, sie lebt in internationalen und multinationalen sozialen Beziehungsnetzen, orientiert sich an übernationalen Referenzgruppen und ist somit in der Lage, eine Vermittlerfunktion zwischen den Kulturen zu übernehmen. Sie kann die bedeutsamen Elemente beider Kulturen zu einer handlungswirksamen „Ganzheit" verschmelzen. Wenn es Menschen überhaupt möglich ist, auf eine eigenkulturelle Identität zugunsten einer kulturübergreifenden globalen Identität zu verzichten, ohne dabei elementarer Bezugssysteme für Werten und Handeln, der Ich-Identität und des Gefühls für soziale Zugehörigkeit verlustig zu gehen und damit in einen Norm- und Werterelativismus zu verfallen, dann trifft dies sicher nur für wenige zu. Für die meisten Menschen im Ausland bleibt der Akkulturations-Reintegrationskonflikt als individuell zu lösendes Problem bestehen. Bisher gibt es zudem keine empirisch gesicherten Befunde für den Nachweis der Existenz „multikultureller Persönlichkeiten". Es ist fraglich, ob eine Person verschiedene und unter Umständen sogar konträre Wertsysteme verinnerlichen und als Orientierungssystem handlungswirksam einsetzen kann. Von einer „Weltgesellschaft", in der beim Wechsel von einer Kultur in eine andere keine stärkeren Akkulturationsprobleme auftreten als beim Wechsel von einer Region im Heimatland in eine andere, ist die Menschheit noch ziemlich weit entfernt. Viel wäre schon erreicht, wenn es gelänge, aus einem verinnerlichten, eigenkulturell geprägten Wertsystem heraus soviel Toleranz und Gewißheit über die Relativität von Werten, Normen und kulturspezifischen Orientierungssystemen aufzubringen, daß die Akkulturation erleichtert wird.

Literatur

Adler, P. (1977): Beyond cultural identity. Reflections upon cultural and multicultural man. In: R. Brislin (Ed.), Culture learning: Concepts, applications, and research. Honolulu: University Press

Akpinar, Ü., López-Blasco, A., Vink, J. (1978): Pädagogische Arbeit mit ausländischen Kindern und Jugendlichen. Bestandsaufnahme und Praxishilfen. In: H. Blankertz et al. (Hrsg.), Z. Pädagogik, 24. Weinheim: Beltz

American Council on Education (1982): Foreign students and institutional policy. Toward an agenda of action. Washington

194   A. Thomas

Barna, L. M. (1983): The stress factor in intercultural relations. In: D. Landis, R. W. Brislin (Eds.), Handbook of intercultural training, Vol. II. New York: Pergamon

Berry, J. W. (1985): Psychological adaptation of foreign students. In: R. J. Samuda, A. Wolfgang (Eds.), Intercultural counselling and assessment. Global perspectives. Lewiston - New York - Toronto: Hogrefe

Berry, J. W., Annis, R. C. (1974): Acculturative stress. The role of ecology, culture and differentiation. J. Cross-Cultural Psychol. 5, 382–406

Bochner, S. (1977): The mediating man and cultural diversity. In: R. Brislin (Ed.), Culture learning: Concepts, applications, and research. Honolulu: University Press

Bochner, S. (1982): The social psychology of cross-cultural relations. In: S. Bochner (Ed.), Cultures in contact. Oxford: Pergamon Press

Breitenbach, D., Dadder, R., Geuer, W. (1983): Psychische Probleme ausländischer Studenten in der Bundesrepublik Deutschland. Bericht über eine Studie im Auftrag des DAAD. Bonn: DAAD Dokumentationen & Materialien

Breustedt, C. (1985): Das Ausländerstudium im Spiegel neuerer Literatur. Hannover: Hochschul-Informationssystem

Brislin, R. W. et al. (1986): Intercultural interactions – a practical guide. Beverly Hills: Sage

Cremer, G. (1977): Sozialisationsbedingungen ausländischer Kinder und Jugendlicher in der Bundesrepublik Deutschland. München: Universis-Druck

Damanakis, M. (1978): Sozialisationsprobleme der griechischen Gastarbeiterkinder in den Grund- und Hauptschulen des Bundeslandes Nordrhein-Westfalen. Kastellarn: Henn

Eide, I. (Ed.) (1970): Students as links between cultures: A cross cultural survey based on Unesco studies. Oslo

European Institute of Education and Social Policy (Ed.) (1985): Study abroad in the European Community. Brüssel: Office of Cooperation in Education. EIESP

Gerstein, H. (1974): Ausländische Stipendiaten in der Bundesrepublik Deutschland. Bonn: DAAD Forum

Geuer, W. et al. (1983): Psychische Probleme ausländischer Studenten in der Bundesrepublik Deutschland. Bericht über eine Studie im Auftrag des Deutschen Akademischen Austauschdienstes. DAAD Dokumentationen & Materialien

Griese, H. (1978): Sprach- und Kulturwechsel im Sozialisationsprozeß: Aufgezeigt am Beispiel ausländischer Arbeiterkinder in der Bundesrepublik Deutschland. In: W. Kühlwein, G. Radden (Hrsg.), Sprache und Kultur. Tübingen: Narr

Hallowell, A. I. (1955): Culture and experience. Philadelphia

Hawes, F., Kealey, D. J. (1981): An empirical study of Canadian technical assistance: Adaptation and effectiveness on overseasassignment. Internat. J. Intercultur. Relations 5, 239–258

Herskovitz, M. J. (Ed.), (1938): Acculturation. New York

Huber, L. (1980): Sozialisation in der Hochschule. In: K. Hurrelmann, R. Ulich, Handbuch der Sozialisationsforschung. Weinheim: Beltz

Hurrelmann, K., Ulich, R. (1980): Handbuch der Sozialisationsforschung. Weinheim: Beltz

Karpf, M. (1981): Woher kommt Mehmet? Rolle und Sozialisation türkischer Kinder im Familienverband. Kindergarten Heute

Kealey, D. J., Ruben, B. D. (1983): Cross-cultural personal selection criteria, issues and methods. In: D. Landis, R. W. Brislin (Eds.), Handbook of intercultural training, Vol. I. New York: Pergamon, 155–175

Klineberg, O., Ben Brika, J. (1972): Etudiants du tiers-monde en europe. Paris: Centre Européen de Coordination de Recherche et de Documentation en Sciences Sociales

Klitzing, K. v. (1983): Risiken und Formen psychischer Störungen bei ausländischen Arbeiterkindern. Ein Beitrag zur Psychiatrie der Migration. Weinheim: Beltz

König, P., Schultze, G., Wessel, R. (1986): Situation ausländischer Arbeitnehmer und ihrer Familienangehörigen in der Bundesrepublik Deutschland – Repräsentativuntersuchung 1985 – Bundesministerium für Arbeit und Sozialordnung (Hrsg.): Reihe Sozialforschung Nr. 133, Bonn

Korte, H., Schmidt, A. (1983): Migration und ihre sozialen Folgen. Göttingen: Vandenhoeck & Ruprecht

Landis, D., Brislin, R. W. (Eds.) (1983): Handbook of intercultural training, Vol. I–III. New York: Pergamon

Lulat, Y. G. M. (1984): The international students and study-abroad programs: A select bibliography. Compar. Education Rev. 2, 300–339

Lysgaard, S. (1955): Adjustment in a foreign society: Norwegian Fulbright Grantees visiting the United States. Internat. Soc. Sci. Bull. 7, 45–51

Malhotra, M. K. (1985): The educational problems of foreign children of different nationalities in West Germany. Ethn. Racial Stud. 8, 291–309

Murphy, H. B. (1977): Migration, culture and mental health. Psychol. Med. 7, 677–684

Otto-Benecke-Stiftung (Hrsg.) (1982): Ausländerstudium in der Bundesrepublik Deutschland. Baden-Baden

Rosch, M. (Hrsg.) (1985): Ausländische Arbeitnehmer und Immigranten. Sozialwissenschaftliche Beiträge zur Diskussion eines aktuellen Problems. Weinheim: Beltz

Samuda, R. J., Woods, S. L. (Eds.) (1983): Perspectives in immigrant and minority education. New York: Lanham

Schade, B. (1968): Das Studium im Ausland als psychologischer Prozeß. Orientierungsproblem bei Studenten aus Entwicklungsländern an deutschen Hochschulen. Bonn

Schnitzer, K., Schaeper, H., Breustedt, C. (1986): Studenten aus Entwicklungsländern. Untersuchung über Studienverlauf, Studienbedingungen, soziale Lage und Reintegration von Studenten aus Entwicklungsländern. In: Bildung, Wissenschaft – Aktuell 4

Schrader, A., Nikles, B. W., Griese, H. (1976): Die zweite Generation. Sozialisation und Akkulturation ausländischer Kinder in der BRD. Kronberg: Athenäum

Spaulding, S., Flack, M. J. (1976): The world's students in the United States: A review and evaluation of research on foreign students. New York: Praeger

Spicer, E. H. (1972): Acculturation. In: InternationalEncyclopedia of the social science, Vol. 1. New York

Stiksrud, H. A., Kuliga, M. G. (1985): Literatur-Dokumentation zur psycho-sozialen Lage der Migranten der I. und II. Generation. Berlin: Institut für Psychologie, unveröffl.

Thomas, A. (1985): Beiträge der Austauschforschung zur Wirkung landeskundlicher Informationen. Z. Kulturaust. 35, 406–418

Thomas, A. (1986): Zur Theorie interkultureller Austauschbeziehungen. Regensburg, unveröffl. Manuskript

Thomas, A. (1988): Kulturelle Bedingungen. In: E. Roth, Organisationspsychologie. Enzyklopädie der Psychologie. Göttingen: Hogrefe

Thurnwald, R. (1932): The psychology of acculturation. Amer. Anthropol. 34, 557–569

Triandis, H. C., Brislin, R. W. (Eds.) (1980): Handbook of cross cultural psychology, Vol. 5: Social psychology. Boston: Allyn and Bacon

Wagner, E., Schmidke, H. P. (1983): Ausländische Schüler – Konflikte, Störungen und soziales Lernen. Weinheim: Beltz

Lebensräume von Kindern im Prozeß der Modernisierung

Wiesbadener und Leidener Arbeiter-Kindheiten um 1900

Imbke Behnken, Manuela du Bois-Reymond und Jürgen Zinnecker

Übersicht

1   Zur Fragestellung

Wir möchten Fragestellung und ausgewählte Ergebnisse einer historisch und kulturell vergleichenden Studie vorstellen, die sich mit dem Wandel städtischer Lebensräume als Umwelten von Kindern seit 1900 befaßt. Unser Bericht beschränkt sich auf ein Teilprojekt innerhalb des mehrphasigen, noch unabgeschlossenen Untersuchungsprogramms (*Behnken* et al. 1983). In dieser lokalen Fallstudie setzen wir zwei Kindheiten zueinander in Bezug, die zur gleichen Zeit und in vergleichbaren sozialräumlichen Milieus – innerstädtische Arbeiterquartiere um die Jahrhundertwende – spielen; allerdings rund 500 km voneinander entfernt und in unterschiedlichen nationalen Gesellschaften. Bei der einen Gruppe handelt es sich um Wiesbadener und preußisch-deutsche, bei der anderen um Leidener und holländische Arbeiterkinder (*Behnken* et al. 1988a).

Das wissenschaftliche Interesse an Kindheitsräumen und deren Wandel ist dem pädagogisch-politischen Diskurs um die Zukunft von Kindheit am Ausgang des

20. Jh. verpflichtet. Kindheit in ihrer tradierten Form steht in den ökonomisch entwik-
kelten Industriegesellschaften in Frage. Man redet und schreibt vom „Ende der Kindheit", von einer „Privatisierung" und „Pädagogisierung", von der Vertreibung der
Kinder aus den Straßen und Dienstleistungszentren der Kommunen. „Postmoderne
Medienkindheiten" werden beschworen, von zivilisatorischen Drogen und Süchten
umstellt, in informalisierte Eheverhältnisse auf Zeit eingelagert, zugleich als Mangel-
ware und Luxusprodukt bei Eltern hoch im Kurs, die Lebenssinn, Liebesnähe oder
eigene Zukunft bei den Jüngeren suchen.

Wenn wir dem Wandel historischer Kindheitsräume, seinen Bedingungen, Strukturen und Folgen nachgehen, so geschieht das in der Erwartung, Gegenwart und Zukunft
von Kindheit heute aus einer gewissen geschichtlichen Distanz heraus werten und be-
urteilen zu können.

Dabei lassen wir uns von der Annahme leiten, daß Kinder in besonderer Weise auf
die Qualität alltäglicher Nahräume als Umwelt für die eigene Entwicklung angewiesen
sind. Um die Schlüsselrolle dieses Weltausschnittes hervorzuheben, schlagen wir vor,
ihn als „primären Raum" zu kennzeichnen. Wir möchten diesen Begriff nicht nur für
die privaten und verhäuslichten Handlungsräume des Alltags reservieren (z.B. *Altman
& Chemers* 1980), sondern darunter auch das erweiterte Wohnumfeld bis hin zum Lebensraum des Wohnquartiers fassen (*Moore & Young* 1978). „Primär" ist dieser Lern-
und Lebensraum in doppelter Weise: sowohl als lebensgeschichtlich erster wie auch
als dauerhaft prägender gesellschaftlicher Erfahrungs- und Handlungsraum.

Dabei müssen wir die Mehrdimensionalität dieses Nahraums betonen. Kinder erfahren ihn in seiner physischen Qualität, in der Form gestalteter Stadtnatur, Bebauung
und Ausstattung; in seinen sozialen Qualitäten; als zeit-historischen Quartiersraum, in
dem sich geschichtliche Ereignisse auf besondere Weise niederschlagen; sie erfahren
ihn schließlich unmittelbar körperlich, in ihrer Bewegung, Ernährung, Gesundheit und
in anderen leiblich-seelischen Äußerungen. Wandlungen der primären Kindheitsräume
bedeuten Veränderungen in kindlicher Sozialisation. Wir können daran ablesen,
welchen Modernisierungszwängen bestimmte Kindheiten jeweils ausgesetzt sind.

Die Modernisierung von Lebenswelten ist als ungesteuerter, gleichwohl zielgerich-
teter Prozeß mit erheblicher zeitlicher Ausdehnung zu verstehen, der sich in Schüben
vor- und rückläufig vollzieht (*Elias* 1977). Um die Geburtsstunde modernisierter
Kindheit in Europa kennenzulernen, müssen wir bis zur Hochphase von Urbanisierung
und Industrialisierung im letzten Drittel des 19. Jh. zurückgehen. In diesen Jahrzehnten bilden sich charakteristische Strukturen und Tendenzen gegenwärtiger Kindheitsräume heraus. Als Stichworte seien beispielhaft genannt: Städtische Nachbarschafts-
welten als dominierende Lebenswelten; Übergang zur geplanten Beschränkung der
Kinderzahlen und Durchsetzung familialer Privatheit; Kindheit als Lern- und Schulzeit anstelle von Kindheit als Dienst- und Arbeitszeit.

Die Tendenz zur Modernisierung von Kindheit schlägt sich nicht zeitgleich und in
allen Regionen oder sozialen Gruppen gleichermaßen nieder. Mit Blick auf die Ge-

genwart ist zu konstatieren, daß der Prozeß auch nach einem Jahrhundert noch unab-
geschlossen ist. Es liegt deshalb nahe, Untersuchungen zur Modernisierung von Kindheitsräumen zeit- und kulturvergleichend anzulegen. Auf diesem Weg lassen sich kulturelle Ungleichzeitigkeiten in einer Epoche ermitteln; oder wir erfahren etwas über
die Wirkung nationalstaatlicher Regulierungen und nationaler Traditionen auf die
Ausgestaltung spezifischer Kinderwelten. Nicht zuletzt interessieren die spezifischen
Rollen, die die einzelnen sozialen Klassen im Prozeß der Modernisierung einnehmen.
Sollen wir uns deren Beteiligung so vorstellen, wie *N. Elias* es in seinem epochema-
chenden Werk über den Prozeß der Zivilisation (1939/1969) vorgezeichnet hat: Die
jeweiligen Oberschichten legen, als erste auf die neuartigen sozialen Zwänge und
Chancen der Epoche reagierend, freiwillig-unfreiwillig den Pfad, dem die unteren, um
Aufhebung sozialer Distinktion und kultureller Benachteiligung bemühten Sozialgrup-
pen ihrerseits – freiwillig-unfreiwillig– nachfolgen? Ist ein entsprechendes Denkmo-
dell nützlich, um z.B. die „Erfindung" von Kindheit – und zugleich Erziehung – durch
Repräsentanten des aufgeklärten, vorindustriellen Bürgertums in Europa und die
schubweise Realisierung und Verallgemeinerung dieser Kindheitsidee in unterschiedlichen sozialen Gruppen im Verlauf der folgenden Jahrhunderte besser zu verstehen?

Aus dem weiten, wenig untersuchten Forschungsfeld haben wir eine begrenzte
Fragestellung herausgeschnitten, um sie historisch und kulturell vergleichend zu untersuchen. Wir wollen, vereinfacht ausgedrückt, den spezifischen Modernisierungsdruck beschreiben, der auf den Kindern und Familien städtischer Unterschichten zu
Beginn des Jahrhunderts lastet. Wir analysieren die Genese moderner Kindheit damit
nicht auf der Basis der „pädagogischen Avantgarde" der Zeit, des lebensreformerisch
engagierten Bildungsbürgertums, sondern aus der Perspektive der soziokulturellen
„Nachhut", deren Lebenswelt noch von Momenten des Traditionalen, der passiven
Resistenz gegen die neue Kindheits- und Familienform durchsetzt ist. Allerdings befinden sich städtische Arbeiterfamilien und -kindheiten um die Jahrhundertwende in
einer Phase des Umbruchs. Zwei globale „Schubkräfte" in Richtung Modernisierung
sind hervorzuheben, die zugleich auch im Zentrum unserer Untersuchung stehen:

Zum einen handelt es sich um den Prozeß der Einpassung der eigenen Lebensweise in die Bedingungen urbaner Gesellschaft. Die Zeichen der Modernisierung, die
durch die städtischen Kommunen in den Jahrzehnten vor und nach der Jahrhundertwende gesetzt werden, sind massiv und unüberschaubar (vgl. zusammenfassend *Reulecke* 1985). Sie reichen von der vielgestaltigen Hygienisierung des Lebens über neue
Standards des Wohnens und Haushaltens bis hin zur Zentralisierung privater Lebens-
funktionen (vgl. *Gleichmann* 1977, *Mönkemeyer* 1988). Hinzu kommen Prozesse der
Beschleunigung und Verdichtung der Lebens- und Wohnverhältnisse im urbanen
Raum (*Wirth* 1938 [dt. 1974], *Simmel* 1903).
Zum anderen werden Arbeiterkindheiten und Arbeiterfamilien in ein spezifisch urbanes
Netz sozialer Bezüge eingebunden. Die aus der ländlichen Lebensweise übernomme-
nen Nachbarschaftsmilieus der traditionalen Arbeiterquartiere werden durchlässig für

erweiterte, gruppenübergreifende und stärker individualisierte soziale Beziehungsnetze
– ein Prozeß, der bis in die Gegenwart hinein anhält (*Mooser* 1984). Von besonderer Bedeutung für die Modernisierung von Arbeiterkindheit sind soziale Kontakte und räumliche Lebensgemeinschaft mit dem städtischen Kleinbürgertum. Dessen Repräsentanten sind es, die darüber wachen, daß gewisse zivilisatorische Standards im Arbeiterquartier aufrechterhalten werden, die neue Formen urbaner Lebensweise dort propagie-
ren und vorleben. Die Motive hierfür unterscheiden sich: Ein Geschäftsmann mag auf
eine gewisse Reputation seiner Straße achten; ein Vertreter der organisierten Arbeiter-
bewegung sich für die Verhäuslichung der Arbeiterfrauen oder die Abschaffung der
Prügelstrafe einsetzen; ein Volksschullehrer mag eine Lesehalle für Arbeiterkinder organisieren und auf geputzte Fingernägel, gepflegtes Benehmen achten. In jedem Fall
entsteht ein gewisser sozialer Druck in Richtung Modernisierung und Zivilisierung der
Lebenswelt von Arbeiterkindern.

2   Arbeiterquartiere im kulturellen Vergleich

Für die Zwecke des kulturellen Vergleiches wählten wir zwei Arbeiterquartiere aus, die
einen unterschiedlichen Entwicklungsstand im Prozeß der Modernisierung von Kindheit markieren. Das Leidener Innenstadtviertel Havenwijk Zuid/Pancras Oost weist in
die Vergangenheit zurück. Es steht für eine städtische Arbeiterkindheit zur Zeit der
Jahrhundertwende, die vergleichsweise traditional organisiert ist und die einem geringeren Modernisierungsdruck unterliegt. Das Wiesbadener Stadtquartier Nord- bzw.
Westend enthält um 1900 wesentliche Bestandteile eines modernisierten und in die
Zukunft weisenden Kindheitsraumes.
    Bereits die Geschichte der beiden Quartiere verhält sich kontrastiv zueinander
(*Behnken* et al. 1988b). Das Leidener Innenstadtviertel wurde im 17. Jh. als gemisch-
tes Wohn- und Arbeitsquartier für Textilarbeiter gebaut. Die Grundrisse der bescheidenen Weberhäuschen, die um 1900 noch stehen, lassen erkennen, daß wir es mit
Verlags- und Heimarbeit im Umfeld der Proto-Industrialisierung – allerdings nicht im
ländlichen, sondern im städtischen Kontext – zu tun haben. Das Wiesbadener Quartier
wurde im Zuge der Stadterweiterung im Verlauf des 19. Jh. errichtet. Es dokumentiert
den Aufstieg Wiesbadens zu einer erfolgreichen Kur- und Badestadt und war dazu bestimmt, die hierfür notwendigen privaten und städtischen Arbeiter aufzunehmen.
    In Leiden können wir studieren, in welch starkem Ausmaß die Arbeit in kleinen
Nachbarschaftsfabriken und in der Heimindustrie Arbeiterfamilien und Arbeiterkinder
soziokulturell und sozialräumlich von der Reststadt und den Lebensverhältnissen
anderer Gesellschaftsklassen separiert (mit der Ausnahme der Dienstmädchen). Im
Vergleich hierzu befördert die Dienstleistungsarbeit in einer Kurstadt den klassenüber-
greifenden Charakter der Arbeit. Allgemeiner formuliert: Die historische Umvertei-
lung von Arbeit vom sekundären Sektor auf einen dritten, den wir unter der Sammel-

kategorie Dienstleistungsarbeit fassen können, zieht eine höhere soziokulturelle Vernetzung von Arbeiterfamilie und Arbeiterkindheit nach sich.

Die modernisierende bzw. zivilisierende Instanz des städtischen Kleinbürgertums ist auf ungleiche Weise im Leidener und Wiesbadener Arbeiterquartier präsent. In Wiesbaden ist die soziale Mittlerrolle der Kleinbürger zwischen Arbeitern und Bürgern bzw. zwischen Arbeitern und Modernisierung deutlich ausgeprägt. Sie wohnen in enger häuslicher und Quartiers-Nachbarschaft mit den Arbeitern und tragen zur Durchsetzung zivilisatorischer Verhaltensstandards in deren Familien bei. So forcieren sie beispielsweise als Hausbesitzer die Anhebung hygienischer Einrichtungen im Viertel. Als Selbständige helfen sie in Zeiten städtischer Versorgungskrisen – z.B. Ende des Ersten Weltkrieges – das Überleben insbesondere von Kindern aus den ärmeren Familien abzusichern. Andere betreiben über Schule, Kirche und soziale Institutionen kulturelle Aufklärung unter Arbeitereltern und -kindern.

Im Leidener Quartier spielt das Kleinbürgertum keine mit Wiesbaden vergleichbare ökonomische und kulturelle Rolle. Die schwache Stellvertretung dieser Sozialgruppe trägt das ihre dazu bei, daß das innerstädtische Arbeiterquartier gettoartig gegenüber umliegenden Bürgervierteln und gegenüber der Gesamtstadt abgeschnitten bleibt.

In der folgenden Synopse sind einige Indikatoren zusammengefaßt, die auf den unterschiedlichen Grad der Modernisierung in den Vergleichsquartieren hinweisen. Auf allen drei Ebenen, Baugeschichte und Architektur, Arbeit und ökonomische Entwicklung, Bevölkerungsstruktur und soziale Vernetzung, läßt sich der spezifische Modernisierungsdruck aufweisen, der im Wiesbadener Quartier um 1900 wirksam ist.

Synopse ausgewählter Indikatoren für Modernisierung im Arbeiterquartier um 1900

Indikatoren	Kriterien	Traditionales Leidener Arbeiterquartier (Havenwijk Zuid/ Pancras Oost)	Modernisiertes Wiesbadener Arbeiter- quartier (Nordend/Westend)
Baugeschichte und Architektur	Alter	Altbauten 17. Jh.	Neubauten 19. Jh.
	Bautätigkeit	Stagnation; Altbau- bestand	Expansion; Bauspekula- tion; wachsender Bebauungsgrad
	Infrastruktur	Lokale Abfallbeseitigung; Grachten als offene Kanalisation	Anschluß an zentralisierte und unter Erde gelegte Kanalisation, Toiletten- systeme u. ä.
	Verdichtungsgrad	Ein- bis zweistöckige Einzelhäuschen	Zwei- bis vierstöckige Mietshäuser
	Trennung gewerbl. Arbeit/Wohnen	Vermischung mit Wohnen	Trennung Wohnen und Arbeiten

Indikatoren	Kriterien	Traditionales Leidener Arbeiterquartier (Havenwijk Zuid/ Panoras Oost)	Modernisiertes Wiesbadener Arbeiter- quartier (Nordend/Westend)
	Trennung Privat- raum/Straßenöffent- lichkeit	Unmittelbare Verbindung zwischen Binnen- und Außenraum	Mehrere Zwischenstufen (Außenflure, Höfe, Stufen, als halböffentliche Pufferzonen)
Arbeit und ökonomische Entwicklung	Gewerbliche Struktur	Veraltete Heim- und Verlagsindustrie; kleine Nachbarschafts- fabriken	Neuer Typus von persön- licher Dienstleistung (Kur-Tourismus); Dienstleistungs-Handwerk
	Arbeitsqualifikation	ungelernte Frauen- und Kinderarbeit	z. T. Facharbeiter
	Wirtschaftliche Entwicklung	Stagnation	Expansion
	Lebensstandard	Stagnierend; Not- Ökonomie	Ansteigend (trotz Versorgungskrisen)
	Einzelhandel	Fliegender Straßenhandel	Stationärer Einzelhandel
Bevölkerungs- struktur und soziale Vernetzung	Soziale Klassengruppen	Traditionelle Arbeiter- bevölkerung als Mono- kultur	Sozialräumliche Ver- mischung von Arbeitern und Kleinbürgern
	Wanderungs- bewegung	Stagnierend; Abwanderung mobiler Bevölkerungsgruppen	Expansiv; Zuwanderung mobiler Bevölkerungsgruppen
	Austausch- beziehungen	Geschlossen; getto- artig; Arbeit und Selbst- versorgung im Quartier	Geöffnet; Ein- und Aus- pendler im Bereich von Dienstleistungsarbeit

Die andersgeartete Position der Arbeiterquartiere gegenüber dem Prozeß der Modernisierung wird durch die kontrastive Situation der beiden Städte verstärkt. Im Fall von
Leiden handelt es sich um eine stagnierende Stadtentwicklung, die erst zu Beginn des
20. Jh. durch einen neuerlichen Industrialisierungsschub Wachstumsimpulse erhält. Um
1900 liegt die stadtgeschichtlich entscheidende Bauphase für Leiden bereits mehr als
200 Jahre zurück. Während Ausbau und Ökonomie der Stadt im 19. Jh. aufgrund einer
tiefgehenden Krise der Textilindustrie stagnieren, erlebt die Kur- und Regierungsstadt
Wiesbaden seit Beginn des 19. Jh., und insbesondere im Wilhelminischen Kaiserreich,
seine prägende baulich-architektonische Ausgestaltung und eine wirtschaftliche Blüte-
zeit, die allerdings mit dem Weltkrieg und dem Niedergang des Kur- und Bäderwesens
in den 20er Jahren zu Ende geht.

Pointiert formuliert repräsentiert das kaiserliche Wiesbaden, ungeachtet seines restaurativen, quasifeudalen Kaiser-, Offiziers- und Adelskultes, einen frühen und eigenwilligen Prototyp der Dienstleistungsstadt, wie sie sich erst im 20. Jh. auf breiter Front durchsetzen sollte. Leiden dagegen tradiert um 1900 noch manche Elemente der vorindustriellen Stadt, wie das Überleben von Heimarbeit und Verlagswesen aus der protoindustriellen Epoche sinnfällig verdeutlichen.

Auf unser Thema bezogen können wir festhalten, daß das Wiesbadener Arbeiterquartier um die Jahrhundertwende von zahlreichen Impulsen geprägt ist, die zu dieser Zeit und in den Jahrzehnten davor aus der expansiven Gesamtentwicklung der Stadt herrühren. Die begrenzte Modernisierung von Leiden um 1900 wird dagegen am veralteten und absterbenden Innenstadtquartier vorbei in die neuen Arbeitersiedlungen gelenkt, die Anfang des 20. Jh. außerhalb der alten Stadtgrenzen seitens verschiedener Baugesellschaften für eine qualifizierte Facharbeiterschaft errichtet werden und in denen sich ein Typus modernisierter Arbeiterkindheit – das Siedlungskind – entwickelt.

3   Zweimal Arbeiterkindheit 1900. Ein Doppelporträt

Es liegt auf der Hand, daß die beiden Arbeiterquartiere recht unterschiedliche Kindheiten hervorgebracht haben. Bevor wir uns diesen Unterschieden zuwenden, möchten wir ein Gemeinsames betonen. An beiden Orten handelt es sich um Straßenkindheit, die – von Jungen und Mädchen gleichermaßen – ab dem dritten, vierten Lebensjahr gelebt wird und gewöhnlich mit dem Abgang von der Volks- oder Elementarschule ihren Abschluß findet (*Zinnecker* 1979, *Behnken & Jonker* 1988). Je weiter wir uns der Gegenwart nähern, um so mehr überwiegt ein anderer Typus von Kindheit – auch in der städtischen Arbeiterfamilie –, der sich mit dem Begriffspaar „verhäuslichte Familienkindheit" charakterisieren läßt. Die Epoche vor und nach der Jahrhundertwende ist als Hochphase von Straßenkindheit und Straßensozialisation, jedenfalls für städtische Arbeiterkinder, anzusehen (*Sieder* 1985, *Hetzer* 1929). Das Lebensmuster städtischer Straßenkindheit ist natürlich älteren Datums – beispielsweise läßt es sich in der Erziehung kleinbürgerlicher Stadtkinder des 18. Jh. nachweisen (*Schlumbohm* 1980). Um 1900 werden kleinbürgerliche Kinder, wie die bürgerlichen schon seit geraumer Zeit, vorzugsweise in Haus und Garten betreut. Die Straßenöffentlichkeit gehört Arbeiterkindern. Dort schaffen die zunächst noch hohen Kinderzahlen, die engen Wohnverhältnisse und das Zusammenwohnen auf stark verdichtetem Quartiersraum günstige Voraussetzungen für die Entstehung eines vergleichsweise eigenständigen sozialen und kulturellen Kinderlebens. Den sozialen Rahmen, in den diese historische Form von Kindheit gesetzt ist, bilden Nachbarschafts- und Geschwistergruppen, die sich dem Territorium des Quartiers verbunden fühlen.

Die Einbindung der Straßenkindheit in das Quartiers- und Familienleben gestaltet sich an den beiden Orten unterschiedlich. Die Leidener Arbeiterkinder sind Glied in einer Überlebensgemeinschaft. Die Wiesbadener Arbeiterkinder bewegen sich bereits im Vorfeld pädagogisierter Kindheit. Schule, Kirche, einzelne aufgeklärte Arbeiterel- tern beginnen sich für Kindheit als Objekt von Erziehung zu interessieren. Verglichen mit heutigen Maßstäben ist der Grad der „Pädagogisierung" von Arbeiterkindern auch im Wiesbadener Quartier gering.

Am Beispiel der Schulpflicht läßt sich verdeutlichen, daß es neben Quartier und Stadt auch eine nationale Vergleichsdimension gibt, die dazu beiträgt, daß der Zwang zur Modernisierung bei Leidener Kindern um 1900 geringer als in Wiesbaden ausge- prägt ist. Von besonderer Bedeutung ist hier die unterschiedliche Verlaufsform des Verstaatlichungsprozesses. Im Vergleich zu Preußen-Deutschland kam es in Holland erst später und in schwächer ausgeprägter Form zur Bildung eines staatlichen Hand- lungsmonopols, staatlicher Zentralisierung und Bürokratisierung. Das niedrigere staat- liche Kontrollniveau in Holland zeitigt Konsequenzen für die Herausbildung von Kindheit. Zu verweisen ist hier insbesondere auf die spätere Einführung der Schul- pflicht (1900) mit verkürzter Schulpflichtzeit (6 statt 8 Jahre wie in Preußen-Deutsch- land) (*Veld* 1987) und auf den geringeren staatlichen Kinderschutz, vor allem im Ar- beitsbereich (*de Regt* 1984).

Aus den Erzählungen der Leidener Kindheitszeugen tritt eine Wirklichkeit hervor, in der das Motiv des ökonomischen Überlebenskampfes mit all seinen verschiedenen Strategien so dominant ist, daß sich ihm alle kindspezifischen Lebensäußerungen un- terordnen – zumindest nicht unabhängig von diesem Kampf betrachtet werden können. Die Ortsgesellschaft ist so beschäftigt mit der Sicherung der materiellen Re- produktion, daß eine Ausdifferenzierung der einzelnen Lebensbereiche in eine ökono- mische, soziale und kulturelle Sphäre erst in geringen Ansätzen vorhanden ist. Diesen Tatbestand möchten wir mit dem Begriff der Viertelökonomie fassen. Unter den Be- dingungen einer solchen Viertelökonomie ist Kindheit selbst als eigenständige Le- bensphase vergleichsweise weniger deutlich von anderen Lebensphasen abgehoben. Leidener Arbeiterkinder tragen schon im ersten Jahrzehnt, ab ihrem vierten, fünften, sechsten Jahr zur Reproduktion der Familie bei, indem sie an Heimarbeit (Gemüse putzen für die im Quartier gelegenen Fabriken der Konservenindustrie) beteiligt werden, im Haushalt mithelfen und ab ihrem elften, zwölften Lebensjahr, nach Been- digung der sechsjährigen Schulpflichtzeit, durch Fabrik-, Laufjungen- und Dienstmäd- chenarbeit das Familienbudget anfüllen. Sie haben den doppelten Status eines Kindes und einer Arbeitskraft. Sie sind Kontrollen und durch ihr Alter bedingten Abhängig- keiten und Eingriffen unterworfen, aber indem sie gesellschaftlich nützliche Teilarbeit leisten, sind auch die Erwachsenen von ihnen teilabhängig. Diese zwangsweise tätige Mithilfe bindet einen großen Teil der Kinderlebenszeit und des Tageslaufs.

Im Wiesbadener Quartier sind die Arbeiterfamilien bereits dazu übergegangen, die Zahl der Kinder – auf zwei, drei oder vier – zu begrenzen. Die Zuarbeit zum Familien- budget beginnt später und gestaltet sich im allgemeinen unabhängiger vom Eltern- haus. Die Stadtökonomie bietet Kindern weniger Gelegenheit zu informeller Aushilfsarbeit; am Ende der Kindheit ist man nicht, wie vielfach in Leiden, mit Heimarbeit im elterlichen Haushalt beschäftigt, sondern kommt in einem der zahlreichen – größeren und kleineren – Dienstleistungsbetriebe der Stadt unter. Gewiß müssen ältere Kinder in den letzten Kriegsjahren und in der Zeit danach einige Anstrengung darauf verwenden, den Müttern bei der Organisierung von Lebensmitteln oder Heizmaterial zu helfen – zahlreiche Hamster- und Diebstahlsgeschichten der Zeitzeugen belegen das. Die Abwesenheit der Väter und anderer männlicher Bezugspersonen in Kriegs- und Nachkriegszeit verursacht jedoch auch soziale „Kontrollöcher" im Quartier, die sich die Arbeiterkinder zunutze machen. Ihr Leben wird durch konkurrierende Cliquen von Gleichaltrigen mitbestimmt, die sich straßenweise und gelegentlich in militärischer Formation organisiert haben – eine Form des Gruppenlebens, das der Leidener Arbeiterkindheit abgeht. In den Wiesbadener Kindercliquen spiegeln sich soziale und politische Spannungen ebenso wie zeitgenössische Ereignisse, die die Phantasie der Straßenkinder erregen.

Wir können die beiden Muster städtischer Straßenkindheit idealtypisch einander gegenüberstellen (und damit den vorfindlichen Kontrast zugunsten gedanklicher Klarheit überzeichnen). Im Fall des Leidener Arbeiterquartiers handelt es sich um eine *gebundene Straßenkindheit*. Solche Bindungen lassen sich in mehrfacher Hinsicht ausmachen. Da ist zum einen die räumliche Fixierung: Straßenkindheit erweist sich als stationär, eng an die Lebensweise und den Ort der Nachbarschaft geknüpft. Eine zweite Bindung ergibt sich aus der Ökonomie des Mangels. Das fixiert Kindheit an mithelfende Arbeitstätigkeiten und bereitet zugleich den Boden für eine dritte Art der Bindung, die an den Tages- und Arbeitsrhythmus der Familie, insbesondere der Mutter. Im Vergleich hierzu können wir im Fall des Wiesbadener Arbeiterquartiers von einer *freigesetzten Kindheit* sprechen. Die weiter gediehene Freisetzung bezieht sich auf die Ausgestaltung einer eigenständigen Spielkultur; auf die Ausbildung von Gruppenbeziehungen unter den Kindern; auf einen erweiterten Spiel- und Streifraum, der über die Quartiersgrenzen hinausweist. An die Stelle frühen Arbeitsengagements ist eine längere Schulphase getreten; wie überhaupt das tägliche und das lebensgeschichtliche Zeitbudget, das für das Leben auf der Straße aufgewendet wird, im Vergleich zur restriktiven Leidener Straßenkindheit größer ausfällt.

4   Ortswächter: Über Wandlungen sozialer Kontrolle

Im folgenden beschränken wir uns auf die Analyse eines einzelnen Aspektes strukturellen Wandels im kindlichen Lebensraum, der stellvertretend für andere stehen mag. In welcher Weise entwickelt sich das soziale Kontrollnetz der Erwachsenen, das im öffentlichen Nahraum präsent ist? Welche sozialen Regulierungen lassen sich für die beiden unterschiedlichen Arten von Straßenkindheit um 1900 ausmachen? Dabei übergehen wir an dieser Stelle das soziale Netzwerk, das durch die geschwister- und nachbarschaftsbezogenen Kindergruppen auf der Straße gestiftet wurde, und konzentrieren uns auf die Rolle der erwachsenen „Ortswächter". Manche Stadtforscher machen bekanntlich den Wegfall entsprechender öffentlicher Bezugspersonen in der modernen Nachbarschaft dafür verantwortlich, daß der städtische Nahraum für Kinder inzwischen ein unsicheres und letzten Endes unbetretbares Terrain geworden ist (*Jacobs* 1961).

Welche Bezugspersonen fallen unter den Begriff des Ortswächters? Wir fassen darunter Erwachsene, die sich mit einer gewissen Regelmäßigkeit auf bestimmten Straßen oder Plätzen und in den daran angrenzenden (halb-)öffentlichen Räumen aufhalten. Dabei nutzen sie für ihre Handlungszwecke Ausschnitte dieses Stadtterritoriums und üben gewisse Kontrollen darüber aus. Für die Bewohner und Kinder des Quartiers handelt es sich um öffentliche Bekannte, die man zumindest vom Sehen her kennt. Ein relativ breites Spektrum von Personengruppen fällt darunter, die – außer ihrer Gemeinsamkeit, Wächter quartiersbezogener Orte zu sein – in ihrer sonstigen Eigenschaft erheblich voneinander abweichen. Das wird deutlich, wenn wir einige Unterscheidungskriterien hinzufügen.

Was die Kontrollfunktionen angeht, reicht das Spektrum von offiziell ernannten Wachpersonen (z.B. Polizisten) bis hin zu nicht-legitimierten, selbsternannten Kontrolleuren. Zur Gruppe der informellen Wächter gehören etwa Nachbarn oder regelmäßig eine Straße nutzende Kunden.

Bei einem Teil handelt es sich um Personen, die die Straßenöffentlichkeit zu Erwerbszwecken nutzen (z.B. Handeltreibende), bei einem anderen um Privatpersonen wie flanierende Passanten. Eine weitere Unterscheidung läßt sich zwischen stationären und mobilen Ortswächtern treffen – Hausbesitzer rechnen zu ersteren, städtische Arbeiter, die das Quartier reinigen, zu letzteren.

Durch die handelnden Eingriffe in die Kinderwelt, aber auch durch ihre bloße Anwesenheit, die stillschweigend Regeln setzt, kontrollieren Ortswächter den Kindheitsraum vor Ort. Die Sozialkontrolle hat eine „positive" wie eine „negative" Seite. Ortswächter tragen zur soziokulturellen Integration der Kinder ins Quartiersleben bei; sie stiften „positiv" mit Inhalt angereicherte Sozialkontakte: Sie stehen als Gesprächspartner bereit, lassen den Jüngeren gelegentliche Hilfeleistungen zugute kommen, weisen sie in die sozialen Verhaltensregeln und in die Rituale ein, die am Ort gelten. Die Kehrseite der Wächtertätigkeit besteht darin, Grenzen zu setzen, Verbote auszusprechen, Bestrafungen vorzunehmen usw.

Wie lassen sich strukturelle Zusammensetzung und Handlungsweisen der auf Kindheit bezogenen Ortswächter um 1900 idealtypisch und mit Blick auf Veränderungen zur Gegenwart hin kennzeichnen? Was Zahl und Vielfalt der beteiligten Akteure betrifft, so können wir konstatieren, daß ganz unterschiedliche Gruppen und Personen an der sozialen Kontrolle des öffentlichen Raumes Anteil nahmen. Die Pluralität verfügbarer Ortswächter war an die Präsenz zahlreicher Institutionen im Quartier und an den straßenöffentlichen Charakter mancher Aktivitäten geknüpft. Beispielsweise durchsetzten kleinere Gewerbe- und Handelsbetriebe den städtischen Raum; oder, ein weiterer Fall, familienbezogene Hausarbeit fand vielfach in (semi-)öffentlichen Räumen statt und wurde, anders als heutzutage, nicht als strikt private verstanden.

Die Scheidung in „berufene" und „unbefugte" Kontrolleure von Kindheit, die für die gegenwärtige Epoche so charakteristisch ist, war damals wenig(er) entwickelt. Einer geringen Zahl professionaler Kindheitswächter stand eine große und vielfältige Gruppe selbsternannter informeller Ortswächter gegenüber. Kindheitskontrolleure waren um 1900 also nicht nur Lehrer oder Polizisten, sondern ebenso die Hausnachbarn, Berufskollegen der Eltern, Ladenbesitzer, Handwerksmeister, Briefträger.

Was die berufsmäßigen bzw. „berufenen" Wächter von Kindheit, also die Fürsorgerinnen, Lehrer/Lehrerinnen, Pfarrer, Schutzleute, Hausbesitzer angeht, so war deren Eingriffskompetenz seinerzeit gleichfalls unhinterfragter und weitreichender als in der Gegenwart. So dürfen wir hinsichtlich der Lehrer des Ortes unterstellen, daß sie mit Kindheit im Quartier mehr befaßt waren als Lehrer heute. Sie hatten ein erweitertes Recht auf körperliche Züchtigung, auf Stellungnahme zur Freizeit ihrer Schüler, auf Achtung ihrer Autorität im Straßenraum. Auch die erweiterte Handlungskompetenz professioneller Ortswächter war mit einer größeren Präsenz dieser Gruppe im öffentlichen Quartiersraum verknüpft. Manche der gegenwärtig zentralisierten Kontrollinstanzen befanden sich um 1900 noch im Quartier. Kirche, Schulen, Polizeireviere gehörten zum festen Bestandteil der Nachbarschaft. Entsprechend ortsgebunden und wenig distanziert übten die Berufsgruppen, die diese Organisation vor Ort vertreten, ihre Tätigkeit gegenüber Kindern und deren Familien aus. Im Vergleich hierzu verstehen sich Vertreter solcher Profession gegenwärtig mehr als ortsungebundene Spezialisten, die begrenzte Handlungsangebote und Hilfestellungen für eine Laienklientel bereithalten.

Die Anonymisierung der sozialräumlichen Kontrolle war seinerzeit weniger vorangeschritten als heute. An vielen Stellen waren noch Personen als Ortswächter tätig, die später durch technische Kontrollsysteme ausgetauscht wurden. (An die Stelle des Verkehrspolizisten, der den Kreuzungsverkehr persönlich regelte, trat die Ampelanlage; das wachsame Auge des Einzelhändlers wurde durch das Kameraauge der TV-Überwachung im Supermarkt abgelöst.) Die Kinder der damaligen Epoche waren folglich mehr mit Personen und persönlichen Kontrollen und weniger mit abstrakten Gebots- und Verbotsregeln konfrontiert.

Die Vielfalt informeller Ortswächter bezeichnet ein besonderes Risiko von Kindheit um 1900. Das Machtgefälle zwischen Jüngeren und Älteren war im Alltag des Stadtteils relativ ungefiltert präsent. Nahezu jeder Erwachsene sah sich als befugt an, gegen Kinder einzuschreiten, nötigenfalls unter Einsatz körperlicher Gewalt. Professionalisierung von Ortskontrolle bedeutet positiv, daß heutige Kindheit stärker gegenüber Eingriffen fremder, nicht autorisierter Erwachsener geschützt ist. Kinder sind umgeben von augewählten Erwachsenen, die den Umgang mit ihnen nach Maßgabe pädagogischer und psychologischer Grundsätze gestalten und umweltvermittelnd tätig sind. Zudem sind die Handlungsspielräume für alle Ortswächter, berufene wie unberu-

fene, durch die voranschreitende Verrechtlichung des sozialen Alltagshandelns eingeschränkt.

Die Kehrseite des zur Gegenwart hin verringerten Eingriffsrechtes von Erwachsenen:
Erwachsene sind auch als helfende Bezugsgruppe weniger als seinerzeit an Ort und
Stelle verfügbar. Die unmittelbar als Wächter in das Kinderleben eingreifenden Personen bedeuteten für Kinder um 1900 auch einen gewissen Schutz und ermöglichten
ihnen, sich den sozialen Quartiersraum relativ selbständig anzueignen. Entsprechende
„Schwimmgürtel" sind seither geringer geworden, was die Tabuisierung des öffentlichen Stadtteilraumes für Kinder verstärkte.

5   Hinweis zur Methode historischer Ethnographie

Die Rekonstruktion historischer Kindheitsräume, noch dazu im kulturellen Vergleich,
wirft erhebliche methodische Probleme auf, die hier nicht diskutiert werden können
(vgl. *Behnken* et al. 1988a). Wir beschränken uns auf einen kurzen Verweis zur Art und
Qualität der empirischen Grundlagen der Studie. Bei der Wahl der Erhebungsmethoden
ließen wir uns von der kulturanthropologischen Forschungstradition anregen, die es ja
gleichfalls mit oralen Kulturen ohne ausgedehnte schriftliche Überlieferung zu tun hat.
Die hauptsächliche Quelle, auf die wir uns stützen, um die Lebenswelten von Arbeiterkindheit um 1900 zu rekonstruieren, sind deshalb erzählte Erinnerungen (oral history).
Wir nahmen bisher jeweils rund vierzig mehrstündige Interviews zu jeder der beiden
Kindheitswelten auf Tonband auf. Ergänzend zu den Gesprächen sammelten wir
schriftliche und bildliche Kindheitsdokumente, die sich im Besitz der befragten Zeitzeugen befinden. Die Kindheitszeugen wurden zu ausführlichen Erzählungen und Si-
tuationsschilderungen ermuntert. Die verschriftlichten Narrationen, ebenso wie die privaten Bilddokumente, wurden u.a. im Sinne einer subjektiven Quartiers-Ethnographie
ausgewertet. D.h., wir nahmen die geschilderten Orte, Szenen und dramatischen Handlungen als Quasi-Äquivalent für eine teilnehmende Beobachtung, die uns für den historischen Kindheitsraum versperrt war. Es versteht sich von selbst, daß die Erinnerungen
der alten Erzähler und Erzählerinnen über nunmehr fast ein Jahrhundert zurückliegen-
de Kinderwelt eine bruchstückhafte, vielfach bearbeitete, selektierte und verzerrte
Quelle darstellen. Wir können sie also keineswegs wortwörtlich nehmen. Die Aufgabe,
daraus das lebendige Bild eines vergangenen Kindheitsraumes entstehen zu lassen,
dessen strukturelle Eckdaten in sich stimmig sind, ist in mancher Hinsicht einer archäo-
logischen Ausgrabung vergleichbar, nur daß in diesem Fall vielschichtige „Sprach-
Splitter" an die Stelle von bruchstückhaften Objekten im Erdreich treten.

Der folgende Vergleich zur Konfiguration von Ortswächtern im Wiesbadener und
Leidener Kindheitsraum stützt sich auf die uns mitgeteilten persönlichen Erinnerun-
gen. Es handelt sich also um den subjektiv „erlebten" und „gelebten" Raum (*Muchow*
& Muchow 1935) sozialer Kontrolle – soweit er sich im Dialog zwischen forschenden

Zuhörern und zurückblickenden Zeitzeugen versprachlichen und erzählbar machen ließ.

In wiederholten interpretierenden Durchgängen wurde versucht, die Passung zwischen unseren gedanklichen Annahmen zur Grundstruktur der historischen Kindheitsräume – und ihres Wandels seit der Jahrhundertwende – mit den Aussagen, die wir in den verschriftlichten Texten vorfanden, sukzessive zu verbessern (vgl. allgemein zur Generierung empirisch gehaltvoller Theorie [grounded theory] *Glaser & Strauss* 1967). Dabei sind wir und die Leser gehalten, fehlenden Aussagen und den möglichen Gründen für Nicht-versprachlichung die gleiche Beachtung wie reichhaltig fließenden Textpassagen zukommen zu lassen. Es versteht sich schließlich, daß Aussagen, die – wie die folgenden – im Rahmen einer komplexen empirisch-theoretischen Studie formuliert werden, grundsätzlich nur vorläufigen Charakter beanspruchen. Sie sind als theoretische Vorposten oder Etappen auf dem Weg zu weiteren Untersuchungen zur Geschichte von Kindheit zu verstehen.

6   Erinnerungen an Leidener Ortswächter

Es ist auffällig, wie wenig die alten Erzähler und Erzählerinnen von ausgewiesenen Ortswächtern zu berichten wissen. Im Grunde werden nur zwei exponierte Berufsgruppen mit längeren, lebhaften Geschichten bedacht: Ortspolizisten und Kleinhändler im Quartier. Hier herrscht jener schwankhaft-groteske Erzählerstil vor, der die Leidener Zeitzeugen ganz allgemein gegenüber den etwas distanzierter berichtenden Wiesbadenern auszeichnet.

6.1   Polizisten im Viertel

Die erwachsenen Viertelbewohner sind im Prinzip ebenso Objekte staatlicher Kontrolle wie ihre Kinder. Polizei wird weniger mit Ehrfurcht als mit Ablehnung angesehen, ihre Vertreter sind Viertelfremde, Eindringlinge ins Viertelleben, vor denen man auf der Hut sein muß bei möglichen halblegalen Handlungen. Viertelstreitigkeiten – oft die Folge exzessiven Alkoholgenusses – regelte man lieber untereinander. So erzählt zum Beispiel Herr Masset, wie seine Mutter einmal einer Nachbarin zu Hilfe kam, die von ihrem Mann mißhandelt wurde:

„Der hatte die Frau am Wasserkran festgebunden, mit einem Strick um den Hals. Und jedesmal, wenn er dran zog, bis sie fast (nicht zu verstehen) – und das hörte meine Mutter, wie die Frau um Hilfe schrie. Da nahm sie die Waschbürste und ging nachschauen, was los war. Die Leute gingen so beieinander ein und aus, da wurde nicht geklingelt, die Türen standen immer offen. Und da sah sie die Frau da, und da wurde sie so wütend auf den Kerl, da nahm sie die harte Waschbürste und fuhr dem damit so durchs Gesicht, das war ganz aufgekratzt. Tja, aber sie machte da keine Polizei-Angelegenheit von . . . Das tat man früher nicht, das gehörte sich früher nicht, Polizei kam nie. Die Polizei kam auch nie in die Straße. Nur wenn es zu schlimm wurde . . . Aber normale Nachbarschaftsstreitereien . . . da kam nie die Polizei."

Aber einen Ordnungshüter hatte man gern:

„. . . ein kleiner Schutzmann mit Chaplinfüßen war immer betrunken. Eines Mittwochs trafen wir ihn auf der Mare, er konnte nicht mehr grade stehn. Wir holten schnell einen Karren von der Voldersgracht, legten ihn drauf und brachten ihn nach Hause."

Hier wird eine andere Seite des Verhältnisses Viertelbewohner – Staatsmacht beleuchtet: der Polizist als Unikum, als bekannte, verlachte, vielleicht manchmal auch gefürchtete, auf jeden Fall aber vertraute Viertelgröße. Eine solche Viertelgröße war „Kleiner Ko". Herr van Beek bekam als kleiner Junge mit „Kleinem Ko" zu tun:

„Es ist vorgekommen, daß Kleiner Ko hinter uns her war, wenn wir was ausgefressen hatten. Ich weiß nicht mehr was, wahrscheinlich Fußballspielen." Und er erzählt, wie er mit seinen Kameraden über die im Wasser des Kanals liegenden Maste der Fischerboote flüchtete. „Und Kleiner Ko hob sein Fahrrad hoch und warf es aufs andere Ufer, und lief auch über die Maste – ja, mein Herr, vor so einem Polizisten muß man doch Respekt haben."

Die Auseinandersetzungen mit der Polizei waren oft heftig und deftig, aber wir haben kaum Belege von Kinderangst vor der Staatsmacht. Beim (verbotenen) Kartenspielen auf der Straße sichten die Jungen den herannahenden Staatsvertreter beizeiten und entwischen; ein Junge wird einmal auf das Revier gebracht und dort, zusammen mit anderen Übeltätern, in einen dunklen Keller gesperrt, weil er im Kino mit Tomaten geworfen hat – aber Angst hatte er nicht. Es fällt hierbei auf, daß es fast ausschließlich männliche Kindheitszeugen sind, die von der Polizei erzählen.

6.2 Geschichten von Kleinhändlern

Produkte und Waren des täglichen Gebrauchs zirkulierten in der Viertelökonomie in einem überschaubaren sozial-geographischen Raum. Die Quartiersbewohner können den überwiegenden Teil ihrer Warenbedürfnisse im Quartier selbst abdecken. Die Waren treten ihnen nicht anonym entgegen, sondern sind an bekannte Warenbesitzer gebunden, mit denen auch über das Tauschverhältnis hinaus soziale oder familiale Beziehungen bestehen.

Der Kolonialwarenhändler der Mutter von Frau Arendsen ist hierfür ein Beispiel. Dieser Laden taucht in verschiedenen Berichten unserer Kindheitszeugen auf und genoß offenbar einen besonderen Ruf im Quartier. Frau Arendsen (geb. 1907) erinnert sich:

„Ich durfte sonntags immer helfen. Ich hatte ein Zigarettenkistchen, das stand in einer Schublade unterm Ladentisch. Die Kunden sagten: Meid, bedien du mich eben, Su, weil ich immer mehr gab, wissen Sie, ich wog es nie. Ich sagte immer: Nimms mit! Aber trotzdem, sonntagabends hatte ich viel Geld eingenommen, weil ich gut verkauft hatte."

Wir sehen in dieser Szene das etwa zehnjährige Mädchen Su sonntagmorgens (die Ladenschlußzeiten waren noch nicht einheitlich geregelt) in tätiger Mithilfe mit ihrer

Mutter im Kolonialwarenladen stehen, der in der Nachbarschaft so beliebt ist. Sie nimmt es nicht so genau mit dem Abwiegen, sie wird den Eindruck von Fülle haben, wenn sie in die mit Nahrungsmitteln verschiedenster Art gefüllten Fässer, Laden und Regale greift. Die Erwachsenen und die Kinderkunden kennen sie, sie wollen den kleinen Vorteil erlangen, der damit verbunden ist, von ihr bedient zu werden und bestärken das kleine Mädchen so in seinem Gefühl, eine mitverantwortliche Teilhaberin am Geschäft und an der Familienreproduktion zu sein. Und das Grundgesetz allen Handelns, daß am Abend die Kasse stimmen muß – dies Gesetz ist schon dem Kind in Fleisch und Blut, wird aber, ebensowenig wie im Straßenhandel, nicht nur ökonomisch bestimmt; sozial-kommunikative Motive beeinflussen auch hier das geschäftliche Handeln.

Der Nachbarschaftsladen war auch Schnellrestaurant und Wohnküche:

„Meine Mutter hatte auch einen großen Herd, so einer von früher, da standen manchmal wohl sechs Töpfe drauf, da kochte sie diese kleinen Birnen für 1 cent … Sonntags wurde ans Fenster geklopft, wenn meine Mutter geschlossen hatte, dann hieß es: Meid, Su, mach eben auf! Dann kamen sie mit einem Topf, und der wurde dann gefüllt, für einen dubbeltje (= 10 cent) oder 15 cent, ein ganzer Topf voll mit kleinen roten Birnen."

Frau Arendsen sen. war vorwiegend Ladenbesitzerin, sie war zeitweise aber auch Straßenhändlerin, die ihren Verkaufsradius über ihren Laden hinaus erweiterte, indem sie mit einem Handkarren durchs Viertel zog und zum Beispiel Hering mit Rogen und Milch, 10 Stück für 10 cent, losschlug; denn Fisch konnte sie in ihrem Laden nicht lange aufbewahren. Auf diese Gänge nahm sie ihre Tochter oft mit:

„Sagt sie: Komm du nur mit, dir trau ich nicht. Ja, denn ich riß öfter aus."

Frau Arendsen sen. verbindet hier also drei Rollen miteinander: die der Ladenbesitzerin, der Straßenhändlerin und der Mutter. Überein kommen diese drei Rollen in der bekannten und beliebten Viertel-Mitbewohnerin, die die mit ihrer Position verbundenen sozialen und ökonomischen Qualitäten so hervorragend zu kombinieren weiß. Und es ist ganz deutlich, daß ihre Tochter, die kleine Su, ebenfalls mehrere Rollen vereinigt: Die des Kindes, das um Spiel- und Streifzeit kämpft, mit der der stolzen Mitverdienerin sowie schließlich der des Schulmädchens, das übrigens gerne die Schule schwänzt und statt dessen über die Leidener Märkte stromert. Man sieht beide, die kleine und die große Su, durchs Quartier gehen, zu verkaufende Waren am Arm, und rechts und links von den Quartiersbewohnern gegrüßt.

Zu kaum einem Thema ist das Leidener Material so reichhaltig wie zum Straßenhandel. Und auch hier wieder mischen sich die ökonomische Notwendigkeit mit sozial-kommunikativen Qualitäten.

Der Vater von Herrn Aalst war Musterknecht in den Gemüsegroßhallen Leidens. (Leiden war nicht nur eine Industrie- und Universitätsstadt, sondern erfüllte auch die Funktion einer Marktstadt für die umliegenden Dörfer und Gemeinden mit Gemüse-

und Viehhandel.) Außerdem hatte die Familie van Aalst einen Gemüseladen. Mit zwölf Jahren wird Herr van Aalst (geb. 1910) selbst Straßenhändler:

„Ich war zwölf, ich hatte die Schule fertig. Ich sagte zu meinem Vater: Also, ich hab die Schule fertig . . . Oh, sagt er, na, da steht der Wagen, hol zwei Kisten Erdbeeren, lad sie auf und geh los. So hat es angefangen."

Das Quartier war gefüllt mit Nachbarschaftsläden aller Art, sehr oft von Frauen in den Vorzimmern der kleinen Häuschen betrieben. Mehrfach tauchen dieselben Läden in den Erinnerungen verschiedener Kindheitszeugen auf – ein Hinweis, daß es Orte der sozialen Vernetzung waren. Die Ladeninhaber waren den Quartierskindern bekannt, und es gibt kaum Berichte zu negativ sanktionierenden Geschäftsleuten.

Das Beschaffen des Lebensnotwendigsten nahm für unsere Viertelbewohner den größten Teil des Lebens ein, und dabei ließ man auch schon mal fünf grade sein. Randzonen von Tätigkeiten lagen im Halbillegalen. Bei Kindern ging es vor allem um Klauen von Nahrungsmitteln, bei Erwachsenen um illegales oder halbillegales Schlachten, übermäßigen Wucher, illegal fischen, Betrug der Kunden mit schlechter Ware, Betrügen des Gasmannes beim Ablesen des Zählers durch Einwurf von halben Geldstücken und Knöpfen in den Gaszähler, Betrügen der Fabrikbesitzer durch Hinzufügen von Sand zu geputztem Gemüse, um das Gewicht zu erhöhen, oder auch dem Stehlen von Produkten aus der Fabrik. Gleichzeitig herrschte eine innere Moral im Viertel, nie hörten wir von Diebstählen aus den zumeist offen stehenden Häusern. Es herrschte also sowohl unter Erwachsenen wie Kindern eine stillschweigend akzeptierte doppelte Moral fremdem Eigentum gegenüber: wem es nicht weh tat – der Gemeinde, den Fabrikbesitzern, also Instanzen von außen –, den betrog man ohne große Gewissensbisse; das Eigentum von Viertelbewohnern hingegen respektierte man. Der Lebensmittelklau von Kindern war in Ausnahmefällen für sie mit Gefahren verbunden, im wesentlichen aber harmlos. Frau van der Wetering erinnert sich, daß ihre Brüder beim Schlachter Alfons auf der Haarlemmerstraat klauten:

„Die Jungs, die haben schon mal was geklaut. Dann sagte meine Mutter: Rie, geh mal eben Speck holen beim Alfons, ja, denn da war's am billigsten, damals kostete ein Pfund Speck ein kwartje . . . Dann sagte Jan: Gib mir das Geld, ich mach das schon. Das war ein Schlingel, der stahl dann z.B. ein Stück Wurst, die lag da, wo man immer eine Scheibe kriegte, wissen Sie, wenn man 100 Gramm Wurst (kaufte), der (Schlachter), der wußte doch auch, wie schlecht es uns ging, der kannte doch alle diese großen Familien."

Geschäftsleute begegneten den Kindern freundlich. Sie scheinen es auch nicht so schlimm oder gar moralisch verwerflich gefunden zu haben, wenn Kinder etwas stibitzten. Frau van der Wetering deutet die Vermischung von Klauen, Schenken und Kaufen an: Der Schlachter bindet seine Kinderkunden durch die obligatorische Scheibe Wurst; die frecheren Kinder – zumeist wohl halbwüchsige Jungen – nutzen die Gelegenheit und die Gutmütigkeit des Geschäftsinhabers aus, und der Schlachter drückt ein Auge zu, weil es sich um kleine Delikte handelt, und er das Motiv aus intimer Kenntnis der Familienverhältnisse im Viertel versteht.

Mehrere Erinnerungsgeschichten ranken sich um (den Versuch zum) Stehlen in den vielen kleinen Süßigkeitslädchen im Viertel. Klauen verbindet sich hier manchmal mit Streiche spielen, wobei es scheint, als seien die Ladenbesitzer auf dieses Verhalten ihrer kleinen Kunden eingestellt und würden sich weniger als Kontrolleure denn als Mitspieler in einem Spiel mit zwei Parteien verhalten. Herr Groenman erzählt eine etwas brenzlige Geschichte:

„Da gab es Äpfel, Birnen und Drops und was noch alles, auch Toffées. Und dann kam der (Besitzer) die Treppe runter und sagt: Leg erst den Apfel aus deiner Tasche zurück, dann kannst du für 1 cent Süßigkeiten kaufen. Der hatte einen Spalt in die Decke gemacht, daß er alles sehen konnte, was im Laden passierte. Das haben wir erst später kapiert, erst wußten wir das nicht."

Der Kleinhandel mit Süßigkeiten war nicht lukrativ, er wurde oft von alten Frauen betrieben, die mit ihrer Kinderkundschaft in einem besonderen Verhältnis standen: Zwei kriegsführende Mächte, manchmal in offene Kampfhandlungen verwickelt, dann wieder im Waffenstillstand. Die Frauen müssen sich gegen die frechen Übergriffe der Kinder zur Wehr setzen, die Kinder mit List an die begehrten Waren kommen. Dabei geht es um winzige Warenmengen bzw. Geldbeträge:

„Es gab einen Süßigkeitsladen in der Kraaierstraat mit so 'ner Glasplatte auf dem Ladentisch, da konnte man sich aussuchen, für 1 1/2 cent. Frau Petiet, und dann stand man und stand man und suchte aus. Und dann ließ sie dir die Platte so auf die Finger fallen, hatte man 'ne kaputte Hand ... Da nahm der Junge Rache, der ging da wieder was kaufen, hob die Platte an und schmiß 'nen Pferdeapfel rein. Hab ich selbst gesehen."

7 Erinnerungen an Wiesbadener Ortswächter

Die Kindheitszeugen des Wiesbadener Quartiers erzählen über erwachsene Ortswächter zwei unterschiedliche Versionen. Auf der einen Seite finden wir Geschichten von Ortswächtern, die ihnen halfen und eine gewisse Komplizenschaft mit ihnen eingingen. Der andere Typus von Erzählung handelt von kontrollierenden und strafenden Ortswächtern, vor denen man sich in acht nehmen mußte. Die beiden Versionen lassen sich nach Berufsgruppen ordnen. Zu den Helfern gehörten danach Hausbewohner, Gastwirte, Handwerker und Ladenbesitzer. Zu den sanktionierenden Kontrolleuren rechneten eher Lehrer, Pfarrer und Polizisten. An dieser Einteilung erstaunt die Zuordnung der Geschäftsinhaber und Handwerksmeister zur „positiven" Fraktion der Ortswächter. Wir hatten erwartet, daß gerade diese beiden Gruppen gegen Arbeiterkinder streng und strafend aufgetreten wären. Beide Gruppen von Ortswächtern sind dem Kleinbürgertum zuzurechnen. Während es sich bei den Helfern jedoch um kleine ökonomische Selbständige handelt, zählen die Kontrolleure zum kulturellen Flügel dieser Klasse. Die

Helfer werden als Teil der (Über-)Lebensgemeinschaft des Arbeiter- und Kleinbürgerquartiers definiert; die Kontrolleure erscheinen als Vertreter regelsetzender Instanzen
von Kultur, Politik und Religion. Von außen greifen sie missionierend und einengend
ins Quartiersleben ein.

7.1 Polizisten

Als zentrale Wächterfigur wird der Quartierspolizist erinnert. Er gehörte zu den promi-
nentesten unter den öffentlichen Bekannten der Kinder im Quartier. Manchem der Zeitzeugen ist bewußt, daß sich seitdem eine stufenweise Entfernung der Polizei aus dem
öffentlichen Quartiersraum ereignet hat.

Die Präsenz der Polizei als Ortswächter spiegelt sich auf vielfache Weise in den
Kindheitserinnerungen der alten Viertelbewohner. Ein äußerliches Indiz ist die Zahl
der erinnerten Geschichten. Schon bemerkenswerter: die lebhaften Bilder von Polizei-
revieren in den Straßen des Viertels. Als signifikanten Beleg dürfen wir ansehen, daß
die Erzähler und Erzählerinnen sich an ortsbekannte Polizeiwachtmeister als Personen
erinnern. Von einem Herrn Lemke mit Schnurrbart ist die Rede, von „dem Nettel-
mann", der in der Nachbarschaft gewohnt habe. Ferner spielt ein Herr Sonnenborn
eine prominente Rolle, und zwar bei Angehörigen verschiedener Jahrgänge, was auf
eine lange Dienstzeit im Quartier hinweist. Mehrfach erwähnen die Erzählenden, daß
einzelne Beamte selbst im Quartier gewohnt hätten. Zur öffentlichen Vertrautheit mit
bestimmten Ortspolizisten gehört die Vergabe von Spitznamen. So wird ein Beamter,
der die Straßenspiele der Jungen mit dem Ball konsequent verfolgte, sinnfällig als
„Ballschlucker" karikiert.

Einige Erzähler und Erzählerinnen lassen in ihren Geschichten die Aura der Autorität lebendig werden, die Polizeibeamte umgab:

„Aber wehe, wenn der Herr Sonnenborn dann kam, dann war wir alle weg. Alle. Das durften
wir ja nicht. Gedroht hat er nicht, aber der war ja so streng. Das war früher so. Die waren strenger als heute. Der Polizist war eine gewisse Respektsperson. Und wehe, wenn der das dann den
Eltern gesagt hat, dann gab's ja zu Hause was" (Klassengruppe Frau Schütze, Jg. 1920/21).

Ohne konkrete Amtshandlung: Das bloße Erscheinen der öffentlichen Respektsperson
löste Angst bei den Straßenkindern aus und veranlaßte manche Kindergruppen unver-
züglich zur Flucht. In den Anekdoten von der Ortspolizei herrscht eine Reaktionsweise
vor: Seine Sachen zusammennehmen und die Flucht ergreifen. Diese Gruppe von Kontrolleuren verdeutlicht wie keine andere die unüberbrückbare Machtdifferenz jener
Epoche.

Für Straßenjungen und männliche Straßengruppen fungierte die Ortspolizei als
willkommener Gegenspieler, der die Alltäglichkeit des Quartierraumes durchbrechen
und ihn in einen Raum der Gefahr und des Abenteuers umzuwandeln vermochte. Das
seinerzeit beliebte Kinderspiel „Räuber und Gendarm" ließ sich mit den Polizisten um
einige Grade ernsthafter gestalten. Zum Mythos der Straßenjungen gehörte als Mit-

und Gegenspieler der Ortspolizist. Zu den Vergnügungen der Straße gehörte die Angstlust, die diese stets präsente Quelle der Autorität bei den Quartierskindern auszulösen vermochte.

Die wirklichen bzw. drohenden Eingriffe der Ortspolizei in das Kinderleben waren nicht gering. Sie reichten – orientiert man sich an den von den Kindheitszeugen erinnerten Konfliktpunkten – von der Verfolgung gewisser Straßenspiele (obenan:Fußballspielen, Schlittenfahren, auf Laternen zielen) über Kontrollen des Straßenverhaltens der Jüngeren (Beispiel: Rauchen oder Erwachsene necken) bis hin zum Zugriff bei schwerwiegenden Vergehen wie Obstdiebstahl oder Schuleschwänzen. Das breite Spektrum der polzeilichen Observation und des ortsbezogenen Kontrollverhaltens läßt die besondere Relevanz dieser Gruppe von Quartierswächtern im historischen Kindheitsraum Anfang des 20. Jh. plastisch hervortreten. Ein Beispiel für den besonderen Handlungsspielraum, über den offizielle Wächtergruppen seinerzeit gegenüber Kindern (und Jugendlichen) verfügten und der sich im Zuge der Verrechtlichung des Alltagslebens um etliche Kontrollbereiche verringert hat.

Die Sanktionsmöglichkeiten der Ortspolizisten Anfang des 20. Jh. scheinen sich im Vorfeld der Prügelstrafe bewegt zu haben. Wiederholt ist davon die Rede, daß Polizisten die Jüngeren „hart angefaßt", d.h., daß sie diese „durchgeschüttelt" haben. Auch eine Ohrfeige war möglich. Im Vergleich zur Schule waren Ortspolizisten in dieser Hinsicht jedoch (bereits) entmachtet. Um Kinder rechtens körperlich züchtigen zu können, war die Polizei auf die Amtshilfe der Schule angewiesen, von der in gewissen Fällen allem Anschein nach eifrig Gebrauch gemacht wurde. Für die Jüngeren in manchen Fällen gravierender: Wenn es der Ordnungsmacht gelang, ihnen gewisse Spielgeräte (Bälle) oder angeeignete Nahrungsmittel (Obst o.ä.) abzunehmen. Angesichts knapper materieller Ressourcen von Arbeiterkindheit und -jugend eine besonders gefürchtete Sanktion. Ortsbekannte Polizisten vermochten wirkungsvoll mit den Eltern zu drohen (und umgekehrt); sie stellten einen verlängerten Arm des Elternhauses dar – wie sie auf der anderen Seite auch in die Erziehungsgewalt der Familie hineinregieren konnten. Auch in diesem Fall stoßen wir auf das Phänomen, daß die verschiedenen Kontrollinstanzen der Kindheit durch weniger starke Grenzziehungen als heute voneinander getrennt sind. Das Recht der jeweils anderen Seite war weniger durch juristische Abgrenzung als durch informelle Zusammenarbeit charakterisiert. Die persönliche Bekanntschaft zwischen Polizeimeister X und Quartiersfamilie Y stellte für Kinder eine Quelle möglicher Bedrohung dar, die Einfluß auf ihr Straßenverhalten hatte.

7.2   Feldschützen und Waldhüter – Die Polizisten außerhalb des Quartiers

In der Gruppe der offiziellen Ortswächter spielten Feldschützen und Waldhüter eine bedeutende Rolle. In den Kindheitserinnerungen wimmelt es von Begegnungen mit dieser Kontrolleursgruppe. Für Kinder heute handelt es sich eher um historisch überholte

Wächterfiguren. Für die Angehörigen der Jahrgänge, die in und um den Ersten Weltkrieg ihre Kindheit in Wiesbaden durchlebten, waren sie zentral. In nahezu allen „Stoppel-" und „Hamster-"Geschichten taucht der Feldschütz als eiserner Wächter auf. Er wacht über Kartoffeläcker, Getreidefelder, Obstgärten. Feldschützen und Waldhüter repräsentieren eine zeitbedingte Kategorie von Ersatzpolizisten, von der Kommune eingesetzt, um die Selbsthilfeaktionen der ärmeren Stadtbewohner in den Jahren der Nahrungs- und Versorgungskrise einzudämmen. Die Themen der Begegnungen und Konflikte mit dieser Art Ortskontrolleure sind dann auch in erster Linie Versuche der Kinder, sich Nahrungsmittel in Gärten und Feldern oder Brennmaterialien – insbesondere Holz aus dem ausgedehnten Stadtwald – zu besorgen. Wir stoßen auf zwei Grundtypen von Erzählungen. Der erste Typus folgt der Tradition von Streichen und Abenteuern der Straßenkindheit, insbesondere der Straßenjungen. Die Kindergruppen lieferten sich Verfolgungsduelle mit diesen Ortswächtern. Die zweite Art des Erzählens rückt die Auseinandersetzungen in die Nähe des Familienlebens. Arbeiterkinder und -eltern unternehmen – im Zusammenschluß der Generationen – den Versuch, die Versorgungskrise in Eigenregie zu meistern. Im Herbst zogen Kinder und Erwachsene auf die umliegenden Felder zum „Kartoffelstoppeln" oder um Äpfel zu sammeln. Im Gefolge der Hamstererfahrung stehen unliebsame Begegnungen mit der Landgendarmerie der umliegenden Dorfgemeinden. Das Räuber- und Gendarmspiel ist hier keine Spezialität der Straßenkinder, sondern Teil des Familienlebens.

7.3 Kaufleute

Handel- und Gewerbetreibende im Nordviertel wurden von uns als Ortswächter eingeschätzt, die etwas zu verteidigen haben. Ihr Territorium – Werkstatt, Lager, Geschäft, Hof – und ihre Güter – Maschinen, Fahrzeuge, Waren – sind durch Kinder aus der Nachbarschaft in Gefahr; Grund genug also, die Orte ihrer Berufsausübung und ihres Besitzes zu kontrollieren. Nur: in den Erinnerungen spielt diese Konfliktquelle praktisch keine Rolle. Dagegen schildern die Kindheitszeugen und -zeuginnen die Angehörigen dieser Berufsgruppen als freundliche Erwachsene, die sich um sie als Kinder durch verschiedene Arten von Gefälligkeiten verdient gemacht haben. Was die Kaufleute im Besonderen angeht, ist allerdings notierenswert, daß sich nur die Erzählerinnen auf sie beziehen. Die alten Erzählerinnen überliefern eine lange Liste unterstützender Handlungen. Die Kaufleute liehen begehrte Kindheitsgüter – Anfang der 20er Jahre waren dies beispielsweise die ersten Fahrräder – gegen billiges Geld oder kostenlos aus; sie führten für Kinder eine Sparkasse über das Ersparte; sie überraschten Mädchen mit spontanen Geschenken; sie trösteten und beruhigten die kleinen Käuferinnen (z.B. über Geldverlust); sie ließen ihnen gelegentlich kleine Geldzuwendungen zukommen; sie besorgten den Mädchen preisgünstige Sonderangebote (z.B. Kuchen vom Vortag); sie schimpften die Mädchen nicht aus, auch wenn etwas passiert war; sie übten den Ritus, den Kindern beim Einkauf Bonbons (Kolonialwarenhändler) oder ein Stück

Wurst (Metzger) zukommen zu lassen; sie überließen Mädchen das Geschäftsgelände gelegentlich als Spiel-Raum.

Die Affinität der Kinder zu den Geschäftsleuten ist entscheidend darin begründet, daß diese begehrenswerte Eßwaren oder Spielgüter bereithalten. In den Erinnerungen der alten Erzählerinnen erscheinen die Kaufleute jedoch nicht als strenge Zerberusse, die diese Schätze unnachgiebig bewachen. Die Pointen der Geschichten laufen vielmehr darauf hinaus, daß die Kaufleute den Kindern behilflich sind, an die begehrten und eigentlich unerschwinglichen Waren zu gelangen. Im Fall der Fahrräder organisierten Fahrradhändler einen Verleih, bei dem sie gelegentlich einmal ein Auge zudrücken. Im Kolonialwarengeschäft wurde das Recht der Kinder geachtet, als Rabatt für größere Einkäufe oder treue Kundschaft der Mutter Bonbontütchen zu erhalten. Eine Erzählerin weiß noch genau, bei welchen Gelegenheiten sie überhaupt nur eine Chance hatte, an Süßigkeiten zu gelangen: Das war Weihnachten, Ostern – und beim Besuch des Kolonialwarenhändlers. Im Laden für Papierwaren und Schulbedarf durfte man pfennigweise ansparen, bis der Betrag für den ersehnten Holzreifen beisammen ist. Waren die Geldbeträge der Kinder für den ersehnten Kuchen zu gering, fanden kinderfreundliche Verkäuferinnen einen Ausweg aus dem Dilemma. Wie bedeutsam den Mädchen die Vermittlungstätigkeit der Kaufleute gewesen sein muß, läßt sich an einem kleinen, aber beachtenswerten Detail ablesen: Durchweg werden die Namen der Geschäfte/Geschäftsleute präzise erinnert – ebenso wie die genaue Beschaffenheit der begehrten Ware.

7.4   Hausbesitzer und Nachbarn

Bei den Hausbesitzern handelt es sich in erster Linie um gewerbliche Kleinbürger. Deren Nähe zur Arbeiterbevölkerung ist unübersehbar; eine weitergehende Kulturmission ist mit der Kontrolle nicht verbunden. Die Hausbesitzer schützen ihr Eigentum und ihre Ruhe – Lehrer und Pfarrer wollten mehr. Die Hausbesitzer konzentrierten sich auf die Überwachung der inneren Zone des Mietshauses, das Treppenhaus und den Eingangsbereich.

„Wir hatten so harte Schuhe, Klepper haben die geheißen, konnte man schlecht drin laufen. Unten drunter waren dicke Holzsohlen. Wenn wir dann auf der Treppe laut waren, haben die Hausleute immer geschimpft. Wir sollten die Treppe anständig runtergehen" (Frau Monzel, geb. 1908).

Gelegentlich verbreitete der Besitzer Angst und Schrecken unter den Kindern. Auf der anderen Seite war der Hausherr manchen Mietsparteien, was den sozialen Status angeht, keineswegs sehr überlegen. So war es manchen Eltern durchaus möglich, ihre Kinder gegen den Besitzer in Schutz zu nehmen.

Ein nicht erwarteter Negativbeleg betrifft die Mitbewohner des Hauses als Ortswächter. Diese Gruppe wird kaum als Kontrollinstanz erinnert. Das erscheint notierenswert, nehmen wir doch begründet an, daß Quartierskinder in der ersten Kindheitsepoche zahlreich mit nachbarschaftlichen Zu- und Eingriffen zu rechnen hatten. Am ehesten tauchen Nachbarn als Ortswächter auf, wenn es sich ums Straßenspiel vor dem Haus handelt. Hier intervenierten einzelne Anwohner, um das Straßenspielen zu unterbinden. Erwischten sie die Sünder, übten sie nicht selten Selbstjustiz an Ort und Stelle. Die Prügel (Ohrfeigen) weisen darauf hin, wie offen Kinderkörper damals für die Ortswächter aus der Nachbarschaft noch waren.

Ein Kontrollmotiv der Gegenwart, der ruhestörende Lärm der Kinder und ihres Straßentreibens, spielt bei den Berichten aus der ersten Kindheitsepoche kaum eine Rolle. Die Störung der Wohnruhe ist ein Konflikt- und Kontrollmotiv, das sich – vom Bürgertum ausgehend – von „oben" nach „unten" hin verbreitet. Es sind die oberen Schichten der Stadtbewohner, die zuerst ein „feines Ohr" für die Stelle des Ortes entwickeln. Ganz ähnlich, wie sich in diesen Kreisen zeitlich als erstes das „feine", gegen Geruchsbelästigungen empfindliche „Näschen" verbreitete. Ruhe im Wohnumfeld war um 1900 ein ausgesprochen klassenspezifisch verteiltes Merkmal – allem Anschein nach stärker mit sozialer Distinktion verknüpft als dies heute der Fall ist. Die Erzähler/innen aus dem Arbeiterquartier wissen von der Aura der weihevollen Stille zu berichten, die bürgerliche Wohnhäuser und Wohnumgebungen in ihrer Kindheit kennzeichnete. Maria hatte eine Schulfreundin, die in der Kapellenstraße – im Villenviertel – wohnte.

„Das war damals schon ein feineres Viertel. Da durften wir uns auch nicht mucksen in dem Haus. Da mußte man immer leise sein (Frau Michaelis, geb. 1905).

Im Umkehrschluß können wir imaginieren, daß die Mitte des Arbeiter- und Kleinbürgerquartiers seinerzeit lärmend, von vielfachen Geräuschquellen erfüllt gewesen sein muß. Eine Berichterstatterin wundert sich rückblickend, wie klaglos und wie tolerant seinerzeit die Nachbarschaft die spielende Kinderschar im Innenhof ertragen habe.

8 Ergebnis des Vergleichs und Kommentar

Welche Gemeinsamkeiten und Unterschiede zeigen sich zwischen Leidener und Wiesbadener Wächter-Geschichten? Stichwortartig läßt sich zusammenfassen:

Beiden Orten ist gemeinsam, daß die Erzählungen die Einbindung der Kinder in ein engmaschiges Netz informeller Ortswächter deutlich werden lassen, aber weniger als wir dachten im negativ sanktionierenden Sinn. Nachbarn, Hausbesitzer, Geschäftsleute und andere Quartiersbewohner greifen nicht so sehr regelnd ins Kinderleben ein, sondern leisten eher kleine Hilfen oder betrachten Kinder ganz einfach als Viertelmitbewohner. Dies gilt für Leiden allem Anschein nach stärker als für Wiesbaden. Die Kontrolle durch berufsmäßige Wächter hält sich an beiden Orten in engen Grenzen.

Leidener Erzähler erwähnen weniger Ortswächter, die von einer herausgehobenen Position aus strafend in das Kinderleben eingreifen.

Polizisten besitzen eine geringere Autorität, sind seltener im Quartier präsent. Man macht sich mit ihnen handgemein, sucht sie auf das Umgangsniveau des Viertels herabzuziehen und hat eine Vielzahl von Strategien entwickelt, sich ihrem Zugriff zu entziehen.

Die soziale und räumliche Distanz zu Händlern ist in Leidener Erzählungen nicht so ausgeprägt. Handeltreiben vermischt sich mit Familien- und allgemein Arbeiterleben im Quartier. Die Position gegenüber den Kindern ist teilweise gefährdet; man ist zu Arbeitsbündnissen (z.B. „Tributpflicht") mit ihnen genötigt.

Auffallend ist, daß die helfend-freundlichen Handlungen der Wiesbadener Geschäftsleute vergleichsweise einen höheren erzieherischen Wert haben – Arbeiterkinder werden zum Sparen ermuntert, erhalten Fahrräder leihweise, die sie folglich auch schonend behandeln müssen, etc.

Die Schicht der Hausbesitzer tritt in den Leidener Berichten in den Hintergrund, was der anderen Bebauungsstruktur des Quartiers entspricht. Dem Konzept eines größeren Mietshauses, in dem mehrere Parteien unterschiedlicher Soziallagen vereinigt sind, entspricht in der Leidener Innenstadt das kleine Arbeiterhäuschen mit einer, höchstens zwei Arbeiterfamilien. Kontrollen der Hausbesitzer über schonende Benutzung ihres Eigentums kennen die Leidener Familien und ihre Kinder nur in Ausnahmefällen.

Während die Wiesbadener Erzähler von Kontrollen berichten, die in besonderer Weise an die Adresse von Kindern und Kindergruppen gerichtet sind, erhält man im Leidener Fall den Eindruck, daß die Kontrolltätigkeit gleichermaßen und unspezialisiert erwachsene und kindliche Viertelbewohner trifft.

Wie lassen sich die Unterschiede deuten? Wir möchten auf drei kulturell variierende Einflußgrößen als Interpretationshilfen verweisen:

1. Der größere ökonomische Überlebensdruck, der um 1900 auf dem Leidener Arbeiterquartier – und z.T. auf der Gesamtstadt – lastet: Die Zwänge der Viertelökonomie bedingen eine stärkere Einbindung des sozialen Kindheitsraumes, seiner Kontrollen und des Familienlebens überhaupt in die täglichen ökonomischen Routinen und Kämpfe. Demnach handelt es sich wohl nicht um zufällige Erinnerungsschwächen der Leidener Kindheitszeugen, wenn ihnen so wenige erzählenswerte Geschichten zu Ortswächtern einfallen. Wir dürfen vielmehr unterstellen, daß die sozialen Kontrollen der Straßenkindheit mehrheitlich funktional, d.h. handlungsbezogen und -begleitend erfolgten – eine Kontrollart, die so unauffällig und auf so „natürliche" Weise vonstatten geht, daß sie wenig Erinnerungsspuren hinterläßt bzw. wenig Erzählstoff bereitstellt. Wenn Wiesbadener Zeitzeugen vergleichsweise mehr über Wächter und Kontrollen zu erzählen haben, so deutet dies auf einen höheren Grad der Ausdifferenzierung von Erwachsenenrollen gegenüber Kindheit hin.

2. Die exponiertere Stellung der Wiesbadener Kleinbürger gegenüber dem Arbeiterquartier: Lag es in Wiesbaden nahe, die Ortswächter im gesellschaftlichen Raum dem Kleinbürgertum zuzurechnen, wobei die „Helfer" der Fraktion der kleinen öko-

nomisch Selbständigen angehören, die „Kontrolleure" der Kulturfraktion dieser Klasse, so ergab sich eine solche Zweiteilung für Leiden deshalb nicht umstandslos, weil das Kleinbürgertum dort in den Quartieren überhaupt eine andere Stellung hat. Die Position von Geschäftsleuten und fliegenden Händlern, die die alltägliche Viertelökonomie betreiben, unterscheidet sich wenig von den Arbeitern und überlappt einander im Familienverband. Händler gehören in ihrem Lebensstil und materiellen Status eher der Arbeiterklasse an als der Klasse der Kleinbürger. Was die Fraktion der kulturvermittelnden Kleinbürger angeht, so befinden diese sich in Leiden nicht in einer so großen sozialräumlichen Nähe mit Altstadt-Arbeitern wie in Wiesbaden. Dort ist diese Gruppe von Kleinbürgern als Volks- und Mittelschullehrer in den Nachbarschaftsschulen des Quartiers tätig, sie stellen vielfach die ersten Fürsorger und sind kirchlich engagiert. Sie verstehen sich als religiöse oder weltliche „Missionare" der Zivilisation in der Welt der Arbeiter. In Leiden greifen diese Vertreter eher „äußerlich" als von innen ins Viertelleben ein. Dies gilt, wie wir andernorts darlegen (*Behnken, du Bois-Reymond & Zinnecker* 1988a), ganz gewiß für Lehrer und Kirchenpersonal und philantropische Bürger, es gilt aber auch für die Schicht der Hausbesitzer, die in Leiden aufgrund einer anderen Stadt- und Bebauungsgeschichte eine andere Rolle als in Wiesbaden spielen.

3. Die besondere Stellung von Polizei und polizeilich tätigen Berufsgruppen, wie z.B. Feld- und Waldhütern, als Repräsentanten der Staatsautorität in Preußen-Deutschland: Diesen Vertretern der Staatsmacht waren Wiesbadener Kinder offensichtlich stärker ausgeliefert als die Leidener. Zwar spielten nicht nur in Leiden, sondern auch in Wiesbaden Kinder Polizisten Streiche und belegten sie mit Spottnamen, und auch in Wiesbaden versuchten Erwachsene sich polizeilichen Kontrollen zu entziehen, wenn sie diese als ungerechtfertigt empfanden (beim notwendigen Hamstern zum Beispiel). Aber die Leidener Ortsgesellschaft, Kinder wie Erwachsene, scheint mehr Strategien entwickelt zu haben, sich den Eingriffen dieser Kontrolleure zu entziehen oder auch die Staatsgewalt zu domestizieren, indem ihre Vertreter auf das Niveau der Viertelbewohner „heruntergezogen" werden (der betrunkene Polizist, den die Quartiersbewohner nach Hause bringen; die Bewunderung der unmittelbaren physischen Stärke des Polizisten, der ein Fahrrad über die Gracht zu werfen vermag). Dies andere Verhältnis zwischen Quartiersbewohnern und Polizei hängt wohl auch damit zusammen, daß die Vertreter der gemeindlichen und Staatsmacht in Holland selbst einen weniger ausgearbeitete und formalisierten Verhaltenskodex hatten. Standen sie möglicherweise den Viertelbewohnern kulturell näher, hatten eine weniger „gereinigte" Berufsrolle und Berufsauffassung als ihre preußischen Kollegen?

In Wiesbaden wie in Leiden werden von manchen Wächtergeschichten geschlechtsspezifische Versionen erzählt, die darauf deuten, daß die gemeinsame Straßenkindheit von Jungen und Mädchen etwas unterschiedlich gelebt wurde. Abenteuer mit der Polizei, ausgelöst durch kleinere Verletzungen der Straßen- bzw. Eigentumsordnung – das Genre der Streiche, verbotenen Straßenspiele, des Mundraubs im Obstgarten oder bei Markthändlern – sind eine Angelegenheit der männlichen Erzähler. Freundliche, auf Verständnis, kleinere Geschenke, gegenseitige Hilfe basierende Kontakte mit Kaufleuten und Händlern werden von den Erzählerinnen – in Wiesbaden mehr als in Leiden – in den Vordergrund gerückt. Wir nehmen an, daß die beiden Versionen u.a. den geschlechtsbezogenen Beitrag widerspiegeln, den Jungen und Mädchen zur Aufbesserung des Familienbudgets leisteten. Während die einen durch provokante kleine Regelverletzungen der schwachen Versorgungslage im Quartier gegensteuerten, leisteten die Mädchen das ihre im Rahmen eines um kleine Geschenke, Gefälligkeiten und milde Gaben erweiterten Warenhandels.

9   Gedanklicher Ausblick

Ortswächter sind Bestandteil eines umfassenden sozialen Netzwerkes, das Kindheit in die Erwachsenengesellschaft einbindet. Beziehen wir den weiteren Umkreis einer sozialräumlichen Vernetzung der beiden Straßenkindheiten mit in den Vergleich ein, so zeichnen sich folgende Unterschiede in unserem Material ab:

1. Während die Leidener Kindheit stärker im Medium der Arbeit vernetzt ist, geschieht dies im Wiesbadener Quartier stärker mit Mitteln der Spiel- und Festkultur. Hierbei fällt viertelöffentlichen Festen wie z.B. Straßenkerben eine besondere Rolle zu, für die wir kein Gegenstück von ähnlichem Gewicht im damaligen Leiden finden können.

2. Im Vergleich zur Wiesbadener Kindheit haben Erwachsenen-Kontakte, auch die zur eigenen Familie, in Leiden einen höheren Stellenwert. Im Wiesbadener Quartier werden Arbeiterkinder stärker durch Geschwister- und Straßengruppen sozialräumlich vernetzt.

3. Kulturelle Institutionen wie Kirchen, Schulen, Vereine spielen im Leben der Wiesbadener Kinder eine größere Rolle als in Leiden.

4. Der sozialräumliche Aktionsradius der Wiesbadener Quartierskinder ist größer, durchlässiger, sozial vielschichtiger und viertelunabhängiger als im Fall der Leidener Kindheit.

Die angesprochenen Dimensionen weisen übereinstimmend darauf hin, daß die Wiesbadener Arbeiterkinder um die Jahrhundertwende einen stärker modernisierten Kindheitsraum bewohnten als die Arbeiterkinder des Leidener Innenstadtviertels.

Literatur

Altman, J., Chemers, M. M. (1980): Cultural Aspects of Environment-Behavior Relationships. In: *H. C. Trianolis, R. W. Brislin* (Hrsg.), Handbook of Cross-Cultural Psychology: Social Psychology. Vol. 5 (335–393), Boston

Behnken, I., du Bois-Reymond, M., Zinnecker, J. (1983): Stadt und Quartier als Lebensraum von Kindern, Jugendlichen und ihren Pädagogen. Eine historisch-interkulturelle Studie. Wiesbaden–Leiden, 1900 bis 1980. (Eigenverlag) Leiden–Marburg–Wiesbaden

Behnken, I., du Bois-Reymond, M., Zinnecker, J. (1988a): Stadtgeschichte als Kindheitsgeschichte. Soziale Lebensräume von Kindern in Deutschland und Holland um 1900. Opladen

Behnken, I., du Bois-Reymond, M., Zinnecker. J. (1988b): Verhäuslichung von Kindheit im 20. Jahrhundert im interkulturellen Vergleich. In: *A. Schildt, A. Sywottek* (Hrsg.), „Massenwohnung" und „Eigenheim". Wohnungsbau und Wohnen in der Großstadt seit dem Ersten Weltkrieg. Frankfurt/M. (erscheint in Kürze)

Behnken, I., Jonker, A. (1988): Straßenkindheit in Wiesbaden und Leiden. In: *I. Behnken* (Hrsg.), Konfigurationen städtischer Zivilisation 1900. Frankfurt/M. (ersch. in Kürze)

Elias, N. (1969, urspr. 1939): Über den Prozeß der Zivilisation. Soziogenetische und psychogenetische Untersuchungen, 2 Bd. Frankfurt/M.

Elias, N. (1977): Zur Grundlegung einer Theorie sozialer Prozesse. In: Z. f. Soz. 6, 127–149

Glaser, B. G., Strauss, A. L. (1967): The discovery of grounded theory: strategies for qualitative research. New York

Gleichmann, P. (1977): Die Verhäuslichung körperlicher Verrichtung. In: *P. Gleichmann, J. Goudsblom, H. Korte* (Hrsg.), Materialien zu Norbert Elias' Zivilisationstheorie. Frankfurt/M.

Hetzer, H. (1929): Kindheit und Armut. Psychologische Methoden in Armutsforschung und Armutsbekämpfung. Leipzig

Jacobs, J. (1963, amer. Originalausg. 1961): Tod und Leben großer amerikanischer Städte. Gütersloh

Mönkemeyer, K. (1988): Sauberkeit, Schmutz und

Körper. Zur Sozial- und Kulturgeschichte der Sauberkeit zwischen Reichsgründung und Erstem Weltkrieg. (Diss.) Marburg

Moore, R., Young, D. (1978): Childhood outdoors: Toward a Social Ecology of the Landscape. In: *J. Altmann, J. F. Wohlwill* (Eds.), Children and the Environment (83–130), New York

Mooser, J. (1984): Arbeiterleben in Deutschland 1900–1970. Frankfurt/M.

Muchow, M., Muchow, H. H. (1978, urspr. 1935): Der Lebensraum des Großstadtkindes. Mit einer Einführung von J. Zinnecker. Bensheim

de Regt, A. (1984): Arbeidersgezinnen en beschavingsarbeid. Ontwikkelingen in Nederland, 1870–1940. Meppel

Reulecke, J. (1985): Geschichte der Urbanisierung in Deutschland. Frankfurt/M.

Schlumbohm, J. (1980): „Traditionale" Kollektivität und „moderne" Individualität: einige Fragen und Thesen für eine historische Sozialisationsforschung. Kleines Bürgertum und gehobenes Bürgertum Deutschlands im späten 18. Jahrhundert als Beispiel. In: *R. Vierhaus* (Hrsg.), Bürger und Bürgerlichkeit im Zeitalter der Aufklärung. Wolfenbütteler Studien zur Aufklärung, Bd. 8

Sieder, R. (1985): „Vata, darf i aufstehn?" Kindheitserfahrungen in Wiener Arbeiterfamilien um 1900. In: *H.-Ch. Ehalt, G. Heiß, H. Stehl* (Hrsg.), Das andere Wien um 1900. Wien

Simmel, G. (1903): Die Großstädte und das Geistesleben. In: *G. Simmel*, Brücke und Tor, Essays des Philosophen zur Geschichte, Religion, Kunst und Gesellschaft (227–242) (hrsg. von M. Landmann, M. Susman). Stuttgart 1957

Veld, Th. (1987): Volksonderwijs en leerplicht (Diss.). Leiden

Wirth, L. (1974, amer. Originalausg. 1938): Urbanität als Lebensform. In: *U. Herlyn* (Hrsg.), Stadt- und Sozialstruktur. Arbeiten zur sozialen Segregation, Gettobildung und Stadtplanung. München

Zinnecker, J. (1979): Straßensozialisation. Versuch, einen unterschätzten Lernort zu thematisieren. Z. Pädag. 25, 727–746

Sozialisation und Modernisierung: Bildungsexport in die Dritte Welt

Heribert Weiland

Übersicht

1   Weltweite „Bildungsexplosion"

In der Zeit nach dem Zweiten Weltkrieg hat es nicht nur in den Industrieländern, sondern vor allem in den Ländern der Dritten Welt einen lawinenartigen Expansionsprozeß im Bildungsbereich gegeben. Der erste Anstoß für diese Expansion kam von den Kolonialverwaltungen. Während der Entkolonisierungsphase und in der Nachunabhängigkeitszeit erhielt dieser Prozeß durch die wachsenden Bildungsaspirationen der Bevölkerungsmassen jedoch eine ungeheure Eigendynamik. Allein zwischen 1960 und 1980 haben sich die Primarschülerzahlen verdreifacht und die Sekundarschülerzahlen mehr als verfünffacht (*Coombs* 1985, S. 99). Zum ersten Mal in der Geschichte ist gegenwärtig die Zahl der Menschen, die lesen und schreiben können, größer als die Zahl der Analphabeten. Trotz des gewaltigen Bevölkerungswachstums in der Dritten Welt ist die Einschulungsquote in den letzten 25 Jahren von knapp 50 auf über 90% angestiegen, der Sekundarschulbesuch von 5 auf 25% und der Hochschulbesuch von 0,6 auf

4,5%. Zwar gibt es erhebliche Unterschiede zwischen verschiedenen Ländern und innerhalb einzelner Länder, doch zeigt der Welttrend insgesamt, welch große Bedeutung der formalen Bildung in der Nachkriegsphase zugemessen worden ist. Man könnte analog zur industriellen Revolution von einer „Bildungsrevolution" (*Hüfner, Naumann* 1985) sprechen.

Die externe Bildungsförderung beläuft sich insgesamt auf etwa 4% aller öffentlichen Bildungsausgaben der Entwicklungsländer. Sie macht somit nur einen kleinen, aber dennoch wichtigen Teil der Bildungsfinanzierung aus, weil vor allem Schlüsselbereiche des Erziehungswesens, wie Bildungsplanung, Bildungsforschung, höhere Bildung, berufliche Aus- und Fortbildung und Bildungstechnologie (neue Lehrmittel), gefördert werden. Gerade arme, devisenschwache Länder sind besonders auf Bildungshilfe angewiesen. Der damit verbundene bildungspolitische Einfluß der industriellen Geberländer auf die Dritte Welt ist nach wie vor groß. Von den ambivalenten Sozialisationswirkungen dieses Einflusses wird im folgenden noch die Rede sein.

2   Modernisierung als Leitbild für die Dritte Welt

Die Expansion des formalen Schulwesens in der Endphase der Kolonialisierung und in nachkolonialer Zeit stand ganz im Zeichen gesellschaftlicher Modernisierung, d.h. eines gezielten sozialen Wandels, der aufgrund eines Jahrzehnte, zum Teil Jahrhunderte anhaltenden wirtschaftlichen, politischen und kulturellen Überlagerungsprozesses zustandekam. Auch nach Erlangung der völkerrechtlichen Unabhängigkeit blieb das enge Beziehungsgeflecht zwischen den Mutterländern und den ehemaligen Kolonialgebieten durch Handel, Finanztransaktionen, Entwicklungshilfe, Massenkommunikation und kulturell-wissenschaftlichen Austausch weiterhin bestehen. Inzwischen gibt es kein Entwicklungsland mehr, das nicht zumindest partiell industriell-technische Produktionsverfahren übernommen, moderne Verwaltungssysteme eingeführt und einen entsprechenden Wertewandel (Entzauberung der Welt: *Max Weber*) durchgemacht hat.

Die *formale Erziehung*, d.h. die von Europa in die Dritte Welt *verpflanzte Schule*, hat dabei als Vermittler westlicher Kulturtechniken eine wichtige Rolle gespielt (vgl. *Heidt* in diesem Band). Aufgrund ihrer besonderen Struktur (ausdifferenzierte Organisation) und Kultur (europäisch geprägte Lehrinhalte und -methoden) hat die Schule, zusammen mit anderen westlich geprägten Sozialisationsinstanzen, wie den christlichen Kirchen und den immer weiter vordringenden Massenmedien, zum Transfer von Werten, Wissenssystemen, Einstellungen und Verhaltensweisen aus dem euro-amerikanischen Kulturkreis beigetragen. Traditionelle Sozialisationsagenturen haben demgegenüber einen deutlichen Funktionsverlust erlitten.

Der tiefgreifende wirtschaftliche und kulturelle Interventionsprozeß, der heute noch anhält, ist in der politischen, aber auch sozialwissenschaftlichen Diskussion sehr unterschiedlich bewertet worden. Die einen sprechen von „segensreicher Aufbauleistung" und von „Vermittlung dynamischer Kulturelemente", die anderen von „neokolonialer imperialistischer Marginalisierung". Die Befürworter sind – sozialwissenschaftlich – den Modernisierungstheorien, die Kritiker den Dependenz- und Imperialismuskonzepten zuzuordnen, d.h. zwei Theorieansätzen, die von sehr unterschiedlichen Gesellschafts- und Entwicklungsvorstellungen ausgehen und somit zu weitgehend konträren Erklärungen sozialer Realität (Bedeutung „endogener" und „exogener" Faktoren) und entsprechend zu gegensätzlichen politischen Handlungsanweisungen (Integration in den bzw. Abkoppelung vom Weltmarkt) gelangen (vgl. *Zapf* 1969, *Wöhlcke* et al. 1977, *Nuscheler* 1974; *Mansilla* 1986).

Aus der lange und heftig geführten Kontroverse sei hier lediglich ein zentrales Argument gegen das Modernisierungsparadigma vorgebracht, das im vorliegenden Zusammenhang eine wichtige Rolle spielt: Kritisiert wird das dem theoretischen Konzept unterliegende Leitbild einer westlich-kapitalistischen Gesellschaft, das Entwicklung als einen gleichsam unilinearen Prozeß von einem Zustand traditioneller Rückständigkeit bis hin zu einer fortschrittsorientierten Wachstumsgesellschaft euro-amerikanischen Musters versteht. Wenn Begriffe wie „nachholende Industrialisierung", „effiziente Bürokratisierung", „Säkularisierung" und „Demokratisierung" benützt würden, so seien diese auf ihren ethnozentrischen Gehalt zu überprüfen. Dies gelte auch für die Entwicklungs- und die Bildungshilfe, bei denen es sich im wesentlichen um einen wirtschaftlichen und kulturellen Transfer nördlicher Produkte, Werte und Verhaltensvorschriften handle, die gleichsam in „abgepackten Lösungen" in die südliche Hemisphäre übertragen würden (*Braun & Weiland* 1981). Im Ergebnis sei „Modernisierung" gleichbedeutend mit zunehmender wirtschaftlicher und politischer Abhängigkeit und mit kultureller Überfremdung.

Auf die konkrete Gestaltung der internationalen Beziehungen und insbesondere auf die Praxis der Entwicklungshilfe hat solche Kritik allerdings wenig Einfluß gehabt. Ein Rückblick auf die letzten drei Entwicklungsdekaden zeigt, daß die modernisierungstheoretischen Konzepte die Strategiediskussionen in der Mehrheit der Industriestaaten und in den internationalen Organisationen, aber auch bei großen Teilen der Eliten in der Dritten Welt wesentlich bestimmt haben. Daran hat auch das zwischenzeitlich verstärkt propagierte Grundbedürfniskonzept wenig geändert, eine Entwicklungsstrategie, die vor allem für die ärmeren Länder, die keine Chance für eine selbsttragende Industrialisierung haben, ausgearbeitet wurde. Wenn auch die Forderungen nach kultureller Rückbesinnung und politisch-ökonomischer Eigenständigkeit immer wieder vorgebracht werden, so kann doch kein Zweifel daran bestehen, daß „Modernisierung" weltweit als leitende Entwicklungsidee akzeptiert, propagiert und in praktische Politik umgesetzt wird. Die westlich geprägten Modernisierungsprozesse sind dabei vielerorts längst als „international" und „kosmopolitisch" perzipiert und internalisiert worden, so daß bestimmte neue Kulturmuster, wie z.B. formale Erziehung, gar nicht mehr dem dominanten westlichen Kulturkreis, sondern vielmehr einer universellen postindustriellen Zivilisation zugeordnet empfunden werden. Damit erscheinen auch die Bildungspolitik und die Bildungshilfe in einem neuen Licht.

3   Der Mythos der Schule als Modernisierungsagentur

Während der Kolonialzeit stand formale Erziehung im Dienst metropolitaner Interessen. Von den christlichen Missionen und der Kolonialadministration eingeführt, sollte Schule einerseits die Grundlage zur Bekehrung und Zivilisierung legen, andererseits eine begrenzte Zahl von qualifizierten bzw. teilqualifizierten Arbeitskräften rekrutieren. Obwohl es sich anfangs nur um eine angepaßte Basisausbildung handelte, bedeutete Erziehung für die wenigen Privilegierten, die solche modernen Schulen besuchen konnten, Teilhabe an dem Wissen der Kolonialherren und zugleich ein Überwechseln in den modernen Sektor und damit einen „gesellschaftlichen Aufstieg". Historische Erfahrung hatte somit gelehrt, daß mit Hilfe von „weißem Wissen" und „weißer Technik" Kolonialherrschaft begründet, aber auch überwunden werden konnte, wenn man sich dieses Wissen aneignete. In fast allen Entkolonisierungskampagnen findet sich deswegen ein starker bildungspolitischer Akzent. Politische Unabhängigkeit wurde gleichbedeutend mit „weißer Erziehung für alle" (vgl. *Braun & Weiland* 1987).

So war es nicht verwunderlich, daß die Regierungen der neugeschaffenen Staaten der Förderung der Erziehung einen sehr hohen Stellenwert zuwiesen und die Schaffung eines formalen Bildungswesens nach metropolitanem Muster für fast alle Bevölkerungsgruppen an die Spitze ihres Zielkatalogs stellten. Eine der Mehrheit der in ländlicher Umgebung lebenden Bevölkerung angepaßte praktische Ausbildung wurde zunächst strikt abgelehnt und als „kolonial" denunziert. Statt dessen wurden mit westlicher Bildung extrem hohe Erwartungen verknüpft. Man hoffte, gewissermaßen über Nacht den Rückstand gegenüber den Industrieländern aufholen zu können. Moderne Bildung galt als *Schlüssel zur wirtschaftlichen Entwicklung, zu sozialem Aufstieg und zu politischer Emanzipation.*

Die *wirtschaftlichen Erwartungen* beziehen sich auf individuelle und auf gesellschaftliche Erfahrungen. Wer in der Kolonialzeit und noch einige Zeit danach einen formalen Erziehungsprozeß erfolgreich durchlaufen hatte, dem stand eine lukrative Karriere im modernen Sektor offen. Und selbst in der gegenwärtigen Zeit, in der die beruflichen Aufstiegschancen für Schulabgänger aufgrund steigender Arbeitslosigkeit immer schlechter werden, macht sich eine lange „gute" Schulbildung immer noch bezahlt. Denn die Gehaltsunterschiede zwischen einem Verwaltungsbeamten und einem Bauern oder Tagelöhner ohne formalen Schulabschluß sind so exorbitant hoch, daß selbst eine mehrjährige Wartezeit auf eine Anstellung in der Verwaltung sich ökonomisch auszahlt. Auch bei statistisch ungünstigen Ausgangsbedingungen für eine Karriere im modernen Sektor hofft der einzelne immer noch auf die eigene Leistung und einen glücklichen Zufall.

Auf der Makroebene wird diese Erfahrung durch die bildungsökonomischen Thesen zur Qualifikation des Arbeitskräftepotentials als wichtige Determinante des wirtschaftlichen Wachstums gestützt (Humankapitalthese: *Denison* 1967, *Harbison,-Myers* 1964). Allerdings sind die hohen Korrelationen zwischen Erziehungsstandards und Wirtschaftswachstum, die vor allem für die industrialisierten Länder gelten, insofern irreführend, als daraus nicht unbedingt eine Kausalität zwischen Bildungsaufwendungen und wirtschaftlicher Entwicklung gefolgert werden kann. Bildungsinvestitionen allein reichen nicht aus. Ohne die gleichzeitige Schaffung von Arbeitsplätzen kann es sogar zu sinkenden Erträgen kommen. Formale Erziehung wird dann nicht zum Motor von Entwicklung, sondern eher zu einem Entwicklungshindernis (*Hanf* et al. 1977).

Neben der Hoffnung auf ökonomische Besserstellung steht die *Erwartung sozialer und politischer Integration*. Gerade für die neuen Staaten der Dritten Welt, die unter schwierigen sozialen, ökonomischen und politischen Ausgangsbedingungen angetreten sind, soll die formale Erziehung (politische Sozialisation) eine integrierende Rolle bei der Nationwerdung spielen, um ethnische, sprachliche, religiöse und soziale Barrieren, die als mögliche Konfliktherde der Staatenbildung entgegenstehen, zu überwinden.

Die in das Bildungssystem gesetzten Hoffnungen der Privilegienüberwindung und der Schaffung einer neuen, egalitären Gesellschaft verwirklichten sich nur in einem sehr begrenzten Maß. Statt zur Chancengleichheit hat formale Bildung zu einem neuen Status, zur Entstehung von neuen Klassen mit „white collar-Orientierung" und zur Formierung neuer Staatsbourgeoisien beigetragen (vgl. *Hanf* 1980, S. 407, und 1984, S. 288). Durch ungleiche Verteilung der Bildungschancen und der Aufstiegsmöglichkeiten wurden alte gesellschaftliche Disparitäten und ethnische bzw. religiöse Diskriminierungen zementiert oder neue geschaffen. Die anfangs durchaus bestehenden Mobilitätschancen – die ersten Absolventen moderner Schulen machten ungeachtet ihrer Herkunft sehr steile Karrieren – wurden später verstellt. Der Arbeitsmarkt wurde immer enger und die Ausbildungsmöglichkeiten wurden zunehmend ungleicher: „Elitebildung für alle" blieb ein Traum der ersten Stunde (*Braun & Weiland* 1987).

4   Vom Bildungsoptimismus in die Bildungskrise

Die angedeuteten kontraproduktiven Effekte konnten den Bildungsoptimismus und die hohe Nachfrage nach formaler, westlich geprägter Erziehung zunächst nicht bremsen. Auch als die wirtschaftlichen und sozialen Wachstums- und Modernisierungsvorstellungen aufgrund der immer größer werdenden Kluft zwischen reichen und armen Staaten in den 70er Jahren immer mehr in Frage gestellt wurden, blieb der Glaube an die verändernde Kraft der Erziehung, vor allem der formalen Erziehung, weiterhin erhalten. Die naive Überzeugung, daß Bildung immer etwas Gutes mit sich bringe, führte gleichsam zu einer Tabuisierung der Bildung und klammerte sie in der öffentlichen Diskussion weitgehend aus der Modernisierungskritik aus.

Dennoch konnte es nicht ausbleiben, daß die unvermindert hohe Nachfrage nach Bildung zunehmend an *quantitative und qualitative Grenzen* stieß und die ursprünglich in die Bildung gesetzten Erwartungen in immer größerem Maße enttäuscht wurden. Angesichts solcher Defizite wuchs zugleich der Zweifel an Nutzen und Wert der formalen Erziehungsinstitutionen, da deren Sozialisationsziele mit den Realitäten der Drittweltgesellschaften nur teilweise übereinstimmten. Was den Bevölkerungsmassen, die weiterhin mehr und bessere Erziehung anstrebten, bis heute wenig bewußt geworden ist, wird von Erziehungsexperten bereits seit geraumer Zeit diskutiert: *Coombs* hat bereits Ende der 60er Jahre von der aufziehenden *Erziehungskrise* gesprochen (*Coombs* 1969). Zwei Problembereiche, die die Bildungskrise kennzeichnen und im Hinblick auf Bildungsreformen auf nationaler und internationaler Ebene (Bildungshilfe) relevant sind, sollen hier erörtert werden:

4.1   Mangel an Ressourcen

Die hohe Bildungsnachfrage der Bevölkerung hat in vielen Staaten zu spektakulären Expansionsraten geführt und das Bildungsangebot innerhalb weniger Jahre vervielfacht. Im Enthusiasmus der ersten Stunde wurden jedoch die immensen Folgekosten häufig übersehen, so daß gegenwärtig die Bildungsaufwendungen das Maß des finanzpolitisch und volkswirtschaftlich Vertretbaren deutlich zu übersteigen drohen. *Der schulische Expansionsprozeß stößt an Grenzen.* In den meisten afrikanischen Staaten machen die Ausgaben für Bildung mehr als ein Viertel des Staatshaushaltes aus. Den Regierungen ist damit mehr und mehr die Möglichkeit genommen, öffentliche Mittel außerhalb des Erziehungsbereiches produktiv einzusetzen. Prozentual gesehen werden in Afrika gegenwärtig doppelt soviel öffentliche Mittel für Erziehung ausgegeben wie in Europa. Mit schnell wachsender Bevölkerung und weiterhin zunehmender Bildungsnachfrage sind die Regierungen nicht mehr in der Lage, den Erwartungen der Bürger gerecht zu werden. Obwohl die meisten Staaten noch nominale Steigerungen in ihren Bildungsetats aufweisen, sind in den letzten Jahren die Zuwachsraten zum Teil deutlich gefallen und damit die realen Ausgaben sogar gesunken (*Hanf* 1980, S. 408; *Coombs* 1985, S. 145).

Unter dem Diktat knapper Kassen deutet sich ein *schleichender qualitativer Verfall* des formalen Bildungswesens an: Das quantitative Mehr ist schon seit einiger Zeit von einem qualitativen Weniger begleitet worden: Es fehlt an ausreichender Infrastruktur (reparaturbedürftige Schulen, zu wenig Klassenzimmer, miserable Ausstattung usw.), an adäquatem Lehrmaterial (zu wenig oder gar keine Bücher, Hefte, audiovisuelle Unterrichtshilfen usw.) und an qualifizierten Lehrern (schlecht oder falsch ausgebildet). Die hohen Wiederholungsquoten und Drop-out-Raten weisen darauf hin, daß die systeminternen Ausbildungserfolge (erfolgreiche Examina, Versetzungen usw.) immer weniger gewährleistet sind. Mangelnde Organisation und wachsende Korruption in der Bildungsverwaltung kommen hinzu: Anstehende Zahlungen treffen zu spät oder gar nicht ein, Lehrer erscheinen nicht zum Dienst, die Schulinfrastruktur wird nicht instand gehalten. Ohne die z.T. aktive Unterstützung der Eltern, die in

Selbsthilfeeinsätzen Schulgebäude erneuern, Lehrmittel beschaffen usw., hätte schon manche entlegene Schule auf dem Land schließen müssen.

Es zeichnet sich ab, daß in vielen Staaten durch eine gezielte Steuerung der knappen Mittel eine Schichtung im Bildungssektor entsteht, die zu sozialen und ökonomischen Selektionsprozessen führt: Wenige gut ausgestattete Staats- oder Privatschulen können einen hohen Unterrichtsstandard anbieten, die Mehrheit der Unterrichtsanstalten ist zunehmend schlechter gestellt. Die Folge ist die Herausbildung einer kleinen Bildungselite („The Fortunate Few", *Clignet & Foster* 1966), die einer großen Zahl von Schulabgängern gegenübersteht, die aufgrund ihrer schlechten Ausgangsbedingungen in einen *sekundären Analphabetismus* zurückzufallen droht. Auf diese Weise wird anstelle der ursprünglich angestrebten Gleichheit Ungleichheit geschaffen: In der Regel werden städtische Schulen, dominierende ethnische Gruppen, häufig auch Jungen gegenüber Mädchen privilegiert. Die kostspielige moderne Schule ist demnach auch in der Dritten Welt eine *Klassenschule* geworden, die durch scharfe Selektionsmechanismen nur für wenige funktional ist.

4.2   *Mangelnde Angepaßtheit der formalen Schule an die gesellschaftlichen Realitäten*

Doch selbst wenn die quantitativen und qualitativen Probleme durch größeren Ressourceneinsatz vermindert werden könnten, würden dadurch die Strukturprobleme der meisten Länder der Dritten Welt nicht gelöst. Von den 143 außereuropäischen Entwicklungsländern haben nur knapp 20% eine realistische Chance, einen selbsttragenden dynamischen Industrialisierungsprozeß zu durchlaufen (*Eßer & Wiemann* 1981). Nur in diesen Staaten wird voraussichtlich eine so große Zahl von Arbeitsplätzen im modernen Beschäftigungssektor geschaffen, daß eine formale, auf eine moderne, arbeitsteilige Wirtschaft hin orientierte Erziehung ökonomisch gerechtfertigt erscheint. In den übrigen Staaten wird die formale Schule auf absehbare Zeit am Bedarf vorbei produzieren und somit eine „Produktionsstätte von Arbeitslosigkeit" bleiben (*Braun* 1980).

Vor diesem Hintergrund stellt sich die Frage nach den noch immer vorherrschenden Sozialisationsinhalten und der formalen Bildung in besonderer Weise.

a) *Formale Schule ist eine kulturfremde Sozialisationsinstanz.* Trotz gewisser Anpassungen ist sie – zumindest für große Teile der Landbevölkerung – immer noch ein Fremdkörper. Insbesondere im Vergleich zu den überkommenen Sozialisationseinrichtungen (Familie, Altersgruppe) nimmt die moderne Schule mit ihren besonderen Gebäudekomplexen, der Schuladministration, dem exakten Stundenplan und den festgelegten, weitgehend von den europäischen Metropolen entlehnten Lehrinhalten und Methoden eine exklusive Stellung ein. Als Unterrichtssprache wird – zumindest in den weiterführenden Schulen – noch weitgehend die Kolonialsprache benutzt. Das Schulwissen ist großenteils akademisch abstrakt (bookish education) und wenig auf die konkrete Lebenssituation der Schüler abgestimmt. In Sekundar- oder Hochschulen, die häufig mit einem Internatsbetrieb verbunden sind, wird die Sonderstellung durch die fast völlige Isolierung der Schüler von ihrer bisherigen Umwelt (Elternhaus, Nachbarn, Dorf) besonders deutlich. Diese Abgetrenntheit fördert eine Subkultur, in der fremde Werte, Einstellungen und Verhaltensweisen vermittelt werden, die nicht mit den traditionellen Sozialisationsinhalten übereinstimmen. Durch extracurriculare Sozialisationsbedingungen (Schuluniform, schulische Verpflegung, Sportaktivitäten usw.) wird der fremdbestimmte Exklusivitätsgrad der Schule noch verstärkt. Sie besitzt dadurch ein hohes Sozialisationspotential, das mit der Ausbildungsstufe (Sekundarschule, Tertiärausbildung) noch deutlich wächst. Gerade in afrikanischen Gesellschaften ohne Schrifttradition ergibt sich daraus die Tendenz, die eigene Herkunft und Kultur geringzuschätzen und sich mit den Normen und Verhaltensweisen der als modern angesehenen euroamerikanischen Industriegesellschaften zu identifizieren. Anders ausgedrückt: Kulturelle Minderwertigkeit führt zum „kolonialen Komplex" (*König* 1965, S. 382). Die Schule gleicht einem „Trojanischen Pferd der Verwestlichung" (*Bänziger* 1986, S. 178). Noch Jahrzehnte nach der Entkolonisierung werden über die Schule Werthaltungen des ehemaligen Kolonisators verbreitet und internalisiert.

b) *Nicht für das Leben, sondern für die (weiterführende) Schule wird gelernt.* Daß die formale Schule mit ihrer westlich geprägten Sozialisation eine so große Attraktivität ausübt, liegt, wie bereits diskutiert, an den hohen beruflichen Allokationserwartungen, die mit dem Schulbesuch verbunden sind. Allerdings sind die Chancen auf Erfüllung dieser Erwartungen fast überall äußerst gering (Fallbeispiele bei *Hanf* et al. 1975, 1977; *Braun & Weiland* 1987; *Bosse* 1979). Die überwiegende Mehrheit – zumindest aller Primarschüler – findet keine Beschäftigung im sog. modernen Sektor und muß großenteils im ländlichen Agrarbereich verbleiben oder ein Auskommen im städtischen informellen Sektor finden. Schulischer und damit sozialer Aufstieg erfolgt über individuelle Leistung, der Selektionsprozeß über Examina (‚diploma disease'). Da alle auf gesellschaftlichen Aufstieg hoffen und die Eltern hohe Ausgaben für den erwünschten Erfolg ihrer Kinder nicht scheuen, sind die Schüler von Anfang an einem extremen Leistungsdruck ausgesetzt und müssen sich mit Lehrinhalten auseinandersetzen, die sie nur verwenden können, um die Prüfung zur nächsthöheren Ausbildungsstufe zu erreichen. Diese Leistungsdressur (*Bosse* 1979) zahlt sich nur für die etwa 10% aus, die aufsteigen. Für die anderen kommt Schule einer ökonomischen und sozialen Fehlinvestition gleich.

Besonders problematisch ist die Tatsache, daß der ausbleibende Schulerfolg (im Sinne von nichterfolgtem Aufstieg in eine weiterführende Schule oder in einen modernen Beruf) nicht dem Schulsystem oder den ökonomischen und politischen Verhältnissen zugeordnet wird, sondern der eigenen unzulänglichen Leistung (*Bänziger* 1986, S. 190 ff.). Die Institution Schule wird nicht angetastet. Die Mehrheit der Schüler dürfte die Schule mit dem Gefühl verlassen, „*Versager*" zu sein.

Der Grad der Enttäuschung und Selbstbezichtigung steigt dabei mit der Dauer, die man in der Schule verbracht, und der Anzahl der schulischen „Vorerfolge", die man schon erzielt hat. Das heißt umgekehrt aber auch, daß die Sozialisationseffekte der formalen Schule, vor allem in den ersten Klassen der Primarschule, nicht überschätzt werden sollten. Wer die Schule nach wenigen Jahren wieder verlassen muß, trägt zwar häufig das Kainsmal des „drop-out" oder des „Versagers" mit sich – er wird sich aber sicherlich leichter in seine ursprüngliche gesellschaftliche Umgebung mit ihren weiterhin traditional bestimmten Arbeitsformen und Verhaltenserwartungen einordnen können, als dies ein erfolgreicher Primarschulabsolvent oder ein Sekundarschüler vermögen. Hierzu gibt es allerdings bisher nur wenige empirische Erkenntnisse.

c) *Schule führt zu Orientierungskonflikten und Identitätskrisen.* Die beschriebene Kluft zwischen schulischer und familialer Sozialisation hat immer wieder die Frage aufgeworfen, inwiefern der Schulbesuch den einzelnen überfordert, zu Frustrationen, sozialen Entfremdungen oder gar psychischen Störungen führen kann. Kurz: Macht moderne Schule krank?

Ethnologen und Pädagogen (*Erny* 1972, *Mühlmann* 1975; *Mock* 1979; *Bauer* 1979; *Rosenmayr* 1987) haben darauf hingewiesen, daß familiale Sozialisation – zumindest in den traditionalen Gesellschaften Afrikas – auf Gemeinschaft und Gruppensolidarität ausgerichtet sei. Das Kind wachse während der Stillzeit in engster Gemeinschaft mit der Mutter auf und werde später von Kinder-, Jugend- oder Kleingruppengemeinschaften integriert. Diese Gemeinschaften böten Schutz, Sicherheit und Identität. Die moderne Schule dagegen versuche durch die Betonung von Leistungskonkurrenz und durch die Vergabe von Noten und Rangplätzen die Jugendlichen zu individualisieren und aus der Gemeinschaft herauszulösen.

Inwieweit Lernschwierigkeiten oder Schulangst auf die Diskrepanz der Sozialisationsagenturen tatsächlich zurückzuführen sind, ist nicht eindeutig nachgewiesen. Hervorzuheben sind einige ethnopsychologische Untersuchungen (*Parin, Morgenthaler & Parin-Matthèy* 1963, 1971; *Bosse* 1977, 1979), die aufzeigen, daß Schulbesuch zu *neurotischen Störungen und psychosozialen Krankheitsbildern* führe, weil die „kapitalistisch geprägte Schule" andere Normen und Interaktionsmuster (Leistungsorientierung, Disziplin, Reinlichkeit usw.) verlangte, als sie das Kind in einer frustrationsfreien Primärsozialisation erfahren habe.

Von den Autoren *Bauer* und *Bergmann* (1984) wird diese psychoanalytisch gedeutete Diskrepanzthese jedoch bestritten. Sie bezweifeln die Generalisierbarkeit der Befunde zur restriktionsfreien, auf kollektive Solidarität ausgerichteten Erziehung und verweisen auf die Vielfältigkeit der Sozialisationspraktiken bei verschiedenen afrikanischen Stämmen und bei Gesellschaften unter unterschiedlichen Umweltbedingungen. Hierarchie, individuelle Leistung und Rivalitäten seien nicht unbedingt kulturfremd, sondern vielfach Bestandteile des traditionalen afrikanischen Lebens. Insofern könne nicht von einem radikalen Gegensatz zwischen moderner und traditionaler Sozialisation gesprochen werden. Allerdings wird von *Bauer* und *Bergmann* nicht grundsätzlich geleugnet, daß formale Schule psychische Konflikte und Identitätskrisen verursachen kann.

5   Reformen blieben marginal

Die verschiedenen Krisensymptome haben zu einer langen Reformdiskussion sowohl auf nationaler wie auch vor allem auf internationaler Ebene (UNESCO, internationale Erziehungskonferenzen) geführt. Dabei werden einige der zentralen Problembereiche des formalen Erziehungswesens immer wieder diskutiert:
– Zielkonflikte in der schulischen Sozialisation,
– mangelnde Angepaßtheit an die gesellschaftliche Umwelt,
– Widersprüche zwischen Sozialisation und Selektion,
– starke eurozentrische Ausrichtung,
– inadäquate, umweltfremde Pädagogik,
– Finanzierungsfragen usw.

Über die Notwendigkeit von Reformen besteht grundsätzlich Einigkeit. Allerdings haben sich die meisten Therapievorstellungen bisher im herkömmlichen Rahmen bewegt: So kam es zu einer Reihe von curricularen Anpassungen, z.B. zur „Afrikanisierung" der Fächer Geschichte, Geographie und neuerdings auch der naturwissenschaftlichen Unterrichtsinhalte. Eine Infragestellung des formalen Systems Schule mit seinen weitgehend fremdbestimmten Strukturen und Funktionen wurde bisher jedoch nicht ernsthaft unternommen. Dabei mangelte es nicht an Reformideen und Reformvorschlägen. Die weitestgehende Kritik stammt von *I. Illich* (Entschulung der Gesellschaft, 1973) oder von *P. Freire* (Pädagogik der Unterdrückten, 1971), deren radikale Vorschläge – abgesehen von einigen Modellversuchen (Brasilien, Peru, Guinea-Bissau) – in der Praxis keinen Niederschlag fanden. Ähnlich steht es um die Forderungen, zu traditionellen, authentischen Erziehungsformen zurückzukehren. Es wird argumentiert, daß in einer zunehmend modernisierten Welt die Vermittlung bestimmter abstrakter Kulturtechniken, die nicht durch reine Imitation innerhalb der dörflichen Umwelt zu erlernen seien, unumgänglich sei und von der Bevölkerung auch eingefordert werde (*Bauer & Bergmann* 1984, S. 39).

Eine große Zahl von Vorschlägen gibt es schließlich zur umweltorientierten, angepaßten Erziehung und zur sogenannten Grundbildung (basic education). Mit diesen Vorschlägen soll für die breiten Massen ein Minimum von Erziehung in einer organisierten Form sichergestellt werden. Dabei sollen die Ziele und Inhalte an den Lernbedürfnissen (minimum learning needs) der jeweiligen Zielgruppe ausgerichtet und die Ausbildungsinstanz sowohl inhaltlich wie strukturell aus der zwanghaften Bildungshierarchie, die bislang der modernen formalen Bildung eigen ist, herausgelöst werden (vgl. *Müller* 1981, S. 179 ff.). Modellversuche für eine angepaßte Grundbildung gibt es in vielen Ländern (vor allem in Kamerun, Sierra Leone, Benin, Nordnigeria, Ruanda, Indien, Indonesien, Peru). Breitenwirkung haben alle diese Änderungen allerdings noch nicht gehabt. Die Reformdiskussion hält an (*Fremerey* 1980, S. 483; *Wulf* 1985, S. 17).

6   Probleme der Bildungshilfe: Von Europa lernen?

Bildungshilfe ist ein wesentlicher Bestandteil des umstrittenen Kultur- und Modernisierungstransfers. Die Reformdiskussion spielt dabei eine wichtige Rolle, wie auch die internationalen Bildungshilfeprogramme zeigen. Auf der Basis der vorhergehenden Überlegungen sollen im folgenden einige Aspekte der Bildungshilfe auf ihre ambivalenten Sozialisationswirkungen untersucht werden.

6.1   Förderung von Bildungsplanung und Bildungsverwaltung: „Internationale Experten" unter sich

Förderungsmaßnahmen zur Bildungsplanung und Bildungsverwaltung machen nur einen kleinen, aber strategisch wichtigen Teil der Bildungshilfe aus. Internationale Experten führen Umfragen durch, erstellen Bildungsmodelle, formulieren Curricula und fertigen bildungspolitische Gutachten an. Sie werden mit der Beratung und Durchführung von Reformmaßnahmen betraut und organisieren Sachlieferungen an Lehrmitteln und anderem pädagogischen Material. Zweifellos haben sie beim Aufbau der meisten Schul- und Bildungssysteme eine wichtige Rolle gespielt. Auch heute noch, nachdem die Kolonialzeit überwunden ist und die neuen Schulsysteme fest etabliert sind, scheint der Einfluß ausländischer Experten nach wie vor sehr groß zu sein, denn sie halten immer noch wichtige Schlüsselpositionen der Verwaltung besetzt. Die fortdauernde Präsenz dieser Experten – ihr kulturfremder Hintergrund, ihre vergleichsweise kurze Einsatzdauer und die Exklusivität ihres Expertenstatus – hat zu Modernisierungswirkungen besonderer Art geführt, die für die Sozialisationsbedingungen und Sozialisationswirkungen der Schule von Bedeutung sind:

Das bestehende, in den Augen der Bildungsexperten defiziente Erziehungssystem eines Drittweltlandes wird in der Regel mit dem System seines Heimatlandes verglichen und bewertet. Reformvorschläge und Beratungsinhalte werden dabei sehr stark durch den eigenen Erfahrungshorizont, aber auch durch die kultur- und handelspolitischen Interessen des Herkunftslandes des Experten geprägt. Mit anderen Worten: Die Anregungen für Curriculaänderungen, die Lieferung von Lehrmaterial und anderen schulischen Infrastruktureinrichtungen und nicht zuletzt die Entsendung von Lehrern ist nicht unabhängig von der Nationalität der Experten. Da Bildungshilfe mehrheitlich international erfolgt, kommt es oft zu einem *konkurrierenden Nebeneinander* von Lehrmitteltypen, Ausbildungsformen und -techniken. So geht die von Deutschland exportierte Gewerbeschule von anderen Eingangsvoraussetzungen aus als das Technical College und führt zu Abschlüssen, die mit den national vorgesehenen Qualifikationen eines Facharbeiters nicht kompatibel sind.

Die starke Segmentarisierung im modernen Bildungswesen (Primar-Sekundarschulbildung, höhere Bildung, berufliche Bildung, Wissenschaftsförderung, Bildungsplanung usw.), aber auch der Zwang, schnelle, realisierbare Lösungen anzustreben, hat zu einer Überbetonung von *Reformansätzen im Detail* geführt, die großenteils ohne genügende Berücksichtigung des Gesamtsystems erarbeitet worden sind. Die grundlegenden Fragen, inwieweit moderne und traditionelle Sozialisation miteinander vereinbar sind, welche Form der Schule eingerichtet werden soll, wem welche Bildung dienen soll, sind dabei weitgehend ausgeklammert. Insofern läuft auch die Bildungshilfe, die Reformen unterstützen will, immer wieder Gefahr, nur Teilreformen anzustoßen und dabei das Gesamtsystem aus den Augen zu verlieren.

Bildungsexperten sind jedoch nicht nur als Vertreter ihrer Heimatkultur zu verstehen. Angesichts der zunehmenden internationalen Vernetzung – nicht zuletzt durch die multinationalen Organisationen – sehen sie sich vielmehr als *„Repräsentanten und Garanten einer neuen Weltkultur"* (*Dias* 1985, S. 31). Entsprechend werden nationale oder europäische Erziehungskonzeptionen durch ein neues, kosmopolitisches Erziehungsideal überdeckt, das in seinen wichtigsten Zielen und Inhalten (humanitär, aufklärerisch, rational) zwar dem dominanten Kulturkreis entlehnt ist, aber doch als universal anwendbar perzipiert wird. Abgehoben von der historischen Realität des jeweiligen Landes (z.B. „tabula rasa africana"), tendieren diese Experten dazu, ohne besondere Berücksichtigung der sozio-kulturellen Gegebenheiten ihre Beratungsaufgaben im Sinne dieses Bildungsideals zu erfüllen. Dabei kommt es zu Brüchen: Historisch-kulturelle Wurzeln werden im Vergleich zu universalistischen Verhaltensmustern als museal und folkloristisch abgetan; das geschriebene oder gedruckte Wort wird zum Nachteil der oralen Kommunikation überbewertet; alle Formen einer organisierten, formalen Bildung (einschließlich Erwachsenenbildung) werden non-formalen Lernprozessen vorgezogen und quantitativ meßbare Vermehrung rangiert tendenziell vor qualitativer Veränderung. Es besteht die Gefahr, daß mit dem Blick auf universale Zivilisationswerte an der wirtschaftlichen und sozio-kulturellen Wirklichkeit „vorbeiberaten" wird.

6.2   Berufliche Bildung: Ausbildung ohne Prestige

Die Berufsbildung nimmt innerhalb der gesamten Bildungshilfe einen besonders wichtigen Stellenwert ein. Gerade die deutsche Berufsbildungshilfe, die auf dem „dualen System", d.h. der gleichgewichtigen Ausbildung in Schule und Betrieb beruht, genießt generell einen sehr guten Ruf. Das „Modell Gewerbeschule" ist bisher mehr als 75 Mal in die Dritte Welt geliefert worden (*Heintze* 1986, S. 233). Inzwischen ist das Förderungsprogramm „Berufsbildungshilfe" weitgehend rationalisiert worden: Neben einer „Grundausstattung Gewerbeschule" können die einzelnen Ausbildungszweige modulartig aufgesetzt und nachgeliefert werden. Die *Anpassungsmöglichkeiten* an lokale Strukturen sind begrenzt, die Eingangsqualifikationen, die Lernziele und Examina der zwei- bzw. dreijährigen Ausbildungszeit weitgehend normiert. Auf Umweltbedingungen, auf den allgemeinen Ausbildungsstand und auf den quantitativen wie qualitativen Ausbildungsbedarf kann somit nur in Grenzen Rücksicht genommen werden. Da der

gleiche Schultyp in Peru, Kolumbien, Ägypten, Saudi-Arabien und in Zaire auf zum
Teil sehr unterschiedliche Ausgangsbedingungen trifft, sind Friktionen, die den erwarteten Ausbildungserfolg schmälern können, nur schwer zu vermeiden.

In stärker industrialisierten Schwellenländern Lateinamerikas, Südostasiens oder
des Vorderen Orients, deren Volkswirtschaften eine große Zahl von technischen Fachkräften benötigen, kann die deutsche Gewerbeschule als Voraussetzung und Stütze
des eingeleiteten Industrialisierungsprozesses zweifellos sinnvoll eingesetzt werden.
In den weniger industrialisierten Ländern Afrikas oder auch Lateinamerikas (Somalia,
Botswana, Kolumbien oder Peru) ist der Bedarf an qualifizierten Fachkräften jedoch
bei weitem nicht so groß. Selbst wenige Gewerbeschulen produzieren nach einigen
Jahren einen Überschuß an qualifizierten Fachkräften. Zwar vermögen die gut ausgebildeten Absolventen die weniger gut geschulten Handwerker auf die Dauer zu verdrängen, doch ist damit nur das Beschäftigungsproblem der geförderten Gewerbeschü-
ler, nicht aber das Grundproblem der Überproduktion im Berufsbildungssektor des jeweiligen Landes gelöst. Auch hier stellt sich die Frage nach den Sozialisationsinhalten
und Sozialisationswirkungen der Berufsbildung:

Die deutsche Berufsbildungskonzeption geht davon aus, daß ein leistungsfähiges
Berufsbildungssystem die Voraussetzung jeder industriellen Entwicklung ist und diese
Industrialisierung wiederum der Hebel für Modernisierung und Entwicklung. Die
Konzentration auf die Berufsbildungshilfe als spezifische Förderung des modernen
Sektors (z.B. Industrie-, Handwerks- und Dienstleistungsberufe), auf qualitativ hohem
Niveau zeigt das Modernisierungsproblem sehr deutlich: Soll die Berufsbildung den
modernen oder vor allem den informellen Wirtschafts- und Beschäftigungssektor be-
dienen? Welche Zielgruppen soll sie ansprechen und welche *Ausbildungsstandards*
anstreben (vgl. Diskussion in „Entwicklung und Zusammenarbeit", 12/1987 und
3/1988)? Die Frage konkretisiert sich an den Lehrinhalten: Werden Schüler auf High-
Tech-Technologien oder auf angepaßte Technologien vorbereitet? Lernen die Schüler
europäische Großtechnologie oder werden sie eher angeleitet, technische Allround-
Qualifikationen zu erlernen, mit denen sie flexibel auf den Markt – auch im Subsi-
stenzbereich – reagieren können? Die Fragen können nur aus der wirtschafts- und bil-
dungspolitischen Gesamtsicht eines Landes beantwortet werden. High-Tech entspricht
dem internationalen Entwicklungsniveau, verlangt hohe Ausbildungsstandards und
bleibt vorerst nur einer kleinen Bildungselite zugänglich. Umgekehrt ist die deutsche
Bildungshilfe für „High-Tech" kompetenter als für „angepaßte Technologien".

In Lateinamerika und Afrika gibt es eine Tendenz zur *sozialen Diskriminierung
handwerklich-praktischer Tätigkeiten*, die in der unterschiedlichen Bewertung von
„allgemeinbildender Erziehung" und „technischer Erziehung" zum Ausdruck kommt.
Schon in der Kolonialzeit gab es diese Zweiteilung, die die Allgemeinbildung für die
Europäer reservierte und die handwerklich-technische Ausbildung als „Bildung
zweiter Klasse" den Einheimischen zuwies (so heute noch „Bantu education" in Südafrika). Die grundsätzliche Geringschätzung der technischen und berufspraktischen

Ausbildungsgänge im Vergleich zur allgemeinbildenden Erziehung hat sich im Verlauf der Entkolonisierung und danach kaum gewandelt. Im Gegenteil: Die traumatische Kolonialerfahrung, nur eine inferiore Erziehung erhalten zu haben, erklärt noch heute das relativ geringe Prestige jeder technischen Ausbildung.

6.3 Grunderziehung und funktionale Alphabetisierung: Reformmodelle ohne Breitenwirkung

Kritiker der westlich orientierten formalen Schulerziehung haben immer wieder auf die Notwendigkeit einer angepaßten, bedarfsorientierten Erziehung hingewiesen. Die bekanntesten Reformansätze betreffen die sog. Grunderziehung im Sinne einer reformierten Primarschule und funktionale Alphabetisierungsprogramme als nicht-formale Ausbildungs- und Beratungsaktivitäten im Sinne von Erwachsenenbildung, Jugendbildung, landwirtschaftlichen Beratungsprogrammen etc. Alle diese Ansätze zielen darauf ab, praxis- und umweltbezogene Grundkenntnisse zu vermitteln, und zwar durch den Aufbau funktionaler Bildungs- und Gemeindezentren, durch entwicklungsorientierte Curricula, durch die Förderung von geeigneten Trägern und entsprechenden Beratungsgruppen sowie durch Lehrerfortbildung und den Ausbau von Dokumentationsdiensten. Wesentlich dabei ist der Bezug zur lokalen Gemeinde oder die Einbindung in Selbsthilfeprogramme der Entwicklungshilfe (*Bude* 1984; *Vierdag* 1980; *Weiland* 1980).

Die Forderung nach angepaßten Erziehungsprogrammen mit dem Hinweis auf mögliche negative soziale Folgen durch die formale Erziehung ist keineswegs neu. Sie wurde schon von Pädagogen in der frühen Kolonialzeit vorgebracht (Phelps-Stokes Commission: *Jones* 1922) und in der Folgezeit immer wieder aufgegriffen. Paradoxerweise werden die Reformprogramme bis heute vorwiegend an den Schreibtischen internationaler Experten erdacht und großenteils über die internationale Bildungshilfe finanziert (*Bude* 1984). Mit anderen Worten: Noch immer sind es weitgehend Externe, die über afrikanische Pädagogik und über angemessene Erziehungsformen nachdenken und befinden. Die Reformvorschläge gehen häufig über das hinaus, was von den nationalen Bildungspolitikern oder von der lokalen Bevölkerung akzeptiert wird. Insofern wundert es nicht, daß die Anpassungen de facto weit geringer ausfielen als die vorangehende Rhetorik vermuten ließ (*Hanf* 1980, S. 420). Dafür gibt es mehrere Gründe:

Durchgreifende Reformvorschläge stoßen auf eine *breite Ablehnungsfront*, und zwar bei der Bildungselite wie auch bei großen Teilen der Bevölkerung – allerdings aus unterschiedlichen Motiven. Die Bildungselite befürchtet, daß durch eine Reform eine *Abkoppelung von den internationalen Standards* und damit ein endgültiger „Abstieg" in die Unterentwicklung erfolgen könnte. Darüber hinaus möchte sie den selektiven, meritokratischen Charakter der bisherigen Erziehung beibehalten, dem sie selbst ihren sozialen Aufstieg verdankt. Zur Absicherung ihrer eigenen Privilegien und derer ihrer Kinder möchte sie höchstens der Einführung eines zweigeteilten Schulsy-

stems zustimmen, das eine städtisch orientierte höhere Schulbildung für wenige ermöglicht, für die ländliche Bevölkerungsmehrheit jedoch eine ruralisierte Grunderziehung zur Verfügung stellt.

Die Masse der Bevölkerung fürchtet jedoch ein derartig differenziertes System,
das sie an die *Diskriminierungen der Kolonialzeit* erinnert. Sie hofft, in dem bestehenden meritokratischen System eine Aufstiegschance zu erhalten, selbst wenn die Er-
folgswahrscheinlichkeit äußerst gering ist. Die Attraktivität des formalen Schulwesens
als Fortschrittsbringer und Aufstiegsvehikel ist immer noch so groß, daß alternative
Erziehungsformen und angepaßte Inhalte weitgehend uninteressant erscheinen. Selbst
dort, wo funktionale, basisorientierte Reformansätze realisiert wurden, wie z.B. in
Tansania, Ruanda, Simbabwe (*Hinzen* 1979, *Hanf* et al., 1975, *Braun & Weiland*
1987), ist die Loslösung vom formalen Schulwesen häufig nur unvollkommen gelungen. Auch wenn die Ziele, Lehrinhalte und Methoden von denen der formalen Erziehung weitgehend abweichen, wird von den Teilnehmern immer wieder ein *Abschluß-
diplom* und eine Integration bzw. Durchlässigkeit zur normalen Schulkarriere –
gleichsam als *zweiter Bildungsweg* – verlangt. Nur wenn die äußeren Bedingungen geändert werden (andere Allokationsmechanismen, andere Entlohnungsstrukturen,
soziale Aufwertung ländlicher Gebiete usw.), können sich (mit einer Zeitverschie-
bung) auch die schulischen und außerschulischen Sozialisationsmechanismen und
Einschätzungen ändern.

Entsprechend werden auch die *reformierten Lehrinhalte*, wie „Landwirtschaft"
oder „Technikerziehung" (basic skills), von den Betroffenen (Eltern wie Schüler)
nicht sehr hoch eingeschätzt. Sie gehen – zum Teil fälschlicherweise – davon aus, daß
derartige Lehrinhalte im Rahmen der traditionellen Primärerziehung durch „learning
by doing" besser vermittelt werden können als in mehr oder weniger formalisiertem
Unterricht. Dabei spielen negative historische Erfahrungen, wie z.B. die negative Bewertung landwirtschaftlicher Tätigkeiten während der Kolonialzeit (Zwangsarbeit)
oder der eigenen Schulzeit (Jäten als Strafarbeit), noch immer eine wichtige Rolle.

Insgesamt zeigt sich, daß der Export der modernen Schule mit seinem spezifischen
Sozialisations- und Allokationscharakter so stark akzeptiert und internalisiert worden
ist, daß auch langjährige Reformversuche – zum Teil mit internationaler Unterstützung – daran nur wenig ändern konnten.

7   Die Reformdiskussion hält an

Alles deutet darauf hin, daß die formale Bildung kolonialeuropäischen Typs mit ihrem
Modernisierungsanspruch ungebrochen ist und auch Bildungshilfemaßnahmen die dys-
funktionalen Effekte des formalen Bildungssystems kaum beseitigt haben. Die bisher
durchgeführten Reformen erwiesen sich als Scheinalternativen, die nicht zu einer Pro-
blemlösung, sondern lediglich zu einer Problemverschiebung und Problemverschärfung geführt haben.

Die abzusehende Problemverschärfung wird in Zukunft jedoch dazuführen, daß die Bildungsreform- und Bildungshilfediskussion nicht aufhören wird. Dabei werden die Fragen nach Sozialisationszielen, -inhalten und -trägern neu gestellt werden:

– Bislang ist die Bildungsdiskussion in der Dritten Welt von den *Wenigen getragen*, die den selektiven, fremdbestimmten Ausbildungsprozeß erfolgreich durchgemacht haben. Die Zahl der Nicht-Erfolgreichen (Analphabeten, drop-outs, Arbeitslose) sind bisher systematisch vernachlässigt worden. Entsprechend wird es notwendig sein, die Blickrichtung der Bildungsreform und Bildungshilfe stärker als bisher von den formalen Erziehungssektoren zu lösen und sich auf das „innovative Lernen", auf das „Lernen zu sein" (*Faure* 1972), zu konzentrieren, unabhängig davon, wo, wie und in welchem Alter.

– Solange Bildungshilfe ahistorisch und eurozentrisch vorgeht und dabei sowohl den traditionalen wie den kolonialen gesellschaftlichen Kontext vernachlässigt, droht sie in einer Sackgasse zu enden. Die Erfahrungshorizonte müssen ineinanderfließen, wahrscheinlich wird es zu neuen *synkretistischen Formen* kommen. Verordnete Modernisierung kann ebenso scheitern wie ein beschönigender, revitalisierender Rückgriff auf die Tradition.

– Angesichts der anhaltenden, immer deutlicher werdenden Verschlechterung der wirtschaftlichen und sozialen Bedingungen für weite Bevölkerungsschichten in der Dritten Welt erhebt sich die *Forderung nach einer „Überlebensbildung"*. Weichen die Werte und Einstellungen, die für das pure Überleben benötigt werden, von den heute dominierenden Überzeugungen einer leistungsorientierten Industriegesellschaft ab?

– Die Länder der Dritten Welt können und sollen sich dem euro-amerikanischen Kulturtransfer nicht grundsätzlich widersetzen, denn die Beendigung materieller und geistiger Kolonisation und Abhängigkeit ist nur mit den Instrumenten (d.h. Bildungserfahrungen) möglich, die der Kolonialismus selbst geliefert hat (*Jouhy* 1985, S. 5, S. 67). Anstelle einer simplen Kopie bedarf es der *eigenständigen kritischen Bewertung* und einer selektiven Übernahme euro-amerikanischer Kulturwerte.

– Die Entscheidung über adäquate Bildungssysteme für die Dritte Welt sollte nicht (allein) von internationalen Bildungsexperten und westlichen „Sozialingenieuren" stammen, sondern von Vertretern der betroffenen Gesellschaften selbst, die sich der dialektischen Wirkungen westlich-moderner Erziehung durchaus bewußt sind. Die noch weithin ungebrochene Akzeptanz westlich-moderner Bildung, die Krisensymptome nicht wahrnehmen will, ist ein Indiz für die gelungene Sozialisation der Kolonialherren und für die wenig hinterfragte Übernahme von Modernisierungsmustern. Sich daraus zu lösen und Distanz zu gewinnen, wird jedoch möglicherweise noch eines langfristigen und schmerzhaften Prozesses bedürfen, der zunächst mit einer *Entkolonisierung der Gehirne* beginnen muß.

238   H. Weiland

Literatur

Arnold, R., Burk, H. (1987): Der Streit um die Berufsbildung für die Dritte Welt. Entwicklung und Zusammenarbeit, 12, 14–17

Bänziger, A. (1985): Die Saat der Dürre. Afrika in den achtziger Jahren. Bornheim-Merten: Lamuv

Bauer, A. (1979): Kind und Familie in Schwarzafrika. Saarbrücken: Breitenbach

Bauer, A. (1986): Diskrepanzen und Kongruenzen: Das Dilemma des afrikanischen Kindes zwischen Familie und Schule. Internat. Z. Erziehungswiss. 1, 33–53

Bauer, A., Bergmann, H. (1984): Erziehungstraditionen und Schule in Schwarzafrika. Saarbrücken-Fort Lauderdale: Breitenbach

Bergmann, H. (1987): Erziehungsverwaltung in der Krise. In: H.F. Illy, B.-O. Bryde, Staat, Verwaltung und Recht in Afrika 1960–1985 (147–163). Berlin: Duncker & Humblot

Bosse, H. (1977): Die „weiße Schule" macht die Afrikaner krank. Materialien zur politischen Bildung, 4, 54–59

Bosse, H. (1979): Diebe, Lügner, Faulenzer. Zur Ethno-Hermeneutik von Abhängigkeit und Verweigerung in der Dritten Welt. Frankfurt/M.: Syndikat

Braun, G. (1980): Die Schule als Produktionsstätte von Arbeitslosigkeit. Bildung und Erziehung, 5, 433–440

Braun, G., Weiland, H. (1981): Entwicklungshilfe auf der Suche nach kultureller Identität. Entwicklung und Zusammenarbeit, 7/8, 12–14

Braun, G., Weiland, H. (1987): Bildung in Zimbabwe zwischen Rassen- und Klassenprivilegien. Freiburg: Arnold-Bergstraesser-Institut

Bude, U. (1984): Gemeindeorientierte Primarschulen als Faktor ländlicher Entwicklung in Schwarzafrika. Möglichkeiten und Grenzen eines Reformkonzepts. Hamburg

Clignet, R., Foster, Ph. (1966): The Fortunate Few. A Study of Secondary Schools and Students in the Ivory Coast. Chicago

Coombs, Ph. H. (1969): Die Weltbildungs-Krise. Stuttgart, Klett

Coombs, Ph.H. (1985): The World Crisis in Education. The View from the Eighties. New York–Oxford: Oxford University Press

Denison, E. F. (1967): Why Growth Rates Differ. Washington: The Brookings Institution

Dias, P. V. (1985): Grenzen transkultureller Kommunikation. In: Ch. Wulf, T. Schöfthaler (Hrsg.), Im Schatten des Fortschritts (27–35).

Saarbrücken–Fort Lauderdale: Breitenbach

Erny, P. (1972): L'enfant et son milieu en Afrique noire. Essais sur l'éducation traditionelle. Paris: Payot

Eßer, K., Wiemann, J. (1981): Schwerpunkte in der Dritten Welt – Konsequenzen für die Südbeziehungen der Bundesrepublik Deutschland. Berlin: DIE

Faure, E. et al. (1972): Learning to be. The world of education today and tomorrow. Paris–London: Unesco and Harrap

Freire, P. (1971): Pädagogik der Unterdrückten. Stuttgart: Kreuz-Verlag

Fremerey, M. (1980): Erziehung und Entwicklung als Gegenstand deutscher Forschung. Rückblick auf eine annähernd 20jährige Suche nach Zusammenhängen, Erklärungen und Perspektiven. Bildung und Erziehung 5, 475–496

Hanf, Th., Dias, P. V., Mann, W., Wolff, J. H. (1975): Education et développement en Rwanda. Problèmes–Apories–Perspectives. München. Weltforum

Hanf, Th., Ammann, K., Dias, P. V., Fremerey, M., Weiland, H. (1977): Erziehung – ein Entwicklungshindernis? Z. Päd. 1, 9–33

Hanf, Th. (1980): Die Schule der Staatsoligarchie. Zur Reformunfähigkeit des Bildungswesens in der Dritten Welt. Bildung und Erziehung 5, 407–432

Hanf, Th. (1984): The Political Function of the Educational System in Culturally Segmented States. Z. erziehungs- und sozialwiss. Forsch. 281–299

Harbison, F., Myers, C. A. (1964): Education, Manpower and Economic Growth. New York

Heintze, G. (1986): Die Berufsbildungshilfe der Bundesrepublik Deutschland. In: ASA-Programm (Hrsg.), Nachfragen zur Entwicklungspolitik (231–238), Saarbrücken–Fort Lauderdale: Breitenbach

Hinzen, H. (1979): Erwachsenenbildung und Entwicklung in Tanzania. Hamburg

Hüfner, K., Naumann, J. (1985): Bildungshilfe. Die externe Bildungsfinanzierung Anfang der 80er Jahre. In: Ch. Wulf, T. Schöfthaler (Hrsg.), Im Schatten des Fortschritts (47–60). Saarbrücken-Fort Lauderdale: Breitenbach

Illich, I. (1973): Entschulung der Gesellschaft. München: Kösel

Jones, T. C. (1922): Education in Africa. A Study of West, South and Equatorial Africa by the

African Education Commission, under the Auspices of the Phelps-Stokes-Fund, in Cooperation with the International Education Board, New York

Jouhy, E. (1985): Bleiche Herrschaft – Dunkle Kulturen. Essais zur Bildung in Nord und Süd. Frankfurt: Verlag für Interkulturelle Kommunikation

Karcher, W., Axt, H.-J., Schleich, B. (1988): Profiltreu oder lernfähig? Zur Diskussion um die deutsche Berufsbildungshilfe. Entwicklung und Zusammenarbeit 3, 10–12

König, R. (1965): Autonome und heteronome Entwicklungsimpulse und der koloniale Komplex. In: R. König, Soziologische Orientierungen (377–388). Köln–Berlin: Kiepenheuer & Witsch

Lenhart, V., Röhrs, H. (1981): Auf dem Weg zu einer Theorie der Schule in der Dritten Welt. In: Z. Pädag., 16. Beiheft. Weinheim–Basel: Beltz, 129–144

Mansilla, H. C. F. (1986): Die Trugbilder der Entwicklung in der Dritten Welt. Paderborn: Schöningh

Mock, E. (1979): Afrikanische Pädagogik. Wuppertal und Aachen: Peter Hammer, Misereor Vertriebsgesellschaft

Mühlmann, W. E. (1975): Kindheit und Jugend in traditionalen und progressiven Gesellschaften. Jugend in der Gesellsch. 79–97

Müller, J. (1981): Grundbildung in der Dritten Welt. In: Z. Pädag., 16. Beiheft, Weinheim–Basel: Beltz, 169–186

Nuscheler, F. (1974): Bankrott der Modernisierungstheorien? In: D. Nohlen, F. Nuscheler (Hrsg.), Handbuch der Dritten Welt, Bd. 1 (195–207). Hamburg: Hoffmann & Campe

Parin, P., Morgenthaler, F., Parin-Mattèy, G.(1963): Die Weißen denken zuviel. Psychoanalytische Untersuchungen bei den Dogon in Westafrika. Zürich

Parin, P., Morgenthaler, F., Parin-Matthèy, G. (1971): Fürchte deinen Nächsten wie dich selbst. Psychoanalyse und Gesellschaft am Modell der Agni in Westafrika. Frankfurt

Rosenmayr, L. (1987): Kindheit und Alter im gesellschaftlichen Wechselbezug. Z. Sozialisationsforsch. Erziehungssoz. 2, 132–147

Vierdag, G. (1980): Bildung zur Selbsthilfe. Freiräume und Grenzen entwicklungsorientierter Erwachsenenbildung. Bildung und Erziehung 5, 457–466

Weiland, H. (1980): Bildung in Entwicklungsprojekten. Ein ungenutzter Freiraum für Reformen. Bildung und Erziehung 5, 467–474

Wöhlcke, M., Wogau, P. v., Martens, W. (1977): Die neuere entwicklungstheoretische Diskussion. Frankfurt: Vervuert

Wulf, Ch. (1985): Fortschritt als pädagogischer Mythos. In: Ch. Wulf, T. Schöfthaler (Hrsg.), Im Schatten des Fortschritts (13–25). Saarbrücken–Fort Lauderdale: Breitenbach

Zapf, W. (Hrsg.) (1969): Theorien des sozialen Wandels. Köln–Berlin: Kiepenheuer & Witsch

Westliche Bildungssysteme in nicht-westlichen Gesellschaften

Erhard U. Heidt

Übersicht

1   Einführung

Die Themenstellung dieses Beitrags scheint unsere Alltagsvorstellungen von der Aufteilung der Welt in westliche und nicht-westliche Gesellschaften, in Industrieländer und Entwicklungsländer, in Erste Welt und Dritte Welt bzw. in Nord und Süd zu bestätigen; impliziert sie doch anscheinend mehrerlei:

– Die westlichen Bildungssysteme haben soviel gemeinsame oder doch ähnliche Elemente oder Charakteristika, daß man sie zu einer Kategorie zusammenfassen kann.

– Die westlichen Länder und ihre Bildungssysteme unterscheiden sich wesentlich von außereuropäischen Gesellschaften, die - im heutigen Sprachgebrauch als „Entwicklungsländer" oder „Dritte Welt" zusammengefaßt - wiederum soviel Gemeinsamkeiten haben, daß auch sie in einer Kategorie zusammengefaßt werden können.

Daß dann - sozusagen folgerichtig - in einem weiteren Schritt diese Annahme von Gemeinsamkeiten auch auf die Auswirkungen von Kontakten zwischen diesen beiden Länder- bzw. Gesellschaftsgruppen ausgedehnt wird, zeigt ein Blick auf die entwicklungspolitische und sozialwissenschaftliche Diskussion der letzten Jahrzehnte, in der mit wenigen Ausnahmen von einer grundsätzlichen Generalisierbarkeit der Effekte solcher Kontakte ausgegangen wird. Die folgende Auswahl von Aussagen über die Auswirkung westlicher Bildungssysteme in sogenannten Entwicklungsländern gibt nicht nur gegensätzliche Grundpositionen, sondern auch in groben Zügen den Verlauf der Diskussion wieder:

- Der Aufbau eines Bildungssystems nach dem Muster der westlichen (Industrie-) Länder ist eine unabdingbare Voraussetzung für wirtschaftliches Wachstum, für Modernisierung, für gesellschaftliche Entwicklung. Konzeptionen und Institutionen, die nicht diesem Vorbild entsprechen, gelten als traditional, und das heißt in diesem Kontext: als obsolet und entwicklungshemmend. Diese Überzeugung, daß eine formale Bildung nicht nur wünschenswert, sondern notwendig für ökonomischen, sozialen und politischen Fortschritt sei, bestimmte nicht nur für lange Zeit die Literatur, sondern auch das Denken und Handeln international tätiger Organisationen. Die Begründung für diese einflußreiche Sichtweise liefert der Humankapital-Ansatz, der Investitionen in die Ausbildung und Qualifizierung von Arbeitskräften in gleicher Weise wie Investitionen in materielle Ressourcen betrachtet, flankiert durch verschiedene modernisierungstheoretische Überlegungen (*Psacharopoulos* & *Woodhall*, 1985).

- Vor allem aufgrund ausbleibender kurzfristiger Erfolge und im Rahmen einer kritischen Auseinandersetzung mit den Modernisierungstheorien taucht die Frage auf, ob die Einführung von formalen Bildungssystemen des westlichen Typs in Entwicklungsländern nicht geradezu ein „Entwicklungshindernis" darstelle (*Hanf* et al. 1977) oder zur „Verstärkung von Unterentwicklung" führe (*Nestvogel* 1978). Der gemeinsame Grundgedanke dieser Kritik ist, daß aufgrund der ganz anderen politischen, sozialen und ökonomischen Situation in den Entwicklungsländern eine Übertragung des historisch entstandenen westlichen Bildungsmodells keine adäquate Lösung der anstehenden Probleme bedeutet und häufig dysfunktional ist (*Wulf* & *Schöfthaler* 1985).

- Diese Zweifel an der Angemessenheit und die Bedenken gegen die ungeprüfte Übertragung westlicher Bildungssysteme in Entwicklungsländern kulminieren in der Kritik, daß die Einführung des westlichen Bildungsmusters vor allem oder ausschließlich negative Auswirkungen für die betreffenden Länder habe: Sie führe das koloniale Verhältnis fort und verstärke die internationale Abhängigkeit der Entwicklungsländer; sie verdränge die traditionelle Kultur und führe zu einem Verlust kultureller Identität und zur Kulturanomie (*Brock* & *Tulasiewicz* 1985, *Mies* 1972); und schließlich würde mit dem Bildungssystem industrieller Staaten strukturelle Gewalt in die Entwicklungsländer exportiert und dort etabliert (*Elbers* 1985).

Die Schlußfolgerungen aus dieser kritischen Beurteilung des Einflusses westlicher Bildungssysteme sind widersprüchlich. Während radikale Kritiker vor allem im Anschluß an die Entschulungsthesen von *Illich* und den Ansatz von *Freire* eine generelle Abwendung von formalen Schulsystemen und eine Hinwendung bzw. „Rückkehr" zu tradioneller, autochthoner Erziehung fordern, warnen andere Bildungsforscher vor einer solchen Wende und fragen, „auf Grund welcher Erfahrungen angenommen werden darf, daß durch weniger Schule kompliziertere Aufgaben gelöst werden" könnten (*Kordes* 1977, S. 304).

Sie geben – bei aller Kritik an der Übertragung formaler westlicher Bildungssysteme in außereuropäischen Gesellschaften – zu bedenken, daß eine formale Allgemeinbildung die Voraussetzung für die gesellschaftliche und individuelle Entwicklung bildet, weil sie „ort-, zeit- und situationsübergreifende Kompetenz vermittelt, auch dann, wenn diese Vermittlung autoritären und dressurähnlichen Charakter annimmt" (*Jouhy* 1985, S. 31). Nur auf diese Weise sei der emanzipierende Zugang zum Herrschaftswissen für alle zu gewährleisten.

Auf dem Hintergrund dieser bei aller unterschiedlicher Bewertung doch einer globalen Sichtweise verhafteten Ansätze will dieser Beitrag versuchen, den Kulturvergleich mit Aspekten des wissenssoziologischen Ansatzes der Konstruktion gesellschaftlicher Wirklichkeit zu verbinden (*Berger & Luckmann* 1980), um so ethnozentrische Deutungen aufzudecken. Damit durch den Kulturvergleich nicht nur die ethnozentrischen Sichtweisen der Forscher produziert und bestätigt werden, ist es notwendig, gerade die vertrauten Kategorien und die selbstverständlichen Generalisierungen und Stereotypisierungen zu hinterfragen und damit die Kategorien des Kulturvergleichs selbst kritisch – sozusagen unter permanentem Ethnozentrismus-Verdacht – zu betrachten.

Für den vorliegenden Beitrag bedeutet das zuerst einmal, nicht ohne weiteres die gebräuchlichen Globalkategorien – und die mit ihnen implizit verbundene Vordefinition des Problemfeldes – zu übernehmen. Anderenfalls würde man von vornherein in einem Begriffssystem denken und argumentieren, in dem die Welt (neben dem ausgeklammerten sozialistischen/kommunistischen Block) aufgeteilt erscheint in den Block der westlichen Industrieländer, denen Charakteristika wie „entwickelt", „modern" und „fortschrittlich" zukommen, und den Block der außereuropäischen Gesellschaften, die als „nicht-westliche" und damit als „entwicklungsbedürftig" und als „traditional" – und das heißt in der Regel „schriftlos" und „ohne entwickeltes autochthones Bildungssystem" – gekennzeichnet sind. In diesem Denkrahmen ergeben sich dann fast zwangsläufig ebenso globale – positive oder negative – Einschätzungen und Bewertungen des Einflusses der westlichen auf die außereuropäischen Gesellschaften.

Das Plädoyer für ein Überdenken dieses vertrauten Ansatzes und seiner Begrifflichkeit ist kein Versuch einer Falsifizierung. Es geht vielmehr darum, diesen globalen Kategorien ihren Platz als theoretische Konstrukte zuzuweisen, die nur eine bestimmte Perspektive des Problems eröffnen und die ergänzt werden müssen durch differenziertere Analysen. Im Sinne von *Przeworski & Teune* (1970), die vorschlagen, die Bezeichnungen von Kulturen und Nationen nur als Indikatoren für bestimmte theoretische Konstrukte anzusehen und sie daher besser durch Variablen-Bezeichnungen zu ersetzen, ist es wichtig aufzuzeigen, welche theoretischen Konzepte im Einzelfall in einem vagen Konsens mit Begriffen wie „westlich" und „außereuropäisch" eigentlich gemeint sind. Damit dürfte deutlich werden, daß es sich hier nicht nur um den Ersatz von globalen Kategorien durch etwas differenziertere handelt, sondern darum, unsere ethnozentrisch geprägte Annahme über die objektive Qualität wissenschaftlicher Kategorien sehr grundsätzlich zu revidieren. Auch unsere durch differenzierte Beobachtung und Analyse gewonnenen Kategorien sind nicht in der objektiven Welt „gefunden", sondern sind Konzepte und Konstrukte, die wir „erfunden" haben, um uns wichtig erscheinende Zusammenhänge zu verdeutlichen und für unser Denken und Handeln aufzubereiten und zugänglich zu machen.

Vor dem Hintergrund dieser relativierenden Überlegungen behandelt der Beitrag sein Thema im folgenden auf einer Makroebene, d. h., daß in einer soziologischen Perspektive soziostrukturelle Faktoren beschrieben und in ihrer Wirkung analysiert werden. Im Zentrum stehen das Gefüge und die Hierarchie der Sozialisationsinstanzen und -institutionen in verschiedenen Gesellschaften, und es geht im besonderen darum, Unterschiede und Veränderungen in diesen Strukturen als Veränderungen der Sozialisationsbedingungen sichtbar zu machen. Dazu wird in einem ersten Schritt untersucht, was sich hinter den globalen Begriffen „westliche Bildungssysteme" und „nicht-westliche Gesellschaften" verbirgt und was in diesen Begriffen mitschwingt bzw. mit ihnen impliziert ist. In einem weiteren Schritt ist darzulegen, unter welchen Bedingungen westliche Bildungssysteme und außereuropäische Gesellschaften in Kontakt kamen und unter welchen Bedingungen die westlichen Systeme auf die anderen Gesellschaften einwirkten. Anhand einiger historischer Beispiele soll dabei die Vielfalt und die Unterschiedlichkeit der Kontakt- und Sozialisationsfaktoren und -variablen aufgezeigt werden. Am Ende wird die Auseinandersetzung mit der Frage stehen, welche Auswirkungen die Kontakte der verschiedenen Kulturen auf dem Bildungssektor haben, bzw. welche nur erwartet oder vermutet werden und welche als nachgewiesen gelten können.

2   Westliche Gesellschaften und ihre Bildungssysteme

Bei dem Versuch, den ursprünglich geographischen Begriff „westlich" inhaltlich zu füllen, wird häufig nur eine Globalkategorie durch eine andere ersetzt, die angeblich das eigentlich Gemeinte, das Wesentliche fassen und angemessener ausdrücken soll. Zu den am häufigsten zu findenden Ersatzbegriffen gehören:
– abendländisch – religiös – kolonial – modern – kapitalistisch – industrialisiert.[1]

---

[1] Die Frage, wie es in diesem Zusammenhang mit osteuropäisch-kommunistischen Gesellschaften und Bildungssystemen steht, die ebenfalls eine wichtige Rolle in den verbündeten bzw. abhängigen außereuropäischen Ländern spielen, wird in der Regel nicht gestellt oder explizit ausgeklammert.

Wie in der Einleitung begründet, erscheint mir ein solcher Ansatz, bei dem nur jeweils einzelne Aspekte (wie Tradition, Religion, politische Dominanz, Ökonomie) absolut gesetzt werden, wenig geeignet, die Charakteristika und die potentiellen Wirkungsfaktoren westlicher Bildungssysteme zu identifizieren. Ich werde daher im folgenden versuchen, bildungsrelevante Strukturmerkmale westlicher Gesellschaften zu beschreiben, institutionelle und inhaltliche Charakteristika von Schule aufzuzeigen und die Rolle der Schule als Sozialisationsinstitution zu beschreiben. Meine Ausführungen beziehen sich dabei auf die gesellschaftliche Situation, wie sie sich in Europa seit Anfang des 19. Jahrhunderts herausgebildet hat.

2.1   Strukturmerkmale

Die westlichen Länder – zu ihnen gehören neben den europäischen Industrienationen auch die nordamerikanischen, im wesentlichen von Europäern besiedelten Staaten – waren bereits im 19. Jahrhundert relativ modern, d. h. es bildeten sich in ihnen stark arbeitsteilige, komplexe Gesellschaften mit einer industriellen Produktionsweise und einer hohen Veränderungsrate heraus. Die Infrastruktur war gekennzeichnet durch das Entstehen von Großbetrieben, den Aufbau von Distributionssystemen und eine allgemeine Verstädterungstendenz. Die funktionale Arbeitsteilung und Spezialisierung führt zu immer stärkeren Ausdifferenzierungen von Teilbereichen; wissenschaftlich-technische Kenntnisse sind Voraussetzung für die Teilhabe an gesellschaftlichen Prozessen und Weiterentwicklungen; und das Leistungsprinzip löst das hergebrachte Herkunftsprinzip ab.

Trotz der Variationen und Unterschiede in den Ausprägungen, die sich aufgrund der spezifischen nationalen Geschichte und Kultur und aufgrund der gewachsenen Sozial-, Rechts- und Wirtschaftssysteme ergeben, lassen sich die für den Bildungssektor westlicher Gesellschaften wesentlichen institutionellen oder Systemmerkmale wie folgt beschreiben:

– Die Erziehung von Kindern und Jugendlichen wird in wesentlichen Teilen aus der Familie ausgelagert und an für diesen Zweck geschaffene soziale Spezialinstitutionen, die Schulen, übertragen.

– Westliche Bildungssysteme sind Systeme formaler Bildung; Schulen und Hochschulen sind formale gesellschaftliche Institutionen, getrennt von den Bereichen Familie und Arbeit.

– Bildungs- und Beschäftigungssystem sind eng miteinander verknüpft, da formale Bildungsnachweise in vielen Fällen gleichbedeutend mit Beschäftigungsberechtigungen sind.

– Das Bildungssystem ist hierarchisch durchstrukturiert, und je höher man in ihm aufsteigt, desto höher ist der gesellschaftliche Status und desto mehr Aussichten hat man, in prestigereichen und lukrativen Arbeitssektoren Beschäftigung zu finden.

– Wichtigstes Beurteilungskriterium ist die meßbare individuelle Leistung; d.h. der Status im System wird erworben und nicht aufgrund außerschulischer Kriterien zugeschrieben. Zeugnisse und Zertifikate sind der wichtigste Nachweis erbrachter Leistung und erworbener Bildung.

– Es besteht Schulpflicht, die über wenige Jahre Primarunterricht hinausreicht; Bildung wird damit zu einem Monopol der Schule.

– Bei den Lernenden handelt es sich um Kinder und Jugendliche, die von produktiver Arbeit zum Zwecke der Existenzsicherung freigestellt sind. Sie sind in der Schule in Jahrgangsklassen organisiert.

– Die Funktion des Lehrers ist professionalisiert mit entsprechender Berufsausbildung und Qualifikation.

– Nutzen und Gewinn aus den langjährigen individuellen Anstrengungen und Leistungen im Bildungssystem können nur mit zum Teil erheblichen Verzögerungen gezogen werden bzw. bei Änderung der ökonomischen Rahmenbedingungen u. U. gar nicht realisiert werden.

2.2 Inhaltliche und curriculare Merkmale

Was in den formalen Bildungsinstitutionen gelehrt und gelernt wird, ist nicht durch die Tradition eindeutig und unveränderlich festgelegt. Inhalte, Wissen und Fertigkeiten sind auf Gegenwarts- und Zukunftsbewältigung angelegt und unterliegen einem permanenten Anpassungprozeß an den Fortschritt und die Weiterentwicklung der Wissenschaften, an Änderungen im ökonomischen und technischen Bereich und an Wandlungen im sozialen und politischen Bereich. Dieser notwendige Anpassungsprozeß, der sich zugespitzt im Konzept der permanenten Curriculumreform und Curriculumrevision und in Schlagworten wie der „Halbwertzeit von Wissen" niedergeschlagen hat, führt zum einen zur Aufnahme immer neuer Fächer in den Kanon der Schulen und Hochschulen bzw. zu einer Differenzierung in immer feinere und gegeneinander weitgehend abgeschottete Fachbereiche, zum anderen zur Revision der Inhalte innerhalb bestehender Fächer.

Bei allem Reformdruck und bei allen Wandlungen lassen sich jedoch folgende Merkmale als überdauernde Kennzeichen der curricularen Ausrichtung westlicher Bildungssysteme festhalten:

– Bildung ist rational, säkular und aufklärerisch.

– In den formalen Bildungsinstitutionen werden im wesentlichen Kulturtechniken und Wissen vermittelt.

– Als wichtigste Voraussetzung für alle weiterführende Bildung und für die Teilnahme am gesellschaftlichen Leben vermittelt die Schule die Fertigkeiten des Lesens und Schreibens.

– Im für alle verbindlichen Teil wird eine formale Allgemeinbildung vermittelt, die nicht orientiert ist an der Bewältigung spezialisierter Berufssituationen.

– Neben Wissen und Fertigkeiten vermittelt die Schule (häufig als *hidden curriculum*) Werte, Formen und Arbeitstugenden fortgeschrittener Industriegesellschaften, wie zum Beispiel Disziplin, Wettbewerb und Leistungsorientierung.

– Die Curricula, d. h. Ziele, Inhalte Prüfungen usw., sind überregional festgelegt oder zumindest abgestimmt.

– Unterrichtssprache ist die jeweilige – europäische – Landessprache.

– Die vermittelten Inhalte sind europäisch bzw. national traditionell bestimmt.

Bei den auf diese Weise durch gemeinsame Merkmale charakterisierten westlichen Bildungssystemen handelt es sich um eine gedankliche Abstraktion (erste Ebene), die konkret immer nur auffindbar ist in den national bestimmten englischen, französichen, deutschen, amerikanischen und anderen Bildungssystemen (zweite Ebene); und selbst diese sind genauer zu definieren entweder historisch als zum Beispiel englisches Bildungssystem des 18. oder 19. oder 20. Jahrhunderts bzw. geopolitisch als englisches Bildungssystem im Mutterland oder als englisches Bildungssystem in den Kolonien (dritte und vierte Ebene).

Über die konkrete Gestaltung von Schulsystemen hinaus verweist ein Begriff wie „westliche Bildungssysteme" auf sehr viel grundlegendere und weitergehende kulturelle bzw. kulturspezifische Konzepte und Wissensbestände, auf die in diesem Beitrag zwar nicht näher eingegangen werden kann, die aber doch erwähnt werden müssen. Hierzu gehören zum Beispiel:

– die Konzepte von Kindheit und Jugend und die damit verbundenen Rollen- und Bedeutungszuschreibungen,

– die Rolle des Individuums und insbesondere sein Verhältnis zu Staat und Gesellschaft und

– der Zusammenhang von sozialem Wandel, Entwicklung, Fortschritt und Zukunftsorientierung.

2.3   Bildungssystem und Sozialisation

Die formalen Bildungsinstitutionen westlicher Gesellschaften – und hier vor allem die allgemeinbildenden Schulen – werden von Soziologen und Pädagogen als einflußreiche Sozialisationsinstanzen in eine Reihe mit Familie, Massenmedien und *peer groups* gestellt; d. h. sie werden zu den Instanzen der sozialen Umwelt gezählt, die den Prozeß der Persönlichkeitsentwicklung und den Aufbau von Wert- und Normsystemen, von Rollen und Identitäten wesentlich beeinflussen. Schule gilt als Prototyp der „organisierten Sozialsysteme der Sozialisation" (*Hurrelmann* 1975, S. 13) und als „die zentrale öffentliche Institution sekundärer Sozialisation" (*Ulich* 1980, S. 469). Das Bildungssystem leistet einen effektiven „Beitrag zur Reproduktion und gleichzeitigen Legitimierung der Sozialstruktur und der ihr zugrundeliegenden Sozialordnung" (*Hurrelmann* 1975, S. 139), weil es dem Kind „ein simuliertes Modell der bürokratischen Gesellschaft" vorsetzt, das als „Trainings- oder Vorbereitungsform" für erwünschte oder als notwendig erachtete Anpassungsprozesse dient (*Danzinger* 1974, S. 120). Die Einsicht, daß das Bildungswesen durch die Vergabe von formalen Berechtigungen „die zentrale formale Instanz gesellschaftlicher Positionszuweisung ist", gehört wie „das permanente Erfüllen von Leistungsanforderungen, das ebenso permanente Beurteiltwerden, die Erfahrung von Klassifikation und Selektion sowie schließlich der Zwang zur Konkurrenz" zu den einflußreichsten und wichtigsten schulischen Sozialisationserfahrungen westlicher Kinder und Jugendlicher (*Ulich* 1980, S. 492).

Die allmähliche Entwicklung des formalen Bildungssystems zu seiner monopolartigen Stellung erfolgt auf Kosten der Erziehungs- und Sozialisationsfunktion anderer Institutionen. Betroffen ist vor allem und in erster Linie die Familie (vgl. hierzu auch *Liegle* in diesem Band), die zwar als die wesentliche Instanz der primären Sozialisation in der vorschulischen Zeit weiterfungiert, aber bereits hier – man denke nur an Konzepte kompensatorischer Vorschulerziehung und an die Propagierung von pädagogischem Lernspielzeug – dem Einfluß angenommener oder tatsächlicher Anforderungen des formalen Bildungssystems unterliegt. Nicht mehr die Herkunftsfamilie, sondern der Erfolg im formalen Bildungssystem entscheidet über berufliche Stellung und sozialen Status. Die Entwicklung der Schule zur „primären, entscheidenden und nahezu einzigen sozialen Dirigierungsstelle für Rang, Stellung und Lebens-Chancen des einzelnen unserer Gesellschaft" führt zusammen mit dem weitgehenden Funktionsverlust der Familie in industriellen-bürokratischen Gesellschaften (Auslagerung ökonomischer Produktionsfunktionen, Trennung von Arbeit und Familienleben, weitgehende Übernahme der Daseinssicherung durch den Staat usw.) dazu, daß die Familie nicht nur ihre Bedeutung für soziale Positionszuweisungen verliert, sondern allgemein von gesamtgesellschaftlichen Funktionen immer stärker auf den privaten Bereich verwiesen und zurückgedrängt wird (*Schelsky* 1957, S. 18 ff.).

3   Erziehung in nicht-westlichen Gesellschaften

Um die Perspektive dieses Beitrags zu verdeutlichen sei noch einmal darauf hingewiesen, daß der Begriff „nicht-westlich" als ideologisch und historisch relativ unbelastete Bezeichnung für diejenigen Gesellschaften bzw. Länder gewählt wurde, die in der Zeit nach dem Zweiten Weltkrieg in ökonomisch bestimmter Perspektive als „Entwicklungsländer" und unter politischem Aspekt als „Dritte Welt" zusammengefaßt werden. Auch wenn generalisierende Aussagen über diese Ländergruppe mit dem Verweis auf die elementaren Gemeinsamkeiten der „Traditionalität" oder der „kolonialen Vergangenheit" begründet werden, so ist doch sowohl ihre jeweilige Geschichte als auch ihre politische, ökonomische und soziale Situation so unterschiedlich, daß eine Zusammenfassung von mehr als zwei Dritteln der Staaten dieser Erde unter einer Einheitlichkeit suggerierenden Kategorie als problematisch und unangemessen erscheinen muß – ein Umstand, auf den hinzuweisen zu den Stereotypen der entwicklungssoziologischen Literatur gehört. Auch hier müssen daher die Ebene der Globalkategorien verlassen und

– dem Ansatz dieses Beitrages entsprechend – die relevanten Charakteristika differenzierter beschrieben werden. Analog zu dem vorangehenden Kapitel lassen sich die für unser Thema relevanten Merkmale dieser Gesellschaften – mit aller gebotenen Vorsicht aufgrund der großen Variationsbreite in den Ausprägungen – folgendermaßen charakterisieren.

Bis ins 20. Jh. hinein – zum Teil bis heute – bestehen in diesen Ländern funktional wenig ausdifferenzierte und wenig arbeitsteilige ländliche Gesellschaften mit agrarischer Produktionsweise und – aus sich heraus – einer geringen Rate sozialen Wandels. Sie entsprechen in wesentlichen Zügen Durkheims „segmentären Gesellschaften" bzw. dem „kolektiven Gesellschaftstypus", in dem Tradition, Herkunftsprinzip und zugeschriebener Status eine wichtige Rolle spielen (*Durkheim* 1977). Das Beschäftigungssystem ist nicht (oder kaum) bezogen auf eine vorangehende formale Ausbildung.

Neben der und über die Beschreibung genereller Merkmale hinaus ist es aber notwendig, noch weiter zu differenzieren, wenn man dem Phänomen der Wirkung westlicher Bildungssysteme auf außereuropäische Gesellschaften gerecht werden will. Das zeigt sich besonders, wenn man versucht, nach der langen Zeit der Kontakte mit westlichen Ländern zu bestimmen, wie die außereuropäischen Gesellschaften vor solchen Kontakten aussahen und – für unseren Zusammenhang – welche Form die autochthone Bildung und Erziehung hatte und welche Rolle sie spielte. Unter dem Aspekt, welche Situation im Erziehungsbereich vor bzw. zu Beginn der Kontakte mit den westlichen Ländern vorlag, lassen sich zumindest drei Gruppen von Gesellschaften unterscheiden:
– Gesellschaften ohne formales Schulsystem,
– Gesellschaften mit einem religiösen Schulsystem und
– Gesellschaften mit einem säkularen Schulsystem.

3.1   Gesellschaften ohne formales Schulsystem

Da es sich bei den Gesellschaften dieser Gruppe um traditionale schriftlose handelt, ist man zur Beantwortung der Frage, wie die autochthone Erziehung vor dem Kontakt mit westlichen Ländern aussah, auf historische Rekonstruktionen oder auf Analogien mit der kleinen Zahl heute noch vorhandener traditionaler Gesellschaften angewiesen – ein Weg, der viele Unsicherheiten enthält und häufig wenig befriedigend ist. Dennoch werden als Kennzeichen für die Erziehung in Gesellschaften dieses Typs häufig genannt:
– Bereits die Kinder müssen einen kontinuierlichen Beitrag zur Subsistenzsicherung der Familie leisten.
– Lernen erfolgt durch Mitmachen, durch Beobachtung und durch Nachahmung im Alltagszusammenhang.

– „Lehrende" sind alle Familienmitglieder, jeder erfahrene Erwachsene und die Mitglieder der eigenen Altergruppe.

– Falls es besondere Unterweisungssituationen – vor allem in der Form von dem formalen Bildungssystem ähnlichen Initiationsphasen – gibt, dann stehen im Mittelpunkt die Vermittlung adäquaten Sozialverhaltens, geschlechts- und alterspezifischer Rollenerwerb und soziale Statuszuweisungen.

– Das über den Alltagszusammenhang hinausgehende Wissen steht – da nicht durch Schrift allgemein erschlossen – nur der kleinen Gruppe der Auserwählten offen, ist also Geheimwissen mit Herrschaftscharakter.

Die Liste dieser Merkmale ist zwar im wesentlichen aus der Literatur über traditionale Gesellschaften in Schwarzafrika zusammengestellt (z.B. *Bauer* 1979; *Bauer &* *Schultz* 1985), doch findet sich die Beschreibung fast der gleichen Merkmale ebenso in der Literatur über die traditionale Erziehung im pazifischen Raum (*Thomas & Postlethwaite* 1984). Eine genaue Durchsicht der vielen ethnologischen Analysen und Berichte zeigt jedoch, daß man selbst in Afrika nicht von „der" afrikanischen Erziehung sprechen kann, sondern daß es wesentliche Unterschiede gibt, die zum Beispiel abhängen von Faktoren wie Polygamie/Monogamie oder Patrilinearität/Matrilinearität. Insbesondere ist traditionale Erziehung nicht – wie häufig behauptet – grundsätzlich repressionsfrei und nicht-autoritär; Hierarchie, Rivalität und Leistung sind durchaus auch Kategorien traditionaler afrikanischer Gesellschaften und ihrer Erziehung (*Bauer & Bergmann* 1984).

Vor allem in der deutschsprachigen Literatur über Bildung in der Dritten Welt erscheinen - wohl beeinflußt durch die Ausrichtung der ethnologischen Literatur der letzten Jahrzehnte – die traditionalen schriftlosen Gesellschaften als der vorherrschende, wenn nicht gar alleinige Typ der vorkolonialen Epoche. Auch wenn in diesen Gesellschaften die Einführung westlicher Bildungssysteme die stärksten Effekte zeitigte, so müssen doch zur Korrektur des Eindrucks, die dort beschriebenen Phänomene seien auf alle nicht-westlichen Gesellschaften bzw. auf alle Länder der Dritten Welt zu verallgemeinern, auf jeden Fall zwei weitere Gesellschaftstypen, die sich vor allem außerhalb Schwarzafrikas finden, mit berücksichtigt werden[2].

3.2   Gesellschaften mit einem religiösen Schulsystem

Die Bildungs- bzw. Unterweisungssysteme dieser vor allem in der islamischen Welt zu findenden Gesellschaften sind durch folgende Merkmale zu charakterisieren:

– Das Bildungssystem ist hierarchisch durchdifferenziert und reicht von der Grundstufe über weiterführende Institutionen bis zur Universität.

---

[2] Die lateinamerikanischen Länder bleiben wegen der frühen und fast vollständigen Zerstörung ihrer soziokulturellen Systeme aus dieser Betrachtung ausgeklammert.

– Die Teilnahme – zumindest für eine begrenzte Zeit – an der Unterweisung der Grundstufe ist religiöse, d. h. soziale Pflicht, bedeutet aber nicht die Freistellung der Kinder
von produktiver Arbeit bzw. Mitarbeit; der Unterricht findet zwar regelmäßig, aber
nicht jeden Tag und häufig in den Nachmittags- oder frühen Abendstunden statt.
Schulen der Sekundarstufe können auch als Internate organisiert sein, wie zum Beispiel
die *pesantren* in Indonesien.

– Die Unterweisungsinstitutionen sind auf allen Stufen mit Moscheen verbunden.

– Die Unterweisung bezieht sich auf religiöse Inhalte; selbst die akademischen Fächer
werden auf der Basis der Korans interpretiert.

– Auf den niedrigeren Stufen spielt Auswendiglernen und Rezitieren eine wesentliche
Rolle.

– Die Lehrenden sind zwar nicht pädagogisch-diaktisch professionalisiert, aber doch
funktional festgelegt und herausgehoben. Es handelt sich um islamische Geistliche bzw.
auf den höheren Stufen um islamische Gelehrte.

– Das Verständnis der arabischen Länder als geistiges Zentrum des Islam führt zu einer
entsprechenden Ausrichtung des Bildungssystems in allen islamischen Ländern. Selbst
in Süd- und Südostasien bedeutet Unterweisung auf der Basis des Koran und der islamischen Tradition zwangsläufig das Erlernen der arabischen Sprache (und häufig auch
der arabischen Schrift). Der Besuch einer islamischen Universität bedeutete früher
immer eine Reise in die nordafrikanischen Länder, wobei hier die *al-Azhar*-Universität
in Kairo die bedeutendste war.

3.3   Gesellschaften mit einem säkularen Schulsystem

Für die Bildungssysteme der Gesellschaften im von China kulturell stark beeinflußten
ostasiatischen Raum, d. h. für China selbst, Korea, Vietnam, und mit Einschränkungen
für Japan, läßt sich zusammenfassend folgendes festhalten:

– Es handelt sich um Schriftkulturen mit einer Tradition von mehreren tausend Jahren
und mit einer entsprechend weit zurückreichenden Tradition schriftlicher Aufzeichnun-
gen.

– Zum Teil bedingt durch die Verwendung der Schrift werden schon sehr früh Institutionen der formalen Unterweisung bzw. Prüfung aufgebaut.

– Auf der Grundlage der konfuzianischen Staatsphilosophie wird das Bestehen strenger
Prüfungen zur Voraussetzung für den Eintritt und den Aufstieg im Staatsdienst gemacht;
das übrige Beschäftigungssystem bleibt unberührt. Diese Zweckbindung führt im Endeffekt dazu, daß das Bildungssystem fast ausschließlich auf das Bestehen dieser Staats-
prüfungen ausgerichtet ist.

– Es handelt sich im Prinzip – wenn auch nicht in der Praxis – um ein elitäres Leistungs-
system, da der Status aufgrund der im Unterweisungs- und Prüfungssystem erbrachten
Leistungen erworben wird und somit gleiche Aufstiegschancen für alle in den Staatsdienst bestehen.

– Von der inhaltlichen Ausrichtung her ist das System akademisch-literarisch, da die Kenntnis der klassischen konfuzianischen Texte der Hauptinhalt ist; das Auswendiglernen dieser Texte spielt eine wesentliche Rolle, so daß die Ausbildung fast zwangsläufig vergangenheitsorientiert bleibt.

– Das Bildungssystem ist säkular.

– Die Unterweisungen von Mädchen ist in dem System nicht vorgesehen.

3.4   Sozialisation und Erziehung

Erziehung und Sozialisation stellen in den hier geschilderten Gesellschaften einen ganzheitlichen Prozeß im Lebenszusammenhang überschaubarer Gruppen dar. Mit Ausnahme einer begrenzten Eliten-Ausbildung in Gesellschaften mit religiösem oder säkularem Bildungssystem gibt es keine durchgehende oder langfristige Übertragung der Erziehung an formale, gesellschaftlich organisierte Spezialinstitutionen. Sozialisation und Erziehung sind „das spontane Nebenprodukt eines durch Traditionen und Arbeitszusammenhänge gesicherten gemeinsamen Lebens von Erwachsenen und Kindern" (*Liegle* in diesem Band). Damit kommen der Familie weitreichende gesellschaftliche Funktionen und eine große gesamtgesellschaftliche Bedeutung zu: Die Familie – in der Regel als durch Prokreation fortdauernde und fortzusetzende Abstammungsgruppe in einem sehr viel weiteren Sinn verstanden als in westlichen Gesellschaften – ist wichtigste Bezugsgröße für soziales Denken und Handeln, für Verpflichtungen und Rechte; durch seine Mitgliedschaft in einer Familie wird der einzelne in seinem Status weitgehend festgelegt. Durch die weite Definition im Sinne von *lineage*, Clan oder Sippe auf Erhaltung und Kontinuität angelegt, ist die Familie Hauptinstanz traditionaler Sozialisation, deren Leitbild die Weitergabe der von den vorangehenden Generationen (Ahnen) übernommenen Werte, Normen und Sozialordnung ist.

4   Kontakt- und Einflußbedingungen[3]

Obwohl häufig mit Schlagworten wie „kolonial/imperialistisch" oder mit Gegensatzpaaren wie „traditional – modern" versehen, sind die Bedingungen, unter denen der Kontakt der nicht-westlichen Gesellschaften mit westlichen Bildungssystemen erfolgte und sich weiterhin vollzieht, zu komplex und vielfältig, als daß sie mit einer einfachen oder gar einheitlichen Formel zu fassen wären:

– Es ist schwierig, wenn nicht unmöglich, den Einfluß des westlichen Bildungssystems von anderen Einflüssen politischer, wirtschaftlicher oder kultureller Art zu isolieren. Wenn *Jouhy* zum Beispiel feststellt:

„Der Prozeß der Modernisierung (der durch den Einfluß und den Kontakt mit westlichen Gesellschaften in Gang gesetzt wurde) bedeutet ökonomisch den Übergang von regionaler, homöosta-

---

[3] Mit dem Thema Kultureller Kontakte unter dem Aspekt der Akkulturation von Individuen befaßt sich *Thomas* (in diesem Band).

tischer und vorwiegend ruraler Subsistenzwirtschaft zu nationaler und internationaler, hochgradig arbeitsteiliger Marktwirtschaft mit spiralhafter Entwicklung der agrarischen und manufakturellen bzw. industriellen Produktion" (1985, S. 6),

dann bedeutet das, daß diese Entwicklung einerseits vom Bildungssystem mit getragen wurde, andererseits aber das Bildungssystem auf diese Entwicklungen reagierte und sich den neuen Erfordernissen anpaßte.

– Da – wie oben skizziert – westliche Bildungssysteme eine ganze Reihe unterschiedlicher institutioneller und inhaltlicher Komponenten aufweisen, kann man erwarten, daß die unterschiedlichen Merkmale – je nach ihrem Stellenwert bei der Übertragung bzw. Übernahme – unterschiedliche Wirkungen haben.

– Westliche Bildungssysteme werden in der Regel nicht als Ganzes unverändert in außereuropäische Länder übertragen bzw. von ihnen übernommen, sondern in mehr oder weniger großem Umfang der Situation im „Empfänger"-Land angepaßt.

– Die Auswirkungen müssen mit einem interaktiven und nicht unidirektionalen Paradigma erklärt werden; d.h. sie sind abhängig von der Situation im Empfängerland, von der Beziehung zwischen außereuropäischen Ländern und westlichen Ländern allgemein und von der Beziehung zwischen dem jeweiligen Land beziehungsweise seiner Gesellschaft und dem jeweiligen westlichen „Modell"-Land.

– Konkret lassen sich zumindest drei unterschiedliche Typen von Rahmenbedingungen für die Errichtung oder den Kontakt mit einem westlichen Bildungssystem unterscheiden:

a) Einführung durch eine Kolonialmacht oder im Rahmen kolonialer Beherrschung;

b) freiwillige Orientierung an europäischen Vorbildern, d. h. nicht im Rahmen kolonialer Beherrschung (z. B. Japan oder Thailand);

c) Beibehaltung oder Ausbau der Orientierung an westlichen Vorbildern in den heute selbständigen Ländern der dritten Welt.

Da die ersten Kontakte der heutigen Länder der Dritten Welt mit westlichen Bildungssystemen in der Regel im Rahmen kolonialer Beziehungen abliefen und da außerdem die Kolonialherrschaft bzw. ihre Folgen auch noch Jahrzehnte nach ihrer Aufhebung einen wichtigen Faktor für die Bildungssysteme in vielen Ländern darstellt, werde ich mich im folgenden vor allem mit dem Einfluß unter kolonialen Rahmenbedingungen beschäftigen.

Es ist eine Tendenz in vielen Veröffentlichungen über Bildungssysteme in den Kolonien, von den historischen Einzelfällen zu abstrahieren bzw. sie zu vernachlässigen und nach einem typischen Grundmuster kolonialer Herrschaft zu suchen oder Verlaufs- und Phasenmodelle zum Kulturkontakt im Erziehungswesen in den Kolonien zu entwickeln (vgl. z. B. *Hanf* et al. 1977, S. 22 ff). Trotz all dieser Versuche, die natürlich auf einer entsprechend hohen Abstraktionsstufe zu rechtfertigen sind, ist es wichtig festzustellen, daß es kein allgemeines, einheitliches Muster der kolonialen Herrschaft im 19. und 20. Jh. gab. Das System der Beherrschung, die Art und Weise seiner Ausgestaltung war abhängig von den Zielsetzungen der kolonialen Politik der jeweiligen europäischen Macht. Die Konsequenzen unterschiedlicher Kolonialpolitik für das Erziehungswesen beschreiben *Hanf* et al., die ansonsten auch dazu tendieren, die Gemeinsamkeiten der kolonialen Situation und ihrer Konsequenzen zu betonen, wie folgt:

„Ein koloniales Erziehungssystem sah jeweils anders aus, wenn der Kolonisator Assimilation anstrebte oder wenn er kulturelle Unterschiede zu betonen trachtete. Erziehung sah jeweils anders aus, wenn der Kolonisator eigenständige politische Strukturen entwickeln oder wenn er sie verhindern wollte. Erziehung sah jeweils anders aus, wenn private Agenturen, insbesondere christliche Missionen, am Aufbau des Erziehungswesens beteiligt wurden oder wenn dies nicht der Fall war" (1977, S. 10).

Eingedenk solcher Unterschiede wird häufig die Meinung vertreten, daß es sich bei den dann in den Kolonien eingerichteten Bildungssystemen um verwässerte Aufgüsse der Bildungssysteme in dem jeweiligen Mutterland gehandelt habe. Genauer vergleichende Analysen zeigen jedoch, daß die kolonialen Bildungssysteme nicht nur zwischen den Kolonialmächten variieren, sondern darüber hinaus im Herrschaftsbereich der gleichen Kolonialmacht in Struktur und inhaltlicher Ausgestaltung abhängig sind von

– den Funktionen, die die jeweilige Kolonie für die Kolonialmacht erfüllen sollte; ob es sich zum Beispiel um eine geplante Siedlungskolonie mit einem großen Anteil von Einwanderern aus dem Mutterland oder um eine nur ökonomischen Interessen dienende Plantagen- oder Minenkolonie handelte (was das bedeutet wird deutlich, wenn man sich vor Augen hält, daß die Deutschen ihr koloniales Inselreich im Pazifik nur mit ungefähr 25 Kolonialbeamten verwalteten und daß die Gesamtzahl der Ausländer in diesem Gebiet am Ende der deutschen Kolonialzeit bei ca. 250 lag; eine ähnliche Gesamtzahl wird für Togo angegeben – dem steht eine Zahl von ca. 14 000 Weißen in Deutsch-Südwest-Afrika gegenüber); sowie

– dem gesellschaftlichen System und der Kultur, die die Kolonialherren in der jeweiligen Kolonie vorfanden; ob es sich zum Beispiel um fragmentierte Stammes-Gesellschaften mit einer Feudalelite und ohne entwickeltes Bildungssystem handelte oder um einen einheitlichen Staat mit einer einheimischen Leistungselite und einem ausgebautem Bildungssystem (*Altbach & Kelly* 1984).

Darüber hinaus blieben die kolonialen Bildungssysteme in der Regel nicht über längere Zeit unverändert, sondern änderten sich entsprechend den sich wandelnden Vorstellungen der westlichen Kolonialherren über das, was für ihre abhängigen Gebiete das Beste sei. Diese Vorstellungen waren nicht immer nur von dem Gedanken einer besseren Ausbeutung oder einer perfekten Herrschaftsstabilisierung getragen; es gab bereits während der Kolonialzeit Ansätze, reformpädagogische Ideen aus den westlichen Ländern in die Kolonien zu übertragen.

5   Drei Beispiele

Um die Komplexität und die Unterschiedlichkeit des Einflusses westlicher Bildungssysteme auf außereuropäischen Gesellschaften zu belegen, werde ich in diesem Kapitel in aller Kürze Beispiele aus drei Regionen darstellen, die für die oben skizzierten drei Typen außereuropäischer Gesellschaften stehen: Schwarzafrika für die Gesellschaften ohne formales Schulsystem, Nordafrika für die Gesellschaften mit einem religiösen Schulsystem und Indochina für die Gesellschaften mit einem säkularen Schulsystem. Mit Ausnahme von Schwarzafrika, wo es sich die Herrschaft mit Großbritannien teilte, ist dabei Frankreich die westliche Kolonialmacht, so daß Unterschiede im Erziehungswesen der abhängigen Gebiete nicht einfach auf unterschiedliche westliche nationale Einflußgrößen zurückgeführt werden können. Im übrigen werde ich – was die westlichen Bildungseinflüsse angeht – nicht zwischen Festungs-, Missions- und kolonialen Regierungsschulen unterscheiden, da sich diese Schultypen in den für diesen Beitrag relevanten Kategorien nur unwesentlich unterscheiden.

5.1   Schwarzafrika

Mit der prinzipiellen Einschränkung, daß dieser Überblick notwendigerweise – oder notgedrungen – die Variationsbreite, die sich in dieser großen Region findet, in einer stark vereinfachenden und verallgemeinernden Sichtweise zusammenführt, läßt sich für die nicht-islamischen, traditionalen Gesellschaften in West- und Zentralafrika das folgende Bild entwerfen[4]. Für diesen Typ traditionaler Gesellschaften ist – neben den weiter oben aufgeführten allgemeinen Charakteristika – in diesem Zusammenhang wichtig, daß sie trotz ihrer hierarchischen Struktur in der Regel kein komplexes System sozialer Differenzierung entwickelten, daß das entscheidende Kriterium die Herkunft war und daß die Differenzierung auf der Basis von Berufspositionen oder aufgrund ökonomischer Kriterien gering war. Die Tatsache, daß die meisten Mitglieder dieser Gesellschaften im agrarischen Subsistenzsektor tätig waren, machte die Entwicklung spezieller formaler Ausbildungsinstitutionen für die heranwachsenden jüngeren Mitglieder überflüssig. Die notwendigen Erziehungs- und Ausbildungsfunktionen lagen in erster Linie in der Verantwortung der Familie und wurden in Alltagssituationen ausgeübt. Die Erziehung durch die informellen Institutionen war – mit Ausnahme der geschlechtsspezifischen Differenzierung – diffus und undifferenziert und – was in diesem Zusammenhang besonders wichtig ist – unwesentlich für soziale Differenzierungsrpozesse. Sie war im Gegenteil auf gesellschaftliche Homogenisierung, d. h., auf die Vermittlung möglichst gleicher Normen, Verhaltensmuster und Fertigkeiten hin angelegt.

---

[4] Vgl. für die folgende Darstellung vor allem:
Bouche (1975), *Clignet & Foster* (1964), *Foster* (1965), *Gifford & Weiskel* (1971) und *Kelly* (1984).

Obwohl sich die Diskussion und die Kritik an der Einführung westlicher Bildungssysteme in traditionalen Gesellschaften in der Hauptsache (in der deutschen Literatur fast ausschließlich) auf Form, Ziele und Inhalte der kolonialen Schulen richtet, scheint mir der entscheidende und in seinen Konsequenzen weitreichendste Einfluß in der Einführung westlicher *Schulsysteme als formaler Bildungsinstitutionen* generell zu liegen. Relativ unabhängig von ihrer curricularen und inhaltlichen Ausrichtung waren Schulen fremde Institutionen für traditionale afrikanische Gesellschaften, da sie nicht auf Homogenisierung, sondern zielgerichtet auf soziale Differenzierung hin angelegt waren:

"Western education was dysfunctional for traditional social structures and systems of status differentiation, in large degree irrespective of what the schools taught, since formal education constituted a new dimension of social structure. ... the idea of the 'cultural adaptation' of schools to traditional society is basically a contradiction in terms" (*Foster* 1965, S. 7).

Westliche Bildungssysteme stellen also nicht einfach eine zusätzliche Institution dar, die in das bestehende System integriert werden kann, sondern führen zu einer grundlegenden Um- und Neustrukturierung des traditionellen Gesellschaftssystems. Selbst wenn die Kolonialmächte versuchten, die traditionalen Hierarchie- und Herrschaftsstrukturen beizubehalten (und ihrem eigenen kolonialen Interesse entsprechend zu nutzen), so untergrub doch die Einführung westlicher Bildungssysteme mit ihrem Kriterium des durch Leistung erworbenen Status das auf dem zugeschriebenen Status der Herkunft basierende Legitimierungssystem traditionaler Gesellschafts- und Herrschaftsstrukturen. Durch das koloniale Schulsystem wurde eine Alternative zum bisherigen Statuserwerb geschaffen, die zunehmend – aufgrund der politischen und ökonomischen Entwicklung – an Bedeutung gewann und zu einem Konkurrenzverhältnis zwischen der traditionellen Elite und der neu entstehenden Bildungselite führte. Die Spannung zwischen diesen beiden Gruppen war jedoch nicht der einzige Konflikt, der aus der Einführung eines westlichen Bildungssystems resultierte. Diejenigen, die dieses Bildungssystem durchliefen, wurden zwar auf der einen Seite der alten traditionellen Gesellschaftsstruktur entfremdet, auf der anderen Seite öffnete ihnen die dominante westliche Kolonialgesellschaft nicht die Positionen, die aufgrund der Ausbildung angemessen waren und von den Absolventen erwartet wurden. Diese konfliktträchtige „falsche" Sozialisation durch die koloniale Schule wird häufig als ein Faktor angesehen, der erklärt, warum schon früh nationalistische Unabhängigkeitsbestrebungen von den durch das Kolonialsystem eigentlich priviligierten Schulabsolventen wesentlich mitgetragen wurden.

In der Literatur wird immer wieder auf die Tatsache hingewiesen, daß die kolonialen Schulen in Struktur und Curriculum im wesentlichen ein Abbild der Schulen des jeweiligen europäischen Mutterlandes darstellten. Der Schluß, der in der Regel aus dieser unbestreitbaren Feststellung gezogen wird, daß nämlich jeweils das Bildungssystem des Mutterlandes ohne Verständnis und ohne Rücksicht auf die Andersartigkeit der afrikanischen Situation aufoktroyiert worden sei, ist zumindest irreführend. Es gibt zahlreiche Belege dafür, daß die mit der Planung der Bildung in den Kolonien befaßten Europäer – und das gilt für Franzosen ebenso wie für Briten und Deutsche – sehr wohl versuchten, zumindest vom Ansatz her das Schulsystem differenziert an die in den verschiedenen Kolonien herrschenden ökonomischen und kulturellen Verhältnisse anzupassen[5]. In der Praxis bedeutete diese Anpassung an die lokale bzw. regionale Situation in der Regel die Ausrichtung auf die angestrebte Entwicklung einer leistungsfähigen Agrarwirtschaft und auf die angenommenen Bedürfnisse einer ländlichen Bevölkerung. Zu den Ursachen, warum diese im Grunde lobenswerten Versuche einer Adaption durchweg an der begrenzten Annahme oder dem Widerstand durch die angestrebte Zielgruppe scheiterten, gehört – neben Fehlannahmen in bezug auf die traditionalen Gesellschaftsstrukturen – vor allem ein Mißverständnis der Motivation der „Eingeborenen", das koloniale Schulsystem zu besuchen. Die einheimische Bevölkerung erwartete (und erwartet zum Teil bis heute), daß sich der Schulbesuch in besser bezahlten und prestigereicheren beruflichen und gesellschaftlichen Positionen niederschlägt. Ein von den „klassischen" kolonialen Bildungseinrichtungen verschiedenes, in ihren Augen zweitklassiges Schulsystem schnitt sie von diesem individuellen aufstiegsversprechenden Anspruch ab.

Inhaltliche und andere intrainstitutionelle Variablen sind gegenüber der Einführung westlicher Bildungssysteme als formaler Institution wenn auch nicht unwichtig, so doch im Hinblick auf die Auswirkungen für Sozialisationsinstitutionen und -prozesse und für die gesamte gesellschaftliche Struktur sekundär.

Es genügt daher, wenn an dieser Stelle die spezielle Ausgestaltung des Bildungssystems in den französischen Kolonien dieser Region nur kurz skizziert wird. Das Schulwesen blieb bis nach dem zweiten Weltkrieg im wesentlichen auf den Primarschulbereich beschränkt. Es gab in Westafrika nur zwei weiterführende Schulen auf Sekundarniveau und erst nach dem Zweiten Weltkrieg erste Ansätze zur Entwicklung einer Hochschulstruktur. Das bedeutet, daß eine höhere Schulbildung nur im kolonialen Mutterland zu erreichen war, was für die wenigen, die diesen Weg wählten, zu einer weiteren Entfremdung von traditionalen Kulturen und traditionalen Gesellschaftsformen führte. Das Schulsystem war nicht auf Massenbildung ausgerichtet (noch ca. 1934 besuchten nur 4,7 von 1000 Kindern im Schulalter in Westafrika eine Schule); Ziel war vielmehr die Herausbildung einer kleinen lokalen Elite, die die Franzosen bei der Administration der kolonialen Gebiete unterstützen sollte. Um diesen Prozeß so reibungslos wie möglich zu gestalten, wurde versucht, die Kultur und die traditionalen Strukturen der einheimischen Gesellschaften möglichst zu berücksichtigen. Aufgrund dieser Ausrichtung konnte das System auf eine strenge, auf Leistung basierende Auslese verzichten. Unterrichtssprache war ohne Ausnahme französisch; der Akzent im Französischunterricht lag auf mündlicher Kommunikationsfähigkeit.

---

[5] Vgl. etwa *Bude* (1983), *Foster* (1965, 52 ff.), und *Kelly* (1984).

5.2 Nordafrika

Die Ausgangssituation und die Konsequenzen des Kontaktes mit westlichen Bildungssystemen stellen sich bei diesem Typ nicht-westlicher Gesellschaften anders dar. In islamischen Gesellschaften gab es bereits vor der kolonialen Machtübernahme, die für
Nordafrika im Laufe des 19. Jh. erfolgte, ein Schulsystem von der Primar- bis zur Uni-
versitäts-Ebene. Auf allen Stufen waren die Schulen Bestandteil religiöser Institutionen. Religion und Bildung waren untrennbar verbunden. Westliche Schulen, die nicht
auf dem Islam basierten, mußten als Angriff auf das religiöse System erscheinen. Hinzu
kommt, daß die Nordafrikaner mindestens ebensosehr von der Überlegenheit ihrer islamischen Kultur überzeugt waren wie die Franzosen von der Überlegenheit ihrer französischen Zivilisation. Alle Versuche, ein französisch ausgerichtetes Bildungssystem
nicht nur für die französischen, sondern auch die einheimischen Kinder und Jugendlichen einzuführen, trafen daher auf den Widerstand der arabisch-islamischen Bevölkerung (das gilt gleichermaßen für Algerien wie Tunesien).

Die Konsequenzen dieser Ablehnung zeigen sich auch in den Zahlen für den
Schulbesuch. Tunesien zum Beispiel, das 1871 französisches Protektorat wurde, hatte
zu dieser Zeit ca. 1 250 Koranschulen im Primarbereich mit ca. 22 000 Schülern (von
diesen Koranschulen existierten die meisten noch 1930). Obwohl die Franzosen
bereits früh mit dem Aufbau eines franko-arabischen Schulsystem begannen, wurde
die Zahl von 22 000 arabischen Schülern im öffentlichen Schulsystem erst zwischen
1920 und 1925 erreicht. Selbst 1930, als praktisch alle französischen Kinder in Tunesien (14 499) in die Schulen integriert waren und die Zahl der einheimischen Schüler
auf 31 031 angewachsen war, bedeutete dies, daß trotz des starken Wachstums
weniger als 10 % der einheimischen Kinder im schulpflichtigen Alter zur Schule
gingen (*Bloch* 1975). Ähnliche Zahlenrelationen werden für Algerien berichtet
(*Heggoy* 1984).

Das Bestreben der französischen Administration, öffentliche Schulen für die arabi-
sche Bevölkerung mit dem Ziel einer Assimilation und einer dauerhaften Eingliede-
rung in das französische Imperium einzurichten, traf auch bei den französischen
colons bis zum Beginn des 20. Jh. auf heftigen Widerstand. Erst unter dem Einfluß der
Expansion des europäischen Wirtschaftssektors und dem daraus resultierenden Bedarf
an qualifizierten Arbeitskräften änderte sich die Einstellung der *colons*: „Schulen als
Mittel zur Französisierung der Eingeborenen wurden nun angesehen als eine der
Grundvoraussetzungen für die Integration der Einheimischen in das ökonomische koloniale System" (*Bloch* 1975, S. 228 f.).

Diese Ausrichtung des kolonialen Schulsystems führte dazu, daß zu Beginn des
20. Jh. für die französischen nordafrikanischen Kolonien das Konzept des aus dem
Mutterland übertragenen, auf intellektuelle Allgemeinbildung abzielenden Unterrichts
ersetzt wurde durch das Konzept einer auf Realien ausgerichteten Grundbildung. Als
Konsequenz entstanden Primar-Arbeitsschulen mit einem starken Akzent auf prakti-

schen Fertigkeiten (Handwerks-, Garten- und Feldarbeit); hinzu kam der Unterricht in der französischen Sprache.

Ein Umschwung in der skeptischen Haltung der einheimischen Bevölkerung gegenüber den französischen Schulen setzte mit der Heimkehr der großen Masse der Nordafrikaner nach dem Ersten Weltkrieg ein. Während des Krieges hatten mehrere hunderttausend Nordafrikaner entweder auf französischer Seite als Soldaten gekämpft oder sie hatten als Arbeiter im Wirtschaftssystem die eingezogenen französischen Arbeitskräfte ersetzt. Sie hatten dabei die ökonomischen und damit verbunden die gesellschaftlichen Vorteile kennengelernt, die das Durchlaufen des formalen Bildungssystems bringen konnte, und begannen nach ihrer Rückkehr entsprechende Forderungen für ihre Kinder zu stellen. Das von der Kolonialmacht eingeführte Arbeitsschulkonzept stieß dabei auf heftige Kritik, da es die Entwicklung der Einheimischen zu ökonomisch und politisch gleichberechtigten Partnern behindere und verzögere. Vor allem die städtischen Schichten forderten – neben einem obligatorischen Primarunterricht zumindest für Jungen – einen stärkeren Akzent auf allgemeiner intellektueller Bildung und einen leichteren Zugang zu weiterführenden Schulen.

Was nun das Umgehen der französischen Kolonialmacht mit dem vorgefundenen religiösen Schulsystem in Nordafrika betrifft, so lassen sich zwei unterschiedliche Strategien feststellen. In Algerien versuchte man, das religiöse System zu verdrängen oder zu zerschlagen und durch französische Institutionen zu ersetzen; das führte zu starkem Widerstand in der einheimischen Bevölkerung, zu einer praktischen Verweigerung, Kinder auf diese Schulen zu schicken, und zu einer generellen frankreichfeindlichen Einstellung. In Tunesien versuchte man, diesen Fehler zu vermeiden, und folgte einem Muster, das für das Vorgehen von Kolonialmächten in islamischen Gesellschaften typischer war (vgl. z.B. das Vorgehen der Niederländer in Indonesien): Man ließ die einheimischen Erziehungsinstitutionen weitgehend unangetastet und baute ein paralleles französisches Bildungssystem von der Grundschule bis zum tertiären Sektor auf. Die Entwicklung von zwei parallelen Schulsystemen, eines säkularen westlichen neben einem traditionalen islamischen, die praktisch ohne Beziehung nebeneinander bestehen, ist eines der Hauptkennzeichen islamischer Gesellschaften, die dem Einfluß westlicher Bildungssysteme ausgesetzt waren.

Obwohl häufig zugegeben wird, daß moderne westliche Bildung für die technische und ökonomische Entwicklung notwendig sei, wird das existierende duale System zunehmend kritisiert:

"The modern school system in Muslim countries is seen to be in an ethical and spiritual vacuum and, at the same time, as a feeble and inefficient copy of Western models. The traditional Islamic system is often considered to be out-of-date, backward-looking and intellectually stagnant" (*Hurst* 1985, S. 189).

In dem nicht auf dem Islam basierenden modernen Bildungssektor sehen vor allem fundamentalistische Muslims die Hauptursache für einen Verlust kultureller islamischer Identität und für einen moralischen Verfall (*Husain & Ashraf* 1979). Da man auf modernes westliches Wissen jedoch nicht verzichten kann, wird in jüngster Zeit auf institutioneller Basis versucht, westliches Wissen in den traditionalen Bereich einzuholen, d. h. zu islamisieren. Nach einem am *International Institute of Islamic Thought* entwickelten Arbeitsplan sollen dabei alle Wissens- und Wissenschaftsbereiche von den Naturwissenschaften über Geistes- und Sozialwissenschaften bis hin zu den technischen Fächern auf ihre Übereinstimmung mit dem Koran und der islamischen Tradition überprüft und entsprechend angepaßt werden (*Faruqi* 1982, *Husain* 1986).

5.3 Indochina: Vietnam

Wie die anderen asiatischen Gesellschaften, die unter chinesischen Einfluß gerieten, so übernahm auch Vietnam das Bildungsdenken und das Bildungssystem dieser übermächtigen Regionalmacht; d.h. es entstand ein durchgegliedertes formales Bildungssystem oder besser Prüfungssystem, das allerdings nur auf den Eintritt in den Staatsdienst und auf den Aufstieg in diesem bezogen war. In seinen Inhalten war dieses System vergangenheitsorientiert, Wissen konservierend und statisch: Es war allein auf das Lernen und die Interpretation von konfuzianischen Texten hin angelegt. Dieses traditionelle System diente nicht so sehr einer beschäftigungsbezogenen Selektion (vgl. hierzu die Beschreibung der Prüfungsinhalte, in *Woodside* 1971, S. 205 ff.), sondern in erster Linie als Instrument der gesellschaftlichen Differenzierung und der Akkulturation der Absolventen in ein auf chinesische Traditionen ausgerichtetes Verhaltenssystem.

Das streng reglementierte Prüfungssystem diente dazu, die Macht des bürokratischen Systems und damit die der politisch herrschenden Dynastie zu zeigen und über das System von Statuszuteilungen zu erhalten. Im Prinzip war das System rein leistungsorientiert, d.h. der Aufstieg stand allen ohne Rücksicht auf ihre Herkunft offen. In der Praxis jedoch zeigte sich, daß auch in diesem System die Söhne der Mächtigen und Reichen die besten Chancen hatten.

Eine der wichtigsten Innovationen der französischen Kolonialmacht war zwar nicht auf das Bildungssystem beschränkt, beeinflußte dieses jedoch stark und betraf die Sprachpolitik. Die wesentliche Neuerung war nicht – wie in den meisten anderen Kolonien – in erster Linie die Einführung der Kolonialsprache, sondern in Vietnam die Durchsetzung der romanisierten Version des gesprochenen Annamitischen (*quoc ngu*) und dadurch der Ersatz der bisher verwendeten chinesischen Schriftzeichen. Die Gründe für die Einführung des *quoc ngu* waren sowohl praktischer als auch politischer Art. Zum einen war diese romanisierte Form sowohl für die Franzosen als auch für die Einheimischen sehr viel leichter zu erlernen und bot so auch die Voraussetzung für eine Alphabetisierung auf breiter Basis. Zum anderen bedeutete der Wechsel des Schriftsystems ein Abschneiden der vietnamesischen Bevölkerung von chinesischen Traditionen und Einflüssen, in denen die Franzosen eine Gefährdung ihrer kolonialen Herrschaftsaspirationen sahen. Dieser Schritt bedeutete nicht nur ein Abschneiden von politisch-kulturellen Loyalitäten, sondern auch von traditionellen konfuzianischen Wertvorstellungen und Normen (vgl. hierzu auch *Trommsdorff* in diesem Band). Die

Abschaffung der Prüfungen für die Mandarin-Ämter (1915) stellte dann das „Todesurteil" für die traditionelle Kultur und den konfuzianischen Einfluß dar (*Thompson* 1968, S. 291). Die Intention der Franzosen, die Bindung an präkoloniale Tradition zuzerstören, um so den Widerstand gegen ihre Herrschaft zu schwächen, zeigt sich auch darin, daß – im Gegensatz etwa zu Westafrika – die einheimische traditionelle Kultur und Geschichte in den Schulbüchern in einem negativen Licht dargestellt und im Vergleich zu den Verhältnissen in Frankreich und unter der französischen Herrschaft als rückständig oder dekadent beschrieben werden (*Kelly* 1984, S. 18 ff.).

Das von den Franzosen in Vietnam eingeführte Bildungssystem war umfassend und deckte den gesamten Bereich von der Grundschule bis zur Universität ab. In der Grundstufe, die nur drei Jahre umfaßte, erfolgte der Unterricht in der einheimischen Sprache. Erst auf den weiterführenden Schulen war Französisch Unterrichtssprache. Das Curriculum war ebenfalls französisch, und der Aufstieg im Bildungssystem wurde durch strenge Prüfungen (mit einer Durchfallquote von bis zu 90 %) straff gesteuert. Vom Konzept her war das System auf Massenbildung hin angelegt, auch wenn die Realität weit hinter einer Verwirklichung zurückblieb; doch muß eine Schulbesuchsquote von 10 % aller Kinder und Jugendlichen im Schulalter im Vergleich zu anderen Kolonien als bemerkenswert hoch und als Beleg für die Nutzung des kolonialen Schulsystems durch die einheimische Bevölkerung gelten. Wichtiger jedoch als der quantitative Aspekt ist, wie *Osborne* (1969) hervorhebt, der Ersatz des traditionellen von China übernommenen und auf chinesische Traditionen hin ausgerichteten Bildungssystems durch ein „modernes", das ein neues Schriftsystem auf nationaler Basis durchsetzte.

Die Gründe, warum die Kolonialmacht den Grundschulen so viel „unfranzösischen" Freiraum und eine Beibehaltung traditioneller Inhalte gestattete und erst für den Bereich der weiterführenden Schulen und den tertiären Sektor zunehmend eine Französisierung – sowohl was die Sprache als auch das Curriculum betrifft – plante und durchsetzte, werden sehr verschieden gedeutet. *Thompson* sieht hierin eine Berücksichtigung der kulturellen Besonderheiten der einheimischen Bevölkerung, um so eine besondere psychische und mentale Entwicklung zu unterstützen:

"An Annamite's cultural roots must be in his in own country, hence elementary education had to swing back towards Chinese teachings. A mature student might safely be exposed to Western ideas if he were first orientated in his own civilization. Over-centralization and over-uniformity in a country of such diverse peoples was officially recognized to be an error" (*Thompson* 1968, 294).

Kelly hingegen interpretiert die curriculare Gestaltung als den Versuch einer möglichst effektiven Beeinflußung im kolonialen Interesse:

"The reasons were political: if the schools were to reorientiert Vietnamese society to a new political order, students had to be able to understand what the schools would teach. Education was to be 'useful' and to orient students to their localities, not to the nation-state of the past or to power within a new French-fabricated Indochina" (*Kelly* 1984, S. 25).

Diejenigen, die dieses Bildungssystem, das so rigoros mit kulturellen Traditionen und Orientierungen gebrochen hatte, durchliefen, fanden sich in einer Situation, die

derjenigen der Schul- und Hochschulabsolventen in den traditionellen schwarzafrika-
nischen Gesellschaften ähnelte. Sie waren ihrer eigenen Kultur und der Tradition ihrer
Eltern entfremdet, ohne daß ihnen die Kolonialmacht die Anerkennung und die Positionen zukommen ließ, die sie aufgrund ihrer Ausbildung erwarteten. Auch hier
wandte sich die Frustration gegen die Kolonialherren und führte dazu, daß die natio-
nalistischen und antikolonialistischen Bewegungen gerade von dieser Gruppe getragen
wurden.

Abschließend sei noch erwähnt, daß häufig die Einbeziehung der Mädchen, die im
traditionellen System der Bildung ausgeschlossen bzw. auf den privaten Bereich beschränkt waren, als einer der wichtigsten Beiträge der kolonialen Bildungspolitik zur
gesellschaftlichen Entwicklung angesehen wird.

6   Interpretationen und Bewertungen des Einflusses

Schon der kurze Blick auf die angeführten Beispiele belegt die Vielfalt der in der Kategorie "außereuropäische Gesellschaften" zusammengefaßten Einzelfälle ebenso wie die
Variationsbreite der Kontaktbedingungen mit den Kolonialmächten und ihren „westlichen Systemen". Trotzdem wird häufig der Versuch gemacht, einen generellen Unterschied zwischen westlichen Ländern und außereuropäischen Gesellschaften – und spezifischer zwischen den jeweiligen Bildungssystemen – „auf den Begriff zu bringen",
und d.h. ihn möglichst prononciert und dichotomisch in globalen Kategorien wie den
folgenden zu beschreiben:
modern – traditional,
entwickelt – unterentwickelt,
industrialisierte Länder – Entwicklungsländer,
Erste Welt – Dritte Welt,
Nord – Süd,
Zentrum – Peripherie usw.

Wenn jedoch schon die Ausgangssituation für den Kontakt so komplex und unterschiedlich ist, dann steht nicht zu erwarten, daß die Resultate und Auswirkungen
dieses Kontaktes weniger komplex und einheitlicher sein werden; und so hat denn
auch mein Versuch, die zahlreichen, sehr unterschiedlichen Beschreibungen und Bewertungen durchgehend nach einem einheitlichen Schema – wie z. B. positiv/negativ
oder direkt/indirekt oder gesellschaftlich/kollektiv/individuell – zu ordnen, nicht zu
einer sinnvollen Gliederung geführt, da diese zur Unterscheidung gedachten Kategorien häufig miteinander verschränkt und damit nur als „sowohl als auch" beschrieben
werden können. Hinzu kommt, und das zeigt vor allem der Versuch, positive und negative Effekte zu unterscheiden, daß eine Bewertung immer nur relativ zum eigenen
Standpunkt erfolgt. Im nationalen Rahmen wird so etwa bei der Entstehung einer
neuen Mittelschicht in den Ländern der Dritten Welt von einigen Autoren westliche
Bildung positiv als Aufstiegschance bewertet, während andere Autoren im gleichen

Zusammenhang Bildung als Domestizierungsinstrument und als Mittel im Rahmen einer Verhinderungsstrategie einer notwendigen Revolution sehen. Ähnlich wird im internationalen Rahmen der Wechsel eines Landes aus der Kategorie der Entwicklungsländer in diejenige der Schwellenländer oder der NICs (*newly industrialized countries*) und die Rolle, die dabei das formale Bildungssystem spielt, einmal positiv als Aufstieg und Entwicklung und ein andermal negativ als Einreihung in das internationale Abhängigkeits- und Ausbeutungssystem und damit als Verlust an Reformpotential für eine grundlegende Änderung des internationalen Systems gesehen. Trotz dieser Schwierigkeiten werde ich im folgenden versuchen, die verschiedenen Komplexe vonWirkungen bzw. Bewertungen so zu ordnen, daß in groben Zügen ein Fortschreiten von globalen zu differenzierten bzw. detaillierten Aussagen erfolgt.

Die allgemeinsten Ansätze stellen die Wirkungen des Einflusses von westlicher Bildung und Kultur auf Entwicklungsländer in einen übergreifenden historischen Rahmen gesellschaftlicher und kultureller Entwicklung im internationalen Kontext. Vor allem – wenn auch nicht ausschließlich – Autoren in einer neo-marxistischen Tradition sehen dabei die Einführung westlicher Bildungssysteme im Rahmen kolonialer Beziehungen von Anfang an unter dem Aspekt des Importes bzw. der Errichtung von „Systemen struktureller Gewalt" (*Elbers* 1985), die die einheimischen Gesellschaftsformen und Kulturen rücksichtslos zerstören durch die Aufoktroyierung eines Abhängigkeitssystems, das das Bildungssystem als wesentliches Herrschaftinstrument einsetzt. Dieses Dominanz- und Ausbeutungsverhältnis wird zwar durch die Kolonialisierung geschaffen, bleibt aber auch nach der formalen Unabhängigkeit der jeweiligen Länder in neo-kolonialem Gewand erhalten, wobei wiederum die westliche – nun „international" genannte – Bildung als instrumenteller Faktor weiterwirkt. Andere Autoren hingegen sehen – bei aller Kritik an kolonialen und neo-kolonialen Entwicklungen – in der Übernahme bzw. Aneignung westlicher Bildung und Kultur einen zwar schmerzhaften, aber historisch notwendigen Prozeß gesellschaftlicher Weiterentwicklung. In evolutionistischer bzw. teleologischer Perspektive interpretieren sie die Einführung westlicher formaler Bildungssysteme als positive zivilisatorische Aufbauleistung und als Voraussetzung für eine erstrebenswerte politische, ökonomische und soziale Entwicklung, auch wenn die jeweilige institutionelle Form oder die inhaltliche Ausgestaltung als defizitär beschrieben wird. Dabei wird in der Regel darauf hingewiesen, daß in fast allen ehemaligen Kolonien die Dekolonisierung und das Streben nach Unabhängigkeit von Einheimischen getragen wurde, die das koloniale Bildungssystem durchlaufen und in ihm die Ideale der Freiheit und Gleichheit kennengelernt hatten. Im nationalen wie im internationalen Kontext sind es die durch westliche Bildung aufgeklärten Angehörigen der außereuropäischen Gesellschaften, die die Feudalordnungen und traditionellen Lebensformen ihrer Gesellschaften in Frage stellen und sie so auf dem Weg zu einer allgemeinen Weltgesellschaft voranbringen:

„Die Bewohner der westlichen Hemisphäre bilden die Oberschicht der Weltgesellschaft und dominieren mittels ihrer technisch-wissenschaftlichen Kultur über die Außerokzidentalen. Egalisierung und Demokratisierung dieser Weltgesellschaft kann nur durch die Überwindung dieser

Asymmetrie, d.h. durch die Verbreitung der technisch-wissenschaftlichen Kultur und deren Bedingungen auf die gesamte Welt bewerkstelligt werden" (*Tibi* 1980, S. 181; in gleichem Sinn auch *Jouhy* 1985).

Die meisten außereuropäischen Gesellschaften kamen in einer Phase kolonialer Beherrschung mit dem westlichen Bildungssystem und westlichen Bildungsgedanken in Berührung. Obwohl man die übergreifende ideologisch-politische Zielsetzung der Kolonialmächte unterscheiden und z.B. die französische Kolonialpolitik als „direkte Herrschaft" oder „assimilationistisch" und die britische als „indirekte Herrschaft" oder „adaptiv" kennzeichnen kann, erweist sich in der kolonialen Praxis – wie auch die oben beschriebenen Beispiele zeigen – eine solche Unterscheidung als künstlich: Zum einen war keine Kolonialmacht in der Umsetzung ihrer politischen Konzepte konsistent und konsequent, so daß es zu erheblichen Variationen innerhalb des Herrschaftsbereiches kam; zum anderen war die vorgefundene bzw. entstehende Situation sowie die politisch-wirtschaftliche Zielsetzung oft so ähnlich, daß auch die koloniale Praxis verschiedener Kolonialmächte große Ähnlichkeiten aufwies. Trotz aller Unterschiede in der kolonialen Bildungspolitik setzte überall die Beschäftigung in der Kolonialadministration und im importierten modernen Sektor die Kenntnis der Kolonialsprache und in der Regel auch eine entsprechende Bildung, zumindest Grundbildung, voraus. Westliche Bildung war damit erkennbare Voraussetzung für Positionen, die angenehmere, weil weniger harte körperliche Arbeit, höhere Gehälter und damit häufig auch ein höheres Sozialprestige mit sich brachten. Diese Erfahrung wurde nach dem Zweiten Weltkrieg bildungsökonomisch begründet und unterstützt durch den Humankapitalansatz, nach dem Bildung die Voraussetzung für wirtschaftliche und soziokulturelle Entwicklung bedeutet. Die Industrieländer, d.h. vor allem auch die ehemaligen Kolonialmächte, waren das Vorbild, und ihre Entwicklung und ihr gegenwärtiger Zustand galten als generelles und auf alle Länder analog übertragbares Modell. Diese Vorstellung hat – auch was die Rolle und Funktion der Bildung westlichen Typs betrifft – das Denken und Handeln in den Entwicklungsländern in fast nicht korrigierbarer Weise geprägt. Die Standards sogenannter fortgeschrittener, d.h. entwickelter und moderner Gesellschaften – wie z.B. hohe Alphabetisierungsquote, hohe Schulbesuchsquote, langjährige Schulpflicht, hohe Absolventenquote weiterführender Schulen und eine hohe Absolventenquote von Universitäten – wurden international akzeptiert und beeinflussen das „internationale Prestige" gerade der Entwicklungsländer. Bis in jüngste Zeit galt und gilt das, was nicht diesem Vorbild entspricht – und das betrifft sowohl traditionelle Formen und Inhalte von Erziehung als auch Konzepte „angepaßter Erziehung" – als obsolet, als Entwicklungshindernis und als ungebildet.

Dieses Denken der Herrschenden wird auch von der großen Mehrheit der Bevölkerung geteilt. So sind bisher fast alle Versuche, Schulbildung in der Dritten Welt von der Bildung westlichen Typs fort und stärker auf ländliche Bedürfnisse hinzuorientieren, auf den Widerstand und die Ablehnung durch die Lokalbevölkerung gestoßen, die sich von der Schulausbildung etwas anderes versprach (und verspricht) als Hilfe zur Bewältigung ihres Alltags, nämlich die Möglichkeit, diesen in der Regel harten und

264 E. U. Heidt

armseligen Alltag zu verlassen und in bessere Lebenssituationen aufzusteigen. Systeme angepaßter Bildung galten als Bildungssysteme zweiter Klasse, die von der Teilhabe an der ökonomischen (und politischen) Entwicklung ausschlossen oder sie doch stark behinderten. Mit der Einführung eines formalen Bildungssystems werden gesellschaftliche Allokationsansprüche von diesem übernommen und häufig automatisiert und monpolisiert: Höhere Bildungsabschlüsse sind gleichbedeutend mit einem Anspruch auf höhere berufliche und gesellschaftliche Positionen.

Wenn auch die westlichen Industrieländer inzwischen erfahren haben, daß die Balance zwischen Ausbildungs- und Beschäftigungssystem nur unter günstigen historischen Voraussetzungen (die die Ausnahme sind) reibungslos funktioniert, so tritt dieses Problem in den nicht so stark industrialisierten Ländern der Dritten Welt in sehr viel schärferer Form auf, da hier einerseits die Zahl der Schul- und Hochschulabsolventen relativ sehr viel stärker zugenommen hat und gleichzeitig der moderne Sektor nicht den Erwartungen entsprechend entwickelt und ausgebaut wurde. Das Resultat ist (bereits in der Kolonialzeit, vgl. *Hanf* et al. 1977) eine „Überproduktion" von formal hochqualifizierten Graduierten, die nicht im modernen Sektor unterkommen, deren Ausbildung für andere „traditionelle" Beschäftigungen jedoch ungeeignet und nicht „marktgerecht verwertbar" ist. Viele Kritiker sehen hierin eine der wesentlichsten Konsequenzen der von falschen Voraussetzungen ausgehenden Übertragung westlicher Bildungsmodelle in außereuropäische Länder: Die Einführung eines formalen Bildungssystems westlichen Typs bedeutet hohe gesellschaftliche Kosten für Einrichtung, Ausstattung, Ausweitung, Betrieb und Lehrerausbildung; diese Investitionen bleiben jedoch unproduktiv, weil die Schule nicht die gesellschaftlich notwendigen Qualifikationen vermittelt und aufgrund der hohen Wiederholer- und Abbrecherquoten ineffektiv und teuer arbeitet; das Betreiben eines solchen Bildungssystems bedeutet daher das Verschwenden von knappen Ressourcen, die an anderer Stelle sinnvoller eingesetzt werden könnten. Bei aller Kritik an dem gesamtwirtschaftlichen Nutzen formaler Bildung sollte man jedoch nicht vergessen, daß sie für den einzelnen oft den einzigen Weg darstellt, auf dem er überhaupt am Wettbewerb um den ökonomischen und sozialen Aufstieg teilnehmen kann.

Diese vorwiegend sozioökonomische Perspektive wird ergänzt durch eine stärker kulturanthropologisch bestimmte, die Fragen der Wertorientierung und Wertvermittlung in den Mittelpunkt stellt. Überlegungen zum Einfluß westlicher Bildungssysteme auf außereuropäische Gesellschaften resultieren häufig in der Gleichung bzw. der Konstruktion der Kausalkette „westliche Kultur vermittelt durch westliche Bildung – Verwestlichung – Kulturkrise – Verlust der kulturellen Identität". Bei genauerem Hinsehen zeigt sich jedoch, daß bei dieser Argumentation eine sozialwissenschaftliche Begrifflichkeit und eine politische Perspektive in einer nicht ausreichend reflektierten Weise zusammengebracht werden. In den Sozialwissenschaften bezeichnet Kultur das soziale Erbe einer Gesellschaft und umfaßt den gesamten Wissensbestand, die Glaubensvorstellung, Normen, Sitten und Künste (anthropologische Perspektive) oder die alles umfassende gesellschaftlich konstruierte Welt intersubjektiver Sinngebungen und Bedeutungen (wissenssoziologische Perspektive). Im Gegensatz zu dieser deskriptiven Verwendung des Begriffes Kultur tendieren Politiker dazu, ihn normativ zu gebrauchen. Sie instrumentalisieren Kultur im Sinne ihrer jeweiligen politischen Orientierungen; ihr Ziel ist nicht die beschreibende Erfassung des jeweiligen Zustandes einer Gesellschaft, sondern eine Definition dessen, was in einer spezifischen Situation als wünschenswerter Zustand des gesellschaftlichen Systems angesehen wird, daß nämlich alle Gruppen und Individuen in einem Gesellschaftssystem die gleichen zentralen Wertorientierungen und Normen teilen und ihr eigenes Gesellschaftssystem dem anderer Gruppen vorziehen. In Sorge um die politische Ordnung ihrer Länder definieren die Politiker eine Kultur und eine kulturelle Identität, um so nicht nur die Existenz, sondern auch das Fortbestehen der gegenwärtigen staatlichen Einheit zu begründen und zu legitimieren. Der Schlüsselbegriff der kulturellen Identität wird durch inhaltliche Festlegungen normativ und statisch, so daß Abweichungen von der jeweiligen Definition als Verlust der kulturellen Identität beklagt werden können. Eine positive Sicht kulturellen Wandels, wie sie in den heutigen Sozialwissenschaften aufgrund ihres dynamischen Kulturbegriffs möglich und üblich ist, ist damit weitgehend ausgeschlossen (*Heidt* 1987).

Auch bei den sozialwissenschaftlichen Untersuchungen der Frage, welche gegensätzlichen Denksysteme und Wertorientierungen bei dem Kontakt westlicher und außereuropäischer Gesellschaften zusammentreffen, wird die Einflußrichtung in der Regel als von den westlichen zu den außereuropäischen Gesellschaften verlaufend gesehen, doch wird hier der Wandel und die Ablösung von Traditionen nicht von vornherein im paradigmatischen Rahmen der Kulturverlust-Hypothese behandelt. *Horton* (1970) hat versucht, nich nur die Unterschiede, sondern auch die Gemeinsamkeiten zwischen afrikanischem „traditionellem" und westlichem „wissenschaftlichem" Denken zu beschreiben und zu erklären. Auch seine Überlegungen führen ihn am Ende zu einem kategorialen Gegensatz, den er mit den Begriffen „geschlossen – offen" umschreibt. Das geschlossene Denken traditionaler Kulturen ist dabei gekennzeichnet durch das fehlende Bewußtsein für alternative Möglichkeiten im Bereich dessen, was für wahr oder richtig gehalten wird, während das offene westlich-wissenschaftliche Denken dem Prinzip des „Alles-in-Frage-stellen-könnens" verpflichtet ist. Das Bewußtsein von Alternativen, das mit dem westlichen Denken in traditionale Gesellschaften eindringt, bringt zwar in einem ersten Schritt den Verlust an absoluter Gültigkeit dessen, was man für wahr und richtig gehalten hat, bedeutet aber in einem zweiten Schritt die Abnahme von Angst vor der existentiellen Bedrohung, die im traditionellen Denken von jeder Abweichung und von jedem Zweifel ausgeht. *Bloom* (1981) kommt in seinen linguistischen Untersuchungen zu dem Schluß, daß – im Vergleich zu westeuropäischen Sprachen – im chinesischen Sprachbereich das Fehlen sprachlicher Ausdrucksmittel schon das hypothetische Denken kontrafaktischer Alternativen signifikant behindere. Damit liegt die Vermutung nahe, daß das für westliche

Wissenschaften und Technologien grundlegende Denken in Alternativen einen generellen Unterschied zum Denken darstellt, das in vielen außereuropäischen Gesellschaften vorherrscht. Solche grundsätzlichen Denkorientierungen durchdringen das
gesamte kulturelle Gefüge einer Gesellschaft und werden nicht nur von einer Sozialisationsinstanz vermittelt. Was *Liegle* (in diesem Band) für die Familie feststellt, gilt
auch für das formale Bildungssystem: Es kann nicht im Rahmen eines Paradigmas
klassischer Wirkungsforschung als isolierter Faktor analysiert werden. Dennoch kann
man annehmen, daß dem formalen Bildungssystem in dem gesamten Gefüge von Wirkungsfaktoren in diesem Zusammenhang eine besondere Bedeutung zukommt: Die
Schule ist in westlichen Gesellschaften die für die Vermittlung und Verbreitung wissenschaftlich-technischen Denkens geschaffene Einrichtung, in der damit diese Denk-
orientierung institutionalisiert und von der sie nicht zu trennen ist.

Auf einer ähnlichen Ebene liegt die Unterscheidung von Kulturen mit allozentristi-
schen und solchen mit individualistischen Wertorientierungen (vgl. *Trommsdorff* in
diesem Band). Bei dem ersten Typ stehen auf kollektive Ziele abgestimmte Werte im
Mittelpunkt; das begünstigt die Entwicklung von Sozialisationsbedingungen, die eine
sekundäre Kontrollorientierung fördern, d.h. eine Einstellungstendenz, „sich den Erwartungen und Wünschen der Umwelt anzupassen". Eine individualistische, auf die
Autonomie des Individuums ausgerichtete Wertorientierung dagegen begünstigt die
Schaffung von Sozialisationsbedingungen, unter denen eine primäre Kontrollorientierung entwickelt wird, d.h. die Einstellung, „daß man die Umwelt gemäß eigenen
Zielen, Wünschen und Erwartungen beeinflussen kann". Institutionell verfestigt wird
dieser Unterschied deutlich in der Bedeutung der Familie als Sozialisationsinstanz in
traditionalen Gesellschaften einerseits und in der Bedeutung der Schule als Sozialisationsinstanz in modernen Gesellschaften andererseits. Es steht zu erwarten, daß durch
die Einführung eines modernen (= westlichen) Bildungssystems mit seiner individuellen Leistungsorientierung und seiner Selbständigkeitserziehung in eine solche traditionale Gesellschaft die dort vorherrschende soziale Motivation und Harmonieorientie-
rung verändert, und das würde heißen, zurückgedrängt oder im Endeffekt verdrängt
wird.

Stimmt man der Auffassung zu, daß westliches Bildungssystem, leistungsbezogene
individualistische Wertorientierung und auf Alternativen ausgerichtetes Denken in
einem kategorialen und damit nicht einfach auflösbaren Zusammenhang stehen, dann
muß man die Möglichkeit, einzelne Züge dieses Bildungssystems auszuwählen und
selektiv zu übernehmen bzw. es als Ganzes zu adaptieren – etwa nach der chinesischen Maxime des 19. Jh.: „Westliche Bildung für den Kopf, d.h. die technische Entwicklung; einheimische Kultur für das Herz, d.h. eine traditionelle Wertorientierung"
– als nicht realisierbare Wunschvorstellung abschreiben. Das führt zu einer kritischen
Evaluation der bisherigen Diskussion – vor allem in Deutschland. Bei Untersuchungen
zur Funktion der Schule als Sozialisationsinstanz konzentrierte sich hier das Interesse
auf Sozialisationsprozesse, die *innerhalb* der Schule zwischen Lehrern und Schülern

ablaufen und auf die Identifizierung von „Kommunikation, Interaktion und Lerninhalten" als den wesentlichen Variablen und Bedingungsfaktoren (*Ulich* 1980). Diese Faktoren standen auch bei der Untersuchung und Bewertung des Einflusses westlicher Bildungssysteme auf außereuropäischen Gesellschaften im Vordergrund, so daß sich die kritische Diskussion auf westliche Bildungs*programme*, Inhalte und Fragen der Vermittlung, d.h. auf die spezifische Ausgestaltung des jeweiligen Bildungssystems reduzierte. Diese Perspektive ist zwar in westlichen Gesellschaften mit ihren seit langem bestehenden durchgehenden Pflicht-Schulsystemen angebracht, da hier die Alternative zwischen verschiedenen Schultypen wirklichkeitsangemessener ist als die Alternative „Schule oder keine Schule". Der europäische Denkrahmen verstellt die Sicht darauf, daß vor allem in traditionalen Gesellschaften ohne autochthones Schulsystem (aber nicht nur in diesen Gesellschaften) die entscheidenden Variablen nicht innerschulische Unterschiede oder Schultypen sind, sondern daß sich hier mit der Einführung von Schule als für alle verbindlicher Institution gesellschaftlich organisierten Lehrens und Lernens (gleich welcher inhaltlichen Ausgestaltung) der Kontext der Sozialisationsbedingungen und damit die Zielvorstellungen und Leitbilder der (erfolgreichen) Sozialisation verändern. Selbst in Gesellschaften mit autochthonen Bildungsinstitutionen ist es eine grundsätzliche Neuerung, daß das formale säkulare Bildungssystem mit einem Absolutheitsanspruch auftritt, der es notwendigerweise in Konkurrenz zu anderen Instanzen setzt. Zielgruppe der formalen Bildungsinstitutionen westlichen Musters sind zumindest auf der Grundstufe *alle* Kinder und Jugendlichen, und auch der Aufstieg steht im Prinzip allen offen. Die Schule ist die entscheidende Instanz bei der Zuweisung von Chancen im sich ausbreitenden – lukrativen und angenehmeren – „modernen" Beschäftigungssektor: der allgemeine soziale Ordnungsgrundsatz „soziale Stellung nach Leistung" wird dabei – zumindest für die Einstiegchancen – auf die im formalen Bildungssystem gezeigten Schulleistungen reduziert. Durch ihren Monopolanspruch negiert die Institution Schule konkurrierende Ansprüche und nimmt den jungen Menschen aus der ganzheitlichen Einbettung in die einheimische Lebenswelt heraus und trägt so „in hohem Maß zum Entstehen einer spezifischen Erziehungssubkultur bei, die ein hohes Sozialisationspotential besitzt" (*Hanf* et al. 1977, S. 10). Dadurch werden traditionale Gesellschaftsstrukturen sehr viel konkreter in Frage gestellt als durch den Wandel von Denksystemen oder Wertorientierungen. So bringt die westliche Schule das Kriterium der Leistung und der Kompetenz (schulisch erworben und zertifiziert als Fähigkeit z.B. zu lesen und zu schreiben und die Sprache der Kolonialmacht zu sprechen) als Grundlage für Statuszuweisungen. Sie steht mit diesem revidierbaren Kriterium im Gegensatz zur statischen Autoritätsordnung traditionaler Gesellschaften, in denen zugeschriebene Merkmale oder nicht beeinflußbare Kennzeichen (Lebensalter usw.) als Hierarchisierungskriterium dienten. Das führt in erster Linie zu einer Schwächung der Familien- und Verwandtschaftsgruppe, die nicht nur die Erziehungsfunktion an eine externe Institution abgeben muß; die in der neuen Institution erworbene Leistungsorientierung schwächt gleichzeitig die traditionellen Loyalitäten und führt zur Entstehung neuer sozialer Bindungen und neuer sozialer Gruppierungen. Hinzu kommt, daß sich der Nutzen aus der Schulbildung, vor allem aus einem höheren Bildungsabschluß, in der Regel nur im modernen Sektor, d.h. in der Stadt realisieren läßt. Die so durch die Schule indirekt 'erzwungene' Migration trägt zusätzlich „zur Schwächung traditionaler Strukturen und Autoritätsverhältnisse bei und führt zu gesellschaftlicher und individueller Entfremdung" (*Lenhart & Röhrs* 1981, S. 134). Der Vergleich mit anderen Untersuchungen zeigt jedoch, wieviel bei einer solchen Beurteilung von der Wahl der Indikatoren abhängt. *Clignet & Sween* (1970), die den Zusammenhang von traditionellen und modernen Lebensstilen in Afrika untersuchen, wählen das Vorhandensein von Polygynie und von erweiterten Familien- bzw. Wohngemeinschaften als Indikatoren für traditionellen Lebensstil. Sie kommen aufgrund der unerwartet hohen Quote der Beibehaltung beider Familienarrangements bei Kamerunern mit formaler Schulbildung (im Vergleich zu Analphabeten) zu dem Schluß, daß „die Schule den Fortbestand von traditionellen Werten bei allen Altergruppen" stärkt (*Clignet & Sween* 1970, S. 302). In bezug auf diese Veränderungen im gesellschaftlichen Strukturgefüge kann man zwar auf der einen Seite argumentieren, daß durch die Einführung westlicher formaler Bildungssysteme bisher nicht vorhandene Möglichkeiten sozialer Mobilität geschaffen und dadurch personale und irrationale Abhängigkeiten abgebaut werden. Man darf aber nicht übersehen, daß dabei gleichzeitig neue Ungleichheiten geschaffen werden, zudenen vor allem die Benachteiligung ländlicher Regionen und die Geringschätzung des traditionellen Sektors und der manuellen Arbeit gehören.

Was den Versuch der politischen Sozialisation zur Loyalität gegenüber der Kolonialmacht betrifft, d.h. den Beitrag, den jede koloniale Schule unter anderem auch erfüllen sollte, so kann man nur einen generellen Fehlschlag konstatieren. Nicht nur wurden die Unabhängigkeitsbewegungen von Individuen getragen, die das koloniale Bildungssystem häufig bis zu seiner Spitze durchlaufen hatten. *Anderson* beschreibt vielmehr "the unique role played by colonial school-systems in promoting colonial nationalisms" (1983, S. 109). Nach seiner Auffassung haben die kolonialen Schulen durch ihre zentralisierte Organisation, die Verwendung gleicher Textbücher, standardisierter Prüfungen und Diplome und durch die Durchsetzung einer gemeinsamen Sprache bei den einheimischen Schülern die Erfahrung einer territorial definierten „konstruierten" Wirklichkeit geschaffen und sind so ungewollt zur Keimzelle für ein zukünftiges Nationalbewußtsein geworden.

Auch wenn in diesem letzten Kapitel der Einfluß westlicher Bildungssysteme auf nicht-westliche Gesellschaften auf einer allgemeinen Ebene beschrieben wurde, so darf doch nicht vergessen werden – und die Fallbeispiele belegen das –, daß es sich hier um potentielle Einfluß- bzw. Auswirkungstendenzen handelt. Ihre Realisierung und ihre Ausprägung hängt von vielen Faktoren ab, von denen einer der wichtigsten der Stand der politischen, wirtschaftlichen, sozialen und kulturellen Entwicklungen in der außereuropäischen Gesellschaft ist, die damit die Rahmenbedingungen für Bildungseffekte darstellen. Bereits eine Klassifikation außereuropäischer Gesellschaften nach dem vor dem ersten Kontakt mit westlichen Ländern vorhandenen Bildungssystem erlaubt es, wichtige Veränderungen differentiell zu beschreiben. In schriftlosen Gesellschaften ohne formales Schulsystem war der Einfluß auf Sozial- und Autoritätsstruktur am größten. In Gesellschaften mit einem religiösen Schulsystem spielte das Ausgreifen des säkularen und aufklärerischen Denkens auf andere Sektoren der Gesellschaft eine große Rolle; und in Gesellschaften mit einem säkularen Schulsystem waren vor allem curriculare Aspekte relevant – und damit die gesellschaftlichen Veränderungen am geringsten bzw. relativ am leichtesten zu bewältigen. Die Überwindung des Entwicklungsländer-Status durch die chinesisch-konfuzianisch beeinflußten Länder wie Singapur, Südkorea, Taiwan usw. könnte in dieser Richtung interpretiert werden.

Wirkungen können jedoch nicht nur durch neue, im System der außereuropäischen Gesellschaft vorher nicht vorhandenen Elemente und Strukturen ausgehen, d.h. Wirkung muß nicht Veränderung im Sinne von Neuerung, sondern kann auch Verstärung vorhandener Züge bedeuten. Als Beispiel hierfür kann Indien dienen. Dort sprach das koloniale Schulsystem die höheren sozialen Schichten, die traditionelle Elite, an und führte auf diese Weise zu einer Statusverstärkung. Aber auch in bezug auf institutionelle und curriculare Aspekte muß selbst eine kritische Autorin, die versucht, am Beispiel des indischen Erziehungssystems zu belegen, daß Kulturanomie eine Folge der westlichen Bildung sei, zugeben, daß sich das koloniale Bildungssystem „gerade darum durchsetzte und bis heute in seinen Grundzügen erhält, weil es schon vorhandene, kulturell geprägte Bildungsvorstellungen und Einstellungen verstärkte" (*Mies* 1972, S. 33). In anderen Kolonien erreichte das Bildungssystem gerade marginalisierte Gruppen – und dieser Fall war eher die Regel (vgl. *Foster* 1965, *Hanf* et al. 1977, *Schäppi* 1937). In diesen Fällen war das Resultat nicht eine Statusverstärkung, sondern – zumindest tendenziell – eine Statusrevision.

Dieses Beispiel unterstreicht noch einmal die Notwendigkeit einer differenzierten Analyse, die sowohl die jeweilige außereuropäische Gesellschaft als auch die konkrete Einflußsituation berücksichtigt.

Literatur

Adams, D., Bjork, R. M. (1972): Education in Developing Areas. New York: David McKay

Altbach, P. G., Kelly, G. P. (Eds.) (1984): Education and the Colonial Experience. New Brunswick: Transaction Books

Anderson, B. (1983): Imagined Communities. London: Versor

Bauer, A. (1979): Kind und Familie in Schwarzafrika. Saarbrücken: Breitenbach

Bauer, A., Bergmann, H. (1984): Erziehungstraditionen und Schule in Schwarzafrika. Saarbrücken: Breitenbach

Bauer, A., Schultz, M. (1985): Konstituierende Merkmale von Kindheit in Afrika. In: C. Wulf, T. Schöfthaler (Ed.), Im Schatten des Fortschritts. Saarbrücken: Breitenbach (71-93).

Berger, P. L., Luckmann, Th. (1980): Die gesellschaftliche Konstruktion der Wirklichkeit. Frankfurt: Fischer

Bloch, R. (1975): Die französischen Colons im Protektorat Tunesien 1923-1929. Diss., Zürich

Bloom, A. (1981): The Linguistic Shaping of Thought. Hilldale: Lawrence Erlbaum

Bouche, D. (1975): L'Enseignement dans les territoires francais de l'Afrique Occidentale de 1817-1920. Paris: Champion

Brock, C., Tulasiewicz, W. (Eds.) (1985): Cultural Identity and Educational Policy. London: Croom Helm

Bude, U. (1983): The Adaptation Concept in British Colonial Education. Compar. Educ. 19, 341-355

Clignet, R., Foster, P. (1964): French and British Colonial Education in Africa. Compar. Educ. Rev., 8, 191-198

Clignet, R., Sween, J. (1970): Traditionelle und moderne Lebensstile in Afrika. Kölner Z. Soz. Sozialpsychol. Sonderheft 14, 285-322

Danzinger, K. (1974): Sozialisation. Düsseldorf: Schwann

Durkheim, E. (1977): Über die Teilung sozialer Arbeit. Frankfurt a. M.: Suhrkamp (Original 1893)

Elbers, D. (1985): Strukturelle Gewalt im Bildungssystem und ihre Auswirkungen auf den Arbeitsmarkt. In: *C. Wulf, T. Schöfthaler* (Ed.), Im Schatten des Fortschritts. Saarbrücken: Breitenbach, 183-189

Fägerlind, I., Saha, L. J. (1983): Education and National Development. Oxford: Pergamon

Faruqi, I. (1982): Islamization of Knowledge. Washington: International Institute of Islamic Thought

Foster, P. (1965): Education and Social Change in Ghana. London: Routledge & Kegan Paul

Fremerey, M. (1980): Erziehung und Entwicklung als Gegenstand deutscher Forschung. Bildung und Erziehung, 33 (5)

Gifford, P., Weiskel, T. (1971): African Education in an Colonial Context: French and British Styles. In: *P. Gifford, W. R. Louis* (Eds.), France and Britain in Africa. New Haven: Yale University Press

Habte, A., Psacharopoulos, G., Heyneman, S. P. (1983): Education and Development. Washington: World Bank

Hanf, Th. (1980): Die Schule in der Staatsoligarchie. Bildung und Erziehung, 33 (5) 407-432

Hanf, Th., et al. (1977): Erziehung – ein Entwicklungshindernis? Z. f. Päd., 23, 9-33

Heggoy, A. A. (1984): Colonial Education in Algeria: Assimilation and Reaction. In: *P. G. Altbach, G. P. Kelly* (Eds.), Education and the Colonial Experience. New Brunswic: Transaction Books

Heidt, E. U. (1987): Mass Media, Cultural Tradition, and National Identity. Saarbrücken: Breitenbach

Holmes, B. (Ed.) (1967): Educational Policy and the Mission Schools. London: Routledge & Kegan Paul

Horton, R. (1970): African Traditional Thought and Western Science. In: *B. R. Wilson* (Ed.), Rationality. Oxford, 131-171

Hurrelmann, K. (1975): Erziehungssystem und Gesellschaft. Reinbek: Rowohlt

Hurst, P. (1985): Critical Education and Islamic Culture. In: *C. Brock, W. Tulasiewicz* (Eds.), Cultural Identity and Education Policy. London: Croom Helm, 189-201

Husain, S., Ashraf, A. (1979): Crisis in Muslim Education. London: Hodder & Stoughton

Hussain, M. Y. (1986): Islamization of Communication Theory. Media Asia, 13, 32-36

Jouhy, E. (1985): Bleiche Herrschaft – Dunkle Kulturen. Frankfurt: Verlag für Interkulturelle Kommunikation

Kelly, G. P. (1984): Colonialism, Indigenous Society, and School Practices: French West Africa and Indochina, 1918-1938. In: *P. G. Altbach, G. P. Kelly* (Eds.), Education and the Colonial Experience. New Brunswic: Transaction Books, 9-32

Kordes, H. (1977): Dimensionen von Ruralisierung und Curriculumrevision. In: *B. Engels, U. Laaser* (Eds.), Deutsche Bildungshilfe in der Zweiten Entwicklungsdekade, München: Weltforum, 265-306

Lenhart, V., Röhrs, H. (1981): Auf dem Weg zu einer Theorie der Schule in der Dritten Welt. Z. f. Päd., 16. Beiheft, 129-144

Mies, M. (1972): Kulturanomie als Folge der westlichen Bildung. In: Die Dritte Welt, 1 (1), 23-38

Nestvogel, R. (1978): Verstärkung von Unterentwicklung durch Bildung? Bonn: Neue Gesellschaft

Omolewa, M. (1981): Das Prüfungs- und Berechtigungswesen in der Dritten Welt. Z. f. Päd. 16. Beiheft, 197-209

Osborne, M. E. (1969): The French Presence in Cochinchina and Cambodia. Ithaka: Cornell University Press

Postlethwaite, T. N., Thomas, R. M. (Eds.) (1980): Schooling in the ASEAN Region. Oxford: Pergamon

Przeworski, A., Teune, H. (1970): The Logic of Comparative Social Inquiry. New York: Wiley

Psacharopoulos, G., Woodhall, M., (1985): Education for Development. Oxford: Oxford University Press

Schäppi, F. S. (1937): Die katholische Missionsschule im ehemaligen Deutsch-Ostafrika. Paderborn: Schöningh

Schelsky, H. (1957): Schule und Erziehung in der industriellen Gesellschaft. Würzburg: Werkbund

Thomas, R. M., Postlethwaite, T. N. (Eds.) (1983): Schooling in East Asia. Oxford: Pergamon

Thompson, V. (1968): French Indochina. Originally published 1937; repr. New York: Octagon

Thompson, V., Adloff, R. (1960): The Emerging States of French Equatorial Africa. Stanford: Stanford University Press

Tibi, B. (1980): Akkulturation und interkulturelle Kommunikation – Ist jede Verwestlichung kulturimperialistisch? Gegenwartskunde, 29 (2) 173-190

Ulich, K. (1980): Schulische Sozialisation. In: K.

Hurrelmann, D. Ulich (Eds.), Handbuch der Sozialisationsforschung, Weinheim: Beltz (469-498)

Vaizey, J. (1969): Education in the Modern World. London: Weidenfels and Nicolson

Wendorff, R. (1984): Dritte Welt und westliche Zivilisation. Opladen: Westdeutscher Verlag

Wiswede, G., Kutsch, Th. (1978): Sozialer Wandel. Darmstadt: Wissenschaftl. Buchgesellsch.

Wolf, E. R. (1986): Die Völker ohne Geschichte: Europa und die andere Welt seit 1400. Frankfurt: Campus

Woodside, A. B. (1971): Vietnam and the Chinese Model. Cambridge: Harvard University Press

Wulf, C., Schöfthaler, T. (Eds.) (1985): Im Schatten des Fortschritts. Saarbrücken: Breitenbach

Mitarbeiterverzeichnis

Behnken, Imbke, Dr., Universität Siegen, FB2, Lehrstuhl Erziehungswissenschaft, Postfach 10 12 40, D-5900 Siegen

Lehrerstudium an der Pädagogischen Hochschule Osnabrück, fünfjährige Schulpraxis, Studium Diplom-Pädagogik in Frankfurt/Main, Promotion Dr. phil. Seit 1986 Erziehungswissenschaftlerin an der Universität-Gesamthochschule Siegen. Forschungsprojekte und Veröffentlichungen zur Lebenswelt von Arbeiterkindern und -jugendlichen, zur Sozialökonomie des Bildungswesens, zur sozialisatorischen Bedeutung von Selbstzeugnissen im Jugendalter.

Veröffentlichungen (zusammen mit) Projektgruppe Jugendgruppe: Die Lebenswelt von Hauptschülern. Ergebnisse einer Untersuchung. München 1975; dies.: Subkultur und Familie als Orientierungsmuster. Zur Lebenswelt von Hauptschülern. München 1977; *I. Behnken:* Jugendbiographie und Handlungsforschung. Gruppendiskussion als Methode zur Rekonstruktion der Lebenswelt von Lehrlingen. Frankfurt/M. 1984; *I. Behnken* (Hrsg.): Jugendliche und Erwachsene '85, Bd. 4: Jugend in Selbstbildern. Opladen 1985; *I. Behnken, M. du Bois-Reymond, J. Zinnecker:* Stadtgeschichte als Kindheitsgeschichte. Soziale Lebensräume von Kindern in Deutschland und Holland um 1900. Opladen 1988.

Bois-Reymond, Manuela du, Prof. Dr., Riljksuniversiteit de Leiden, Faculteit der Social Wetenschaffen, Vakgrope Andragologie, Stationsplein 10–12, NL-2312 AK Leiden

Hochschullehrerin, Jugendstudien an der Universität Leiden/Holland.

Forschungsgebiete: Jugendbiographie; Kindheitsforschung. In diesem Rahmen arbeitet sie, zusammen mit u.a. *I. Behnken* und *J. Zinnecker* (Universität Siegen) an einer interkulturell-vergleichenden Studie „Wiesbadener und Leidener Kindheit", 1900–1980.

Veröffentlichungen: *Behnken, I., M. du Bois-Reymond, J. Zinnecker* (1980): Verhäuslichung von Kindheit im 20. Jh. im interkulturellen Vergleich. In: *A. Schildt, A. Sywotteck* (Hrsg.), Massenwohnung und Eigenheim. Wohnungsbau und Wohnen in der Großstadt seit dem Ersten Weltkrieg. Frankfurt – New York: Campus. *M. du Bois-Reymond, A. Jonker* (1988): Relaties in het gezin tussen ouders en kinderen 1900–1930. *Comenius,* Juninummer. *I. Behnken, M. du Bois-Reymond, J. Zinnecker* (1988): Stadtgeschichte als Kindheitsgeschichte. Soziale Lebensräume von Großstadtkindern in Deutschland und Holland um 1900, 2. Bd. Arbeitsbericht, S. 579, Biographie und Gesellschaft. Opladen: Leske & Budrich.

Heidt, Erhard U., Priv.-Doz. Dr., Universität Bielefeld, Fakultät für Pädagogik, Postfach 8640, D-4800 Bielefeld 1

Privatdozent und Vertreter der Professur für Ausländerpädagogik/Interkulturelle Erziehung an der Fakultät für Pädagogik, Universität Bielefeld.

Forschungsschwerpunkte: Massenkommunikation/Interkulturelle Erziehung/Kulturvergleich; dabei regionaler Schwerpunkt: Südost-Asien. Beratertätigkeit für die UNESCO im Irak und in Singapur; mehrere Forschungsaufenthalte in Singapur. Wichtigste Veröffentlichungen: Instructional Media and the Individual Learner. London: Kogan Page; New York: Nichols 1978. The Issue of National and Cultural Identities. Working Paper No. 61. Sociology of Development Research Centre, Universität Bielefeld 1985. Mass Media, Cultural Tradition and National Identity. Saarbrücken/Fort Lauderdale: Breitenbach 1987. Cultural Orientations in Television. In: Internationales Asienforum, 16 (3/4) (1985) 323-347. Kulturen in Südost-Asien: Begegnung oder Zusammenstoß? In: IAfEf (Ed.), Kulturelle und wirtschaftliche Interdependenz der ASEAN-Staaten. Institut für Entwicklungsländerforschung der Ruhr-Universität Bochum, 1987, 45-61.

Hofstede, Geert, Prof. Dr., Director Institute for Research on Intercultural Cooperation (IRIC), Velperweg 95, NL-6824 Arnheim, Rijksuniversiteit Limburg, Postbus 616, NL-6200 MD Maastricht

Professor für Organisationsanthropologie und Internationales Management an der Universität von Limburg in Maastricht, Niederlande.

Forschungsthemen: Kulturunterschiede zwischen Ländern und zwischen Organisationen und ihre Bedeutung für Theorie und Praxis.

Wichtigste Veröffentlichungen: *G. Hofstede* (1980): Culture's consequences: International differences in work-related Values. London: Sage. *D. Bollinger, G. Hofstede* (1987): Les differences culturelles dans le management. Paris: Les Editions d'Organisation. *G. Hofstede* (1987): Intercultural conflict and synergy in Europe. In: *J. L. Soeters* (Hrsg.), Growth and progress in cross-cultural psychology (113-122). Lisse NL: Swets and Zeitlinger. *G. Hofstede, M. H. Bond:* The Confucius connection: From cultural roots to economic growth. Organisational Dynamics. Im Druck.

Huber, Hugo, Prof. Dr., Universität Fribourg, Ethnologisches Seminar, Miséricorde, CH-1700 Fribourg

Seit 1960 Ordinarius für Ethnologie an der Universität Fribourg, Schweiz, Mitglied des Anthropos-Institutes. Herausgeber der „Studia Ethnographica Friburgensia".

Forschungen: 1951–1957: Religionsethnologische und ethnosoziologische Untersuchungen bei verschiedenen Völkern des südöstlichen Ghana. 1965–1968: desgleichen bei den Kwaya und Simbete in NO-Tansania und bei den Nyende in NW-Benin.

Publikationen u.a.: The Krobo. Traditional Social and Religious Life of a West African People (Studia Inst. Anthropos 16, St. Augustin 1963). Marriage and Family in Rural Bukwaya, Tansania (Studia Ethn. Frib. 2, Fribourg 1973. Tod und Auferstehung: Organisation, rituelle Symbolik und Lernprogramm einer westafrikanischen Initiationsfeier (Studia Ethn. Frib. 8, Fribourg 1979).

Husarek, Brigitte, Dipl.-Psych., Universität des Saarlandes, Fachrichtung Allgem. Erziehungswissenschaft, D-6600 Saarbrücken

Seit September 1984 im Forschungsprojekt „Erziehung und Aggressivität im Kulturvergleich" an der Universität des Saarlandes (Projektleitung: Prof. Dr. *H.-J. Kornadt*).

Interessenschwerpunkte: Motivation, Emotion und Entwicklung; vorläufiger Arbeitstitel der Dissertation: „Entwicklungs- und Erziehungsbedingungen von empathischer Responsivität".

Publikationen: *C. Trudewind, B. Husarek* (1979): Mutter-Kind-Interaktion bei der Hausaufgabenanfertigung und die Leistungsmotiventwicklung im Grundschulalter – Analyse einer ökologischen Schlüsselsituation. In: *H. Walter, R. Oerter* (Hrsg.), Ökologie und Entwicklung. Donauwörth: Auer, 229-246. *H.-J. Kornadt, B. Husarek* (1985): Aggressivität und Erziehung im Kulturvergleich. 7. Tagung Entwicklungspsychologie in Trier: Druckerei der Universität Trier, 408-409.

Kornadt, Hans-Joachim, Prof. Dr. phil., Dipl.-Psych., Universität des Saarlandes, Fachrichtung 6.1 Erziehungswissenschaft, D-6600 Saarbrücken

Professor für Pädagogische Psychologie und Erziehungswissenschaft an der Universität des Saarlandes und bis 1988 Co-Direktor der Sozialpsychologischen Forschungsstelle für Entwicklungsplanung der Universität. Forschungen in Ostafrika und (seit 1978 gemeinsam mit *G. Trommsdorff* und ausländischen Wissenschaftlern) in Ost- und Südostasien zu Themen über soziokulturelle Einflüsse auf die Persönlichkeitsentwicklung und zum sozialen Wandel. 1975 bis 1981 (83) Mitglied des Wissenschaftsrates; 1982 bis 1984 Präsident und 1984 bis 1986 Vizepräsident der Deutschen Gesellschaft für Psychologie; Mitglied der wissenschaftlichen Beiräte beim Bundesminister für Wirtschaftliche Zusammenarbeit und für das Deutsche Institut für Japan-Studien, Tokio.

Veröffentlichungen u.a.: Situation und Entwicklungsprobleme des Schulsystems in Kenia (2 Bände, 1968; 1970); Cross-cultural research on motivation and its contribution to a general theory of motivation (mit *Eckensberger* und *Emminghaus* 1980); Aggressionsmotiv und Aggressionshemmung (2 Bände, 1982); A cross-cultural analysis of the development of aggression (1983); The aggression motive and personality development: Japan and Germany (1987).

Liegle, Ludwig, Prof. Dr., Universität Tübingen, Institut für Erziehungswissenschaft, Münzgasse 22–30, D-7400 Tübingen
Seit 1973 Professor am Institut für Erziehungswissenschaft der Universität Tübingen.
Forschungsschwerpunkte: Vergleichende Erziehungswissenschaft (Israel, Sowjetunion, DDR); kulturvergleichende Sozialisationsforschung; Familie; Kindheit; Vorschulische Erziehung.
Buchveröffentlichungen: Familie und sozialer Wandel in der Sowjetunion. Berlin – Heidelberg: Quelle & Meyer 1970; amer. New York: Springer 1975; Familie und Kollektiv im Kibbutz (Weinheim: Beltz 1971, 4. erg. Aufl. 1977); Israel – Erziehung und Gesellschaft (zus. mit *Helmut Becker*). Stuttgart: Klett-Cotta 1980; Welten der Kindheit und Familie – Beiträge zu einer pädagogischen und kulturvergleichenden Sozialisationsforschung. Weinheim: Juventa 1987.

Otremba, Hans, Dipl.-Psych., Techn. Universität Berlin, Institut für Psychologie, Dovestraße 1–5, D-1000 Berlin 10
Seit 1984 wissenschaftlicher Mitarbeiter im Bereich Pädagogischer Psychologie der Technischen Universität, Berlin
Forschungsschwerpunkte: Jugendentwicklung, Familienstruktur im Kulturvergleich.

Schönpflug, Ute, Dr. phil., Dipl.-Psych. M.S., Techn. Universität Berlin, FB2, Gesellschafts- und Planungswissenschaften, Institut für Psychologie, Hardenbergstraße 4–5, D-1000 Berlin 10
Seit 1985 wissenschaftliche Mitarbeiterin und Koordination im Interdisziplinären Forschungsprojekt „Jugendentwicklung und Drogen im Kulturvergleich (Berlin/Warschau)" am Fachbereich 2 der Technischen Universität Berlin.
Forschungsschwerpunkte: Jugendentwicklung im Kulturvergleich, Zweisprachigkeit.
Veröffentlichungen: Psychologie des Erst- und Zweitspracherwerbs. Stuttgart: Kohlhammer 1977. Psychologie (zus. mit *W. Schönpflug*) München: Urban und Schwarzenberg 1983.

Silbereisen, Rainer K., Prof. Dr., Justus-Liebig-Universität Giessen, FB06 Psychologie, Otto-Behaghel-Straße 10, Haus F1, D-6300 Giessen
Studium der Psychologie in Münster und Berlin, Promotion 1975. Professur für Pädagogische Psychologie von 1978 bis 1986 an der Technischen Universität Berlin, seit 1986 Professor für Entwicklungspsychologie an der Justus-Liebig-Universität Gießen.
Forschungsschwerpunkt: Persönlichkeitsentwicklung im Jugend- und Erwachsenenalter. Hierzu werden langjährige Längsschnittstudien im kulturvergleichenden

Format durchgeführt. Weitere Themen sind soziale Kognition, Problemverhalten Jugendlicher sowie Bürger-Verwaltungs-Beziehungen.
Veröffentlichungen: Verschiedene Beiträge in internationalen Zeitschriften.

Thomas, Alexander, Prof. Dr., Universität Regensburg, Institut für Psychologie, Universitätsstraße 31, D-8400 Regensburg
Diplom 1968, Promotion 1970, Professor für Sportpsychologie an der Freien Universität Berlin 1974–1979; ab 1979 fortlaufend Professor für Psychologie an der Universität Regensburg.
Schwerpunkt: Sozialpsychologie und Angewandte Psychologie.
Forschungsschwerpunkte: Handlungspsychologie, Psychologie interkulturellen Handelns, Kulturvergleichende Psychologie und Organisationspsychologie.
Veröffentlichungen: Einführung in die Sozialpsychologie 1974, zus. mit *E. F. Mueller;* Einführung in die Sportpsychologie 1978; Psychologie der Handlung und Bewegung 1976; Entwicklung durch Erziehung. Zum Problem der Förderung von Schülerheimerziehung in Entwicklungsländern am Beispiel Indien 1980; Publikationen zu „Psychologie interkulturellen Handelns": Erforschung interkultureller Beziehungen – Forschungsansätze und Perspektiven.
SSIP-Bulletin Nr. 51, 1983; Interkultureller Personenaustausch in Forschung und Praxis. SSIP-Bulletin Nr. 54, 1984; Interkultureller Austausch als interkulturelles Handeln – Theoretische Grundlagen der Austauschforschung.SSIP-Bulletin Nr. 56, 1985; Aspekte interkulturellen Personenaustausches aus psychologischer Sicht. In: *K. Düwell* (Hrsg.), Kulturmission oder Kulturimperialismus? SSIP-Bulletin Nr. 59, 1988; Interkulturelles Lernen im Schüleraustausch. SSIP-Bulletin Nr. 58, 1988.

Trommsdorff, Gisela, Prof. Dr., Universität Konstanz, Sozialwissenschaftl. Fakultät, Fachgruppe Psychologie, Postfach 5560, D-7750 Konstanz
Seit 1987 Lehrstuhl für Entwicklungspsychologie, Universität Konstanz, vorher seit 1978 Professur an der Rheinisch-Westfälisch-Technischen Hochschule Aachen; 1975 Habilitation an der Universität Mannheim; dort langjährige Projektleitung im Sonderforschungsbereich 24 Universität Mannheim (1969–1978) zu Themen der Sozialisation und Zukunftsorientierung in der Lebensspanne; seit 1980 kulturvergleichende Untersuchungen zur Sozialisation und Persönlichkeitsentwicklung zusammen mit *H.-J. Kornadt,* Universität Saarbrücken und unter Beteiligung ausländischer Wissenschaftler in Japan, Indonesien, Philippinen, Schweiz. Längere Forschungsaufenthalte in diesen Ländern, darunter mehrfache mehrmonatige Forschungsprofessuren in Japan.
Wichtigste Veröffentlichungen: Bücher: Erziehung für die Zukunft (zus. mit *Burger, Füchsle, Lamm* 1978); Einfluß von Gruppen auf Zukunftsurteile (1978); Erziehungsziele (Hrsg.) (1984). Diverse Buchbeiträge und Aufsätze in internationalen Zeitschriften zu den Themen: Zukunftsorientierung und Werte von Jugendli-

chen; Wertwandel; Sozialisation in Japan und der Bundesrepublik Deutschland; Probleme des Kulturvergleichs; Kulturvergleiche in der Psychologie.

Weiland, Heribert, Dr., Arnold-Bergstraesser-Institut für kulturwissenschaftliche Forschung, Windaustraße 16, D-7800 Freiburg i. Br.
Wissenschaftlicher Mitarbeiter und Geschäftsführer am Arnold-Bergstraesser-Institut für kulturwissenschaftliche Forschung, Freiburg.
Forschungsschwerpunkte: Erziehung und sozio-ökonomische Entwicklung, sozialer Wandel in Übergangsgesellschaften und Konfliktanalyse in ethnisch gespaltenen Gesellschaften; empirische Forschung vornehmlich in Schwarzafrika.
Ausgewählte Publikationen: Erziehung und nationale Entwicklung in Gabun. Fallstudie zu einem abhängigen Kleinstaat, München 1975. Südafrika: Friedlicher Wandel? Möglichkeiten demokratischer Konfliktregelung – Eine empirische Untersuchung (mit *Th.Hanf, G. Vierdag*). München – Mainz 1978. Erziehung, ein Entwicklungshindernis? Überlegungen zur politischen Funktion der formalen Erziehung in Asien und Afrika (mit *Th. Hanf, K. Amman, P. V. Dias, M. Fremerey*). In: Z. f. Päd. 23, 9-83 (1977). Sozio-kulturelle Faktoren in der deutschen Entwicklungspolitik. In: *D. Goetze, H. Weiland* (Hrsg.), Soziokulturelle Implikationen technologischer Wandlungsprozesse. Saarbrücken 1983, S. 139-154. Bildung in Zimbabwe zwischen Rassen- und Klassenprivilegien. Aktuelle Informationspapiere zu Entwicklung und Politik (mit *G. Braun*). Freiburg 1987.

Zinnecker, Jürgen, Prof. Dr., Universität Siegen, FB2, Institut für Erziehungswissenschaft, Postfach 10 12 40, D-5900 Siegen
Studium der Erziehungswissenschaft und Soziologie in Hamburg und Berlin. Arbeiten zur Sozialgeschichte und Soziologie der Bildung (Emanzipation der Frau und Schulausbildung; Geschichte der Mädchenbildung); zur Schüler- und Schulkultur (die Lebenswelt von Hauptschülern; Schüler im Schulbetrieb); zur Soziologie des Lehrerberufs; zur Jugendforschung (Jugend 81; Jugendliche und Erwachsene '85; Jugendkultur 1940–1985). Kulturvergleichende Arbeiten zur Kindheits- und Jugendforschung (Kindheit in Deutschland und Holland im 20. Jahrhundert; Jugendgenerationen in Westdeutschland und Ungarn). Z. Z. Professor für Erziehungswissenschaft an der Gesamthochschule Siegen.

Autorenregister

Sachregister

Bei Fragen zur Produktsicherheit wenden Sie sich bitte an:
If you have any questions regarding product safety,
please contact:

Walter de Gruyter GmbH
Genthiner Straße 13
10785 Berlin
productsafety@degruyterbrill.com